Karla Müller
(Herausgeberin)

„Thüringen
kreuz und quer
durchwandernd ...“

Das Buch entstand in Zusammenarbeit mit der Thüringischen Literarhistorischen Gesellschaft PALMBAUM e. V. – Verlag und Herausgeberin danken der Thüringer Staatskanzlei für die freundliche Unterstützung bei der Drucklegung.

Die Deutsche Bibliothek – CIP-Einheitsaufnahme
Müller, Karla (Herausgeberin);
„Thüringen kreuz und quer durchwandernd ...“
Goethe über Städte, Dörfer und Landschaften seiner mitteldeutschen Heimat
Karla Müller. – 1. Aufl. –
Bucha bei Jena: quartus-Verlag 1999
ISBN 3-931505-35-9

1. Auflage 1999

ISBN 3-931505-35-9

Schutzumschlag: Frank Naumann, AGD, Erfurt.
Gestaltung, Satz, Lithographien: Frank Naumann, AGD, Erfurt.
Schrift: Garamond, Post Antiqua.
Belichtung, Druck: Gutenberg Druckerei GmbH Weimar.
Bindung: Großbuchbinderei Schirmer Erfurt.

Karla Müller
(Herausgeberin)

„Thüringen kreuz und quer durchwandernd..."

Goethe
über Städte, Dörfer und Landschaften
seiner mitteldeutschen Heimat

qV

quartus-Verlag

Inhaltsverzeichnis

Vorbemerkung

Ich bin gesund, biß auf'n Einfluss des fatalen Wetters, streiche was ehrlichs in Thüringen herum und kenne schon ein brav Fleck davon. Das macht mir auch spaas ein Land so auswendig zu kennen."

Das schreibt der junge Johann Wolfgang Goethe am 8. März 1776 aus Weimar an seinen Jugendfreund Johann Heinrich Merck, und zwar zu einem Zeitpunkt, als er sich gerade entschlossen hatte, in der kleinen thüringischen Residenzstadt zu bleiben – trotz des „fatalen Wetters". Das machte dem aus der milderen Rhein-Main-Gegend Kommenden auch später immer wieder zu schaffen. Im Brief an Charlotte von Stein vom 28. März 1781 stellte er fest: „Wenn wir in einem bessern Clima wohnten; so wäre viel anders." Und Jahre später möchte er der Freundin am liebsten aus Italien etwas vom südländischen Klima mit nach Weimar bringen, denn es ist dort, wie es in dem für die Zurückgelassene geführten „Tagebuch der Italiänischen Reise" am 16. Oktober 1786 heißt, „ein ander Seyn".

Dennoch blieb Goethe in Weimar und war oft in Thüringen unterwegs – als Freund und Vertrauter seines Herzogs, als Staatsbeamter mit sehr unterschiedlichen Aufträgen, als Naturfreund, Sammler und Forscher, als Künstler, auch als Liebhaber. Noch der 78jährige unternahm Touren und fuhr, wie er Marianne von Willemer am 27. September 1827 mitteilte, „bey ... schönem Wetter ... im Lande umher". So lernte er im Laufe von mehr als 56 Jahren das Land seiner Wahl, die gewonnene mitteldeutsche Heimat, im wahrsten Sinne des Wortes in- und auswendig kennen. Er erkundete Berg und Tal, untersuchte Felsen und Gesteine samt ihrer prähistorischen Einlagerungen, studierte Gesetzmäßigkeiten in der Pflanzen- und Tierwelt, beobachtete Witterungserscheinungen und erfreute sich zugleich an den Schönheiten der Landschaft. Häufig hielt er Eindrücke seiner Reisen in Skizzen und Zeichnungen fest, auch solche vom Alltag der Menschen, deren Lebensbedingungen ihn stets interessierten und die er oft zu bessern gedachte, wenn er durch das Land streifte. Sei es an den thüringischen Höfen – er hatte sie im ersten Weimarer Jahrzehnt alle mit amtlichem Auftrag besucht – sei es in den Dörfern und Städten, in die er kam. Immer war er offen für alles, was Thüringen an Land und Leuten zu bieten hatte. Auch deshalb konnte er dem herzoglichen Freund Carl August in vielen Belangen Berater und Partner sein; ohnehin hatte er sich mit seiner Entscheidung für das Herzogtum Sachsen-Weimar-Eisenach von den Herausforderungen eines reformbedürftigen Landes vielfältig in die Pflicht nehmen lassen. Das bedeutete vor dem Aufbruch nach Italien im September 1786 ein großes Maß an kräftezehrender Verwaltungsarbeit und nach der Rückkehr aus dem Süden im Sommer 1788 vor allem die Last der Verantwortung für alle Anstalten von Wissenschaft und Kunst im Herzogtum und späteren Großherzogtum. Es eröffnete aber zugleich ein breites Spektrum an Lebens- und Schaffens-

räumen, die weit über Goethes eigentliches Wirkungszentrum Weimar-Jena hinausreichten.
Gern nutzte Goethe alle Chancen seiner zahlreichen Aufgabengebiete, *tätig* sein zu können, nicht zuletzt in einem ganz lebenspraktischen Sinn. Genau das war es, was er in den Jahren vorher im heimatlichen Frankfurt vermißt und vergeblich gesucht hatte, um der „Werther"-Krise zu entkommen, die er im Alter gegenüber seinem Mitarbeiter Johann Peter Eckermann so charakterisiert: „Gehindertes Glück, gehemmte Tätigkeit, unbefriedigte Wünsche." Genau das war es, was der junge Herzog in Weimar dem universalen Geist in seiner vorwärtsdrängenden Unruhe ermöglichte, nämlich, den Erfordernissen seines produktiven Talentes gemäß leben und wirken zu können.
Mögen auch noch andere Gründe die Entscheidung für Weimar beeinflußt haben – zu denken ist an verständnisvolle Unterstützung durch Christoph Martin Wieland, Carl Ludwig von Knebel, die Herzogin-Mutter Anna Amalia und Charlotte von Stein – der fortdauernd wirkende Impuls für ein Leben in Thüringen war die Möglichkeit, sich im Weiterschreiten immer wieder aufs neue auf verschiedenen Gebieten zum Tätigsein und damit zum Ausprobieren der eigenen Kräfte herausgefordert zu sehen. In diesem Sinne berührten sich dienstliche Pflichten und persönliche Neigungen aufs engste, ließen sich zuweilen genußvoll miteinander verbinden.
Goethes Arbeitsstil entsprach es, die Dinge durch eigene Anschauung vor Ort kennenzulernen, sie gewissermaßen durchs „Hinausfahren" ins Land gründlich zu erfahren. Unzählige Ritte, Wanderungen und Kutschfahrten führten ihn in alle Teile Thüringens, und meist gab es hinterher Äußerungen über das Gesehene und Erlebte in Briefen oder im Tagebuch. Und immer wieder gab es Neues zu entdecken. In den „Tag- und Jahresheften 1817" ist diesbezüglich zu lesen: „Seit vierzig Jahren zu Wagen, zu Pferd und Fuß Thüringen kreuz und quer durchwandernd war ich niemals nach Paulinzella gekommen." Doch zum 68. Geburtstag wird auch dieser kulturgeschichtsträchtige Thüringerwaldort aufgesucht, und auch er gibt Veranlassung, theoretische und ganz praktische Überlegungen anzustellen. So werden noch im Alter der langen Reihe von thüringischen Orten, zu denen sich im Laufe von Jahrzehnten Beziehungen entwickelt hatten, weitere hinzugefügt.
Die Lebenszeugnisse Goethes lassen ein ganzes Netz von Spuren zu Orten erkennen, in denen er wirkte oder die umgekehrt auf ihn und sein Schaffen Einfluß hatten. Sie dokumentieren einen großen Reichtum an Lebens- und Erfahrungswelten, der in Erstaunen versetzt. In ihnen spiegelt sich eine faszinierende und kaum zu begreifende Vielfalt an Tätigkeits- und Interessengebieten, denen Goethe in Thüringen nachgehen konnte, und die seiner Welterkenntnis und damit seinem gewaltigen Lebenswerk zugute kommen konnten.
Die vorliegende Auswahl an Goethe-Texten enthält Äußerungen über Orte im historischen Thüringer Raum, in denen der Dichter lebte und wirkte oder zu denen er in irgendeiner Beziehung stand, ohne daß dabei Vollständigkeit erreicht werden kann. Im Anhang sind in einer Übersicht

auch Orte aufgenommen, in denen er zwar weilte, über die es jedoch keine Äußerungen von ihm gibt. Nicht selten spielen in den abgedruckten Texten auch Personen eine Rolle, mit denen Goethe als Staatsbeamter, als Wissenschaftler oder ganz einfach als Mensch, der stets für alles Menschliche aufgeschlossen war, zu tun hatte. In der Mehrzahl handelt es sich um Ausschnitte aus Briefen, Tagebüchern oder autobiografischen Aufzeichnungen. Gespräche und amtliche Schriften sind nicht berücksichtigt worden, ihre Aufnahme hätte den Rahmen der ohnehin schon überquellenden Auswahl gesprengt. Eine Ausnahme bilden lediglich Zitate aus den Gesprächen mit Eckermann, diese sind aber, da sie nie von Goethe autorisiert oder überhaupt erst nach seinem Tod geschrieben wurden, in den Anmerkungen untergebracht.

Poetische Texte wurden nur dann aufgenommen, wenn ihr Bezug zu einem Ort von Goethe selbst angegeben oder durch Datierungshinweise nahegelegt war. Wenn es auch selbstverständlich ist, daß die vielfältige Erfahrungswelt Thüringens ins poetische Werk einfloß, so sind doch direkte Zuordnungen einzelner Texte zu bestimmten Orten oder Personen oft problematisch. Goethe selbst hat darauf hingewiesen, wenn er am 4. Mai 1814 an Heinrich Carl Friedrich Peucer schreibt: „Das Publicum überhaupt ist gar zu geneigt, bey Arbeiten, welche eigentlich nur ästhetisch aufgenommen werden sollten, stoffartige Beziehungen zu suchen ... Hier in Weimar aber habe ich seit vielen Jahren darauf gehalten, daß man selbst das Nahe in eine solche Ferne rückt, damit es auch als schön empfunden werden könne."

Die ausgewählten Textpassagen stellen deshalb weniger den Dichter in den Mittelpunkt, wenngleich er vielfach zu Wort kommt; sie wollen Goethe vielmehr durch unmittelbare Lebenszeugnisse als Mensch unter Menschen zeigen, der in Äußerungen über oft ganz lebenspraktische Verbindungen zu Orten und Personen mitunter leichter zugänglich sein mag als der Dichter und Denker.

Gerade in der topographischen Übersicht der Textanordnung leuchet das Bild eines unentwegt tätigen Menschen auf, der sich seiner Talente und Schaffenskräfte bewußt war und ständig danach strebte, sie zu entfalten und möglichst praktisch wirksam werden zu lassen. Dieses Ziel, Denken und Tun als Einheit umzusetzen, ließ sich Goethe bei allem Genuß am Wirken oft recht sauer werden. Häufig gab es Enttäuschungen und Rückschläge; oft mußte entsagt werden. Das letzten Endes vergebliche Mühen um Revitalisierung des Ilmenauer Bergbaues ist ein beredtes Beispiel dafür. Im Gespräch mit Eckermann stellt Goethe einmal in bezug auf sein Leben fest: „Es war das ewige Wälzen eines Steines, der immer von neuem gehoben sein wollte."

Dennoch – das herausragende Motiv der Entscheidung für Weimar und Thüringen blieb bis zum Schluß seines überreichen Lebens immer wirksam. Er hat es im Brief vom 30. Oktober 1828 an den Vertrauten Carl Friedrich Zelter in die Worte gefaßt: „Das Sicherste bleibt immer, daß wir alles, was in und an uns ist, in That zu verwandeln suchen." Die Chance dafür haben Thüringen und viele seiner Orte dem Genius Goethe in reichem Maße geboten.

Allstedt

Herzogtum bzw. 1815 Großherzogtum Sachsen-Weimar-Eisenach
Landkreis Sangerhausen (Bundesland Sachsen-Anhalt)

Nachrichten von der Allstädter Stuterey ...

Im Mittelalter war Allstedt eine häufig aufgesuchte Kaiserpfalz, später wirkte Thomas Müntzer in der Kleinstadt am Rande der Goldenen Aue, und im 18. Jahrhundert weilte Goethe des öfteren in ihren Mauern. Er kam zwischen 1776 und 1782 in Begleitung seines Herzogs, wenn dieser das Jagdrevier in der Umgebung nutzte, oder er übernachtete dort, wenn er als Verantwortlicher für Wegebau und Rekrutenaushebung in Nordthüringen unterwegs war.
Allstedt mit seiner imposanten Burganlage, teilweise zu einem barocken Schloß umgebaut, gehörte seit 1741 den Herzögen von Sachsen-Weimar und Eisenach. Sie besaßen dort außer ihrem Jagdrevier eine traditionsreiche Pferdezucht, die zu Goethes Zeit von Josias von Stein, dem Gemahl Charlotte von Steins, geleitet wurde. Goethe interessierte sich immer wieder einmal für diese „Stuterey“. Im Frühjahr 1800 bemühte er sich um ein Pferd aus Allstedt für seine Kutsche, die er sich wenige Monate vorher zugelegt hatte.
Während seiner mehrtägigen Aufenthalte von 1778 und 1779 in Allstedt fand Goethe reizvolle Motive für Zeichnungen, die er an Charlotte von Stein nach Weimar schickte. Im Allstedter Schloß konnte er zudem in

Blick zum hochgelegenen burgähnlichen Schloß Allstedt.

Ruhe an der „Iphigenie“ arbeiten. Zum letztenmal übernachtete Goethe im Allstedter Schloß, als er im April 1802 nach Lauchstädt fuhr. Dort wurde zu dieser Zeit unter seiner Mitwirkung ein neues Theater gebaut. Vier Jahre später, als Weimar in den Kriegswirren von 1806 durch napoleonische Truppen geplündert wurde, ließ Goethe die fürstliche Münzsammlung im entfernten Allstedt in Sicherheit bringen.
Eine weitere Verbindung Goethes zum nordthüringischen Städtchen war durch den langjährigen Ministerkollegen Christian Gottlob von Voigt gegeben, mit dem Goethe über Jahrzehnte dienstlich eng zusammenarbeitete, und dem er sich menschlich sehr nahe fühlte. Der Vater von Voigts war Amtmann in Allstedt.

» Kalbsrieth.

Tagebuch, 29. Mai 1776.
... in Kalbsrieth. Abends nach Alstädt.

An Charlotte von Stein Allstedt, 10. August 1778.
Gestern früh neune waren wir hier ... Wir (das sind neben Goethe noch der Herzog und der Kammerherr von Wedel) richteten uns ein und gingen Abends zu Stubenvolls (Familie des Oberforstmeisters) wo die Misels* von Kalbsrieth (also Sophie und Auguste von Kalb) waren ...
Jezt ists höchst schön von der Burg in's Thal. Der Herzog ist nach Kalbsrieth geritten.
Wenn ich frisirt bin und fertig, tusch ich erst das gestrige (Bild) aus dann ist unten am Teich ein besonder schön Fleckgen, das ich zu erhaschen suchen will.
...
Die Zeichnung bring ich mit.

* Misel: im Elsässischen die zärtliche Abkürzung für Demoiselle; miseln wurde von Goethe im Sinne von kokettieren gebraucht.

Blick aus dem Fenster auf das Stadttor, *tuschlavierte Bleistiftzeichnung (1778) von Goethe.*

Tagebuch, 9. März 1779.
Mit Castrop (Mitarbeiter in der Wegebaukommission) über Rastenb(erg) nach Alstädt ... den Weeg nach N(ieder) Röbling besehen. zu Stubenvoll (Oberforstmeister) Abends allein. Die drey Ackte (der „Iphigenie") zusammen gearbeitet.

Tagebuch, 10. März 1779.
Auslesung. zu Stubenvoll essen. N(ach) Tisch den Weeg nach den Hange Eichen besehn. Abends allein.

Tagebuch, 11. März 1779.
Die Stuterey besehen ... Nach Kalbsrieth der Strase Wegen. Abends allein.

An Johann Carl Gottlieb Henzen Weimar, 18. Mai 1800.
Es ist Ihnen, mein werther Herr Stutereyinspector ... schon bekannt, daß mir ein Kutschpferd lahm geworden und daß ich ein anderes an dessen Stelle anzuschaffen wünsche.
Ich schicke daher meinen Kutscher mit dem guten Pferde und frage hiermit an: ob Sie mir nicht ein gleiches zu verschaffen wüßten? Es wäre mir sehr angenehm wenn es der Kutscher gleich mit hierher bringen könnte. Wegen der Güte des Pferdes verlasse ich mich auf Ihre Einsicht, so wie ich einen billigen Preis hoffen kann ...

An Herzog Carl August Zwischen 19. und 26. Oktober 1806.
Bald hätte ich vergessen zu sagen daß das Münzkabinett in der Angst der letzten Tage nach Alstedt geflüchtet ward. Auch darnach war große Nachfrage. Nun kann es zurückkehren und soll hoffentlich Sie an Ort und Stelle begrüßen.

Tagebuch, 18. Juni 1817.
Nachrichten von der Allstädter Stuterey und Pferdezucht überhaupt ...

Goethe,
anonyme Radierung (1777/78).

Altenburg

Herzogtum Sachsen-Gotha-Altenburg (Nebenresidenz), 1826 Herzogtum Sachsen-Altenburg (Residenzstadt)
Landkreis Altenburger Land (Kreisstadt)

Gothaischer Hof gut ...

Im Herbst 1810, auf der Rückreise von den böhmischen Bädern, kam Goethe erstmals nach Altenburg, wo er aber nur eine Mittagsrast einlegte, um schon „nach Tische" ins nahe Löbichau weiterzufahren. Auch 1813 nahm er, von Teplitz und Dresden kommend, seinen Weg über Altenburg, kehrte im „Gothaischen Hof" ein, interessierte sich aber nicht weiter für die Stadt. Das blieb auch später so, obwohl es verschiedene Zeugnisse von Kontakten nach Altenburg gibt. Auch das Weimarer Hoftheater, dem Goethe vorstand, hatte Verbindungen zur Bühne in Altenburg. Goethe selbst korrespondierte mit dem Schriftsteller Ernst Schubert, der auch für die Weimarer Bühne Stücke schrieb. Außerdem stand er mit dem der späteren Residenzstadt eng verbundenen sachsengothaischen Minister Bernhard August von Lindenau in brieflichem Gedankenaustausch.
Ein nicht näher zu bestimmendes Dorf in der Nähe von Altenburg spielte 1823 auf der Suche nach zwei, mit Mineralien gefüllte Kisten eine Rolle. Sie waren auf dem Wege von Karlsbad nach Thüringen, vermutlich wegen des großen Stadtbrandes in Hof, auf unbekannter Tour unterwegs und trafen erst sehr verspätet in Weimar ein.

» Gera, Löbichau.

***Blick zum Altenburger Residenzschloß**, das Goethe mit keinem Wort erwähnt hat.*

Tagebuch, 29. September 1810.
Früh von Chemnitz über Penig nach Altenburg. Zu Mittag gegessen. Nach Tische auf Löbichau ...

Tagebuch, 18. August 1813.
Von Waldheim um 5 Uhr. Von Rochliz 8 1/2 ... Altenb.(urg) Gothaischer Hof gut ...

Tagebuch, 3. April 1819.
Brief an Präsident Baron von Lindenau nach Altenburg ...

An Georg Friedrich Conrad Ludwig von Gerstenbergk*

Weimar, 1. Dezember 1823.

Ew. Hochwohlgeboren
erlauben, daß ich in einer kleinen, aber für mich bedeutenden Angelegenheit Dieselben um gefällige Mitwirkung anspreche; Ihre so genauen als ausgebreiteten Bekanntschaften im Altenburgischen geben mir das Zutrauen, daß ich auf keinem Wege besser und schneller zu meinen Wünschen gelangen könne; wie denn Ihre erprobte Gefälligkeit mir hiezu den Muth gibt ...
Unterzeichneter ließ, Donnerstag den 11. September, als er von Eger abging, zwey wohlbepackte Kisten Mineralien ... stehen, mit der Anordnung: daß solche durch irgend einen Fuhrmann ... zu weiterer Spedition abgeliefert werden sollten. Gedachter Gastwirth übergab auch einem Fuhrmann ... solche bald darauf, welcher aber, anstatt sie obgemeldtermaßen abzuliefern, sie auf einer Fahrt nach Leipzig mitnahm und sie im Dorfe *Hessen** vor Altenburg* im Wirthshause stehen ließ, da der Wirth ihm versprach, sein Schwiegersohn solle sie sicher nach Weimar bringen.
(...)
Mein dringender Wunsch wäre daher: ob sich nicht eine namhafte wohlwollende Person in Altenburg fände, die sich nach gedachten Kisten erkundigte, sie, mit Vorzeigung des Gegenwärtigen, an sich nähme und den Transport nach Weimar besorgte. Ich würde solches höchst dankbarlich erkennen, da gedachte Kisten die Resultate vieler geologischen Untersuchungen und manches wissenschaftlichen Unternehmens enthalten.

* Gerstenbergk war Regierungsrat in Weimar.
** In der Handschrift könnte es auch Heffen heißen; ein Dorf dieses oder ähnlichen Namens gibt es aber im Altenburger Land nicht.

An Joseph Sebastian Grüner* Weimar, 3. Dezember 1823.

Ew. Wohlgeboren
habe leider zu vermelden, daß es mit den beiden Kisten eine sehr unangenehme Sache zu werden scheint; niemand will von einem Dorfe Hessen in der Nähe von Altenburg etwas wissen. (...)

* Grüner war Polizeirat in Eger, wo die Kisten abgeschickt worden waren.

APOLDA

Herzogtum bzw. 1815 Großherzogtum Sachsen-Weimar-Eisenach
Kreis Weimarer Land (Kreisstadt)

... ein volkreiches und nahrhaftes Städtchen.

Goethe hielt sich zwischen 1798 und 1802 öfter auf seinem Landgut in Oberroßla auf. In dieser Zeit kam er auch hin und wieder ins nahe Apolda, das ihm als Zentrum der Strumpfmanufaktur im Herzogtum als ein „volkreiches und nahrhaftes Städtchen" erschien. Vor mehr als zwanzig Jahren hatte er es in Begleitung seines Herzogs bei Vogelschießen und Jagdvergnügen kennengelernt, war aber bald auch auf die Schattenseiten des Alltags der zahlreichen Apoldaer Strumpfwirker aufmerksam geworden, die im Manufakturbetrieb dem großen Druck der Verleger ausgesetzt waren. Goethes Briefe aus Apolda zeigen, wie sehr ihn diese beklemmende soziale Situation beschäftigte. Seine späteren Bemühungen als Verantwortlicher für die Finanzen des Landes waren auf die Entlastung der Apoldaer Heimarbeiter gerichtet. Sie führten schließlich dazu, daß deren Grundsteuern abgeschafft wurden.
Dem „ambulirende(n) Poeta", der 1779 als Leiter der Kriegs- und Wegebaukommission - von Dornburg kommend - auch in Apolda Station machen mußte, fiel es schwer, sich dort neben den dienstlichen Obliegenheiten in Ruhe der Arbeit an der „Iphigenie" zu widmen. In einem Brief an Charlotte von Stein stehen die vielzitierten Worte: „Hier will das Drama gar nicht fort, es ist verflucht, der König von Tauris soll reden als wenn kein Strumpfwürcker in Apolde hungerte."

» Buttstädt, Dornburg, Jena, Oberroßla, Weimar.

***Der Apoldaer Marktplatz** im Jahre 1727, in der Bildmitte (mit Turm) das Rathaus, in dem Goethe oft Amtsgeschäfte abzuwickeln hatte.*

Tagebuch, 15. Juli 1776.
Vogelsch(ießen) zu Apolda. Christel pp ...

An Charlotte von Stein Weimar, 16. Juli 1776.
Sie fehlen mir an allen Ecken und Enden und wenn Sie nicht bald wiederkommen, mach ich dumme Streiche. Gestern auf dem Vogelschiesen zu Apolde hab ich mich in die Cristel von Artern verliebt ppp.

An Carl Ludwig von Knebel Apolda, 5. März 1779.
Ehrlicher alter Herr König ich muss dir gestehen dass ich als *ambulirender Poeta* sehr geschunden bin, und hätt ich die paar schönen Tage in dem ruhigen und überlieblichen Dornburger Schlössgen nicht gehabt so wäre das Ey (die „Iphigenie") halb angebrütet verfault.
Denn von hier an seh ich keine gute Hoffnung, vielleicht in Alstädt! Doch sind die guten Geister offt zu Hause wo man sie nicht vermuthet. Hier machen mich den ganzen Abend ein paar Hunde toll, die ich mit Befehlen und Trinckgeldern nicht stillen kan ...

An Charlotte von Stein Apolda, 5. März 1779.
Besser hätt ich gethan noch heut in Dornburg zu bleiben da wars schön, offen und ruhig. Hier ist ein bös Nest und lärmig, und ich bin aus aller Stimmung. Kinder und Hunde alles lärmt durch einander, und seit zwölf uhr Mittag lass ich mir schon vorerzählen von allen Menschen, eins ins andre, das will auch wieder theils vergessen, theils in sein Fach gelegt seyn. Mir ists auf dieser ganzen Wandrung wie einem der aus einer Stadt kommt wo er aus einem Springbrunnen auf dem Marckte lang getruncken, in den alle Quellen der Gegend geleitet werden, und er kommt endlich spazierend einmal an eine von diesen Quellen an ihrem Ursprung, er kann dem ewig rieselnden Wesen nicht genug zusehn und ergözt sich an denen Kräutern und Kieseln ...

Tagebuch, 5. März 1779.
Apolda ... Strumpfw.(irker) liegen an 100 Stühlen (von etwa 780) still seit der neujahrs messe. Manuf.(aktur) Coll.(egium) hilft nichts. - Armer Anfang solcher Leute leben aus der Hand in Mund der Verleger hängt ihnen erst den Stuhl auf, heurathen leicht. Sonst gaben die Verleger die gesponnene Wolle dem Fabrikanten iezt muss sie der Fabrikant spinnen oder Spinnen lassen und das Gewicht an Strümpfen liefern. Verlust dabey an Abgang Schmuz und Fett denn die Strümpfe werden gewaschen. Kann sie der Fabrikant nicht selbst durch die seinen spinnen lassen wird er noch obendrein bestohlen Sonst wog man die Strümpfe überhaupt und ein Paar übertrug das andre, iezzo werden sie einzeln gewogen und das schweerere Paar nicht vergütet vom leichtern Paar aber abgezogen.

An Charlotte von Stein Apolda, 6. März 1779.

Den ganzen Tag war ich in Versuchung nach Weimar zu kommen, es wäre recht schön gewesen wenn Sie gekommen wären. Aber so ein lebhafft Unternehmen ist nicht im Blute der Menschen die um den Hof wohnen. Grüsen Sie den Herzog und sagen ihm dass ich ihn vorläufig bitte mit den Rekrouten säuberlich zu verfahren wenn sie zur Schule kommen. Kein sonderlich Vergnügen ist bey der Ausnehmung, da die Krüpels gerne dienten und die schönen Leute meist Ehehafften (Befreiung vom Militärdienst) haben wollen.

...

Hier will das Drama gar nicht fort, es ist verflucht, der König von Tauris soll reden als wenn kein Strumpfwürcker in Apolde hungerte ...

Rekrutenaushebung. *6. März 1779, Bleistift, Feder mit Tusche, Tuschlavierung von Goethe; in der Szene ist vermutlich das Apoldaer Rathaus dargestellt. Die Zeichnung, entstanden während der Arbeit an der „Iphigenie", macht deutlich, wie die Amtspflichten des herzoglichen Kriegskommissars Goethes humaner Gesinnung widersprachen.*

Tagebuch, 25. Juli 1779.
... in der Nacht ward ein gewaltsam Feuer zu Apolda*, ich früh da ich's erst erfuhr hin, und ward den ganzen Tag gebraten und gesotten. d. Herzog war auswärts ... Verbrannten mir auch meine Plane, Gedancken, Eintheilung der Zeit zum theil mit. So geht das Leben durch bis ans Ende, so werdens andre nach uns leben. Ich dancke nur Gott dass ich im Feuer und Wasser den Kopf oben habe, doch erwart ich sittsam noch starcke Prüfungen ... Meine Ideen über Feuerordnung wieder bestätigt ... Der Herzog wird endlich glauben. Die Augen brennen mich von der Glut und dem Rauch und die Fussolen schmerzen mich.
Das Elend wird mir nach und nach so prosaisch wie ein Kaminfeuer. Aber ich lasse doch nicht ab von meinen gedancken und ringe mit dem unerkannten Engel ... Es weis kein Mensch was ich thue und mit wieviel Feinden ich kämpfe um das wenige hervorzubringen. Bey meinem Streben und Streiten und Bemühen bitt ich euch nicht zu lachen, zuschauende Götter. Allenfalls lächlen mögt ihr, und mir beystehen.

* Der Brand beeinträchtigte 12 von 26 Verlegern der Strumpfmanufaktur; einer von ihnen meldete z. B. einen Brandverlust von ca. 19 000 Paar Strümpfen. Die Not der Strumpfwirker war nach dem Brand noch größer als vorher.

Iphigenie in Tauris (1779).
Erste Prosa.
Erster Act. Dritter Auftritt.
Iphigenie. Thoas.
IPHIGENIE: Diana segne dich mit königlichen Gütern, mit Sieg und Ruhm und Reichthum und dem Wohl der Deinen, daß, der du unter vielen gnädig und freundlich bist, du auch vor vielen glücklich seist und herrlich!
THOAS: Der Ruhm des Menschen hat enge Gränzen, und den Reichthum genießt oft der Besitzer nicht. Der hat's am besten, König oder Geringer, dem's zu Hause wohl geht ...

WA I, 39, 331 f.

Schema der hiesigen Thätigkeit (vermutl. Nov. 1795).
in Künsten, Wissenschaften und andern Anstalten ...
Fabriken.
Strumpffabrik von ungefähr 1300 Stühlen, wovon 2/3 im Gange ...

WA I, 53, 490.

Tag- und Jahreshefte 1802.
Indessen hat das sogenannte Ländliche (auf dem Gut in Oberroßla), in einem angenehmen Thale, an einem kleinen baum- und buschbegränzten Flusse, in der Nähe von fruchtreichen Höhen, unfern eines volkreichen und nahrhaften Städtchens (also Apolda), doch immer etwas das mich Tage lang unterhielt.

WA I, 35, 142 f.

Arnstadt

Fürstentum Schwarzburg-Sondershausen (Unterherrschaft)
Ilmkreis (Kreisstadt)

... die Geschichte des Grafen Gleichen.

An der alten Verbindungsstraße zwischen Thüringen und Franken erheben sich im schönen Vorland des Thüringer Waldes zwischen Arnstadt und Gotha drei Burgen mit wechselvoller Geschichte. Die Mühlburg, ehemals im Besitz der reichen Handelsstadt Erfurt, war für die Sicherung der Verkehrswege wichtig; von der Wachsenburg aus machte eine Zeitlang eine adelige Räuberbande die Gegend unsicher, und die Burg Gleichen wurde von einem Grafengeschlecht genutzt, das von Gräfentonna gekommen war, sich dann Grafen von Gleichen nannte und dem Burgentrio seinen Namen gab.
Die Grafen von Gleichen genossen einen guten Ruf und waren weithin als Feinde der Raubritter bekannt. Einer von ihnen nahm unter Kaiser Friedrich II. an einem Kreuzzug teil. Ihm soll der Legende nach durch die Hilfe einer Sultanstochter die Flucht aus der Gefangenschaft und mit ihr zusammen die glückliche Heimkehr nach Thüringen gelungen sein. Zum Dank soll der schon verheiratete Graf die Türkin geheiratet und fortan mit zwei Ehefrauen friedlich auf seiner Burg gelebt haben.
Diese Geschichte fügte Goethe seinem 1775 entstandenen Schauspiel „Stella" ein. Für dessen spätere Aufführung auf dem Weimarer Theater

***Blick zur Veste Wachsenburg**, eine der „Drei Gleichen".*

wurden unter Schillers Einfluß die versöhnlichen Züge des Stückes gestrichen und das Ende tragisch gestaltet.
In späteren Jahren beschäftigte sich Goethe immer wieder einmal mit der Geschichte Thüringens. Er las verschiedene Chroniken und fand darin auch die Geschichte des Grafen von Gleichen wieder.

Italiänische Reise. Sicilien. Caltanisetta, 28. April 1787.
Übrigens hat die Gegend (in Sizilien) viel Ähnliches mit deutschen hügeligen und fruchtbaren Gegenden, z. B. mit der zwischen Erfurt und Gotha, besonders wenn man nach den Gleichen (bei Arnstadt) hinsieht.

WA I, 31, 175.

Tagebuch, 4. August 1816.
Abends Geschichte der Mittelzeit (des Mittelalters).*
Anarchie. Absurda.
Thür. Chronic.
pag. 263. welche jederzeit zwischen Maynz und Thüringen allerley Unwillen geseet und erwecket, auch oft auf der Straße Plackerey getrieben.
...
272. Ziehen mehr denn tausend Kinder aus Erfurt nach Arnstadt, richten Tanz und Spiel an. Wer sie geführt hätte weiß man nicht. 1237 ...

* Während der Kur in Tennstedt las Goethe „Becherer, neue Thüringische Chronic. Mühlhausen, 1601" und notierte daraus einige Textstellen.

Nicolai de Sighen Chronocon Thuringicum
Jena, den 4. November 1820.
(Beschreibung der Handschrift.)
... *Defecte*, als solche können die weißen Blätter und Seiten nicht gelten, die hie und da sich finden ... Auf solche leere Blätter ... ist von späterer Hand die Geschichte des Grafen von *Gleichen* in lateinischer Sprache eingeschrieben mit zwei lateinischen Noten von noch späteren Händen ...
Sighen (gemeint ist Nikolaus von Siegen) war ein Mönch im funfzehnten Jahrhundert, welcher um das Jahr 1490 in dem Benedictinerkloster auf dem Petersberge zu Erfurt lebte.

WA I, 42.1, 12ff.

Artern

Kurfürstentum Sachsen, 1815 Königreich Preußen
Kyffhäuserkreis

Fossile brennbare Materialien
... am häufigsten bei Artern.

Mit der Unstrutstadt Artern ist Goethes Name ganz ursprünglich verbunden. Von Großeltern und Mutter wußte er, daß seine Vorfahren väterlicherseits aus dem nördlichen Thüringen stammten; seine eigenen Nachforschungen in dieser Hinsicht blieben jedoch erfolglos. So erfuhr er nicht, daß sein Urgroßvater Hans Christian Göthe (1633-1694) aus Berka bei Sondershausen kam und als Hofschmied, Zunftmeister und Ratsdeputierter in Artern lebte. Dessen Ehefrau Sybille Werner war die Tochter eines Lehrers, der 40 Jahre lang in Artern Elementarunterricht erteilte. Der Sohn dieses Ehepaares, Georg Friedrich Göthe, wurde Schneider und kam nach einem längeren Aufenthalt in Frankreich (wo sein Familienname die heutige Schreibung erfuhr) nach Frankfurt am Main. Dort ließ er sich als Schneidermeister und Gastwirt nieder und erwarb im Weinhandel ein beträchtliches Vermögen. Schließlich kaufte er mit dem „Weidenhof" einen der größten Gasthöfe auf der Zeil und heiratete eine Patriziertochter.

***Das Stammhaus der Goethes** in der heutigen Harzstraße Nr. 10 in Artern. – Auf der Gedenktafel ist zu lesen: „Goetheahnen beschlugen dereinst hier Pferden die Hufe, / während ihr Nachfahr durchs All prächtig das Pegasus ritt."*

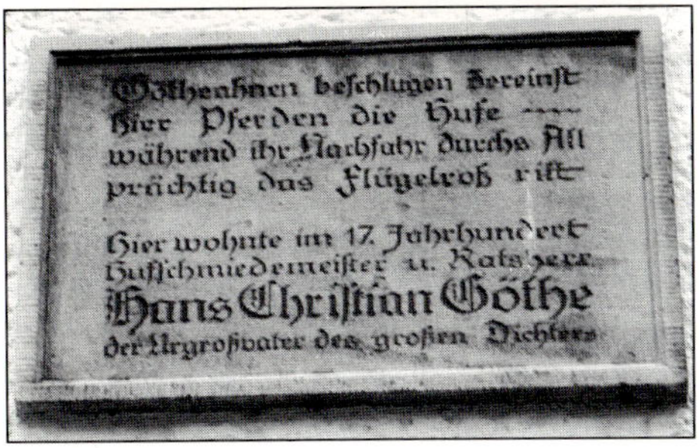

Als sich Goethe während seiner zweiten Harz-Reise in das Brockenstammbuch eintrug, fiel ihm nicht auf, daß am 23. Mai 1755 Johann Nicolaus Göthe aus Berka bei Sondershausen den höchsten Gipfel des Harzes bestiegen und sich ebenfalls eingetragen hatte. Beider gemeinsamer Ahnherr war Hans Göthe aus Berka bei Sondershausen.
In Goethes Äußerungen spielt Artern nur im Zusammenhang mit geologischen Erkundungen eine Rolle, die er als weimarischer Staatsbeamter anstellen ließ. Dabei ging es aus wirtschaftlichem Interesse um die Nutzung brennbarer Fossilien.

Schema zu einer Vorarbeit die fossilen brennbaren Materialien im hiesigen Fürstenthum betreffend (10. Dezember 1797)
(...)
3. Bituminoses Holz und Erde
liegt in mehr oder weniger grossen Massen im aufgeschwemmten Erdreich. In unserer Nachbarschaft befindet sich solches, soviel ich weiß, am häufigsten bei Artern, in welcher Gegend freilich die alten Wasser lange mögen gewirkt und das vom Vorderharze heruntergeschwemmte Holz versenkt haben, wie die Spuren des versteinten Holzes auf dem Kyffhäuser, in größerer Höhe, zu erkennen geben.
(...)
Ich erwarte, wie gesagt, daß wir erst genau erfahren, von welchem Puncte schon etwas bekannt ist. Man könnte nächstes Frühjahr unserm Bergrath Voigt eine Bereisung Thüringens zu diesem Endzwecke auftragen, und alsdann überlegen, wo mit einiger Wahrscheinlichkeit Versuche angestellt werden könnten.

An Johann Georg Lenz Weimar, 10. Dezember 1797.
Haben Sie, werthester Herr Professor, doch die Gefälligkeit mir anzuzeigen was Ihnen von fossilen brennbaren Materialien, es seyen Stein-, Braunkohlen, bituminose Erde oder Torf, in Thüringen, besonders in dem untern Theile der Thäler der Unstrut ... bekannt ist? und was man etwa schon auf den dazwischenliegenden Höhen gefunden hat? so wie auch unter welchen Umständen man die Fossilen antrifft?

Auerstedt

Herzogtum bzw. 1815 Großherzogtum Sachsen-Weimar-Eisenach
Kreis Weimarer Land (Bad Sulza)

Durch Thüringen
wurden die Wege noch schlimmer ...

Benutzte Goethe die alte Handelsstraße, die von Frankfurt a. M. nach Leipzig führte, kam er an der Poststation von Auerstedt vorbei. Zum erstenmal geschah dies im Oktober 1765, als sich der angehende Student auf dem Weg zur Universität in Leipzig befand und seine Kutsche in der Nähe von Auerstedt „bei einbrechender Nacht stecken" blieb.
Von Weimar aus fuhr Goethe im März 1776 zum erstenmal nach Leipzig. Wieder übernachtete er in Auerstedt, diesmal in Gedanken an die liebevoll umworbene Charlotte von Stein. Später, als Weimarer Staatsbeamter, kam Goethe immer mal wieder durch Auerstedt, so wenn er den Fürsten Franz von Anhalt-Dessau begleitete, der mit dem Weimarer Herzog befreundet war.
Einzelheiten über die „Kriegsbegebenheiten" der Schlacht bei Auerstedt von 1806 erfuhr Goethe während des Besuches der Niederroßlaer Kirchweih durch den Postmeister von Auerstedt.

» Cospeda.

Aus meinem Leben. Dichtung und Wahrheit
Zweiter Theil. Sechstes Buch.
Wir fuhren (1765 auf dem Weg nach Leipzig) ... eine Anhöhe hinauf, und wollten, ob es gleich finster war, doch lieber zu Fuße gehen, als uns der Gefahr und Beschwerlichkeit dieser Wegstrecke aussetzen ...
Durch Thüringen wurden die Wege noch schlimmer, und leider blieb unser Wagen in der Gegend von Auerstädt bei einbrechender Nacht stekken. Wir waren von allen Menschen entfernt, und thaten das Mögliche uns los zu arbeiten. Ich ermangelte nicht, mich mit Eifer anzustrengen, und mochte mir dadurch die Bänder der Brust übermäßig ausgedehnt haben; denn ich empfand bald nachher einen Schmerz, der verschwand und wiederkehrte und erst nach vielen Jahren mich völlig verließ ...

WA I, 27, 45 f.

Zweiter Theil. Achtes Buch.
Indem ich nun aber (in Leipzig) Winckelmanns Abscheiden gränzenlos beklagte, so dachte ich nicht, daß ich mich bald in dem Fall befinden würde, für mein eigenes Leben besorgt zu sein: denn unter allem diesem hatten meine körperlichen Zustände nicht die beste Wendung genommen ... Der Schmerz auf der Brust, den ich seit dem Auerstädter Unfall von Zeit zu Zeit empfand und der, nach einem Sturz mit dem Pferde, merklich gewachsen war, machte mich mißmuthig ... fuhr ich im September 1768 von Leipzig ab ...

In der Gegend von Auerstädt gedachte ich jenes früheren Unfalls; aber ich konnte nicht ahnen, was viele Jahre nachher mich von dorther mit größerer Gefahr bedrohen würde* ...

WA I, 27, 185 f., 195 f.

* Gemeint ist die Doppelschlacht von Jena und Auerstedt vom 14. Oktober 1806.

An Charlotte von Stein Auerstädt, 24. März 1776.
Nachts halb zwölfe Auerstät. Unter allerley Gedancken über Schicksaal und Grillen und träumen bin ich hier angekommen. Auf halbem Weege fand ich noch eine Orange in meinem Sack, und ob mir sie gleich sehr wohl that in der Nacht und dem Frost: so verdross michs doch dass ich sie Ihnen nicht mit den andern geben hatte. - ... Gute Nacht Engel, ich dencke mir dich iezzo schlafend.

Tagebuch, 9. Juni 1777.
F.(ranz) v.(on) Dessau fort. bis Auerst.(edt) ihn begl(eitet). zurück gegen 9.

An Charlotte von Stein 31. Juli 1784.
Ich war mit dem Fürst von Dessau in Auerstät heute Nacht ...

Tagebuch, 27. Oktober 1807.
... auf die Kirchweih nach Rossel (Niederroßla), wo außer den Kriegsbegebenheiten des vorigen Jahres und den speziellen Unheilsgeschichten wenig Unterhaltung war. Am bedeutendsten fand ich, was der Postmeister von Auerstedt erzählte. Es wäre der Mühe werth, ihn zu einem naiven persönlichen Aufsatze zu veranlassen.

(Bad) Berka

Herzogtum bzw. 1815 Großherzogtum Sachsen-Weimar-Eisenach
Kreis Weimarer Land

Von der Wirkung des Bades
kann ich nicht Gutes genug sagen ...

In den ersten Jahren seiner Weimarer Zeit war Berka für Goethe hauptsächlich Durchgangsstation auf seinen Reisen nach Ilmenau oder zum Gut Kochberg. 1776 besuchte er den Dichter Jakob Michael Reinhold Lenz dort. Längere Aufenthalte und engere Beziehungen zum Ilmstädtchen zwölf Kilometer südlich von Weimar ergaben sich erst Jahrzehnte später, als es um die Einrichtung eines Kurbades ging.
Der Mädchenschullehrer und Organist Heinrich Friedrich Schütz hatte auf Mineralquellen aufmerksam gemacht, die Herzog Carl August in der Hoffnung auf wirtschaftliche Belebung der Stadt und ihrer Umgebung als Heilquellen nutzen lassen wollte. Goethe wurde mit einem Gutachten beauftragt, das er nach eingehender Beratung mit Professoren der Universität Jena in Form eines ausführlichen „Promemoria„ vorlegte. Darin werden detaillierte Überlegungen zum Für und Wider der Einrichtung eines Kurbetriebes angestellt und alle möglichen Voraussetzungen und Folgen eines solchen Vorhabens erörtert. Trotz Goethes im einzelnen wohlbegründeten Bedenkens wurde das Heilbad am 24. Juni 1813 eröffnet; es erwies sich bald als unrentables Geschäft für den Erbprinzen Carl Friedrich, der die Verantwortung für das Unternehmen übernommen hatte. Da das Bad nun einmal existierte, bemühte sich Goethe um seinen Fortbestand; ein Brief an den Vertrauten Johann Heinrich Meyer dokumentiert Goethes Bitte um finanzielle Unterstützung durch die herzogliche Familie.
Am wirksamsten warb Goethe für den Kurort, indem er sich im Frühjahr und Sommer 1814 selbst zu einem sechswöchigen Kuraufenthalt nach Berka begab. Auch der Berliner Freund Carl Friedrich Zelter wurde eingeladen. Er brachte den Auftrag mit, anläßlich der Rückkehr des preußischen Königs aus den Befreiungskriegen ein Festspiel zu schreiben. Goethe nahm den Auftrag an und fand in Berka die nötige Ruhe und Sammlung für die Arbeit an „Des Epimenides Erwachen“. Auch als Jahre später, Ende 1818, ein „Maskenzug“ zu Ehren des Besuches der russischen Zarin zu dichten war, zog sich Goethe erneut für drei Wochen ins stille Berka zurück. In diesem Zusammenhang entstanden auch die Verse der „Ilme“ als Huldigung an einen Fluß, an dessen Ufern so viele poetische Werke der Klassik entstanden waren.
In Berka hatten sich inzwischen freundschaftliche Bindungen an den Badeinspektor Schütz herausgebildet, die bis zu dessen Tod anhielten und von Goethe gern gepflegt wurden. Im Tagebuch ist der sehr geschätzte „Sumpfkönig“ Schütz - wegen der Schwefel-Schlammbäder so genannt - etwa 125 Mal erwähnt. War Goethe nach seiner Kur in Berka, speiste er in der Regel bei Schütz und übernachtete auch wiederholt bei

ihm. Umgekehrt war Schütz oft im Haus am Frauenplan zu Gast; auch nach Jena wurde er mitgenommen und in die dortige Gesellschaft eingeführt. Goethe unterhielt sich mit Schütz über die verschiedensten Themen, die das Bad, den Ort oder das Land betrafen, wie das Tagebuch ausweist. Es dokumentiert zugleich, daß Schütz häufig, während der Kur fast täglich, auf dem Klavier vorspielte und Goethe vor allem mit den Werken des damals wenig bekannten Johann Sebastian Bach vertraut machte. Auch wenn Schütz in Weimar war, ließ sich Goethe oft stundenlang vorspielen. Der Organist aus Berka förderte durch sein Vorspiel Goethes dichterische Stimmung und poetische Kreativität.
Als er 1816 bei einem verheerenden Stadtbrand alle seine Noten verlor, kümmerte sich Goethe um die Beschaffung neuen Notenmaterials. Weihnachten 1818 erhielt Schütz die Ausgaben von Bachs „Chorälen" und vom „Wohltemperierten Klavier" vom Dichter geschenkt.

***Heinrich Friedrich Schütz**, Kreidezeichnung (1825) von Joseph Schmeller.*

Tagebuch, 17. Juli 1776.
Abends nach Berka*. Lenz. Einsamkeit. Schweigen.

* Auf dem Weg nach Ilmenau übernachtete Goethe in Berka. Dort hielt sich seit dem 27. Juni 1776 Jakob Michael Reinhold Lenz auf, der Anfang April in der Hoffnung auf eine Position nach Weimar gekommen war, sich aber bald wegen Konflikten mit der höfischen Etikette in die Berkaer Einsamkeit zurückgezogen hatte.

An Johann Heinrich Merck Ilmenau, 24. Juni 1776
Lenz ward endlich gar lieb und gut in underm Wesen, sitzt jetzt in Wäldern und Bergen allein, so glücklich er seyn kann
...

Tag- und Jahreshefte 1812.
Sogenannte Schwefelquellen in Berka an der Ilm, oberhalb Weimar gelegen, die Austrocknung des Teichs, worin sie sich manchmal zeigten, und Benutzung derselben zum Heilbade, gab Gelegenheit geognostische und chemische Betrachtungen hervorzurufen. Hierbei zeigte sich Professor Döbereiner auf das lebhafteste theilnehmend und einwirkend ...

WA I, 36, 79.

Tagebuch, 30. Oktober 1812.
Fahrt mit August nach Berka, um die dortigen Schwefelquellen zu betrachten.

An Christian Gottlob von Voigt Jena, den 9. November 1812.
Durchl.(aucht) der Herzog munterte mich neulich auf, nach Berka an die Schwefelwasser zu gehen. Durchl.(aucht) der Erbprinz (Carl Friedrich) verlangten meine Gedanken über eine dort anzulegende Badeanstalt. Ich habe die Sache durchgedacht, mit Prof. Kieser und Döbereiner* durch gesprochen und hoffe bey meiner Rückkunft ein gedrängtes Promemoria zu überreichen. In solchen Fällen ist Klarheit höchst nöthig, man mag ein solches Anerbieten der Natur aufnehmen oder ablehnen.

* Beide waren Professoren an der Universität Jena.

WA IV, 51, 332.

Kurze Darstellung einer möglichen Bade-Anstalt zu Berka an der Ilm, auf gnädigsten Befehl Ihro Durchlaucht des Erbprinzen von Sachsen-Weimar versucht von J. W. v. Goethe.
Ihre Durchl.(aucht) der Herzog hatten die Gnade, mich vor einiger Zeit zu einer Tour nach Berka aufzufordern, um die daselbst in dem abgelassenen Teiche bemerkten Schwefelwasser näher zu betrachten. Ich verfügte mich auch am 30. October dahin, erneuerte meine, beynah dreyßig Jahre unterbrochne, geologische Bekanntschaft mit der Gegend aufs beste, besah die Lage der hie und da in Gruben gesammelten Teichwasser, beging den Schloßberg, und kehrte sodann von dieser vorbereitenden Excursion zurück ...
Hiernach werden wir allerdings zu einer prüfenden Überlegung aufgefordert, indem nicht nur ein solches, in unserm Bezirk seltenes Wasser manchem inländischen Leidenden heilsam werden, sondern auch Fremde zu Benutzung dieser Vortheile und zu Belebung der Gegend anlokken könnte.
Doch darf man sich die Wichtigkeit und die Schwierigkeit eines solchen Unternehmens ja nicht verbergen ... die bey genauerer Betrachtung des Geschäftes aus demselben hervortreten. Sie lassen sich in zwey Hauptfragen zusammenfassen: Ob nämlich die bemerkten und beobachteten Wasser dergestalt nachhaltig seyen, daß man einen beständigen Zufluß auch für die Zukunft hoffen und eine wichtige Anstalt darauf gründen könne? Sodann aber, ob ihr bis jetzt bekannt gewordenes Maaß hinreichend sey, eine proportionirte Anzahl Bäder gehörig zu versorgen?
(...)
Jena, 22. November 1812.

WA II, 13, 325.

Tagebuch, 16. Januar 1813.
Geologie der Berkaischen Gegend und Fahrt nach Berka ... Unterhaltung mit dem Organisten (Schütz).

Tagebuch, 30. März 1813.
Um 10 Uhr nach Berka, das Badehaus ward eingerichtet in Gegenwart der Herrschaft (also der herzoglichen Familie und der Regierung).

An Friedrich von Müller* (Weimar), 12. März 1814.
... sende den Berkaischen Badeinspecktor (Schütz) welcher diesem Orte zu allgemeinem Besten und zu Förderung der Badeanstalt eine neue Raths Verfassung wünscht. Haben Sie die Güte sich von ihm die Verhältnisse vorlegen zu lassen und darüber nachzudencken. Es wird Ihnen ein leichtes seyn dieses einfache Landstädtchen zu doppelt wünschenswerthem Zweck zu organisiren.

* Friedrich von Müller war zu dieser Zeit weimarischer Staatsbeamter, später wurde er Kanzler.

***Goethe**, Ölgemälde (1814) von Karl Joseph Raabe.*

An Carl Friedrich Zelter Weimar, 22. April 1814.
Wir haben einige Stunden von hier, in einer angenehmen Gegend, ein Schwefelbad eingerichtet, von dem ich für meine gichtischen Zustände viel Gutes hoffe. Habe ich es 4 - 6 Wochen gebraucht, so erhältst du Nachricht ob es wirksam genug sey, daß ich dich dahin einladen könne.

An Johann Heinrich Meyer Berka, 18. Mai 1814.
In Berka hier ist es so still und friedlich, als wenn seit hundert Jahren, und hundert Meilen weit kein Kriegsgetümmel existirte. Der Tag ist so lang daß er manchmal langweilig wird, ...

An Carl Ludwig von Knebel Berka, 18. Mai 1814.
Aus meiner dießmaligen Frühlings-Einsamkeit an der Ilm darf ich nicht versäumen dir zu schreiben. Der Aufenthalt ist hier sehr angenehm, und bis jetzt äußerst stille ...

An Christian Gottlob von Voigt Berka, 22. Mai 1814.
Von der Wirkung des Bades kann ich nicht Gutes genug sagen, ich werde es mit aller Aufmerksamkeit brauchen, denn es wäre höchst merkwürdig, wenn man zu seinen Zwecken gelangen könnte ohne gerade die weite Welt zu suchen.

An Johann Wolfgang Döbereiner Weimar, 2. Juli, 1814.
Mein siebenwöchentlicher Aufenthalt in Berka hat unsere früheren Überzeugungen gleichfalls bey mir bestätigt, und ich habe leider nur allzuoft bedauern müssen, daß die Grundsätze, nach denen das Bad angelegt worden, keineswegs mit der Natur übereinstimmen, ja daß man sich eine weitere Ausbreitung und Benutzung einer so merkwürdigen Naturanlage durchaus erschwert, wo nicht gar unmöglich gemacht hat.

Tagebuch, 26. April 1816.
Traurige Nachricht von dem früh 1 Uhr zu Berka ausgebrochenen schrecklichen Feuer ...

An Carl Friedrich Zelter Weimar, 3. Mai 1816.
Was willst du nun aber sagen, wenn ich dir erzähle, daß ich in diesen Tagen auch derb gedroschen worden bin. Das gute *Berka* an der Ilm ... ist vom 25. auf den 26. April von der Erde weggebrannt. Mit ungeheurer Geistesgegenwart und mit Hülfe von Wohlwollenden ist das Clavier gerettet ... ein gewaltsames bey einem Bäcker aufgetriebenes Feuer warf um halb zwölf in der Nacht die Flammen rings umher ...

Die Ilme

Wenn der Ilme Bach bescheiden
Schlängelnd still im Thale fließt,
Überdeckt von Zweig und Weiden
Halbversteckt sich weiter gießt,
Hört er öftermal die Flöte
Seiner Dichter treu und gut,
Wenn der Glanz der Morgenröthe
Auf der sanften Woge ruht.

Vieles ist an mir entsprungen,
Manches ward Euch dargebracht,
Und so ist es mir gelungen
Daß man mich zum Flusse macht.
Will ein Reisender mich sehen,
Wie die Donau, wie den Rhein,
Ich versteck' mich, lass ihn gehen,
Denn ich bin doch gar zu klein.

... WA I, 16, 301.

An Carl Friedrich Zelter Weimar, 4. Januar 1819.
Bei dieser Gelegenheit muß ich erzählen, daß ich, um die Gedichte zum Aufzug zu schreiben, drei Wochen anhaltend in Berka zubrachte, da mir denn der Inspector (Schütz) täglich drey bis vier Stunden vorspielte und zwar, auf mein Ersuchen, nach historischer Reihe: von Sebastian Bach bis zu Beethoven, durch Philipp Emanuel, Händel, Mozart, Haydn durch, auch Dussek und dergleichen mehr ...
Nun habe ich das *wohltemperirte Clavier*, so wie *die Bachischen Chorale* gekauft und dem Inspector zum Weihnachten verehrt, womit er mich denn bei seinen hiesigen Besuchen erquicken und, wenn ich wieder zu ihm ziehe, auferbauen wird.

***Das Mädchenschulhaus**, wo Schütz von 1805 bis 1829 wohnte und Goethe ihn besuchte, Fotografie (1900).*

Tagebuch, 28. März 1825.
Mittag Badeinspector Schütz von Berka. Erinnerung an bedeutende Menschen, die doch schon diesen kleinen Badeort besucht haben.

Tagebuch, 17. September 1826.
... mit Ottilien nach Berka gefahren. Spazieren in der Allee und sonstigen Räumen. Kam Herr Badeinspector Schütz. Wir frühstückten. Gingen in das neue (Kur-) Haus, wo wir mit Vergnügen verweilten. Waren um 2 Uhr zurück.

Blankenhain

Erzbistum/Kurfürstentum Mainz, 1802 Königreich Preußen,
1806 französische Verwaltung, 1813 Königreich Preußen,
1815 Großherzogtum Sachsen-Weimar-Eisenach
Kreis Weimarer Land

Kam das Schnitzwerk von Blankenhayn ...

Durch enge Kontakte zu den Brüdern Johann Sulpiz und Melchior Hermann Boisserée* angeregt, wuchs gegen 1815 Goethes Interesse an altdeutscher Kunst. In diesem Zusammenhang verfügte er die Bergung und Restaurierung mittelalterlicher Schnitzwerke, die unbeachtet an verschiedenen Orten Thüringens lagerten - so auch im Schloß und in der Kirche von Blankenhain. Goethes Absicht war es, die wertvollen Zeugen der Vergangenheit im restaurierten Zustand in der Kapelle auf der Wartburg aufstellen zu lassen, um das „Ritterschloß" auf diese Weise für „manchen Pilger" attraktiver zu machen. Schwager Christian August Vulpius wurde damit beauftragt, die gefährdeten Kunstwerke aufzuspüren und nach Weimar zu schaffen.
Nach ihrer Restaurierung standen noch 1817 einige der wertvollen Stükke im Gartenpavillon am Frauenplan; in die Kapelle auf der Wartburg indes gelangten sie nicht. Einige gehören heute zum Bestand der Weimarer Kunstsammlungen, von anderen ist der weitere Verbleib ungewiß.
In jungen Jahren war Goethe auf seinen Touren nach Ilmenau oder Großkochberg häufig durch Blankenhain gekommen; er hatte den Ort auch als Treffpunkt mit der geliebten Charlotte von Stein genutzt. Im Alter fuhr er mit dem Schlitten dorthin spazieren.

* Der Kölner Kaufmann und sein jüngerer Bruder kamen nach 1802 infolge der Säkularisierung von Klöstern und geistlichen Besitztümern mit der mittelalterlichen deutschen Kunst in Berührung und begeisterten sich für sie. Seit 1810 legten sie in Heidelberg, seit 1819 in Stuttgart Sammlungen mittelalterlicher Schnitzwerke an. Während einer Ausstellung solcher Kunstwerke 1811 hatte Goethe die kunstsinnigen Brüder kennengelernt und mit ihnen Freundschaft geschlossen.

An Christian Gottlob von Voigt Weimar, 27. November 1815.
Unterzeichnetem war längst bekannt, daß in Blankenhayn sich alte Schnitzwerke befänden, Heiligenbilder und andere kirchliche Gegenstände vorstellend ... Er ... gab daher dem Badeinspector *Schütz* zu Berka den Auftrag sich gelegentlich nach jenen Alterthümern zu erkundigen. Dieser bringt nunmehr die Nachricht, daß in dem herrschaftlichen Schlosse, in dem großen Saale, der nun als Stroh- und Heu-Magazin gebraucht wird, ein Flügelschrank sich vorfinde, worin drey große Figuren, an denen Vergüldung und Farbe sich noch ziemlich erhalten, unter dem Geströhde im Wust auf der Erde liegen ...
Da nun die ... Bilder offenbar zu den ältesten Kunstwerken gehören, welche sich vielleicht in Thüringen befinden, so ist es Pflicht darauf

aufmerksam zu machen. Sie müßten vor allen Dingen aus ihrem gegenwärtigen Zustande sorgfältig gezogen und ihre Beschaffenheit näher untersucht werden ...
Diese Gegenstände wären um desto erwünschter, als man sie zu Auszierung der Capelle auf der Wartburg brauchen und jenem Ritterschloß abermals eine analoge Zierde geben könnte.
Bey der gegenwärtigen Liebe und Leidenschaft zu den Resten der alten deutschen Kunst ist diese Acqusition von Bedeutung und die Wartburg wird künftig noch manchen Pilger mehr zählen ...

An Charlotte von Stein 19. September 1782.
Mein Vorschlag ist der du sollst mir Sonntags in Blanckenhahn (Blankenhain) begegnen. Ich ritte zu guter Zeit hinaus und fände dich, wir blieben den Tag zusammen und gingen Abends zurück. Ich kann nicht bis Michäl warten, und kann täglich weniger ohne dich seyn.
Auch kann ich nicht warten bis ein Bote kommt, ich schicke meinen Purschen zu Pferde der mag sich durch Wind und Wetter schlagen.

Tagebuch, 15. Dezember 1815.
Kam das Schnitzwerk von Blankenhayn ...

Tagebuch, 6. Februar 1829.
Um 11 Uhr nach Blankenhayn. Ottilie (die Schwiegertochter) entschloß sich nach einiger Weigerung mitzufahren.

Blick zum Blankenhainer Schloß.

Buchfart

Herzogtum bzw. 1815 Großherzogtum Sachsen-Weimar-Eisenach
Kreis Weimarer Land (Mellingen)

Kennst du die Burg, gegraben in bergigen Felsen ...

Ausfahrten durch das Ilmtal in südlicher Richtung waren stets reizvolle Unternehmungen der Weimarer Gesellschaft. Auch Goethe hat in den ersten Jahren seiner Weimarer Zeit daran teilgenommen und darüber berichtet. Dabei erwähnt er auch die alte Höhlenburg im Muschelkalkfelsen bei Buchfart. An sie erinnert er in Versen, die er dem Badeinspektor Schütz von Berka ins Stammbuch schrieb.

» Berka.

An Charlotte von Stein Weimar, 1. Mai 1778.
Ich dencke dass es Morgen sehr schön Wetter seyn wird wollten Sie die Partie nach Buffarth (Buchfart) mit der Herzoginn arrangiren. Wir nähmen etwa Herders den Prinzen (Constantin), Knebeln und Wedeln mit. Es müsste aber gleich ausgemacht werden wegen des Bestellens.
Der Herzog und Stein verstehn sich von selbst ...

An Charlotte von Stein Weimar, 2. Mai 1778.
Die Kinder werden viel von unserm fehlgeschlagnen Versuch auf die Vestung* zu erzählen haben.

* Gemeint ist die Ruine der vorgeschichtlichen Höhlenburg im Muschelkalkfelsen bei Buchfart, von der noch etwa 15 Felsenkammern existieren. Sie sind im Steilhang des Ilmufers eingehauen und befinden sich in der Höhe des eiszeitlichen Urflusses, der 22 bis 25 Meter höher dahinfloß als heute die Ilm. Demzufolge ist die Felsenburg schwer zugänglich.

Kennst du die Burg, gegraben in bergigen Felsen,
Der aus dem Tal hochragend zum Himmel emporstrebt?
Wellen der Ilm umspülen den Fuß ihr - die Zinne
Wählet zur Weide für seine Schafe der Hirt.

Zit. nach Ernst Leissling,
Das mittlere Ilmtal,
Rudolstadt 1966, S. 174.

Tagebuch, 14. Januar 1830.
Vielfaches Zerstreutes und Zerstreuendes ... Schuchardt (Goethes Sekretär) eine bey'm Abbrechen eines Hauses in Buchfart gefundene eiserne Maske bringend; sie scheint mit plastischem Verstande in Blech getrieben, wohlgebildete Züge darstellend.

Tagebuch, 1. Dezember 1831.
Den Holzvorrath bedenkend, der für den Winter noch hinreicht. Von einem Buchfarther Bauer Wellenholz vortheilhaft gekauft ...

Die Höhlenburg *am nördlichen Ilmufer bei Buchfart.*

Burgau

Herzogtum bzw. 1815 Großherzogtum Sachsen-Weimar-Eisenach
Stadt Jena

Spatzieren gefahren ... nach Burgau

Das Saaledorf Burgau, ganz nahe bei Jena, gehörte zu den Orten auf dem Lande, die auch in Weimar wohlbekannt waren und gern aufgesucht wurden.* Goethe selbst vermerkt in seinem Tagebuch zahlreiche Ausfahrten „gegen Burgau", oft in Begleitung Knebels, Schillers oder anderer Gesprächspartner. Mitunter wurde dort verweilt, denn es gab „einen guten Fisch" zu verzehren. Noch 1827 wird auf einer Spazierfahrt mit Eckermann deswegen dort eingekehrt.**

In den ersten Jahren seiner Amtstätigkeit führten Goethe ganz andere Anlässe nach Burgau. 1780 ging es darum, das dortige Gut für den Herzog zu erwerben, um die anliegende Straße nutzen und pflegen zu können; bis dahin war das Gut im Besitz mehrerer Fürsten. Fünf Jahre später gab es den Vorsatz, das Gut zu zerschlagen und einzelne Bauernwirtschaften einzurichten, damit die landwirtschaftlichen Erträge erhöht werden könnten. Dieser Versuch gelang nicht; eine durch den englischen Landwirtschaftsexperten Batty angeregte Reform kam nicht zustande, nicht zuletzt deswegen, weil schließlich auch Goethe allerlei Bedenken hegte.*** Dennoch gab es Veränderungen, die der Landökonomie zugute kamen: Das Straßen- und Wassergeleit wurde vom Gut getrennt und durch Beamte verwaltet; die benachbarten Wälder in der Ölknitzer und Untergneusaer Flur wurden der Forstwirtschaft unterstellt.

* Siehe „Die Lustigen von Weimar", S. 450.

** Bei Eckermann „Gespräche mit Goethe" ist zum 8. 10. 1827 zu lesen: „Ich dächte", sagte Goethe, „wir führen nicht zu Tisch nach dem ‚Bären' (Gasthof in Jena), sondern genössen den herrlichen Tag im Freien. Ich dächte wir gingen nach Burgau. Wein haben wir bei uns, und dort finden wir auf jeden Fall einen guten Fisch, den man entweder sieden oder braten mag. Wir taten es und es war herrlich ...", S. 568.

*** Zu Batty siehe S. 253.

» Jena.

***Die 500 Jahre alte Brücke**, auf der auch Goethe die Saale überquert hat, ist seit dem letzten Krieg eine Ruine.*

An Jakob Friedrich von Fritsch (Weimar), 6. März 1785.
Da ich auf einige Tage nach Jena gehe um die Zerschlagung des Gutes Burgau ... vorzubereiten ...

An Herzog Carl August Weimar, 15. März 1785.
Jemehr ich mir das Geschäft der Zerschlagung des Gutes Burgau bekannt mache, von desto größerer Wichtigkeit finde ich es, sowohl an sich, als in Absicht auf den Einfluß, welchen es in manche andere Angelegenheiten haben wird. Es kommen dabey verschiedene politische, juristische und ökonomische Betrachtungen vor, welche wohl zu erwägen sind, damit man, wenn das Geschäft angefangen oder gar beendigt worden, nicht alsdann erst Bedenklichkeiten zu heben und Hindernisse aus dem Wege zu räumen habe ...

Tagebuch, 14. Februar 1799.
Gegen Mittag Schlitten gefahren bis nach Burgau ...

An Christiane Vulpius Jena, 8. Februar 1799.
Wir waren bis Burgau gefahren und die Gegend sieht bey ihrer Mannigfaltigkeit auch in dieser Jahrszeit noch ganz freundlich aus.

Tagebuch, 2. Mai 1799.
Spatzieren gefahren mit Prof. Meyer nach Burgau ...

Tagebuch, 3. Mai 1799.
... kam gegen 11 Uhr ... Hofrath Schiller; mit letztem fuhr ich nach Burgau und durch die Leutra spatzieren ...

Tagebuch, 27. Juli 1800.
Abends Promenade über Burgau ...

Tagebuch, 4. Oktober 1820.
Zu Knebel, mit demselben spazieren gefahren auf Burgau ...

Tagebuch, 8. Oktober 1827
Wir fuhren nach Burgau. Trafen daselbst den Herrn General von Egloffstein. Speisten Fische und sonst weniges. Sahen einiges an Wasserbauten. Ferner bey sehr niedrigem Wasser Flößer mit Gefahr und Mühe das Wehr herabkommen ...

Bürgel

Herzogtum bzw. 1815 Großherzogtum Sachsen-Weimar-Eisenach
Saale-Holzland-Kreis

Das Amtshaus ist schön.

Goethe war am 26. Dezember 1775 erstmals in Bürgel. Er besuchte das Städtchen vom nahen Waldeck aus, wo er mit Freunden die Weihnachtstage verbrachte. Zuvor hatte er einen Diener zum Bürgeler Rektor geschickt, um eine Homer-Ausgabe auszuleihen. Am 24. Oktober 1776 kam er mit der Weimarer Hofgesellschaft, zu der auch Herzogin Anna Amalia gehörte, nach Bürgel. Am nächsten Tag ging es zur Jagd nach Waldeck. Jahrzehnte später übernachtete Goethe, von Dresden kommend, in Thalbürgel, ohne Zeit für die dortige Klosterkirche zu haben.

» Waldeck.

Aus meinem Leben. Dichtung und Wahrheit.
Vierter Theil. Zwanzigstes Buch.
Unter seinen (des Malers Georg Melchior Kraus) Zeichnungen fanden sich mehrere bezüglich auf die Wald- und Berg-Gegend um Bürgel.

WA I, 29, 171.

An Herzog Carl August Waldeck, 26. Dezember 1775.
Nach Bürgel geritten! Das Amtshaus ist schön. Wäre wohl einmal ein Sommerritt für Ihro Durchlaucht.

Tagebuch, 1. Oktober 1810.
Nach Tische (in Gera) mit 2 Pferden, über Köstritz bey finstere Nacht am neuen Gasthof in Thal Bürgel angelangt.

Tagebuch, 2. Oktober 1810.
Um 6 Uhr ausgefahren, nach Jena.

An Johann Georg Lenz 27. Juni 1821.
Der Torf (bei Bürgel) scheint von sehr guter Sorte, ich habe sogleich von dieser Entdeckung großherzoglicher Cammer Kenntniß gegeben, wohin eigentlich dieses Geschäft gehört.

Buttstädt

Herzogtum bzw. 1815 Großherzogtum Sachsen-Weimar-Eisenach
Landkreis Sömmerda

Nach Buttstädt geritten ...

Von alters her ist Buttstädt für seine Pferdemärkte bekannt. Auch Goethe interessierte sich für sie und ritt aus diesem Grunde einige Male in die nördlich von Weimar gelegene Stadt.
Im übrigen war Buttstädt eine der Stationen der großen Inspektionsreisen von 1779 und 1782, auf denen die Aushebung von Rekruten im Mittelpunkt stand. Briefliche Zeugnisse lassen erkennen, wie wichtig dem Staatsbeamten und Dichter der unmittelbare Kontakt zu den einfachen Menschen im Lande war. Sie zeigen zugleich, wie eng dienstliche Pflichten und poetisches Schaffen miteinander verbunden waren.

» Apolda.

Tagebuch, 31. Oktober 1777.
Auf den Buttstädter Jahrmarckt gefahren.

Tagebuch, 7. März 1779.
früh mit *Venus* (die Gräfin von Werthern) nach Buttstädt. Logis im Gleitsh.(aus) genommen.

An Herzog Carl August Buttstädt, 8. März 1779.
auf dem Rathhause.
Indess die Pursche gemessen und besichtigt werden will ich Ihnen ein Paar Worte schreiben. Es kommt mir närrisch vor da ich sonst in der Welt alles einzeln zu nehmen und zu besehen pflege, ich nun nach der Phisiognomick des Reinischen Strichmaases alle Junge Pursche des Lands klassifizire. Doch muss ich sagen dass nichts vortheilhaffter ist als in solchem Zeuge zu kramen, von oben herein sieht man alles falsch, und die Dinge gehn so menschlich dass man um was zu nuzzen sich nicht genug im menschlichen Gesichtskreis halten kan.
Übrigens lass ich mir von allerley erzählen, und alsdenn steig ich in meine alte Burg der Poesie und koche an meinem Töchtergen („Iphigenie auf Tauris“).

Tagebuch, 27. Juni 1779.
nach Buttstädt geritten mit Rath Reus über die Steuer Einnahme zu sprechen.

An Charlotte von Stein Buttstädt, 20. März 1782.
Beym Mittagsessen erzählten die Stadtvögte ... alte Geschichten wie sie sich im Kriege aus allerley Verlegenheit geholfen. Es ist mir auch im

Kleinen interessant zu sehen wie der Mensch sich wendet und dreht und sein Geschick gelten macht.
Nun will ich mich hinsetzen und einen alten Geschichtschreiber durchlesen damit Egmont endlich lebendig werde, oder auch wenn du willst daß er zu Grabe komme. Heute früh hab ich auch an Wilhelm Meister gedacht.

Tagebuch, 25. Juli 1802.
In der Apotheke in Buttstädt (auf der Rückreise von Lauchstädt) eingekehrt.

Tagebuch, 4. März 1826.
Großer Brand in Buttstädt ...

Tagebuch, 22. März 1826.
Mittag Professor Riemer, auch Dr. Weller ... Die Geschenke zu der Wohlthätigkeitslotterie für Buttstädt waren die Unterhaltung.

Tagebuch, 22. Juli 1826.
Oberbaudirector Coudray. Dr. Eckermann. Die neue Bürgerschule in Buttstädt besprochen ...

An Johann Heinrich Meyer Jena, 11. Juli 1820.
Ihrem Ermessen überlasse, mein Theuerster, bey dieser Gelegenheit ... leise zu sondiren: ob Ihro Hoheit (der Großherzog) nicht geneigt wären, für ein junges Landeskind etwas zu thun, dessen Ältern, durch das neue preußische Zollsystem verarmt, ihm nicht mehr Hülfe reichen können. Er heißt Gräfe, ist aus Buttstädt, hat die dortige Schule frequentirt.

Camburg

Herzogtum Sachsen-Gotha-Altenburg,
1826 Herzogtum Sachsen-Meiningen
Saale-Holzland-Kreis

... wo sich anmuthige Aussichten vorwärts und rückwärts zeigten.

Das Saalestädtchen liegt genau in der Mitte zwischen Jena und Naumburg. Goethe hat es am 16. Oktober 1776 zum ersten Mal gesehen, als er mit seinem Herzog von Dornburg aus an der Saale entlang ritt. Ihnen fiel vor allem der Bergfried der Camburg auf. Goethe hielt seinen Eindruck in einer Bleistiftzeichnung fest und schlug vor, das Wahrzeichen des Städtchens öffentlich zugänglich zu machen, was allerdings erst 1877 aufgegriffen wurde. Noch einmal kam Goethe 1828 von Dornburg aus hierher; es war sein letzter Ausflug ins Saaletal.

» Dornburg.

Tagebuch, 9. September 1828.
Fuhr mit Dr. Stichling den Weg nach Camburg, wo sich anmuthige Aussichten vorwärts und rückwärts zeigten. Der Himmel hatte sich völlig überwölkt.

Der Bergfried der Camburg.

Coburg

Herzogtum Sachsen-Coburg und Saalfeld (Residenzstadt), 1826 Herzogtum Sachsen-Coburg und Gotha (Residenzstadt)
Landkreis Coburg (Kreisstadt), Regierungsbezirk Oberfranken, Freistaat Bayern

Heute früh werde ich auf die Feste fahren ...

Mit dem Eintritt ins Geheime Consilium des Herzogtums Sachsen-Weimar und Eisenach im Sommer 1776 begann Goethes Verantwortung für die Universität Jena, zu deren Nutritoren auch Herzog Ernst Friedrich von Sachsen-Coburg und Saalfeld gehörte. In den ersten Jahren standen Berufungen und Besoldungen von Professoren im Mittelpunkt, später verlagerte sich der Schwerpunkt von Goethes Tätigkeit auf die Unterstützung einzelner Wissenschaftsdisziplinen durch die Beschaffung von Sammlungs- und Anschauungsmaterial für die naturwissenschaftlichen Kabinette. Beide Aspekte spiegeln sich in Goethes Beziehungen zu Coburg wider.
Als 1782 theologische Lehrstühle zu besetzen waren, kam Goethe während seiner diplomatischen Reise in alle thüringischen Höfe auch nach Coburg, um im Auftrag seines Herzogs an Ort und Stelle zu verhandeln. Bei der Gelegenheit interessierte er sich wie immer für „Gegenden und Menschen“ und besuchte auch die „Marmel-Mühle“ (wo Murmeln geschliffen wurden) des Mitglieds des Coburger Geheimen Ratskollegiums und bewunderten Idyllendichters („Wilhelmine“) Moritz August von Thümmel beim Kammergut Oeslau. In Briefen an Charlotte von Stein wird darüber berichtet.
In späteren Jahren vermittelte Goethe hin und wieder zwischen dem Coburger und dem Weimarer Herzog, insbesondere als es um den Austausch interessanter geologischer Funde ging. Selbst während eines Aufenthaltes in den böhmischen Bädern im Sommer 1822 beschäftigte sich Goethe mit einer Coburger Gesteinsfolge seiner Mineraliensammlung.
Im übrigen kam Goethe nach seinem mehrtägigen Aufenthalt von 1782 nur noch zweimal kurz auf der Durchreise nach Coburg – 1788 auf der Rückreise aus Italien und 1790 auf der Fahrt nach Venedig.
Goethes positive Eindrücke von Coburg stammen vor allem aus den Erzählungen seines Vaters. Johann Caspar Goethe war von 1725 bis 1730 Schüler an dem von Herzog Johann Casimir 1605 gegründeten und nach ihm benannten Coburger Gymnasium Casimirianum, seinerzeit eines der vorzüglichsten nicht nur in Thüringen. Im Laufe der Zeit kamen allerdings auch weniger gute Eindrücke und Erfahrungen hinzu, wie sie mit den Problemen Thüringer Kleinstaatlichkeit auch in bezug auf Coburg zu erleben waren. Darauf bezieht sich das „Gespräch zwischen Schildwache und Freund Hain am Coburger Thor“.

→ Gotha, Hildburghausen, Meiningen, Rudolstadt.

An Carl Ludwig Knebel Coburg, 13. Mai 1782.

Ich habe hier zu thun ... Die schönen Tage haben mich neu belebt, ich bin zu Pferde über Gotha Meiningen Hildburghausen hierher gegangen, und werde über Rudolstadt zurück gehn und also alle Thüringischen Höfe auf einmal besuchen.

An Charlotte von Stein Coburg, 14. Mai 1782.

Nun rücke ich nicht weiter, und übermorgen näher zu dir. Ich lasse mich nirgends halten und gehe zur gesetzten Stunde weg. Es ist gar artig eine Reihe Phisiognomien von Städten und Höfen zu sehn, ieder Hof hat einen dezidirten eignen Charackter der sich von oben herein bildet. Ich verspreche dir eine Reihe Schilderungen die dir gefallen sollen.

An Charlotte von Stein Coburg, 15. Mai 1782.

Nun wäre ich auch hier so weit fertig, will mich heute nach Gegenden und Menschen umsehen und morgen in die Gebürge reiten.

Gestern war es ein schöner Anblick als ich mit der (Coburger) Herrschafft ausfuhr auf einmal die ganze Gegend grün zu sehen. Es hatte in Einer Nacht sehr starck getrieben. Es fehlt nichts als daß du nicht da bist, die Landschafft ist auserordentlich schön.

Heute früh werde ich auf die Feste (d. i. die Veste Coburg) fahren ...

(...)

Die Aussicht von der Vestung ist sehr schön und ich habe einen angenehmen Morgen gehabt, es wird mit Gewalt grün, und des armen Menschen Freude, wenn wieder einmal etwas iung wird, ist gar gros, weil er doch selbst immer altert.

Heute fahren wir noch auf eine *Marmel* Mühle von Thümmeln ...

***Blick zur Veste Coburg**, zu der Goethe am 15. 5. 1782 hinauffuhr. Von dieser berühmten Burg aus hat Martin Luther vom 23. 4. bis 4. 10. 1530 den Augsburger Reichstag verfolgt; dort hat er den „Sendbrief vom Dolmetschen" und die Fabeln (den sog. „Coburger Äsop") geschrieben.*

Aufgang zur Veste, *im Bild die Steinerne Kemenate und der Torturm.*

Tagebuch, (14.) März 1790.
... die Lage von Coburg ist angenehm wegen dem schönen und fruchtbaren Itzgrund, worin es liegt.

Mineralogie von Thüringen und angränzender Länder
Der Berg, worauf die Coburger Festung stehet, ist Sand, und zwar ragen oben kleine, sehr grobkörnige Felsen heraus, welche äußerst hart sind, wie alle Felsen dieser Art an der Luft werden.

WA II, 10, 136.

Tag- und Jahreshefte 1807.
Nun aber schloß sich mir (in Karlsbad) ein neuer Kreis auf ... Der Herzog von Koburg (d. i. Ernst I.) zeichnete sich aus durch schöne Gestalt und anmuthig würdiges Betragen.

WA I, 36, 17.

Aus meinem Leben. Dichtung und Wahrheit
Erster Theil. Erstes Buch.
Vorfälle ... unterbrachen doch nur wenig den Gang und die Folge des Unterrichts, den der Vater selbst uns Kindern zu geben sich einmal vorgenommen. Er hatte seine Jugend auf dem Coburger Gymnasium zugebracht, welches unter den deutschen Lehranstalten eine der ersten Stellen einnahm. Er hatte daselbst einen guten Grund in den Sprachen und was man sonst zu einer gelehrten Erziehung rechnete, gelegt.

WA I, 26, 44.

An Johann Georg Lenz Weimar, 26. November 1816.
... habe zwey Aufträge Serenissimi durch Gegenwärtiges zu melden. Da nämlich unter den sehr schönen Massen Coburger Holzsteines kein grünes sich befunden, wünschen Höchst Dieselben das unter ihrem Beschluß Befindliche mit dem Hierhergekommenen zu confrontiren. Im Kurzen soll es wieder an Ort und Stelle seyn.

An Johann Georg Lenz Weimar, 22. Dezember 1816.
Ich wünsche eine recht genaue Nachricht von der Auffindung unseres Cölestins, dessen Vorkommen, Kennzeichen und Abänderungen. Der Aufsatz soll auf Serenissimi Befehl an den Erzherzog Johann gesendet werden, machen Ew. Wohlgebohren deshalb denselben recht stattlich und gelehrt.

Tagebuch, 3. September 1824.
Herr Staatsminister von Gersdorff war morgens bey mir gewesen, hauptsächlich die Coburger Geschichte* erzählend und berichtigend.

* Damit ist die vorgesehene und 1826 erfolgte Gründung des Doppelherzogtums Sachsen-Coburg und Gotha gemeint. Nach dem Tod des letzten Gothaer Herzogs wurde eine Neugliederung einiger thüringischer Herzogtümer notwendig. Dabei wurden Gotha und Coburg in Personalunion vereinigt und das Saalfelder Herzogtum zwischen Coburg und Meiningen aufgeteilt, während das vormals zu Gotha gehörende Altenburg selbständig wurde. Sachsen-Weimar war an diesem Erbvergleich nicht beteiligt.

Gespräch zwischen Schildwache und Freund Hain am Coburger Thor

Mit einem Bilde von Kraus für Musäus*

SCHILDWACHE: Wer da?
FREUND HAIN: Ich bin Freund Hain.
Lass' er mich herein!
SCHILDWACHE: Er sieht so hager und so bleich,
Eher einem Todten als einem Lebenden gleich;
Er kommt von keinem gesunden Ort,
Zeig' er mir erst seinen Passeport.
FREUND HAIN: Mein Paß ist diese Sense hier,
Thür, Thor und Schlagbaum öffnet sie mir.
Mich hält in meinem raschen Lauf
Selbst eine Armee en front nicht auf.
Will er mich noch weiter schikaniren,
Werd' ich über ihn wegmarschiren,
Kein lautes Wörtchen mit ihm sprechen,
Den Kieler Wandrer an ihm rächen.

WA I, 5.1, 38-39.

* Das Gedicht bezieht sich auf ein Erlebnis, über welches der in Weimar lebende Märchendichter Johann Karl August Musäus in seinem Aufsatz „Lästige Polizeianstalten ..." (Kielisches Magazin, 2. Stück 1785) berichtete. Ihm war die Rückkehr nach Coburg verweigert worden, weil er seinen Paß im Gasthof vergessen hatte. Goethe ließ die Anekdote von Georg Melchior Kraus zeichnen.

Cospeda

Herzogtum bzw. 1815 Großherzogtum Sachsen-Weimar-Eisenach
Stadt Jena

Spaziergang nach dem Napoleonsberg ...

Während der Tage des Erfurter Kongresses 1808 besuchte Kaiser Napoleon am 7. Oktober die Hochfläche bei Cospeda, um sich am Ort seines Sieges über Preußen feiern zu lassen. Aus diesem Anlaß war ein kleiner Tempel errichtet worden, der jedoch bald wieder abgebaut wurde. Nachdem Goethe am 26. Oktober den Napoleonsberg von Jena aus bestiegen und den Tempel besichtigt hatte, berichtete er Frau Christiane darüber.
Immer wieder einmal begab sich Goethe auf das Schlachtfeld, „wo die Schlacht am 14. October 1806 vorgefallen", auch von Weimar aus, als er Sohn August im benachbarten Kapellendorf besuchte, der dort 1810/11 nach dem Studium in Jena im Rentamt eine praktische Ausbildung als Akzessist absolvierte.

Der Napoleonsberg *von Abend her d. 7. Oct. 1808, Radierung (1808) von Jacob Roux.*

Tagebuch, 23. Mai 1807.
Bey Major von Hendrich (in Jena) zu Tische. Nachher mit ihm und Knebel auf das Schlachtfeld (bei Cospeda) gefahren* ...

* Bei dieser Gelegenheit entstand die eigenhändig datierte Zeichnung „Jenaer Schlachtfeld vom 14. Oktober 1806".

Tagebuch, 21. November 1807.
Spaziergang nach dem Napoleonsberg (der Windknollen bei Cospeda) bey der Papiermühle herunter ...

Tagebuch, 26. Oktober 1808.
Auf den Napoleonsberg ... Über die Papiermühle zurück (nach Jena) ...

An Carl Friedrich Zelter Weimar, 30. Oktober 1808.
Verzeihen Sie, wenn ich über die neuesten Begebenheiten (Fürstenkongreß in Erfurt) nicht mehr schreibe. Verwundern werden Sie sich schon beym Lesen der Zeitungen, wie diese Fluth von Mächtigen und Großen der Erde sich bis nach Weimar, bis auf das Schlachtfeld von Jena gewälzt. Ich enthalte mich nicht Ihnen einen merkwürdigen Kupferstich beyzulegen. Der Punct wo der Tempel steht ist der fernste wohin dießmal Napoleon gegen Nordost gekommen ist. Wenn Sie uns besuchen, welches der Himmel gebe! so will ich Sie auch auf den Fleck stellen, wo hier das Männchen mit dem Stock in die Welt deutet.

An Christiane von Goethe Jena, 26. Oktober 1808.
Kayser Napoleon hat manches für Jena bestimmt. Eine Summe zur Aufbauung der Häuser, zu Einrichtung einer katholischen Kirche und so weiter. Glücklicherweise sind dagegen alle Feste die man bey uns gegeben sehr anständig und erfreulich ausgefallen. Auf dem Napoleonsberge ist ein sehr artiger Saal mit einer Säulen Vorhalle, wie am römischen Hause (in Weimar), gebaut. Leider siehst du das nicht denn er wird abgetragen.

Creuzburg

Herzogtum bzw. 1815 Großherzogtum Sachsen-Weimar-Eisenach
Wartburgkreis

... nach Creuzburg, dort gezeichnet.

Im September 1779 kam Goethe auf der Reise in die Schweiz zum ersten Mal durch Creuzburg. Er fand eine Stadt vor, die 14 Jahre vorher durch einen verheerenden Brand zum großen Teil zerstört worden war. Auch die 1215 erbaute Nicolaikirche war betroffen; Goethe zeichnete ihre Ruine.
Drei Jahre später wurde Creuzburg erneut von einem Brand heimgesucht. Goethe besuchte auch in diesem Jahr die Stadt, sah Not und Elend der schwer geprüften Bevölkerung und schrieb über seine Eindrücke an Charlotte von Stein.
Mit der Saline in Wilhelmsglückbrunn südwestlich von Creuzburg, die von alters her bestand und im 18. Jahrhundert ihre Blütezeit erlebte*, hatte Goethe als Bergwerksverantwortlicher zu tun. Er besuchte sie einigemal und interessierte sich noch 1829 für die Vorhaben des Salinendirektors Glenck in Creuzburg.

* Erst 1843 wurde die Salzproduktion eingestellt.

→ Stotternheim

Tagebuch, 13. September 1779.
Früh 6 nach Creuzburg (von Eisenach), dort gezeichnet die ausgebrannte Kirche. gegen 10 kam (Herzog Carl August) erst dahin, nach Bischhausen geritten. Gegessen, gezeichnet ...

An Charlotte von Stein Eisenach, 14. Juni 1784.
Heute hat uns Frau v. Herda (Frau des Eisenacher Kammerpräsidenten) nach Creutzburg auf die Saline beordert, wäre es schön Wetter gewesen so hätten wir ihr dancken müssen, da aber starcker Regen einfiel; so ward der guten Frau die beste Mühe mit Undanck belohnt.

Tagebuch, 22. August 1801.
Früh 7 Uhr von Creuzburg ab nach der Saline ...

Denstedt

Herzogtum bzw. 1815 Großherzogtum Sachsen-Weimar-Eisenach
Kreis Weimarer Land (Pfiffelbach)

Früh Denstädt. Abends: Iphigenie geendet.

Das mächtige Schloßgebäude in Denstedt bei Weimar befand sich seit 1689 im Besitz des Adelsgeschlechtes Lyncker von Lützenwick. Zu Goethes Zeit war es vom Oberforstmeister Johann Friedrich Carl Albrecht von Lyncker und seiner Familie bewohnt. Dieser war ab 1812 Landrat vom Weimarer Kreis, und Goethe hatte dienstlich mit ihm zu tun. Manche Ausfahrt führte am Denstedter Schloß vorbei, aber auch in einem „Strohhüttgen" des Dorfes kehrte man ein. Andererseits besuchte der Landrat Goethe im Haus am Frauenplan; noch wenige Monate vor seinem Tod ließ sich Goethe von ihm über „Landesverhältnisse" unterrichten.

Schloß Denstedt.

***Dächer zwischen Bäumen in Denstedt bei Weimar**, Tuschpinselzeichnung von Goethe (1777).*

Tagebuch, 16. Mai 1777.
Zu Tisch mit ♃ (Herzog Carl August) hinaus (nach Ettersburg). Nachm. über Schöndorf nach Denst.(edt). Im Strohhüttgen. Zurück ...

Tagebuch, 28. März 1779.
früh Denstädt. Abends: Iphigenie geendet.

Tagebuch, 20. September 1798.
Gegen Abend nach Weimar (von Jena), unterwegs in Denstädt die Böttichergefäße zur Brennerey besehen.

Tagebuch, 20. Juli 1831.
Um Zwölf Herr Landrath von Lincker auf Denstedt; vieles über inländische Geschäftsverfassung und Landesverhältnisse, höchst interessantes Gespräch ...

DIENSTEDT

Erzbistum/Kurfürstentum Mainz, 1802 Königreich Preußen,
1806 französische Besetzung, 1813 Königreich Preußen,
1815 Großherzogtum Sachsen-Weimar-Eisenach.
Ilm-Kreis (Stadtilm)

Ich (hab) hier ein gut Mittagessen gehalten.

Dienstedt, obwohl „im Ausland" liegend, durchquerte Goethe regelmäßig auf seinen Fahrten nach Ilmenau. Die Äußerungen über den Ort sind jedoch spärlich. Auch über die 1780 erwähnte Zeichnung ist nichts bekannt. Als Goethe im Oktober 1781 von Gotha aus eine Wanderung nach Großkochberg plante – sie kam wegen schlechten Wetters nicht zustande – erwähnte er das erfurtische Dörfchen nur ganz beiläufig.

» Ilmenau.

An Charlotte von Stein Dienstedt, 5. September 1780.
Von Dienstedt wo ich gefüttert habe noch ein Adieu. Mit Krebsen und Schafkäs hab ich hier ein gut Mittagessen gehalten ... Eine Brücke hab ich gezeichnet.

***Brückensteg über einen Bach**, Tuschlavierung von Goethe (um 1780).*

Dingelstädt

Erzbistum/Kurfürstentum Mainz, 1802 Königreich Preußen, 1807 Königreich Westfalen, 1813 Königreich Preußen
Eichsfeldkreis

... ein kleines Landstädtchen.

Im Spätsommer 1784 durchquerte Goethe in Begleitung des Herzogs das Eichsfeld in Richtung Braunschweig. Zwischen Mühlhausen und Dingelstädt brach die Achse der Kutsche und es gab einen unfreiwilligen Aufenthalt. Goethe nutzte die Zeit und schrieb Verse eines Gedichtes, das sofort von Dingelstädt aus nach Weimar geschickt und später unter dem Titel „Zueignung" allen Werkausgaben vorangestellt wird.
Zum zweitenmal fuhr Goethe 1801 auf der Fahrt zur Kur nach Pyrmont an Dingelstädt vorbei, diesmal von Sohn August begleitet. Darüber sind im Tagebuch mit wenig Worten wesentliche Beobachtungen festgehalten.

An Johann Gottfried und Caroline Herder

Dingelstädt, 8. August 1784.

Zwischen Mühlhausen und hier brach uns heute die Axe des schwerbepackten Wagens, da wir hier liegen bleiben mussten machte ich gleich einen Versuch wie es mit einem versprochnen Gedichte gehn mögte, was ich hier schicke ist zum Eingang bestimmt, statt der hergebrachten Anrufung und was dazu gehört.
Es ist noch nicht alles wie es seyn soll ich hatte kaum Zeit die Verse abzuschreiben ...

Tagebuch, 6. Juni 1801.
... man steigt nun immer höher dem Eichsfelde näher, kommt auf Chaussee, die aber sich in schlechten Umständen befand. Sobald wir ins Eichsfeldische kamen, fanden sich auch gleich Bettelkinder ein. Nach Dingelstädt, ein kleines Landstädtchen. Das weibliche Geschlecht von häßlichem Gesicht, keine Farbe im Gesicht und alle blonde Haare, die mehr ins rothe übergingen. Die Häuser daselbst werden alle von hartem Holz gezimmert. Der Boden wird weniger fruchtbar ...

Dornburg

Herzogtum bzw. 1815 Großherzogtum Sachsen-Weimar-Eisenach
Saale-Holzland-Kreis

Auf meinem Schlössgen ist's mir sehr wohl ...

Hoch über dem Saaletal, auf steil abfallendem Muschelkalkfelsen, grüßen drei nebeneinander stehende Schlösser den Gast des vielbesuchten Landstädtchens Dornburg. Das Alte Schloß mit romantischem Bergfried, auf den Fundamenten einer kaiserlichen Pfalz errichtet, daneben ein heiter anmutendes Rokokoschlößchen, in der ersten Hälfte des 18. Jahrhunderts unter Herzog Ernst August erbaut, und am südlichen Ende des Bergrückens das Renaissance- oder Goethe-Schloß, das ehemalige Herrenhaus eines Gutes, durch Großherzog Carl August 1824 vom letzten Besitzer Stohmann erworben.
Diesem Gebäudeensemble und dem besonderen Reiz seiner landschaftlichen Umgebung fühlte sich Goethe lebenslang verbunden. Schon beim ersten Kennenlernen 1776 auf einem Ritt durch das Saaletal in nördlicher Richtung hält er den Blick zu den Schlössern in einer Zeichnung fest, die er an Charlotte von Stein schickt. Immer wieder zog es Goethe nach Dornburg, bis ins hohe Alter hinein. Mehr als 20 Aufenthalte sind nachgewiesen. Bis 1820 wohnte Goethe während seiner Dornburger Besuche im fast leerstehenden Rokokoschlößchen, das lange Zeit kaum vom Weimarer Hof genutzt wurde und zunehmend verfiel. Erst als es 1798 dem begüterten Engländer Joseph Charles Mellish für wenige Jahre zur Nutzung überlassen wurde, kam es zu einigen Instandsetzungsarbeiten. Ab 1816 hielt sich die Hofgesellschaft im Sommer dann häufiger in Dornburg auf.
Die Anlässe für Goethes Aufenthalte waren unterschiedlich. Hin und wieder kam er in Begleitung des Herzogs; so im Juli 1777, als nach abenteuerlicher Tour in der Umgebung und nach einem Nachtlager auf Streu vor dem Schloß das „Fünf-Eck“ der Terrasse als Frühstücksplatz genutzt wurde.
Mitunter führten ihn dienstliche Verpflichtungen nach Dornburg. So im Frühjahr 1779, als er in der Funktion des Kriegskommissars durch Thüringen reiste und, wie so oft während dieses Unternehmens, an der „Iphigenie“ arbeitete. Auch 1782 verlebte Goethe einige produktive Tage im Dornburger Schloß. Diesmal war er in Begleitung des Herzogs unterwegs; er beendete die Ode „Auf Miedings Tod“ und arbeitete am „Egmont“.

In späteren Jahren gibt das Tagebuch immer wieder Auskunft darüber, wie vielfältig die Beschäftigung während der Dornburger Aufenthalte war. Da wird um 1800 von der Arbeit am „Faust“ und an der „Farbenlehre“ berichtet, 1811 werden Überlegungen zu „Alterthümern“ angestellt, die bei Dornburg ausgegraben wurden, und 1816 wird auf „Cölestin Lagerstätten“ in der Umgebung hingewiesen.

Eine besonders fruchtbare Schaffensphase erlebte Goethe während eines längeren Aufenthaltes im Sommer 1828 in Dornburg. Unmittelbar nach dem Tod des großherzoglichen Freundes und Förderers Carl August zog er sich ins Dornburger Refugium zurück, um „durch Fleiß und Zerstreuung ein schmerzlich bewegtes Innere zu beschwichtigen". In der Zeit vom 7. Juli bis 11. September wohnte und arbeitete Goethe in der „Bergstube" des Renaissancebaues, der zu Ehren dieses Aufenthaltes „Goethe-Schloß" genannt wird. Die lateinische Inschrift über dessen Eingangsportal hatte nach seinen Worten einen „ganz eigenen Einfluß" auf ihn. Sie lautet in seiner Übertragung: „Freudig trete herein und froh entferne dich wieder! / Ziehst du als Wandrer vorbey, segne die Pfade dir Gott!"

Während des langen Dornburger Aufenthaltes im Jahre 1828 war Goethe rastlos tätig. Er entdeckte die alte Liebe zur Botanik wieder; sie wurde in diesen Wochen zum hauptsächlichen Forschungsgegenstand. Die Studien „Über den Weinbau" und „Von dem Gesetzlichen der Pflanzenbildung" fanden in Dornburg ihren Abschluß. Hinzu kamen Wetterbeobachtungen und andere naturkundliche Forschungen. Eine umfangreiche Lektürenliste dokumentiert darüber hinaus Goethes weitgespannte historische und zeitgeschichtliche Interessen. Daneben wurden mehr als 100 Briefe geschrieben und täglich mehrere Besucher empfangen. Auch Johann Peter Eckermann kam zu Besuch und erfuhr, daß wieder Gedichte geschrieben werden, die, wie dieser hervorhebt, „nicht schlecht sind". „Dem aufgehenden Vollmonde" und „Früh, wenn Thal, Gebirg und Garten" gehören zu den Zeugnissen tiefster Naturverbundenheit, in denen Menschlich-Allgemeines symbolhaft ausgedrückt ist.

⇨ Apolda, Camburg, Dorndorf, Jena, Kunitz.

Das Renaissance-Schloß*, das sogenannte Goethe-Schloß, in dem der Dichter vom 7. Juli bis 11. September 1828 gelebt hat. Die Räume, darunter die „Bergstube", sind erhalten und können besichtigt werden.*

An Frau von Stein
Dornburg, den 16. October 1776.

Ich bin eben nirgend geborgen,
Fern an die holde Saale hier
Verfolgen mich manche Sorgen
Und meine Liebe zu dir.

WA I. 4, 209.

***Dornburger Schlösser**, 16. Oktober 1776, tuschlavierte Bleistiftzeichnung von Goethe. Der obenstehende Vierzeiler an Charlotte von Stein befindet sich auf der Rückseite dieser Zeichnung.*

Tagebuch, 4. Juli 1777.
Früh nach Dornburg leidlich helle. Dort ward mir's wohl. Gezeichnet, Abends nach Cuniz, ... im Regen zurück. Nachts auf der Streue mit d. Herzog, Prinzen (d. i. Constantin, Carl Augusts Bruder), Dalberg u 2 Einsiedels vorher tolles Disputiren mit Einsied d. iüngern.

Tagebuch, 5. Juli 1777.
Frühstück auf dem Fünf Eck überherrlicher Morgen, kleine Canonen gelöst ...

***Johann Wolfgang Goethe**, anonyme Kreidezeichnung, vielleicht auch Selbstporträt (1777).*

***Das „Fünf Eck“** am Hang vor dem Rokoko-Schlößchen.*

An Charlotte von Stein Dornburg, 2. März 1779.

Knebeln können Sie sagen dass das Stück („Iphigenie auf Tauris“) sich formt, und Glieder kriegt. Morgen hab ich die Auslesung (Rekrutenaushebung), dann will ich mich in das neue Schloss sperren und einige Tage an meinen Figuren posseln ...

Jetzt leb ich mit den Menschen dieser Welt, und esse und trincke spase auch wohl mit ihnen, spüre sie aber kaum, denn mein inneres Leben geht unverrücklich seinen Gang.

An Charlotte von Stein Dornburg, 4. März 1779.

Auf meinem Schlössgen ist's mir sehr wohl, ich habe recht dem alten Ernst August (d. i. der Großvater von Herzog Carl August) gedanckt dass durch seine Veranstaltung an dem schönsten Plaz, auf dem bösten Felsen eine warme gute Stäte zubereitet ist.

Wenn nur die Fürsten seyn könnten wie Bürger wo doch einer des Vaters Gartenhäuser wenn er einigermassen kan in Baulichem Wesen erhält. Doch ist's wohl in allen Ständen so dass unsre Wünsche uns hin und her schleudern, wir was wir besizzen drüber verschleudern, und nicht eh achten lernen bis es fort ist.

Die Tage sind sehr schön, die Gegend immer allerliebst ...

Um die Einsamkeit ists eine schöne Sache wenn man mit sich selbst in Frieden lebt, und was bestimmtes zu thun hat.

***Blick zum Rokoko-Schlößchen**, in dem Goethe während seiner frühen Dornburg-Besuche oft gewohnt hat.*

An Charlotte von Stein Dornburg, 17. März 1782.
Der Tag ist stille hingegangen. Wir haben geschwäzt und gelesen, sind ein wenig gegangen pp Ich bin ganz leise fleisig, ich möchte nun Egmont so gar gerne endigen, Und seh es möglich.

...

Mein Gedicht („Auf Miedings Tod") hat der Herzog sehr gut aufgenommen, ...

Tagebuch, 6. Mai 1799.
10 1/2 nach Dornburg mit ... Schiller gefahren. Bey Mellish zu Mittag, gegen 8 Uhr zurück, bey Schiller gegessen. Er erzählte die Geschichte seiner Krankheit.

Tagebuch, 4. Sept. 1800.
... um 9 Uhr nach Dornburg gefahren. Abends (nach Jena) zurück. Einiges über Faust und die Farbenlehre.

Tagebuch, 24. Aug. 1806.
Nachmittag nach Dornburg (von Jena). Gezeichnet. Abends zurück. Schönes Wetter und angenehme Fahrt ...

Tagebuch, 29. April 1811.
Gegen Dornburg, den Platz der ausgegrabenen Alterthümer zu untersuchen. Sodann zurück (nach Jena) ...

Zwei deutsche Alterthümer*
Im April 1811 wurden unterhalb Dornburg an der Jenaischen Straße acht größere und kleinere Armringe ... durch Zufall aufgefunden und ausgegraben. Bei fortgesetztem Nachgraben fanden sich mehrere Kleinigkeiten zierlich von Drahte geformt, die Zierrathen eines weiblichen Putzes oder eines Altares etwa gewesen zu sein scheinen, zwei vermuthliche Streithämmer, die jedoch mehr schmalen Opferbeilen gleichen, was sie auch wohl gewesen sind, und die wahrscheinliche Brustdecke oder Brustberge eines Weibes, vielleicht einer Priesterin ..., Knochen von geopferten, jedoch nur kleinen Thieren, Ziegen, Lämmern u.s.w. und ein zum Opfer gehöriges Wassergefäß, welches aber von den Arbeitern aus Unvorsichtigkeit zerschlagen worden ist. Ich habe ein ähnliches Putz- oder Bruststück noch nirgends abgebildet gefunden und überlasse es den Kennern und Liebhabern der Antiquitäten, mich und viele mit mir von dem Gebrauche dieses schön erhaltenen, alten, wendisch-sorbischen oder cimbrischen Kunstwerkes zu belehren. Es ist von geschlagenem, sehr starken Drahte, von eben dem Metalle, aus welchem das Klanginstrument und die Opferbeile gegossen sind, mit eben jenem edeln Rost überzogen und glänzt, wenn es angeschliffen wird, wie Gold.

WA I, 48, 154-155.

* Im Frühjahr 1811 war bei Dornburg ein vorgeschichtlicher Fund gemacht worden. Der Kupferschmied Pflug aus Jena sollte die Gegenstände als altes Kupfer einschmelzen. Er verweigerte das und schrieb deswegen an den Herzog. Dieser kaufte den Fund; Goethe zeigte Interesse an Bergung und Deutung der Gegenstände.

An Carl Cäsar von Leonhard Weimar, 28. September 1816.

Unter Jena bey Dornburg hat man einen sehr schönen Cölestin* gefunden, als in unsern Kalkflötzen gelagert ...

* Bläuliches, seltener weißes oder farbloses Mineral; chemisch Strontiumsulfat. – Coelestin wird in Goethes Gedankenaustausch mit Wissenschaftlern oft erwähnt. Der von Goethe besonders geförderte Jenenser Chemiker Johann Wolfgang Döbereiner benutzte das Gestein als Ausgangsmaterial für die Herstellung einer bestimmten Glassorte.

An Georg Hartmann von Witzleben Weimar, 16. Juni 1817.

Der bey Dornburg entdeckte Cölestin hat sich freilich etwas rar gemacht und zwar deshalb weil man im Anfange aus allzugroßer Freude über diese Findung nicht haushältisch damit umging und zu spät bemerkte daß, so viel auch noch in der Flötzlage verborgen seyn möchte, man doch keinen Bergbau darauf treiben könne, sondern mit dem zufrieden seyn müsse, was bey Anlegung des neuen Weges* gewonnen ward.

* Ab 1816 wurde das Rokokoschloß als herzoglicher Sommersitz genutzt. Um die Anfahrt aus dem Saaletal auf die Muschelkalkhöhen zu erleichtern, baute man eine neue Straße. Bei der Gelegenheit wurde das seltene „Coelestin" gefunden.

Tag- und Jahreshefte 1818.

Die Lage des Cölestins bei Dornburg wird erforscht ...

WA I, 36, 139.

Tag- und Jahreshefte 1819.

Der Aufenthalt in Dornburg und Jena gab zu mancherlei Vergnüglichkeiten Anlaß ...

WA I, 36, 148.

An August von Goethe Jena, 28. Juli 1820.

Der Großherzog hat mich nach Dornburg entführt, um den indischen Gaukler (während einer Festlichkeit der Hofgesellschaft) zu sehen, wofür ich ihm großen Dank weiß: denn es ist immer erfreulich, das Unmögliche vor Augen zu sehen ...

An Freund Mellish*

Immer wie in Dornburgs Gauen,
Wo, bei'm allerbesten Weine,
Waren hell im Sonnenscheine
Berg' und Thäler anzuschauen.

WA I, 4, 27.

* Erster Entwurf 12. Dezember 1821.

An Carl Friedrich Zelter Dornburg, 10. Juli 1828.

Bey dem schmerzlichsten Zustand des Innern (nach dem Tod des Großherzogs) mußte ich wenigstens meine äußern Sinne schonen und ich begab mich nach Dornburg ...

Ich weiß nicht ob Dornburg dir bekannt ist; es ist ein Städtchen auf der Höhe im Saalthale unter Jena, vor welchem eine Reihe von Schlössern und Schlößchen gerade am Absturz des Kalkflötzgebirges zu den verschiedensten Zeiten erbaut ist; anmuthige Gärten ziehen sich an Lusthäusern her; ich bewohne das alte neuaufgeputzte Schlößchen am südlichsten Ende. Die Aussicht ist herrlich und fröhlich, die Blumen blühen in den wohlunterhaltenen Gärten, die Traubengeländer sind reichlich behangen, und unter meinem Fenster seh ich einen wohlgediehenen Weinberg, den der Verblichene (Carl August) auf dem ödesten Abhang noch vor drey Jahren anlegen ließ ... Von den andern Seiten sind die Rosenlauben bis zum Feenhaften geschmückt und die Malven und was nicht alles blühend und bunt, und mir erscheint das alles in erhöhteren Farben wie der Regenbogen auf schwarzgrauem Grunde ...

Damit du aber wissest, wie dein Freund auf einem luftigen Schloß, von wo er ein hübsches Thal mit flachen Wiesen, steigenden Äckern und einer bis an die unzugänglichen steilen Waldränder sich erstreckenden Vegetation übersieht, wie er daselbst diese langen Tage von Sonnenaufgang bis Sonnenuntergang zubringt, will ich dir vertrauen: daß ich schon seit einiger Zeit vom Auslande her die Naturwissenschaften wieder aufzunehmen angeregt bin.

Blick in den Französischen Garten *des Rokoko-Schlößchens.*

An Friedrich von Müller Dornburg, 11. Juli 1828.

Gaudeat ingrediens, laetetur et aede recedens,
His qui praeter eunt det bona cuncta Deus. 1608.

So lautet die Inschrift über dem Eingang des Schlößchens, dessen Zimmer nach Süden ich bewohne; die Thürgewände, das Simschen und Giebelchen sind im Geschmack jener Zeit architektonisch und plastisch errichtet und vielfach verziert. Und so wollen wir denn den alten Besitzer loben, daß er sich gegen alle Herannahende für ewige Zeiten freundlich und wohlwollend erweisen mochte; deute man immer auf das Glück hin, das Unheil kommt ungerufen ...

Der Aufenthalt hier auf der Höhe ist höchst erquicklich; die Anlage der Terrassen kann man labyrinthisch nennen, auch mache ich dieser Tage her immer neue Entdeckungen.

Das Renaissance-Portal *mit dem lateinischen Distichon.*

An Friedrich von Müller Dornburg, 18. Juli 1828.

Die lateinische einladende Inschrift hatte ich mir nach meiner Art einstweilen folgendermaßen übersetzt:

Freudig trete herein und froh entferne dich wieder!
Ziehst du als Wandrer vorbey, segne die Pfade dir Gott!

Diese wenigen Zeilen haben einen ganz eigenen Einfluß auf meinen hiesigen Aufenthalt gehabt; es ergibt sich hierbey ein gar hübsches

Beyspiel, wie vernünftig wohlwollende Worte auf Jahrhunderte hinaus wirken. Es faßt sie immer wohl einer wieder auf, um sie entweder direct oder symbolisch sich sinnig anzueignen.

An Ottilie von Goethe Dornburg, 18. Juli 1828.

Hier auf diesem alten Schlößchen finde ich alles wornach ich mich so lange gesehnt habe; bequeme heitere Wohnung, gute Hausleute, gesunden und wohlschmeckenden Tisch; dabey hab ich denn in dieser vollkommenen Abgeschiedenheit seit vierzehn Tagen soviel zu Stande gebracht daß, wie die Thätigkeit im Augenblick mir tröstlich war, das Resultat mich wenigstens von einer Seite beruhigt ...

An Friedrich August von Beulwitz Dornburg, 18. Juli 1828.

... gerade ein so einladend-segnendes Motto (die Inschrift am Renaissance-Portal) sey durch eine Reihe von mehr als funfzig Jahren der Wahlspruch meines verewigten Herrn gewesen, welcher, auf ein groß-bedeutendes Daseyn gegründet, nach seiner erhabenen Sinnesart jederzeit mehr für die Kommenden, Scheidenden und Vorüberwandelnden besorgt war als für sich selbst, der wie der Anordner jener Inschrift weniger seiner Wohnung, seines Daches gedachte als derjenigen, welche da zu beherbergen, mit Gunst zu verabschieden oder vorbeygehend zu begrüßen wären ...

Die allgemeine traurige Stimmung dieser Stunden ließ mich den Werth solcher Betrachtungen doppelt fühlen und regte mich an, denenselben gleichfalls nachzugehen, als ich nach Verlauf von einigen Tagen und Nächten mich in's Freye zu wagen und die Anmuth eines wahrhaften Lustortes still in mich aufzunehmen begann.

Da sah ich vor mir auf schroffer Felskante eine Reihe einzelner Schlösser hingestellt, in den verschiedensten Zeiten erbaut, zu den verschiedensten Zwecken errichtet. Hier, am nördlichen Ende, ein hohes, altes, unregelmäßig-weitläufiges Schloß, große Säle zu kaiserlichen Pfalztagen umschließend, nicht weniger genugsame Räume zu ritterlicher Wohnung; es ruht auf starken Mauern zu Schutz und Trutz. Dann folgen später hinzugesellte Gebäude, haushälterischer Benutzung des umherliegenden Feldbesitzes gewidmet.

Die Augen an sich ziehend aber steht weiter südlich, auf dem solidesten Unterbau, ein heiteres Lustschloß neuerer Zeit, zu anständigster Hofhaltung und Genuß in günstiger Jahreszeit. Zurückkehrend hierauf an das südlichste Ende des steilen Abhanges, finde ich zuletzt das alte, nun auch mit dem Ganzen vereinigte Freygut wieder, dasselbe welches mich so gastfreundlich einlud ...

Von diesen würdigen landesherrlichen Höhen seh ich ferner in einem anmuthigen Thal so vieles, was, dem Bedürfniß des Menschen entsprechend, weit und breit in allen Landen sich wiederholt. Ich sehe zu Dörfern versammelte ländliche Wohnsitze, durch Gartenbeete und Baumgruppen gesondert, einen Fluß, der sich vielfach durch Wiesen zieht, wo eben eine reichliche Heuernte die Emsigen beschäftigt; Wehr, Mühle, Brücke folgen auf einander, die Wege verbinden sich auf- und abstei-

gend. Gegenüber erstrecken sich Felder an wohlbebauten Hügeln bis an die steilen Waldungen hinan, bunt anzuschauen nach Verschiedenheit der Aussaat und des Reifegrades. Büsche, hie und da zerstreut, dort zu schattigen Räumen zusammmengezogen. Reihenweis auch den heitersten Anblick gewährend seh ich große Anlagen von Fruchtbäumen; sodann aber, damit der Einbildungskraft ja nichts Wünschenswerthes abgehe, mehr oder weniger aufsteigende, alljährlich neu angelegte Weinberge.
Das alles zeigt sich mir wie vor funfzig Jahren und zwar in gesteigertem Wohlseyn, wenn schon diese Gegend von dem größten Unheil mannichfach und wiederholt heimgesucht worden. Keine Spur von Verderben ist zu sehen, schritt auch die Weltgeschichte hart auftretend gewaltsam über die Thäler. Dagegen deutet alles auf eine emsig folgerechte, klüglich vermehrte Cultur eines sanft und gelassen regierten, sich durchaus mäßig verhaltenden Volkes.

Tagebuch, 24. Juli 1828.
Leidliche Witterung. Bedeckter Himmel. Mäßiger Südwind. Bey Sonnenaufgang die gegen meinem westlichen Fenster liegenden grauen widerwärtigen Kalkabhänge von dem allerschönsten Rosenroth gefärbt ...

***Wolkenszene**, Zeichnung von Goethe, Feder mit Tinte auf graublauem Papier (1816).*

An Carl Friedrich Zelter Dornburg, 26. Juli 1828.
Hier fragt sich's gar nicht ob man lustig ist oder seyn will, das Ganze ist heiter, munter, verständig, schön, weitläufig und doch übersehbar ...
Daß ich in diesen zwanzig Tagen aus Unruhe, Neigung, Trieb und Langerweile gar manches geleistet habe, wirst du wohl glauben; leider ist es sehr vielerlei, dergestalt daß es nicht leicht zur Erscheinung kommen wird ...
Doch will ich hier, obgleich zu Ende eilend, nicht schließen ohne zu bemerken, daß mein Aufenthalt auch dadurch angenehm ist daß ich zwar vor jedem An- und Überlauf sicher bin, die jenaischen Freunde aber bey sehr gutem Weg nur ein Stündchen hierher haben, da sie sich denn mit einer leichten Erfrischung begnügend nach angenehmer Unterhaltung wieder zurückbegeben. Auch von Weimar aus sind sie schon

früh ausgefahren, haben den Mittag froh bey mir zugebracht und Abends wieder zurückgekehrt; man braucht immer vier Stunden zur Fahrt ...

An Frédéric Jacques Soret Dornburg, 1. August 1828.
Sich selbst, besonders auch Gönnern und Freunden sagen Sie: daß ich mich mit dem hiesigen, mir gleichsam dämonisch angewiesenen Aufenthalt auf eine wunderbare Weise in einem wünschenswerthen Zustand befinde. Sendungen und Briefe legen mir vielerlei Pflichten auf, Studien aller Art... beschäftigen mich dringend, ein ganzer langer Tag geht durchaus genützt vorüber. Sodann fehlt es auch nicht an Gesellschaft; die Meinigen haben drey Stunden Wegs, die Jenaischen nur eine, und so werd ich denn zur rechten Stunde öfters heimgesucht. Der Anlaß wodurch ich eigentlich hier bin (der Tod des Herzogs) tritt denn auch wieder einmal aus diesen Zerstreuungen hervor, und indem ich den hohen *Abgeschiedenen* vermisse, hat die Hoffnung, die *Seinigen* wiederzusehen und mich gleichem Wohlwollen zu empfehlen, auch wieder etwas höchst Erquikkendes und Tröstendes ...

An Frédéric Jacques Soret Dornburg, 13. August 1828.
Unsern gnädigsten Herrschaften empfehlen Sie mich auf das allerbeste und versichern dankbar, daß ich in Dornburg eines lange nicht gekannten körperlichen Wohlseyns genieße und daß der Geist auch wieder auf eine freyere Thätigkeit hoffen darf ...

***Johann Wolfgang von Goethe**, Kreidezeichnung von Joseph Schmeller (1829/30).*

Tagebuch, 18. August 1828.
Vor Sonnenaufgang aufgestanden. Vollkommene Klarheit des Thales. Der Ausdruck des Dichters: *heilige Frühe* ward empfunden ...

An Carl Ludwig von Knebel Dornburg, 18. August 1828.
Es ist sehr wacker von dir, mein wahrer alter Freund, daß du mich schriftlich begrüßest, da ich freylich nicht hoffen konnte dich hier zu sehen. Ich habe meinen Wagen nach Hause geschickt, sonst hätt ich dich schon besucht; die Wege auf der Höhe sind widerwärtig fahrbar, den Berg hinunter mag man auch nicht, weil die steile Rückkehr den Pferden allzu schwierig und den Fahrenden fast ängstlich wird.
Also sitz ich hier auf dieser Felsenburg, von der aufgehenden Sonne geweckt, mit der scheidenden gleichfalls Ruhe suchend, den Tag über in gränzenloser, fast lächerlicher Thätigkeit. Es sähe prahlerisch aus herzurechnen, wieviel Alphabete ich gelesen und wieviel Buch Papier ich verdictirt habe. Ich hoffe von allem diesen, daß auch dir manches zu Gute komme.
...
Eigentlich aber war doch meine Hauptbeschäftigung in botanischem Sinne und zuletzt auch der Weinbau. Wenn die Cultur dieser wichtigen Pflanze dieses Jahr durch die reichlichste Lese begünstigt wird, so muß es auffallen, daß man gerade seit kurzem anfing, die bisherige Behandlung zu tadeln und ein ganz neues Verfahren vorzuschlagen.
Dieß mußte mich, von diesen Gegenständen umgeben, höchlich interessiren und ich habe mich drey Wochen her auf das sorgfältigste darum bekümmert ...
In Jena, hör ich, sey man auch schon aufmerksam auf dieses Problem; ich bin sehr neugierig, mit eigenen Augen anzuschauen, wie man sich dabey benimmt.

Tagebuch, 23. August 1828.
Einige Zeit auf der Terrasse. Rebenknoten mit doppelten Augen. Untersuchung derselben. Ein Exemplar eingelegt.*

* Es befindet sich unter den „Beispielen der Metamorphose“ in Goethes Herbarium.

An Friedrich von Müller Dornburg, 26. August 1828.
Merkwürdig ward mir in diesen letzten Wochen, wie die alte Neigung zur Botanik, welche bey mir nur zufällig rege ward, sich wieder leidenschaftlich entwickelte, ja ich darf sagen, productiv erwies, da mir einige neue gute Gedanken bey meinen Wanderungen durch dieß herrlich Reich freywillig entgegenkamen ...

Tagebuch, 9. Sept. 1828.
Bey früher Morgendämmerung stand die Venus im größten Glanze hoch am Himmel. Die Gegend war vom Nebel ganz rein. Bey Sonnenaufgang hob sich der Nebel durchaus im Thale. Stieg aber nicht so hoch die gegenüberstehenden Berge zu bedecken. Sank nach und nach und zerstreute sich ...

Dem aufgehenden Vollmonde.*
Dornburg, d. 25. August 1828.

Willst du mich sogleich verlassen!
Warst im Augenblick so nah!
Dich umfinstern Wolkenmassen
Und nun bist du gar nicht da.

Doch du fühlst wie ich betrübt bin,
Blickt dein Rand herauf als Stern!
Zeugest mir daß ich geliebt bin,
Sei das Liebchen noch so fern.

So hinan denn! hell und heller,
Reiner Bahn, in voller Pracht!
Schlägt mein Herz auch schmerzlich schneller,
Überselig ist die Nacht.

WA I, 4, 108.

* Das Gedicht wird wenige Wochen danach an Marianne von Willemer geschickt.

***Marianne Jung, spätere von Willemer**, Pastell von Johann Jacob de Lose (1809). – Die Heirat mit dem Frankfurter Bankier fand erst 1814 statt. So hatte sie Goethe in Dornburg in Erinnerung; 1815 war er der geliebten Frau letztmalig in Frankfurt begegnet.*

An Marianne von Willemer Weimar, 23. Oktober 1828.
Mit dem freundlichsten Willkomm die heitere Anfrage: wo die lieben Reisenden am 25. August sich befunden? und ob Sie vielleicht den klaren Vollmond beachtend des Entfernten gedacht haben?
Beykommendes („Dem aufgehenden Vollmonde") giebt, von seiner Seite, das unwidersprechlichste Zeugniß ...*

* In einem Brief vom 26. Oktober 1815 an Johann Jacob von Willemer heißt es: „... da vergegenwärtigte ich mir die Freunde ... und zwar umso mehr als es gerade Vollmond war, vor dessen Angesicht Liebende sich jedesmal in unverbrüchlicher Neigung gestärckt fühlen sollen."

Dornburg, September 1828.

Früh wenn Thal, Gebirg und Garten
Nebelschleiern sich enthüllen,
Und dem sehnlichsten Erwarten
Blumenkelche bunt sich füllen;

Wenn der Äther, Wolken tragend,
Mit dem klaren Tage streitet,
Und ein Ostwind, sie verjagend,
Blaue Sonnenbahn bereitet;

Dankst du dann, am Blick dich weidend,
Reiner Brust der Großen, Holden,
Wird die Sonne, röthlich scheidend,
Rings den Horizont vergolden.

WA I, 4, 109.

Tagebuch, 11. September 1828.
Alles zur Abreise (nach längerem Aufenthalt in Dornburg) weiter vorbereitet. Abgefahren um halb 10 Uhr. In Kötschau gefrühstückt. Gegen 2 Uhr in Weimar ...

***Die Dornburger Schlösser** von der Ostseite, kolorierte Radierung von Wilhelm Christian Roux (um 1825).*

Tagebuch, 16. September 1829.
Anstalten zur Spazierfahrt mit ... Zelter ... Um halb 9 Uhr abgefahren ... Um 12 Uhr in Dornburg. Die Terrassen durchgegangen. Im Schlößchen gewesen. Die Wappen des Saales durchgesehen. Zu Mittag gespeist. Um $^{1}/_{4}$ 5 Uhr abgefahren über Jena, um 9 Uhr in Weimar ...

Tagebuch, 5. Oktober 1830.
Abgefahren nach Dornburg (zum letzten Besuch) um 7 Uhr bey schönem Wetter. Um halb 11 Uhr angekommen. Herrliche Sonnenbeleuchtung mit abwechselnden Wolkenschatten. Prächtiger Anblick der Gegend ... Gegen 6 Uhr in Kötschau, wo bald nachher der Regen einbrach und uns bis Weimar begleitete.

DORNDORF

Herzogtum bzw. 1815 Großherzogtum Sachsen-Weimar-Eisenach
Saale-Holzland-Kreis (Dornburg)

... ins Thal hinab, über Dorndorf ...

Das Dorf liegt zu Füßen von Dornburg, unten an der Saale. Die Schlösser sind von Dorndorf her besonders schön zu sehen. Goethe wird oft hier gewesen sein.
Während seines Dornburger Sommers 1828 ließ er sich aus dem Naschhäuser „Schieferhof" (einem vor kurzem wiedereröffneten Gasthof) das Essen kommen. Am 7. September 1828 besuchte er das vertraute Saaledorf zum letzten Mal und ließ sich in dem heute noch existierenden Pfarrgarten zusammen mit dem Dornburger Amtsaktuar Carl Gustav Stichling vom Pfarrkandidaten Adam Christian Klopfleisch eine Bienenzucht erklären. Stichlings Ehefrau hat das Gespräch beobachtet und 1882 (als Bertha Weber) darüber berichtet. Darin beschreibt sie auch, wie Goethe, um den Bienen auszuweichen, „mit jugendlicher Behendigkeit über zwei Beete sprang und glücklich auch dieser Gefahr entging."

» Dornburg.

***Saaletal unterhalb von Dornburg**, Bleistiftzeichnung auf weißem Papier von Goethe (1806).*

An August von Goethe Dornburg, 7. August 1828.
Die Müllerin von Dorndorf hat mir einen dreypfündigen Aal zugewiesen.

Tagebuch, 7. September 1828.
Um 4 Uhr fuhr ich mit Dr. Stichling ins Thal hinab, über Dorndorf erst den Weg nach Golmsdorf; gingen dann auf die Höhe durch Äcker und Weinberge bis an das Thal, wo man Jena sieht. Der Adjunct von Dorndorf, ein gar hübscher Geistlicher, ging mit uns. Die Unterhaltung war über die neuen Vorschläge zu Verbesserung des Weinbaues und die zweydeutige Aussicht auf die diesjährige Lese, wir verfügten uns alsdenn wieder herunter, der Geistliche zeigte uns den Anfang einer sehr reinlichen Bienenanstalt. Vermeldete auch einiges über die neusten Ansichten und Hypothesen.

Drackendorf

Herzogtum bzw. 1815 Großherzogtum Sachsen-Weimar-Eisenach
Stadt Jena

Tochter, Freundin, Liebchen ...

Ganz in der Nähe Jenas, unterhalb der mittelalterlichen Ruine der Lobdeburg, liegt Drackendorf, ehemals Gut und Sommersitz der Familie von Ziegesar. Zu Goethes Zeit war das Erbgut im Besitz des Freiherrn August Friedrich Carl von Ziegesar, Geheimer Rat und Kanzler im Dienst des Herzogs von Gotha. Sein herrschaftliches Haus inmitten einer reizvollen Landschaft galt als gastfreundlicher Ort, dem viele Jenenser freundschaftlich verbunden waren. Umgekehrt gehörte die Familie von Ziegesar zu den geselligen Kreisen in Jena, die sich um die Familien des Buchhändlers Carl Friedrich Ernst Frommann und des Mediziners Justus Loder gebildet hatten.

Goethe war schon bald nach seinem Eintreffen in Weimar bei den Ziegesars zu Gast. Näher lernte er die Familie und ihre jüngste, 1785 geborene Tochter Silvie erst 1801 kennen. Ab diesem Jahr kam es bis in die Sommermonate 1803 hinein zu vielfachen Begegnungen mit Silvie von Ziegesar. Man wanderte gemeinsam in den Auen des Saaletals, spazierte auf die Höhen und kletterte in den Ruinen der Lobdeburg herum. In dieser Zeit bildete sich eine gegenseitige Zuneigung zwischen Goethe und Silvie heraus, die sich in einem kurzen Briefwechsel spiegelt, in dem es um die symbolische Ausgestaltung der Parkanlage des Gutes geht. Die Gedichte „Das Bergschloß" und „Sehnsucht" mit ihren Bezügen auf Silvie von Ziegesar und auf die Lobdeburg sind vermutlich in diesen Monaten entstanden.

In den folgenden Jahren begegnete man sich nur hin und wieder einmal. Das änderte sich, als die Ziegesars im Sommer 1808 in Karlsbad eintrafen, wo sich Goethe zur Kur aufhielt und an dem Roman „Die Wahlverwandtschaften" arbeitete. Während des Zusammenseins in Böhmen entspann sich eine innige Beziehung zwischen dem Dichter und dem jungen Mädchen. Man unternahm zahlreiche Spaziergänge, pflegte gesellige Kontakte und feierte zusammen Silvies 23. Geburtstag. Aus diesem Anlaß schrieb Goethe für Silvie ein Gedicht, in dem sie als „Tochter, Freundin und Liebchen" besungen wird.

Nach Thüringen zurückgekehrt, setzte sich bei häufigen Besuchen in Drackendorf der liebevolle Umgang miteinander über mehrere Wochen hin fort. Zum Ende des Jahres 1808 wurden die Besuche seltener, der Ton des Umgangs förmlicher. Allmählich wandelte sich Liebe in Freundschaft, verbunden mit schwierigen Ablösungsprozessen, besonders auf Seiten Silvies. Goethes weitere Aufenthalte in Drackendorf wurden zu heiteren Freundschaftstreffen, in die Silvies Freundinnen Pauline Gotter und Louise Seidler einbezogen waren. Insgesamt hielt sich Goethe als Gast und Freund der Familie von Ziegesar mehr als dreißig Mal in Drackendorf auf.

Nach dem Tode ihres Vaters heiratete Silvie von Ziegesar 1814 den Theologen und Liederdichter Friedrich August Koethe. Im darauffolgenden Jahr wurde Goethe Pate des erstgeborenen Kindes von Silvie. Nachdem Silvies Ehemann als Superintendent nach Allstedt berufen worden war, brachen die Kontakte zwischen Goethe und Silvies Familie ab.
So spielte Silvie von Ziegesar hauptsächlich in der Entstehungszeit der „Wahlverwandtschaften" in Goethes Leben eine dominierende Rolle. Der Roman wurde nach der Sommeridylle von 1808 in Böhmen und nach den liebevollen Herbstmonaten in Drackendorf im Jahre 1809 publiziert.*

* Konzipiert war der Roman schon viel früher. Auch die Problematik der Neigung zu Minchen Herzlieb ist als biographischer Hintergrund anzunehmen.

» Jena, Lobeda, Oberroßla.

***Silvie von Ziegesar**, Pastell von Louise Seidler (1812).*

***Anton von Ziegesar**, Kreidezeichnung von Joseph Schmeller.*

Tagebuch, 24. August 1802.
Abends mit Loder nach Drackendorf.

An Christiane Vulpius Jena, 15. März 1802.
Gestern war ich mit Geh. Hofrath Loder in Drakendorf wo wir vergnügt genug waren und bey schlechtem Wege spät nach Hause kamen.

Bergschloß *

Da droben auf jenem Berge
Da steht ein altes Schloß,
Wo hinter Thoren und Thüren
Sonst lauerten Ritter und Roß.

Verbrannt sind Thüren und Thor
Und überall ist es so still;
Das alte verfallne Gemäuer
Duchklettr' ich, wie ich nur will.

Hierneben lag ein Keller,
So voll von köstlichem Wein;
Nun steiget nicht mehr mit Krügen
Die Kellnerin heiter hinein.

Sie setzt den Gästen im Saale
Nicht mehr die Becher umher,
Sie füllt zum heiligen Mahle
Dem Pfaffen das Fläschchen nicht mehr.

Sie reicht dem lüsternen Knappen
Nicht mehr auf dem Gange den Trank,
Und nimmt für flüchtige Gabe
Nicht mehr den flüchtigen Dank.

Denn alle Balken und Decken
Sie sind schon lange verbrannt,
Und Trepp' und Gang und Capelle
In Schutt und Trümmer verwandt.

Doch als mit Cither und Flasche
Nach diesen felsigen Höhn
Ich an dem heitersten Tage
Mein Liebchen steigen gesehn;

Da drängte sich frohes Behagen
Hervor aus verödeter Ruh,
Da ging's wie in alten Tagen
Recht feierlich wieder zu.

Als wären für stattliche Gäste
Die weitesten Räume bereit,
Als käm' ein Pärchen gegangen
Aus jener tüchtigen Zeit.

Als stünd' in seiner Capelle
Der würdige Pfaffe schon da
Und fragte: wollt ihr einander?
Wir aber lächelten: Ja!

Und tief bewegten Gesänge
Des Herzens innigsten Grund,
Es zeugte statt der Menge
Der Echo schallender Mund.

Und als sich gegen den Abend
Im Stillen alles verlor,
Da blickte die glühende Sonne
Zum schroffen Gipfel empor.

Und Knapp und Kellnerin glänzen
Als Herren weit und breit;
Sie nimmt sich zum Kredenzen
Und er zum Danke sich Zeit.

WA I, 1, 93 – 94.

* Vermutlich 1802 entstanden. – An ihren Neffen schrieb Silvie von Ziegesar: „Das hat Goethe in der Eckstube an meinem Nähtisch für mich geschrieben." (Zit. nach: Hans M. Wolff, Goethe in der Periode der Wahlverwandtschaften. Bern; München, 1952, S. 253.)

***Die Ruine der Lobdeburg**, zu der Goethe und Silvie emporstiegen.*

Sehnsucht

Was zieht mir das Herz so?
Was zieht mich hinaus?
Und windet und schraubt mich
An's Zimmer und Haus?
Wie dort sich die Wolken
Um Felsen verziehn!
Da möcht' ich hinüber,
Da möcht' ich wohl hin!

Nun wiegt sich der Raben
Geselliger Flug;
Ich mische mich drunter
Und folge dem Zug.
Und Berg und Gemäuer
Umfittigen wir;
Sie weilet da drunten;
Ich spähe nach ihr.

Da kommt sie und wandelt;
Ich eile sobald,
Ein singender Vogel,
Zum buschigen Wald.
Sie weilet und horchet
Und lächelt mit sich:
„Er singet so lieblich
Und singt es an mich."

Die scheidende Sonne
Verguldet die Höhn;
Die sinnende Schöne
Sie läßt es geschehn.
Sie wandelt am Bache
Die Wiesen entlang,
Und finster und finstrer
Umschlingt sich der Gang.

Auf einmal erschein' ich
Ein blinkender Stern.
„Was glänzet da droben,
So nah und so fern?"
Und hast du mit Staunen
Das Leuchten erblickt;
Ich lieg' die zu Füßen,
Da bin ich beglückt!

WA I, 1, 89-90.

An Silvie von Ziegesar Weimar, 31. August 1803.

Ihren lieben Brief zu erhalten, meine schöne Freundinn, war mir höchst erfreulich ...

Wegen der Stationen* thue ich folgende Vorschläge:

1. Besuch
2. Bekanntschaft
3. Gewohnheit
4. Neigung
5. Leidenschaft
6.

NB. No 6 bleibt ein Ungenanntes und Unbekanntes, das sich jeder selbst suchen oder schaffen muß.

7. Freundschaft

Wollten Sie nun, liebenswürdige, diese wichtige Angelegenheit recht zu Herzen nehmen und mit gefühlvollen Nachbarinnen, die ich schönstens begrüße, das Weitere vorbereiten, so wird unsere nächste Zusammenkunft schon mehr befördern.

Suchen Sie ja indeß die schönsten Plätzchen aus. Höhen, Gründe, Felsen, Bäume, Aussichten und Beschränkungen, alles müssen Sie in Betracht ziehen, damit jede Stelle den wahren Charakter ausspreche der Station, die dahin verlegt ist.

* In bezug auf die Gestaltung des Drackendorfer Parkes.

Tag- und Jahreshefte 1808.

Die geselligen Persönlichkeiten in Karlsbad hatten diesen Sommer für mich ein ganz ander Wesen ...

Für mich machte die Familie Ziegesar einen andern mehr entschiedenen, nothwendigern Kreis. Ich kannte Eltern und Nachkommen bis in alle Verzweigungen, für den Vater hatte ich immer Hochachtung, ich darf wohl sagen Verehrung empfunden. Die unverwüstbar behagliche Thätigkeit der Mutter ließ in ihrer Umgebung niemand unbefriedigt; Kinder, bei meinem ersten Eintritt in Drackendorf noch nicht geboren, kamen mir stattlich und liebenswürdig herangewachsen hier entgegen; Bekannte und Verwandte schlossen sich an, einiger und zusammenstimmender wäre kein Cirkel zu finden ... Alles suchte zu gefallen und jedes gefiel sich mit dem andern, weil die Gesellschaft sich paarweise bildete, und Schelsucht und Mißhelligkeit zugleich ausschloß. Diese ungesuchten Verhältnisse brachten eine Lebensweise hervor, die bei bedeutendern Interessen eine Novelle nicht übel gekleidet hätte.

Bei einem in der Fremde miethweise geführten Haushalt erscheinen solche Zustände ganz natürlich und bei gesellschaftlichen Wanderungen sind sie ganz unvermeidlich. Das Leben zwischen Karlsbad und Franzensbrunnen, im Ganzen nach gemessener Vorschrift, im Einzelnen immer zufällig, veranlaßt, von der Klugheit der Älteren zuerst angeordnet, von Leidenschaftlichkeit der Jüngeren am Ende doch geformt, machte auch die aus solchem Conflict hervorgehenden Unbilden immer noch ergötzlich, so wie in der Erinnerung höchst angenehm, weil doch zuletzt alles ausgeglichen und überwunden war.

WA I, 36, 31-33.

An Silvie von Ziegesar
Karlsbad, zum 21. Juni 1808.*

Doch sie kömmt geschritten! Schaut nur, wie sie steigt,
Wo sich auf Graniten manche Blume zeigt.
In den bunten Höhen eil' ihr nachzugehn,
Wo die Orchideen und Dianthen stehn,
Und Ornithogalen, weiß und schlank wie sie.
Ihr zu Liebe strahlen Lenz und Sommer hie.
Doch die Wetterkenner, zweifelnd stehn sie dort,
Wohlbedächt'ge Männer! Und du schreitest fort,
Pflückest junge Rosen, lächelst leichtem Stich;
Wie im Lande Gosen sonnt es rings um dich.
Reich an Sträuß- und Kränzen, trotz dem Wolkengraus,
Bringst du die Excellenzen ungenetzt nach Haus.
Folge so dir immer, wie sich's wölken mag,
Heitrer Sonnenschimmer, dir zum eignen Tag!
Trotz dem Wetterbübchen geh's dir jungem Blut,
Tochter, Freundin, Liebchen, wie du's werth bist, gut!

WA I, 4, 237-238.

* Zum 23. Geburtstag.

An Christiane von Goethe Karlsbad, 2. Juli 1808.

Ich habe bisher in kleiner aber guter Gesellschaft gelebt. Die Zigesarische Familie ist abgegangen. Wir haben viel gute Stunden gehabt. Fräulein Silvie ist gar lieb und gut, wie sie immer war, wir haben viel zusammen spaziert, und sind immer bey unsern Parthieen gut davon gekommen, ob es gleich alle Tage regnete ...

An Silvie von Ziegesar Karlsbad, 7. Juli 1808.

Ihre lieben Blätter, beste Silvie, habe ich, ob sie gleich vom 2ten und dritten datirt sind erst gestern erhalten. Indess hat sich manche günstige Aussicht gezeigt und ich erwarte nun stündlich den Aufruf wann wir uns nach Zwota begeben sollen. Wie sehr ich mich darauf freue das fühlen Sie selbst. Noch manchen schönen Weg habe ich indessen entdeckt ...

An Silvie von Ziegesar Karlsbad, 3. August 1808.

Ob ich schon, liebste Silvie, früher als heut keinen Brief von Ihnen hoffen konnte; so war ich doch ungedultig und wünschte mir oft zu wissen wie es Ihnen ergehe. Desto erfreulicher war mir's als Ihre freundlichen Blätter den Weg so geschwind zurückgelegt hatten. Es sind die ersten aus jener Gegend die ich so bald erhalte.
...

Und nun lassen Sie mich meine Gedancken zu Ihnen wenden liebes gutes Kind. Wenn Sie Ihrer verehrten Eltern pflegen so gedencken Sie mein ... gedencken Sie eines Freundes der Ihnen auch so gern an der Seite wäre. Blicken Sie Ihre Burg, Ihr Dörfchen, Ihre Vögel und Blumen auch in meinem Namen freundlich an, damit sie mir auch wenn ich komme um Ihrentwillen ein freundlich Gesicht machen ... Leben Sie wohl liebste Silvie! Wie sehr hoffe ich darauf Sie bald in Ihren freundlichen Umgebungen zu begleiten. Gedencken Sie mein! Nochmals lebhaften Danck für Ihre lieben Blätter.

An Silvie von Ziegesar Jena, 19. Oktober 1808.

Meiner lieben Freundinn zeige ich an daß ich in Jena angelangt bin und zu wissen wünschte was die theure Mutter und das gute Töchterchen für einen Tag hat; ich hoffe einen schönen. Ist dem Freund erlaubt beykommenden Fasan Morgen Mittag mit Ihnen zu verzehren; so stellt er sich zur rechten Zeit ein. Schickt man ihn nach dem Kaffee nicht fort; so ist er eingerichtet zu bleiben Morgen Übermorgen und so weiter. Sagen Sie mir ein freundlich Wort! ... Mährchen* von guter Art bring ich mit. Und sonst noch einiges. In Hoffnung!

* Goethe entlieh am 12. Oktober die französische Ausgabe von „1001 Nacht“ in der Weimarer Bibliothek und las daraus die Geschichte von Aladins Wunderlampe in Drackendorf vor.

An Silvie von Ziegesar Jena, 24. Oktober 1808.

Was wird meine theure Silvie sagen? wenn Ihr dieses Blättchen nicht einen wiederhohlten Abschied sondern einen neuen freundlichen Willkomm bringt. Der Freund findet sich noch hier. Wie das zugeht? wird er Ihnen mündlich sagen wenn er Sie im Grünen, oder unter Buden, oder unter Steinen antreffen kann. Bis dahin das freundlichste was sich in ein Blatt einschließen läßt.

An Silvien.*

Wenn die Zweige Wurzeln schlagen,
Wachsen, grünen, Früchte tragen;
Möchtest du dem Angedenken
Deines Freunds ein Lächeln schenken.

Derselben.

Und wenn sie zuletzt erfrieren,
Weil man sie nicht wohl verschanzet,
Will sich's alsobald gebühren,
Daß man hoffend neue pflanzet.

WA I, 2, 151.

* Ein Stammbuchblatt, der Gedichtsammlung von 1806 eingeordnet.

An Silvie von Ziegesar Jena, 26. Mai 1809.
Ihre freundlichen Zeilen, liebste Silvie, erfreuen mich sehr. Daß Sie durch Jena gingen ohne mich zu berufen wollte mir nicht gefallen. Wäre ich wie ich seyn sollte; so hätten Sie mich schon in Drackendorf gesehen.* Heute kommt unser Herzog hierher; wie lange er bleibt weiß ich nicht. Verläßt er uns, so säum ich nicht Sie aufzusuchen. Und dancke Ihnen herzlich für Ihr Blat das mich hoffen läßt Sie wieder zu finden wie ich Sie verlassen habe ...

* Goethe war zu dieser Zeit krank.

***Blick in den Drackendorfer Park**, das abgebildete Teehaus wurde jedoch erst 1853/54 erbaut.*

Tagebuch, 8. Juni 1809.
Wahlverwandtschaften am 1. Theil zu revidiren fortgefahren ... Nach Tische ... nach Drakendorf gefahren. Mit Ziegesars auf die Promenaden und die Lobdaburg bestiegen.

Tagebuch, 8. August 1809.
Das sechste Capitel durchgesehen zum Druck ... Ziegesars von Drakendorf kamen herein ... Mit den Frauenzimmern spatzieren nach der Rasenmühle. Abends allein. 5. Bogen des Romans.

Tagebuch, 17. September 1809.
Das 12. Capitel durchgegangen. Revision des achten Bogens ... nach Drakendorf, woselbst wir Dem. Seidler und Stieler fanden. Blieben daselbst bis Abend. Den Schluß des Romans durchgesehen und durchdacht.

Die Wahlverwandtschaften.
Erster Theil. Erstes Capitel.

Eduard – so nennen wir einen reichen Baron im besten Mannesalter – Eduard hatte in seiner Baumschule die schönste Stunde eines Aprilnachmittags zugebracht, um frisch erhaltene Pfropfreiser auf junge Stämme zu bringen. Sein Geschäft war eben vollendet; er legte die Geräthschaften in das Futteral zusammen und betrachtete seine Arbeit mit Vergnügen, als der Gärtner hinzutrat und sich an dem theilnehmenden Fleiße des Herrn ergetzte.
Hast du meine Frau nicht gesehen? fragte Eduard, indem er sich weiter zu gehen anschickte.
Drüben in den neuen Anlagen, versetzte der Gärtner. Die Mooshütte wird heute fertig, die sie an der Felswand, dem Schlosse gegenüber, gebaut hat. Alles ist recht schön geworden und muß Ew. Gnaden gefallen. Man hat einen vortrefflichen Anblick: unten das Dorf, ein wenig rechter Hand die Kirche, über deren Thurmspitze man fast hinwegsieht; gegenüber das Schloß und die Gärten.
Ganz recht, versetzte Eduard; einige Schritte von hier konnte ich die Leute arbeiten sehen.
Dann, fuhr der Gärtner fort, öffnet sich rechts das Thal und man sieht über die reichen Baumwiesen in eine heitere Ferne. Der Stieg die Felsen hinauf ist gar hübsch angelegt. Die gnädige Frau versteht es; man arbeitet unter ihr mit Vergnügen.
Geh zu ihr, sagte Eduard, und ersuche sie, auf mich zu warten. Sage ihr, ich wünsche die neue Schöpfung zu sehen und mich daran zu erfreuen.
Der Gärtner entfernte sich eilig und Eduard folgte bald. Dieser stieg nun die Terrassen hinunter, musterte im Vorbeigehen Gewächshäuser und Treibebeete, bis er an's Wasser, dann über einen Steg an den Ort kam, wo sich der Pfad nach den neuen Anlagen in zwei Arme theilte. Den einen, der über den Kirchhof ziemlich gerade nach der Felswand hinging, ließ er liegen um den andern einzuschlagen, der sich links etwas weiter durch anmuthiges Gebüsch sachte hinaufwand; da wo beide zusammentrafen, setzte er sich für einen Augenblick auf einer wohlangebrachten Bank nieder, betrat sodann den eigentlichen Stieg, und sah sich durch allerlei Treppen und Absätze auf dem schmalen, bald mehr oder weniger steilen Weg endlich zur Mooshütte geleitet.*

WA I, 20, 3-4.

* Es liegt nahe, bei der Beschreibung der Parkanlagen in den „Wahlverwandtschaften" an den Drackendorfer Park zu denken. Ebenso könnten jedoch Lokalitäten von Großkochberg, Wilhelmsthal, Tiefurt oder Belvedere eingeflossen sein. Goethe hat sich stets für Parkgestaltung interessiert. Selbst auf seinem Gut in Oberroßla gab er „alten Parkspielereien" nach und hegte die Absicht, „geschlängelte Wege und gesellige Räume" anzulegen.

An Silvie von Ziegesar und Pauline Gotter Jena, 23. März 1810.
Wir dreye, meine schönen Freundinnen, könnten wahrscheinlich nichts Besseres thun, als wenn wir aus unsern kleinen Übeln und Gebrechen ein Picknick machten und sie zusammen aufzuzehren suchten. Weil jedoch hierbey die Interessenten wo nicht unter Einem Dache doch wenigstens auf einer Flur sich befinden müssen, so hat mich ein guter Geist schon einigemal der Ihrigen nahe geführt, so daß ich die einzelnen Steine Ihrer alten Burg zwar nicht zählen aber doch unterscheiden konnte. Vermuthlich wird sich die Anziehungskraft mit jedem Mal vermehren und ich werde zuletzt, ohne daran zu denken, vor Ihrer Thüre stehen, da ich mir denn eine freundliche Aufnahme und meinem ärztlichen Vorschlag guten Erfolg wünsche. Sollten sich die Übel indessen verloren haben, so wird ja wohl Rath werden, in der Geschwindigkeit neue anzuschaffen. Gedencken Sie mein ja recht freundlich.

***Bei flüchtigster Durchfahrt**, tuschlavierte Federzeichnung von Goethe (1810). – In der Literatur wird dieses Bild immer mit Drackendorf in Verbindung gebracht. Äußerlichkeiten und Landschaft stimmen aber nicht mit der Wirklichkeit überein. Viel eher erinnert alles an das nahe Zöllnitz. Vielleicht ist das Bild am 5. April 1810 entstanden, als Goethe einen ganzen Tag in Drackendorf war und mit den Ziegesars Spazierfahrten unternahm.*

Ehringsdorf

Herzogtum bzw. 1815 Großherzogtum Sachsen-Weimar-Eisenach
Stadt Weimar

Nach Tische spatzieren gefahren nach Ehringsdorf.

Geht der Besucher von Goethes Weimarer Gartenhaus in südlicher Richtung weiter an der Ilm entlang, gelangt er nach Oberweimar und von da aus über eine alte Steinbrücke nach Ehringsdorf, das durch prähistorische Funde bekannt wurde. Von dort kann der Wanderer direkt oder über das nahe Schloß Belvedere (das zur Flur von Ehringsdorf gehört) nach Weimar zurückkehren.
Diese Route ist Goethe als junger Mensch oft gegangen oder geritten, im Alter öfter mit der Kutsche gefahren; meist von seinem „untern Garten" aus, gewissermaßen als Ausdehnung der Gartenidylle auf das Ilmtal bis nach Ehringsdorf. Die abgebildete Zeichnung läßt die liebevolle Vertrautheit mit diesem Stück Heimat ahnen.

» Weimar.

Kirchplatz in Ehringsdorf bei Weimar, *tuschlavierte Bleistiftzeichnung von Goethe (1777/78).*

Tagebuch, 9. Juni 1776.
Abend mit Einsiedel über Oberweimar, Ehrigs.(dorf) Taub.(ach) Mell.(ingen) Köttendorf ...

Tagebuch, 28. September 1776.
Mit ♃ (Herzog Carl August) nach Belweder über Tobach. Ehringsdorf ...

ich erst meine Glieder. Aber mit dem ächten Gefühl von Danck, wie der Durstige ein Glas Wasser nimmt, und die Heiligkeit des Brunnens, und die Liebheit der Welt, nur nebenweg schaut.
Wenns möglich ist zu zeichnen, wähl ich mir ein beschränckt Eckgen, denn die Natur ist zu weit herrlich hier auf ieden Blick hinaus! ...

Sonntags d. 14. Nach Tische.

Da hab ich einen Einfall: mir ists als wenn das Zeichnen mir ein Saugläppgen wäre, dem Kind in Mund gegeben, dass es schweige, und in eingebildeter Nahrung ruhe.
Diese Wohnung ist das herrlichste was ich erlebt habe, so hoch und froh, dass man hier nur Gast seyn muss, man würde sonst für Höhe und Frölichkeit zu nicht werden.

...

Nachts halb 12. Eben komm ich wieder aus der Stadt herauf. Noch eine gute Nacht. – Im Mondschein den herrlichen Stieg auf die Burg! – Gestern sag ichs dem Herzog als er hoben bey mir war: Es sey mir merckwürdig: dass, in unsrer Wirthschafft, alles abenteuerliche natürlich werde. So seltsam mirs vor 4 Wochen geklungen hätte auf der Wartburg zu wohnen, so natürlich ist mir's iezt, und ich bin schon wieder so zu Hause wie im Nest (im Gartenhaus an der Ilm) ...

Dienst. d. 16.

Heute früh war wieder alles neu. Philip (der Diener) weckte mich und lies mich ans Fenster gehn! es lagen unten alle Thäler im gleichen Nebel, und es war völlig See, wo die vielen Gebürge, als Ufer, hervorsahen. Darnach hab ich gezeichnet ...

...

Adieu Gold. Ihr Seegen ist eingetroffen, Eisenach und die Sau Wirthschafft schindt mich nicht. Ich sehe täglich mehr dass *weniger* aber *länger* zu leiden ist in diesem Mansch ...

Tagebuch, 13. September 1777.
Conseil. Alleine gessen nach Tisch auf die Wartburg gezogen.

Tagebuch, 14. September 1777.
... gezeichnet, in mir gelebt. Abends hinunter zu Rathens (Familie Appelius), zu Becht(olsheims). Nachts halb 12 im hohen Mondschein oben angelangt.

An Johann Christian Kestner Wartburg, 28. September 1777.
Ich wohne auf Luthers Pathmos, und finde mich da so wohl als er. Übrigens bin ich der glücklichste von allen die ich kenne ...

Tagebuch, 4. Oktober 1777.
Tiefes Gefühl des Alleinseyns ... Mich störte Knebels Ankunft ... in meinem Gefühl gänzlicher Abgeschnittenheit, seine Erzählungen wie seine Gegenwart, zerrten mich in die alten Verhältnisse hinüber.

***Wartburg von Nordosten**, Bleistiftzeichnung von Goethe (1777).*

Tagebuch, 7. Oktober 1777.
Herrlichster Morgen. Die Nebel blieben abwärts. Herzog Haasen schiesen nach gr Lupniz (Großlupnitz). Knebel und ich nach dem Landgr(afen) Loch. Ich zeichnete am Fels weeg. Viel geschwäzzt über die Armuth des Hof treibens, überhaupt der Sozietät. zu Tisch nach Eisenach. Gegen Abend zu Bechtolsheim. Kam das Packet Eristika (Streitschriften mit Bezug auf Rechtsfälle) vom Stadthalter. Ich war stumpf gegen die Menschen ...

Tagebuch, 8. Oktober 1777.
Hier (auf der Wartburg) nun zum leztenmal, auf der reinen ruhigen Höhe, im Rauschen des Herbst winds. Unten (in Eisenach) hatt ich heute ein Heimweh nach Weimar nach meinem Garten, das sich hier schon wieder verliert. – Gern kehr ich doch zurück in mein enges Nest (ins Gartenhaus an der Ilm), nun bald in Sturm gewickelt, in Schnee verweht. Und wills Gott in Ruhe vor den Menchen mit denen ich doch nichts zu theilen habe. Hier hab ich weit weniger gelitten als ich gedacht habe, bin aber in viel Entfremdung bestimmt, wo ich doch noch Band glaubte. ♃ (der Herzog) wird mir immer näher und näher u(nd) Regen und rauher wind rückt die Schaafe zusammen. – –
Regieren!!

An Charlotte von Stein Weimar, 10. Oktober 1777.
In meinem Garten ... Wieder hier! und nur zwey Worte da ich höre dass eben ein Bote geht. Mit Weh hab ich meine Wartburg verlassen, und Weimar mit kindischer Freude wiedergesehn.

An Charlotte von Stein Eisenach, 13. September 1778.
Die Zeit bin ich auf der Wartburg mit dem Prinzen seshafft gewesen, und wir hatten so viele Drollerey zusammen dass ich in keine Ruhe kommen bin. Die Felsen hab ich truz dem bösen Wetter gemessen. Mit dem Jagen wirds morgen schweinisch werden, Und Vier bis fünf Herzoge von Sachsen in einem Zimmer machen auch nicht die beste Conversation...

***Wartburgbollwerk I**, Bleistiftzeichnung von Goethe (1784).*

Die Romantische Poesie.
Stanzen zu Erklärung eines Maskenzugs aufgeführt den 30. Januar 1810.

Minnesinger.
Von Wartburgs Höhn, wo vor so manchen Sonnen
Uns eure Väter freundlich angehört,
Wohin, noch froh gedenk der alten Wonnen,
Der ewig rege Bardengeist sich kehrt,
Weil jede Krone, die er dort gewonnen,
Des Gebers Ruhm durch alle Zeiten mehrt:
Das Gute, das geschehend uns ergetzet,
Wird rühmlich, wenn die Zeit es trägt und schätzet -
...
WA I, 16, 219.

An Christiane von Goethe 28. Juli 1814.
Den 26ten fünf Uhr von Eisenach. Herrlicher Duftmorgen um die Wartburg. Köstlicher Tag überhaupt ... Den Tag über hatte ich weniger Gedichte geschrieben und sehr wenige gut ...

Im Gegenwärtigen Vergangnes.
West-östlicher Divan. Buch des Sängers.

Ros' und Lilie morgenthaulich
Blüht im Garten meiner Nähe;
Hinten an, bebuscht und traulich,
Steigt der Felsen in die Höhe;
Und mit hohem Wald umzogen,
Und mit Ritterschloß gekrönet,
Lenkt sich hin des Gipfels Bogen,
Bis er sich dem Thal versöhnet.

Und da duftet's wie vor Alters,
Da wir noch von Liebe litten,
Und die Saiten meines Psalters
Mit dem Morgenstrahl sich stritten;
Wo das Jagdlied aus den Büschen
Fülle runden Tons enthauchte,
Anzufeuern, zu erfrischen
Wie's der Busen wollt' und brauchte.

Nun die Wälder ewig sprossen,
So ermuthigt euch mit diesen,
Was ihr sonst für euch genossen
Läßt in andern sich genießen.

Niemand wird uns dann beschreien,
Daß wir's uns alleine gönnen;
Nun in allen Lebensreihen
Müsset ihr genießen können.

Und mit diesem Lied und Wendung
Sind wir wieder bei Hafisen,
Denn es ziemt des Tags Vollendung
Mit Genießern zu genießen.

Fulda, den 26. Juli 1814. Abends 6 Uhr. WA I, 6, 20-21.

An Christian Gottlob von Voigt 21. Februar 1816.
Heideloff* wird sich mit einem wieder auferstandenen Heiligen melden, welchen anzuschauen bitte. Hiezu gehört noch eine fromme Dame, welche gleichfalls fertig ist und so ist auch der Grund, worauf sie zu stehen kommen, die eine Flügelthür nämlich, restaurirt und in Ordnung. Mit Ew. Excellenz Genehmigung könnten die fertigen Stücke nach und nach auf die Bibliothek geschafft, dort verwahrt und, bis alles beysammen, die Restaurationskosten einstweilen aus der Bibliothekscasse bezahlt werden.

* Johann Friedrich Karl Heideloff war Hof- und Theatermaler in Weimar.

Eisenberg

Herzogtum Sachsen-Gotha-Altenburg,
1826 Herzogtum Sachsen-Altenburg
Saale-Holzland-Kreis (Kreisstadt)

... über das neue Schießhaus.

Schon 1778 spricht Goethe im Tagebuch von seiner „Liebe zur Baukunst“ und fügt das Verlangen hinzu, daß seine Aufmerksamkeit dafür dauern möge.* Dieser Wunsch erfüllte sich. Noch 1820/21 nahm er regen Anteil am Bau des Schützenhauses in Eisenberg, der vom Weimarer Oberbaudirektor Clemens Wenzeslaus Coudray geleitet wurde.

* Tagebuch, 9. Dezember 1778.

Tagebuch, 29. März 1820.
Oberbaudirector Coudray über das neue Schießhaus in Eisenberg ...

An Carl Friedrich von Both* Weimar, 12. Juli 1821.
Unser treffliche Ober-Baudirector hat soeben in einer reichen Landstadt (Eisenberg) eines benachbarten Fürstenthums ein großes und weitläufiges Gesellschaftshaus erbaut, welches nächstens eingeweiht werden soll ...

* Both war Kurator der Universität Rostock und hatte um Goethes Urteil über den Grundriß eines Hauses für die Freimaurerloge gebeten.

***Das Eisenberger Schützenhaus** (Schießhaus) vor seinem Umbau zum Kino 1952/53; 1997 abgebrannt.*

Elgersburg

Herzogtum bzw. 1815 Großherzogtum Sachsen-Weimar-Eisenach
Ilmkreis (Geraberg)

Wir waren heute in Elgersburg. Wie wünschte ich daß es deine Wohnung seyn mögte ...

Das schön gelegene Jagdschloß auf steilem Porphyrfelsen mitten in Elgersburg befand sich zu Goethes Zeit in Besitz des Weimarer Obermarschalls Friedrich Hartmann von Witzleben. Hielt sich Goethe im nahen Ilmenau auf, bot sich ein Besuch in Elgersburg und seiner felsigen Waldgegend an. So auch am 7. August 1776, einen Tag nach dem glücklichen Zusammentreffen mit der geliebten Charlotte von Stein in der Hermannshöhle. Auf „Wizlebens Felsen" entstand an diesem Tag das bekannte Liebesgedicht „Ach wie bist du mir ..." Noch acht Jahre später wandern Goethes Gedanken im Zusammenhang mit der Elgersburg von Ilmenau aus zu Charlotte von Stein nach Weimar.
Aber nicht nur der Reiz von Schloß und Landschaft fesselten Goethe, auch die wirtschaftlichen Unternehmen des Ortes interessierten ihn. So während des Aufenthaltes im Sommer 1813, wie auch beim letzten Besuch von 1831 in Ilmenau, als seine Ausfahrt zusammen mit den Enkelsöhnen in die altbekannte Umgebung auch nach Elgersburg führte.

» Großkochberg, Ilmenau, Manebach, Stützerbach.

Schloß und Kurgebäude zu Elgersburg *(1841).*

Tagebuch, 7. August 1776.
Früh Regen. Gegen 9 auf Elgersburg. gessen. Mit Miseln gekittert. nach Tisch hohen Fels weeg! Allein. Dann Kraus, dann der Herzog. Unser Klettern durch die Schlucht ...

An Charlotte von Stein Ilmenau, 8. August 1776.*
Deine Gegenwart hat auf mein Herz eine wunderbaare Würckung gehabt, ich kann nicht sagen wie mir ist! mir ist wohl und doch so träumig. Zeichnen konnt ich gestern nicht. Ich sass auf Wizlebens Felsen, die herrlich sind und konnt nichts hervorbringen da schrieb ich dir:

Ach wie bist du mir,
Wie bin ich dir geblieben!
Nein an der Wahrheit
Verzweifl ich nicht mehr.
Ach wenn du da bist,
Fühl ich, ich soll dich nicht lieben
Ach wenn du fern bist,
Fühl ich ich lieb dich so sehr.
...

WA I, 4, 208.

* Im Druck „Elgersburg, den 7. August 1776."

An Charlotte von Stein Ilmenau, 7. Juni 1785.
Da ich eine Gelegenheit finde, schicke ich dir die Schwämme, hebe einen Theil davon auf, daß wir sie zusammen geniessen ... Wir waren heute in Elgersburg. Wie wünschte ich daß es deine Wohnung seyn mögte ...

Tagebuch, 27. August 1813.
Mit Sereniss.(imus) ausgeritten. Die Cammerlöcher, Dorf Gera(berg), Massenmühle, Elgersburg, Steingutfabric. (Gräfen)Roda ...

Tagebuch, 28. August 1831.
Gegen 8 Uhr fuhren alle in zwey Chaisen nach Elgersburg. Auf dem unbequemen, aber sehr interessanten Wege über (Gräfen)Roda. Die Kinder* sahen die Porzellanfabrik. Wir fuhren auf die Massenmühle, welche zwischen Felsen ein allerliebstes Bildchen macht. Auch wurde auf dem Weg dahin der Widerschein des Schlosses im Teiche nicht versäumt. In Elgersburg trafen wir wieder auf die Kinder, die das Schloß noch besehen wollten. Wir fuhren über Martinroda zurück; begrüßten unterwegs die dicke Eiche, die ich nun schon bald sechzig Jahre kenne ...

* Die Enkelsöhne Walther und Wolfgang.

ERFURT

Erzbistum/Kurfürstentum Mainz, 1802 Königreich Preußen,
1806 Domaine réservé à l'empereur (Kaiserreich Frankreich),
1815 Königreich Preußen
Landeshauptstadt

Sollt' einmal durch Erfurt fahren,
Das ich sonst so oft durchschritten ...

Am 25. Juli 1814 trat Goethe eine längere Reise in die Rhein-Main-Gegenden an. Kurz vorher waren die ersten Gedichte zum „West-östlichen Divan" entstanden. Auf der Fahrt nach Wiesbaden schrieb der Dichter weitere „Divan"-Verse auf, dabei entstand im Angesicht von Erfurt und seiner blumenreichen Umgebung das Gedicht „Liebliches", dem auch die Verse aus dem Nachlaß: „Sollt ich einmal durch Erfurt fahren ..." zuzuordnen sind. Im Gedicht werden Erinnerungen an frohe Stunden wach, die Goethe in Erfurt verbracht hatte; oft in Gesellschaft des kurmainzischen Statthalters Carl Theodor von Dalberg. Schon bald nach Goethes Ankunft in Weimar hatte man sich kennengelernt und in den ersten Jahren in Gesellschaft des Herzogs manches Abenteuer im Thüringer Wald und anderswo miteinander bestanden. Zu den Gästen von Dalbergs Assembléen, die ab 1786 in den Räumen der Statthalterei als bedeutendes gesellschaftliches Ereignis stattfanden und die für alle Stände offen waren, gehörte Goethe ebenso wie Schiller, Wieland, Wilhelm von Humboldt und Herder.

Goethe schätzte Dalberg als geistvollen und anregenden Gesprächspartner, und dieser interessierte sich für Goethes naturwissenschaftliche Studien. So wurde Dalberg zum „Freund und Gönner", der über seine gesandtschaftlichen Verpflichtungen zu den benachbarten Höfen hinaus fruchtbare Verbindungen auf wissenschaftlichem und kulturellem Gebiet förderte. Schon vor Goethes Eintreffen in Weimar unterstützte er, daß Wieland als Prinzenerzieher an den Weimarer Hof geholt wurde, und er hätte es gern gesehen, wenn sich Schiller und Goethe schon sehr viel früher nahe gekommen wären – und nicht erst nach langem Zögern 1794. Dalberg begünstigte auch das Weimarer Hoftheater, das unter Goethes Leitung in den Jahren 1791 bis 1795 jeweils in den Monaten August und September in Erfurt spielte.

Einige Jahre später, Dalberg war inzwischen Kurfürst und Erzbischof von Mainz, fand in der Erfurter Statthalterei ein historisch denkwürdiges Ereignis statt. Dort standen sich am 2. Oktober 1808 während des Fürstenkongresses Goethe und Napoleon gegenüber. Sie führten ein längeres Gespräch, das der Dichterfürst selbst geschildert hat. Eingeleitet wurde es von Napoleon mit den Worten: „Vous êtes un homme" („Ihr seid ein Mensch.") Als die Stadt Erfurt am 15. August 1811 des Kaisers Geburtstag feierte, nahm Goethe mit seiner Frau Christiane daran teil.

⇨ Weimar

***Die Mainzer Statthalterei**, eine zwischen 1713 und 1722 erbaute barocke Schloßanlage. Hier verkehrte Goethe mit Statthalter Dalberg, hier wurde er auch von Napoleon zu einer Audienz empfangen.*

Tagebuch, 1. Oktober 1776.
Nach Erfurt kam der Herz.(og) mit Wedeln. Muntres Mittagmahl. Nach Tisch auf Willerode. Viel geschwazt auf dem Birschgang mit d. Stadthalter und folgl.(ich) nichts geschossen.

An Charlotte von Stein 20. April 1777.
Es fällt mir aufeinmal ein zum Stadthalter zu reiten. Denn ich fühle nur zu sehr wie ich denen wenigen Menschen mit denen ich leben kann endlich zur einförmigen Last werden muss ...

Tagebuch, 2. Mai 1780.
Nach Erfurt die Strasen zu besichtigen die das Obergleit bessert. Kam Abends zum Stadthalter zurück und wir durchschwazten viel politische philosophische und poetische Dinge. Tanzten auch einmal ... Gute Tage.

An Charlotte von Stein Erfurt, 5. Mai 1780.
Wir sind im Lande herumgeritten, haben böse Weege gesehen in die viel verwendet worden ist und die doch nicht gebessert noch zu bessern sind, haben gute in der Stille lebende Menschen gefunden und an Leib und Seele Bewegung gehabt.
Gestern Abend gab der Graf Ley* den Frauen und Fräuleins ein Abendessen und Tanz. Es waren niedliche Misels dabey und es ging lustig zu ... Der Stadthalter war vergnügt. Wir haben schon was rechts geschwäzzt, für mich ist sein Umgang von viel Nuzzen. Durch die Erzählungen aus

***Carl Theodor von Dalberg**, der letzte Mainzer Statthalter in Erfurt.*

seinem manigfaltigen politischen Treiben, hebt er meinen Geist aus dem einfachen Gewebe in das ich mich einspinne, das ob gleich es auch viele Fäden hat, mich doch zusehr nach und nach auf Einen Mittelpunckt bannt. Der Stadthalter ist doch eigentlich auch kein rechtes Kind dieser Welt, und so klug und brav seine Plane sind, fürcht ich doch es geht einer nach dem andern zu scheitern. Er hat eine treffliche Gewandtheit in bürgerlichen und Politischen Dingen, und eine beneidenswerthe Leichtigkeit. Wir haben gekannegiesert und gegörzt**, und aus allem was ich von den vier Enden der Erde höre, zieh ich immer meine eigne Nuzzanwendung. Im Stillen Krafft und Fähigkeit / Fertigkeit (das heist Gewalt) zu sammeln, zu halten / spaaren, und auszuarbeiten und auf Glück zu warten wo das mögte zu brauchen seyn!! Zum Laufen hilft nicht schnell seyn. u. s. w. ...

* Der Neffe Dalbergs.
** Anspielung auf den Erzieher des Herzogs Carl August, Graf von Görtz, der in geheimen Plänen die regierende Herzogin Anna Amalia, die Mutter von Carl August, noch vor dem legalen Ende ihrer Regentschaft entmachten wollte.

An Charlotte von Stein Erfurt, 7. Dezember 1781.

Ich habe einen vergnügten Abend mit dem Stadthalter zugebracht, er stickt voller Kenntnisse und Interesse für tausend Dinge ...

Das Geleitshaus
unweit der Statthalterei (Regierungsstraße 72), wo für Goethe immer Zimmer bereit standen, wenn er nach Erfurt kam. Das ehemalige Waidhändlerhaus gehörte seit 1741 den Weimarer Herzögen und beherbergte die Geleitsverwaltung. Auch Herzog Carl August wohnte hier, wenn er in Erfurt war.

An Charlotte von Stein Erfurt, 12. Juni 1783.
Mit dem Stadthalter hab ich mich angenehm unterhalten, er ist sehr gut und voll Verstand. Man trifft immer etwas neues bey ihm an ...

An Christiane Vulpius Gotha, 9. August 1792.
Meyer wird dir erzählen wie ich gleich in Erfurth bin von Wanzen gequält worden und wie ich mich auch hier vor der Nacht fürchtete. Da sind die Zimmerleute besser die doch nur Morgends pochen ...*

* Der Brief wurde auf der Fahrt zur „Kampagne" in Frankreich geschrieben. Zu Hause sind zu dieser Zeit die Zimmerleute mit dem Umbau des Hauses am Frauenplan beschäftigt, in welches Goethe gerade mit Christiane eingezogen war.

Zur Morphologie. Schicksal der Druckschrift.
Einen Freund und Gönner jedoch, welcher während der Arbeit (an der „Metamorphose der Pflanzen") so wie nach deren Vollendung treulich eingewirkt, muß ich an dieser Stelle rühmen, Karl von Dalberg war es, ein Mann der wohl verdient hätte das ihm angeborne und zugedachte Glück in friedlicher Zeit zu erreichen, die höchsten Stellen durch unermüdete Wirksamkeit zu schmücken und den Vortheil derselben mit den Seinigen bequem zu genießen. Man traf ihn stets rührig, theilnehmend, fördernd, und wenn man sich auch seine Vorstellungsart im Ganzen nicht zueignen konnte; so fand man ihn doch im Einzelnen jederzeit geistreich überhelfend. Bei aller wissenschaftlichen Arbeit bin ich ihm viel schuldig geworden, weil er das mir eigenthümliche Hinstarren auf die Natur zu bewegen, zu beleben wußte. Denn er hatte den Muth, durch gewisse gelenke Wortformeln, das Angeschaute zu vermitteln, an den Verstand heran zu bringen.

WA II, 6, 144-145.

Reise in die Schweiz 1797. Frankfurt, den 8. August 1797.
Zum erstenmal habe ich die Reise aus Thüringen nach dem Mainstrome durchaus bei Tage mit Ruhe und Bewußtsein gemacht, und das deutliche Bild der verschiedenen Gegenden, ihrer Charaktere und Übergänge war mir sehr lebhaft und angenehm. In der Nähe von Erfurt war mir der Kessel merkwürdig, worin diese Stadt liegt. Er scheint sich in der Urzeit gebildet zu haben, da noch Ebbe und Fluth hinreichte, und die Unstrut durch die Gera heraufwirkte.
Der Moment, wegen der heranreifenden Feldfrüchte, war sehr bedeutend. In Thüringen stand alles zum schönsten, ...

WA I, 34.1, 218-219.

Tagebuch, 29. September 1808.
Gegen Abend nach Erfurt*. Zum Schauspiel kam ich zu spät ...

* Im Gefolge des Herzogs zum Fürstenkongreß.

Tagebuch, 2. Oktober 1808.
Zum Lever (Morgenaudienz). Nachher beym Kaiser ...

An Christiane von Goethe Erfurt, 4. Oktober 1808.
Eh ich von Erfurt abgehe muß ich dir ein Wort sagen und dir dancken daß du mich herübergetrieben hast. Zum Schauspiel kam ich nicht; aber nachher fügte sich alles zum Besten.
Ich habe dem Kayser aufgewartet, der sich auf die gnädigste Weise lange mit mir unterhielt ...

Unterredung mit Napoleon. 1808. Skizze.
September
In der Hälfte des Monats bestätigt sich die Nachricht von der Zusammenkunft der Monarchen in Erfurt.
...
Den 29. berief mich der Herzog nach Erfurt.
...
Oktober
Den ersten.
Lever bei'm Kaiser Napoleon.
Statthalterei, Treppe, Vorsaal und Zimmer.
Geschwirre durchaus.
Das altbekannte Locale und neues Personal.
...
Den zweiten.
...
Ich wurde um eilf Uhr Vormittags zu dem Kaiser bestellt.
Ein dicker Kammerherr, Pole, kündigte mir an zu verweilen.
Die Menge entfernte sich.
Präsentation an Savary und Talleyrand.
Ich werde in das Kabinett des Kaisers gerufen.

In demselben Augenblick meldet sich *Daru*, welcher sogleich eingelassen wird.
Ich zaudere deßhalb.
Werde nochmals gerufen.
Trete ein.
Der Kaiser sitzt an einem großen runden Tische frühstückend; zu seiner Rechten steht etwas entfernt vom Tische Talleyrand, zu seiner Linken ziemlich nah Daru, mit dem er sich über die Contributions-Angelegenheiten unterhält.
Der Kaiser winkt mir heranzukommen.
Ich bleibe in schicklicher Entfernung vor ihm stehen.
Nachdem er mich aufmerksam angeblickt, sagte er:
vous êtes un homme. (Ihr seid ein Mensch.) Ich verbeuge mich.
Er fragt: wie alt seid Ihr?
Sechzig Jahr.
Ihr habt euch gut erhalten -
Ihr habt Trauerspiele geschrieben.
Ich antwortete das Nothwendigste.
...
Er wandte sodann das Gespräch auf den Werther, den er durch und durch mochte studirt haben. Nach verschiedenen ganz richtigen Bemerkungen bezeichnete er eine gewisse Stelle und sagte: warum habt Ihr das gethan? es ist nicht naturgemäß, welches er weitläufig und vollkommen richtig auseinander setzte.
Ich hörte ihm mit heiterem Gesichte zu und antwortete mit einem vergnügten Lächeln: daß ich zwar nicht wisse ob mir irgend jemand denselben Vorwurf gemacht habe; aber ich finde ihn ganz richtig und gestehe, daß an dieser Stelle etwas Unwahres nachzuweisen sei. Allein, setzte ich hinzu, es wäre dem Dichter vielleicht zu verzeihen, wenn er sich eines nicht leicht zu entdeckenden Kunstgriffs bediene um gewisse Wirkungen hervorzubringen, die er auf einem einfachen natürlichen Wege nicht hätte erreichen können.
Der Kaiser schien damit zufrieden...
... ich trat etwas zurück und kam gerade an den Erker zu stehen, in welchem ich vor mehr als dreißig Jahren zwischen mancher frohen auch manche trübe Stunde verlebt...
... ich hatte Zeit mich im Zimmer umzusehen und der Vergangenheit zu gedenken.
Auch hier waren es noch die alten Tapeten.
Aber die Porträte an den Wänden waren verschwunden.
Hier hatte das Bild der Herzogin Amalia gehangen, im Redouten-Anzug eine schwarze Halbmaske in der Hand, die übrigen Bildnisse von Statthaltern und Familiengliedern fehlten alle.
Der Kaiser stand auf, ging auf mich los und schnitt mich durch eine Art Manoeuvre von den übrigen Gliedern der Reihe ab in der ich stand.
Indem er jenen den Rücken zukehrte und mit gemäßigter Stimme zu mir sprach, fragte er: ob ich verheirathet sei, Kinder habe? und was sonst Persönliches zu interessiren pflegt. Eben so auch über meine Verhältnis-

se zu dem fürstlichen Hause, nach Herzogin Amalia, dem Fürsten, der Fürstin und sonst; ich antwortete ihm auf eine natürliche Weise. Er schien zufrieden und übersetzte sich's in seine Sprache, nur auf eine etwas entschiedenere Art als ich mich hatte ausdrücken können.
Dabei muß ich überhaupt bemerken, daß ich im ganzen Gespräch die Mannichfaltigkeit seiner Beifallsäußerung zu bewundern hatte; denn selten hörte er unbeweglich zu, entweder er nickte nachdenklich mit dem Kopfe oder sagte *oui* oder *c'est bien* oder dgl.; auch darf ich nicht vergessen zu bemerken, daß, wenn er ausgesprochen hatte, er gewöhnlich hinzufügte:
Qu'en dit Mr. Göt? (Was sagt Herr Goethe dazu?)
Und so nahm ich Gelegenheit bei dem Kammerherrn durch eine Gebärde anzufragen ob ich mich beurlauben könne? die er bejahend erwiderte, und ich dann ohne weiteres meinen Abschied nahm.

WA I, 36, 269-275.

Audienz Johann Wolfgang Goethes bei Kaiser Napoleon I. *im Erfurter Gouvernementsgebäude am 2. Oktober 1808.*

Tagebuch, 15. August 1811.
Früh nach Erfurt. In das Geleitshaus, wo wir (Goethe mit Frau Christiane) den (Fest-)Zug (zu Napoleons Geburtstag) nach dem Dom ziehen sahen. Hierauf in den Dom... Kam der Erbprinz von Weimar in die Barfüßer Kirche. Aufführung mehrerer Musikstücke... Illumination. Nach Hause.

Liebliches*

Was doch Buntes dort verbindet
Mir den Himmel mit der Höhe?
Morgennebelung verblindet
Mir des Blickes scharfe Sehe.

Sind es Zelte des Vesires,
Die er lieben Frauen baute?
Sind es Teppiche des Festes,
Weil er sich der Liebsten traute?

Roth und weiß, gemischt, gesprenkelt
Wüßt' ich Schönres nicht zu schauen,
Doch wie, Hafis, kommt dein Schiras
Auf des Nordens trübe Gauen?

Ja es sind die bunten Mohne,
Die sich nachbarlich erstrecken,
Und, dem Kriegesgott zum Hohne,
Felder streifwärts freundlich decken.

Möge stets so der Gescheute
Nutzend Blumenzierde pflegen,
Und ein Sonnenschein, wie heute,
Klären sie auf meinen Wegen.

WA I, 6, 18.

* Am 25. Juli 1814 auf der Reise nach Wiesbaden im Angesicht Erfurts verfaßt. – Am 28. Juli heißt es in einem Brief an Christiane: „Den 25ten schrieb ich viele Gedichte an Hafis, die meisten gut."

(West-östlicher Divan. Aus dem Nachlaß.)

Sollt' einmal durch Erfurt fahren,
Das ich sonst so oft durchschritten,
Und ich schien, nach vielen Jahren,
Wohlempfangen, wohlgelitten.

Wenn, mich Alten, alte Frauen
Aus der Bude froh gegrüßet,
Glaubt' ich Jugendzeit zu schauen,
Die einander wir versüßet.

Das war eine Bäckerstochter,
Eine Schusterin daneben;
Eule keineswegs jene,
Diese wußte wohl zu leben.

WA I, 6, 278.

Ettersburg

Herzogtum bzw. 1815 Großherzogtum Sachsen-Weimar-Eisenach
Kreis Weimarer Land (Berlstedt)

... wie mir die Gegend so lieb ist,
das Land! der Ettersberg!

Schloß und Park Ettersburg am nördlichen Hang des Ettersberges sind von der Gedenkstätte des ehemaligen Konzentrationslagers und späteren sowjetischen Speziallagers Buchenwald nur durch eine kleine Waldung getrennt. Ein erinnerungsträchtiger Goethe-Ort befindet sich in unmittelbarer Nähe einer Stätte grausamer Verbrechen. Den Häftlingen des Lagers der Nationalsozialisten war diese Situation wohl bewußt. Sie schufen sich in der „Goethe-Eiche", einem alten Baum, der beim Kahlschlag für den Bau der Anlage stehengeblieben war, ein Symbol für unverletzte Natur und grünendes Leben.

Der Stumpf der „Goethe-Eiche"*. Sie war im August 1944 bei einem Luftangriff in Brand geraten und kurz danach gefällt worden.*

Das barocke Schloß der Weimarer Herzöge auf dem Ettersberg war zwischen 1776 und 1780 ein beliebter Ort fröhlicher Geselligkeit und ausgelassenen Treibens. Die Herzoginmutter Anna Amalia nutzte es in diesen Jahren als Sommersitz; ihr verdankt Ettersburg sein Image als Ort glanzvoller Aktivitäten des Weimarer Hofes.
Goethe war bald nach seinem Eintreffen in Weimar ins lustvolle Geschehen eingebunden. Er arrangierte so manches Vergnügen für die Hofgesellschaft. Im Winter gab es Schlittenfahrten oder Tanzvergnügungen, im Sommer wurde viel Theater gespielt.

Dem Liebhabertheater, für das Goethe als Autor, Regisseur und Schauspieler wirkte, war im Westflügel des Schlosses eine kleine Bühne eingerichtet. Man spielte aber auch im Park zwischen Bäumen und Sträuchern. Neben improvisierten Spektakeln gab es eine Reihe von Aufführungen, die Goethe inszenierte. 1778 wurde „Das Jahrmarktsfest von Plundersweilern" mit dem Text von Goethe, der Musik des Kammerherrn von Seckendorf und Liedeinlagen von Anna Amalia gespielt,- ein Stück voller Anspielungen auf Zeitgenossen und Zeitgeist. Ein Jahr darauf wurde die Prosafassung der „Iphigenie" aufgeführt und 1780 „Die Vögel", eine Satire nach Aristophanes, in der ebenfalls viele , dem damaligen Weimarer Publikum verständliche Anspielungen enthalten sind.
Rückblickend erinnerte sich der alte Goethe im Gespräch mit Eckermann an „manchen guten Tag", den man dort gehabt. Dennoch gab es auch schon in dieser Phase ausgelassener Fröhlichkeit deutliche Anzeichen für innere Spannungen, denen sich der Dichter in Weimar ausgesetzt sah. Am Hang des Ettersberges entstand bereits im Februar 1776 „Wandrers Nachtlied", worin von „Schmerz und Lust" gleichermaßen gesprochen wird.
Der Ettersberg bot Goethe auch Gelegenheit, dem Herzog an einem ganz konkreten Beispiel seine sozialen Verpflichtungen nahezulegen. Carl August hielt sich am Ettersberg in seinem Jagdrevier Wildschweine ohne Gatter zum Abschuß. Diese Tiere waren zur Plage für die Bauern der Umgebung geworden. In einem längeren Schreiben an den Herzog setzt sich Goethe für die Interessen der Landleute ein.
Auch für Goethes Forscherdrang bot der Ettersberg bis ins hohe Alter hinein verschiedene Anlässe, seinen wissenschaftlichen Neigungen nachzugehen. Der Höhenzug war in geologischer Hinsicht ein lohnendes Objekt für Erkundungen, er spielte bei Wetterbeobachtungen eine Rolle, und er war wegen einer besonderen Baumart, einer Mischung zwischen Buche und Eiche, interessant für den Botaniker.
Der Ettersberg mag darüber hinaus mit seinem weiten Ausblick zum Thüringer Wald und über das Thüringer Becken hinweg bis zum Tal der Unstrut dazu beigetragen haben, daß das Land der Weimarer Herzöge für Goethe zur Heimat wurde.

Schöndorf, Weimar.

Wandrers Nachtlied.

Der du von dem Himmel bist,
Alles Leid und Schmerzen stillest,
Den, der doppelt elend ist,
Doppelt mit Erquickung füllest,
Ach ich bin des Treibens müde!
Was soll all der Schmerz und Lust?
Süßer Friede,
Komm, ach komm in meine Brust!

Am Hang des Ettersbergs, den 12. Februar (17)76. WA I, 1, 98.

An Charlotte von Stein Weimar, 16. Juli 1776.

Abends d. 16. Noch ein Wort. Gestern als wir nachts von Apolde zurück ritten, war ich vorn allein bey den Husaren die erzählten einander Stückgen, ich hörts, hörts auch nicht, ritt so in Gedancken fort. Da fiel mirs auf wie mir die Gegend so lieb ist, das Land! der Ettersberg! die unbedeutenden Hügel! und mir fuhrs durch die Seele – Wenn du nun auch das einmal verlassen musst! das Land wo du so viel gefunden hast, alle Glückseeligkeit gefunden hast die ein Sterblicher träumen darf wo du zwischen Behagen und Mißbehagen, in ewig klingender Existenz schwebst – wenn du auch das zu verlassen gedrungen würdest mit einem Stab in der Hand, wie du dein Vaterland verlassen hast. Es kamen mir die Tränen in die Augen, und ich fühlte mich starck genug auch das zu tragen.

Tagebuch, 23. März 1777.

Wir nach Ettersb.(urg) Mittags draus Gessen alles arrangirt ... Abends zurück ...

Tagebuch, 24. August 1777.

Nach Ettersb(urg) Hahnen schlagen viel getanzt.

Tagebuch, 5. Januar 1778.

... gegen Mittag nach Ettersburg mit allen im Schlitten. Draussen allerley Tollheit, extemporirte Comödie. Abends mit Fackeln herein.

Tagebuch, 6. Oktober 1778.

Nach Ettersb.(urg) die Theater Posse zurecht gemacht ...

Tagebuch, 20. Oktober 1778.

Comödie in Ettersburg. Der Jahrm. („Das Jahrmarktsfest zu Plundersweilern")

Tagebuch, 12. Juli 1779.

Iphigenie in Ettersburg gespielt.

Tagebuch, 3. September 1779.

Abends halb 7 holt ich ♃(Herzog Carl August) ab gingen nach Ettersburg ... Fanden sie oben leidlich vergnügt. Und trieben unter uns nachdem die Damen retirirt waren viel Thorheiten ...

Tagebuch, 25. Juni 1780.

Einiges früh besorgt nach Ettersb.(urg) fand Clauern der Oesers Büste bossirte. las ihm die Mitschuldigen vor. Waren munter nach Tisch dicktirte ich Jöchh. (d. i. Anna Amalias Hofdame Louise von Göchhausen) an den *Vögeln* sehr lebhafft und sprach viel dazwischen über alle Kunst ...

Tagebuch, 18. August 1780.

die Vögel in Ettersb. gespielt.

***Ettersburg**, nach einem Stich von Georg Melchior Kraus.*

Die Vögel.
Nach dem Aristophanes.
Epilog.

Der erste der den Inhalt dieses Stücks
Nach seiner Weise auf's Theater brachte,
War Aristophanes, der ungezogne
Liebling der Grazien.
Wenn unser Dichter, dem nichts angelegner ist,
Als euch ein Stündchen Lust
Und einen Augenblick Beherzigung
Nach seiner Weise zu verschaffen,
In ein- und anderem gesündigt hat;
So bittet er durch meinen Mund
Euch allseits um Verzeihung.
Denn, wie ihr billig seid, so werdet ihr erwägen,
Daß von Athen nach Ettersburg
Mit einem *Salto mortale*
Nur zu gelangen war.

Am 18. Aug.(ust) 1780 in Ettersburg aufgeführt.

WA I, 17, 114.

An Herzog Carl August Weimar, 26. Dezember 1784.

Ich wünsche daß alles was Sie auf der Reise* thun und was Ihnen begegnet zu Nutzen und Frommen gereichen möge.

Auch die Jagdlust gönn ich Ihnen von Herzen und nähre die Hoffnung daß Sie dagegen nach Ihrer Rückkunft die Ihrigen von der Sorge eines drohenden Übels befreyen werden. Ich meine die wühlenden Bewohner des Ettersbergs. Ungern erwähn ich dieser Thiere weil ich gleich Anfangs gegen deren Einquartierung protestirt und es einer Rechthaberey ähnlich sehn könnte daß ich nun wieder gegen sie zu Felde ziehe. Nur die allgemeine Aufforderung kann mich bewegen ein fast gelobtes Stillschweigen zu brechen und ich schreibe lieber, denn es wird eine der ersten Sachen seyn die Ihnen bey Ihrer Rückkunft vorgebracht werden. Von dem Schaden selbst und dem Verhältniß einer solchen Heerde zu unsrer Gegend sag ich nichts, ich rede nur von dem Eindrucke den es auf die Menschen macht. Noch habe ich nichts so allgemein mißbilligen sehn, es ist darüber nur Eine Stimme. Gutsbesitzer, Pächter, Unterthanen, Dienerschafft, die Jägerey selbst alles vereinigt sich in dem Wunsche diese Gäste vertilgt zu sehn. Von der Regierung zu Erfurt ist ein Communicat deswegen an die unsrigen ergangen.

Was mir dabey aufgefallen ist und was ich Ihnen gern sage, sind die Gesinnungen der Menschen gegen Sie die sich dabey offenbaaren. Die meisten sind nur wie erstaunt als wenn die Thiere wie Hagel vom Himmel fielen, die Menge schreibt Ihnen nicht das Übel zu, andre gleichsam nur ungern und Alle vereinigen sich darinne daß die Schuld an denen liege die statt Vorstellungen dagegen machen, Sie durch gefälliges Vorspiegeln verhinderte das Unheil das dadurch angerichtet werde einzusehn. Niemand kann sich dencken daß Sie durch eine Leidenschafft in einen solchen Irrthum geführt werden könnten um etws zu beschliesen und vorzunehmen was Ihrer übrigen Denckens und Handlens Art, Ihren bekannten Absichten und Wünschen geradezu widerspricht.

Der Landkommissair hat mir gerade in's Gesicht gesagt daß es unmöglich sey, und ich glaube er hätte mir die Existenz dieser Creaturen völlig geläugnet wenn sie ihm nicht bey Lützendorf eine Reihe frisch gesetzter Bäume gleich die Nacht drauf zusammt den Pfälen ausgehoben und umgelegt hätten.

Könnten meine Wünsche erfüllt werden; so würden diese Erbfeinde der Cultur, ohne Jagdgeräusch, in der Stille nach und nach der Tafel aufgeopfert, daß mit der zurückkehrenden Frühlingssonne die Umwohner des Ettersbergs wieder mit frohem Gemüth ihre Felder ansehen könnten.

Man beschriebt den Zustand des Landmanns kläglich und er ist's gewiß, mit welchen Übeln hat er zu kämpfen – Ich mag nichts hinzusetzen was Sie selbst wissen. ich habe Sie so manchem entsagen sehn und hoffe Sie werden mit dieser Leidenschafft den Ihrigen ein Neujahrsgeschenck machen, und halte mir für die Beunruhigung des Gemüths, die mir die Colonie seit ihrer Entstehung verursacht, nur den Schädel der gemeinsamen Mutter des Verhassten Geschlechtes aus, um ihn in meinem Cabinete mit doppelter Freude aufzustellen.

Möge das Blat was ich eben endige Ihnen zur guten Stunde in die Hand kommen.

* Herzog Carl August befand sich auf der Rückreise aus Zürich in Darmstadt.

Tagebuch, 26. Mai 1800.
Abends nach Ettersburg zu Schiller*.

* Dieser hatte sich dorhin zurückgezogen, um an der Tragödie „Maria Stuart" zu arbeiten. Goethe kehrte erst am anderen Morgen nach Weimar zurück.

Carl August, *Schattenriß (um 1785).*

Tagebuch, 26. September 1827.

Einiges besorgt. Sodann aber mit Dr. Eckermann zum Jakobsthor hinausgefahren an die Hottelstedter Ecke (nordwestlich des Ettersberges). Sodann um den Berg nach Ettersburg. Das Schloß und die Seitengebäude durchaus besehen. Die daselbst aufgehängten Bilder und aufbewahrten Tapeten beaugenscheinigt. sodann wieder zu Tische in Weimar zurück ...*

* In den „Gesprächen mit Goethe" berichtet Eckermann über diese Ausfahrt. Er läßt Goethe rückblickend erzählen: „Immer die alte Geschichte! Immer der alte Meeresboden! – Wenn man von dieser Höhe auf Weimar hinabblickt und auf die mancherlei Dörfer umher, so kommt es einem vor wie ein Wunder, wenn man sich sagt, daß es eine Zeit gegeben, wo in dem weiten Tale dort unten die Walfische ihr Spiel getrieben. Und doch ist es so, wenigstens höchst wahrscheinlich. Die Möwe aber, die damals über dem Meere flog, das diesen Berg bedeckte, hat sicher nicht daran gedacht, daß wir beide heute hier fahren würden. Und wer weiß, ob nach vielen Jahrtausenden die Möwe nicht abermals über diesem Berge fliegt ... Hier ist gut sein! Ich dächte, wir versuchten, wie in dieser guten Luft uns etwa ein kleines Frühstück behagen möchte ...

Ich war sehr oft an dieser Stelle und dachte in späteren Jahren sehr oft, es würde das letzte Mal sein, daß ich von hier aus die Reiche der Welt und ihre Herrlichkeiten überblickte. Allein es hält immer noch einmal zusammen, und ich hoffe, das es auch heute nicht das letzte Mal ist, daß wir beide uns hier einen guten Tag machen. Wir wollen künftig öfter hierherkommen. Man verschrumpft in dem engen Hauswesen. Hier fühlt man sich groß und frei wie die große Natur, die man vor Augen hat, und wie man eigentlich immer sein sollte.

Ich übersehe von hier aus eine Menge Punkte, an die sich die reichsten Erinnerungen eines langen Lebens knüpfen. Was habe ich nicht drüben in den Bergen von Ilmenau in meiner Jugend alles durchgemacht! Dann dort unten im lieben Erfurt wie manches gute Abenteuer erlebt! Auch in Gotha war ich in frühester Zeit oft und gerne ...

Wir haben überhaupt in frühester Zeit hier (in Ettersburg) manchen guten Tag gehabt und manchen guten Tag vertan. Wir waren alle jung und voll Übermut, und es fehlte uns im Sommer nicht an allerlei improvisiertem Komödienspiel und im Winter nicht an allerlei Tanz und Schlittenfahrten mit Fackeln.

Ich will Ihnen doch auch die Buche zeigen, worin wir vor funfzig Jahren unsere Namen geschnitten (gemeint sind die Goethes, Schillers und Wielands). – Aber wie hat sich das verändert, und wie ist das alles herangewachsen! Das wäre denn der Baum. – Sie sehen, er ist noch in der vollsten Pracht! – Auch unsere Namen sind noch zu spüren, doch so verquollen und verwachsen, daß sie kaum noch herauszubringen. Damals stand diese Buche auf einem freien trockenen Platz. Es war durchaus sonnig und anmutig umher, und wir spielten hier an schönen Sommertagen unsere improvisierten Possen. Jetzt ist es hier feucht und unfreundlich. Was sonst nur niederes Gebüsch war, ist indes zu schattigen Bäumen herangewachsen, so daß man die prächtige Buche unserer Jugend kaum noch aus dem Dickicht herausfindet." S. 555-558.

FRAUENPRIESSNITZ

Kurfürstentum bzw. 1806 Königreich Sachsen,
1815 Großherzogtum Sachsen-Weimar-Eisenach
Saale-Holzland-Kreis (Camburg)

... die in Frauenpriesnitz gefundene Ketten.

In dem nördlich von Jena gelegenen Dorf, dem ehemaligen Standort eines Zisterzienser-Nonnenklosters, ist auf dem Gelände eines Schlosses der Schenken von Tautenburg – es wurde schon 1638 fast völlig zerstört – das Gebäude des alten Justiz- und Rentamtes erhalten. Darin hielt sich Goethe am 12./13. Dezember 1815 auf und verhandelte mit dem Grafen Edling, dem damaligen Amtmann. Anlaß seines Besuches war der Anfall des Amtes Tautenburg an Sachsen-Weimar vier Wochen zuvor. Goethe besuchte auch die Kirche und ließ sich die heute noch vorhandene Grablege der Schenken von Tautenburg zeigen. Danach fertigte er eine Gedächtnisskizze zur Lage der damals weitgehend verschütteten Gruft an.
Noch Jahre später, als der Weimarer Oberbaudirektor Coudray mit der Restaurierung der Schenkengruft beauftragt wurde, interessierte er sich für das „Leichengewölbe". Vermutlich hat er davon auch seinem Schwager Christian August Vulpius erzählt, denn 1820 versuchte sich dieser in der Darstellung der Schenken-Geschichte.

***Die Schenkengruft**, Skizze (1815) von Goethe.*

Tagebuch, 12. Dezember 1815.
Nach Frauenpriesnitz. In die Kirche. Späte Tafel. Tanz. Spiel. Unterhaltung mit Gr.(af Edling)

Tagebuch, 14. November 1819.
Gegen Abend Oberbaudirector Coudray; Geschichte der Frauenpriesnitzer Leichengewölbe ...

Tagebuch, 19. November 1819.
... Herr Geheime Staatsrath Schweitzer, zeigte die in Frauenpriesnitz gefundene Ketten und sonstige Alterthümer.

Friedrichroda

Herzogtum Sachsen-Gotha und Altenburg, 1826 Herzogtum Sachsen-Coburg und Gotha
Landkreis Gotha

... ein Compendium der ganzen Thüringerwald-Mineralogie.

Auf einem Ritt mit der herzoglichen Jagdgesellschaft nach Wilhelmsthal kam Goethe 1777 erstmals durch das Städtchen Friedrichroda, ebenso auf seiner diplomatischen Reise an die thüringischen Höfe im Frühjahr und Sommer 1782. Während dieser Reise betrieb er auch intensive geologische Studien. Dabei kam es zufällig zu einer Begegnung mit einem leidenschaftlichen Bergmann, mit dem er dann „in den Eingeweiden der Erde" herumkroch.

Tagebuch, 4. September 1777.
... auf Fridrichrode Reinhartsbrunn bleibt rechts im Grund ... Ruhl(a), Wilhelmsthal.

Tagebuch, 10. Mai 1782.
Von Gotha auf Meiningen in Friedrichrode zu Mittag.

An Charlotte von Stein Meiningen, 10. Mai 1782.
Ein schöner und glücklicher Tag! Ich ritt um 7 von Gotha nach dem Gebürg. in Friedrichrode fing mich der Bergrath Baum auf, ich mußte zu Tisch bleiben, und kroch mit ihm vorher in den Eingeweiden der Erde herum, und that mir was rechts zu gute. Er ist eine glückliche Art Menschen, hat mit der *Krumhälser* Arbeit angefangen, (wenn du das Wort nicht kennst lass dir's vom Herzog erklären der weis es sehr gut) und ist nun das *fac totum* in einem zwar kleinen aber doch sehr manigfaltigen Kreise, wo einer vielerley wissen, vielerley thun und ein Geschick haben muß sich in allerley Menschen und Umstände zu richten. Er versicherte es ginge nichts über das Vergnügen ein Bergmann zu seyn, und wenn er auch die Gaben hätte und er könnte Minister seyn, würde er es ausschlagen, meynte er, und ich glaub es gerne. (besonders wenn er recht wüsste was das hiese Minister seyn)
...
Um ein weniges grüner find ich hier die Bäume als bey uns ...

Mineralogie von Thüringen und angränzender Länder.
Eine halbe Stunde von Friedrichroda nach der Ruhl(a) zu ist der Herzog Ernst-Stollen durch den Sand und alle unterliegende Lager getrieben: ein Compendium der ganzen Thüringerwald-Mineralogie ...

WA II, 10, 135.

GEFELL

Herzogtum Sachsen-Meiningen

Saale-Orla-Kreis

In Gefäll Vorspann genommen ...

Zu Goethes Zeiten mußte der Reisende auf Kutschfahrten mit allerlei Überraschungen rechnen. Zum einen bereitete der schlechte Zustand der Straßen oft Schwierigkeiten, nicht selten kam es zu Unfällen. Zum anderen hatten die Gasthöfe an der Strecke mitunter nicht die notwendige Verpflegung zur Verfügung.
Auf seinen Reisen in die böhmischen Bäder lernte Goethe beide Mißstände kennen. Gerade in Richtung Hof war der Weg sehr schlecht, und die Poststation Gefell zwischen Schleiz und Hof, für Pferdewechsel und Vorspann genutzt, bot oft nicht einmal die gewünschten Eier zum Verzehr. Im Sommer 1806, auf der Rückreise aus Karlsbad, kam für Goethe in der Nähe von Gefell ein weiteres Ärgernis hinzu. Es gab Probleme mit dem Bedienten, die so weit gingen, daß ihn Goethe bei der Ankunft in Jena der Polizei übergeben mußte.

» Jena, Pößneck, Schleiz.

Tagebuch, 29. Juni 1806.
Schrecklicher Weg einige Stunden vor Schleiz ...

Tagebuch, 7. August 1806.
Zwiespalt des Bedienten und Kutschers auf dem Bocke, welcher uns mehr in Leidenschaft versetzte als die Spaltung des römischen Reichs. In Gefäll den Pferden etwas Heu gegeben. Waren auch nicht einmal Eier zu finden ...

An die Fürstl. Polizeicommission in Jena Gefell, 8. August 1806.
Mein Bedienter N. N. Gensler ... hat zwar seine Schuldigkeit gegen mich zu meiner leidlichen Zufriedenheit beobachtet; dagegen aber von der ersten Zeit her sich gegen meine Familie und Hausgenossen äußerst rauh, störrisch, grob und auffahrend, sogar in meiner Gegenwart, betragen. Die ihm deshalb zugegangenen bedrohlichen Verweise haben nur augenblickliche Wirkungen hervorgebracht, im Ganzen aber nichts gefruchtet; weshalb ich manche Verdrießlichkeit erlitten und nur durch Gewohnheit und Hoffnung bewogen werden können, ihn beyzubehalten. Nun hat sich aber seine unbändige Gemüthsart auf meiner Reise nach Carlsbad ganz gränzenlos bewiesen, indem er nicht allein meinen Reisegefährten schnöde begegnet ... sondern auch auf der Rückreise seine Bosheit und Tücke an dem Kutscher auf allerley Weise ausgelassen, daß es zuletzt auf dem Bock zwischen beyden zu einem heftigen Wortwechsel und ... endlich zu Schlägen kam; wobey, so viel mir bekannt ist,

gedachter Gensler ausschlug, und ungeachtet aller Verweise und Bedrohungen sein gewöhnliches Betragen bis Jena auf eine dem Wahnsinn sich nähernde Weise fortsetzte.
Da ich mich nun in dem Fall sah, durch Zorn und Ärger die ganze Wirkung meiner vollbrachten Badekur zu verlieren, auch auf dem Punct stand, zu einer unschicklichen und sträflichen Selbsthülfe genöthigt zu werden; so blieb mir nichts übrig, als diesen Burschen bey meiner Ankunft in Jena in militärische Haft bringen zu lassen ...

Tagebuch, 13. Mai 1808.
Gegen Mittag (von Schleiz) weggefahren. In Gefäll Vorspann genommen. Abends in Hof angelangt.

Tagebuch, 30. Juni 1811.
Um 8 Uhr von Hof ... Gefäll, sehr angenehme Fahrt ... Pferde gewechselt ...

Tagebuch, 28. Juni 1823.
Halb 5 Uhr in Gefell, sehr starker Regen. Ich ließ mir einige weiche Eier sieden

Gelmeroda

Herzogtum bzw. 1815 Großherzogtum Sachsen-Weimar-Eisenach
Stadt Weimar

... in die Gelmerodaer Schluchten
zu den Versteinerungen.

Das Tal in Richtung Gelmeroda ist, wie viele andere der Weimarer Umgebung, oft von Goethe durchquert worden. Nachdem 1801 die fossilen Reste eines prähistorischen Elefanten dort gefunden wurden, sind besonders viele Spaziergänge oder -fahrten dorthin dokumentiert. Jahrelang zog es den forschenden Geist immer wieder an den Fundort; noch 1817 führte eine Wanderung mit Sohn August in die „Gelmeröder Schlucht". Im brieflichen Kontakt mit Fachgelehrten wurden die Funde als Zeugnisse erdgeschichtlicher Prozesse bewertet und in die Sammlung tierischer Fossilien eingeordnet.
Das Tal von Gelmeroda war auch für Goethe als Verantwortlichen für den Bergbau bei der Suche nach fossilen brennbaren Materialien interessant, denn dort hatte man Steinkohleflöze entdeckt, die allerdings „von keiner Bedeutung" waren.

Schema zu einer Vorarbeit die fossilen brennbaren Materialien im hiesigen Fürstenthum betreffend.
Die jüngern Steinkohlen.
Ob auf der nördlichen Seite des Thüringer Waldes, wie auf der südlichen, Steinkohlenflötze im jüngern Flötzgebirge, zu finden seien, ist eine Frage. Die bei Gelmerode gefundenen Flötze sind von keiner Bedeutung, doch wäre es immer interessant, ob man mehr dergleichen auffinden könnte. Man könnte zu dem Endzwecke ein paar junge gutwillige Mineralogen durch die ausgewaschnen Schluchten, wo die Lagen entblößt sind, durchschicken.
Weimar am 10. Dec. 1797. WA I, 53, 320.

Tag- und Jahreshefte 1801.
Von Naturhistorischem berührte mich weniges; ein krummer Elephantenzahn ward nach einem großen Regenguß in der Gelmeröder Schlucht entdeckt. Er lag höher als alle bisherigen Reste dieser frühern Geschöpfe, welche in den Tuffsteinbrüchen, eingehüllt in dieses Gestein, wenig Fuß über der Ilm gefunden werden; dieser aber ward unmittelbar auf dem Kalkflötz unter der aufgeschwemmten Erde im Gerölle entdeckt, über der Ilm etwa zweihundert. Er ward zu einer Zeit gefunden, wo ich, dergleichen Gegenständen entfremdet, daran wenig Antheil nahm. Die Finder hielten die Materie für Meerschaum und schickten solche Stücke nach Eisenach, nur kleine Trümmer waren mir zugekommen, die ich auf sich beruhen ließ. Bergrath Werner jedoch, bei einem abermaligen be-

lehrenden Besuche, wußte sogleich die Sache zu entscheiden, und wir erfreuten uns der von einem Meister des Fachs ausgesprochenen Beruhigung.

WA I, 35, 92-93.

Tagebuch, 3. Oktober 1801.
Nachmittags in der Gelmerodaer Schlucht ...

Tagebuch, 19. Oktober 1809.
Promenade nach der Gelmerodaer Schlucht. Untersuchung des Flecks, wo der Elephantenzahn vor einigen Jahren gefunden worden...

Tagebuch, 12. September 1811.
Mit August in die Gelmerodaer Schluchten zu den Versteinerungen ...

Tagebuch, 2. September 1813.
Gegen 9 Uhr ... von Ilmenau ab. Schnell gefahren. Brach die Langwiede bey Berka. Von da bis Gelmerode zu Fuß. Hohlte uns der Wagen ein ...

Tagebuch, 21. April 1816.
Nach Tische mit Riemer, August, Meyer in die Gelmeröder Schlucht ...

GERA

Fürstentum Reuß jüngere Linie (Residenzstadt)
Kreisfreie Stadt

Bohren auf Salz ohnweit Gera ...

In der umfangreichen Gesteinssammlung Goethes – sie umfaßt ca. 17 800 Einzelstücke – befinden sich mehrere Proben Geraer Schaumkalkes, mit der Beschriftung versehen: „Aus Rubitz Gera auf dem linken Ufer der Elster". Diese Tatsache weist auf Goethes Beziehungen zu „dortigen Freunde(n)" der Geologie hin, die er dem Jenenser Mineralogen Johann Georg Lenz zur Aufnahme in die Mineralogische Gesellschaft empfahl.
Die Vorliebe Goethes für geologisch-mineralogische Erscheinungen war nicht allein theoretischer Natur, wie u. a. das wirtschaftlich begründete Interesse an Salzbohrungen in der Nähe Geras zeigt.
Selbst war Goethe einige Mmale in Gera, ohne daß mit diesen kurzen Besuchen bedeutende Ereignisse verbunden gewesen wären. Das Reisetagebuch berichtet von Übernachtungen in Gera, von denen zumindest eine „wegen der Nähe einer Schneidemühle" schlimm gewesen sein muß.
Mit Gera ist darüber hinaus ein Vorgang in Verbindung zu bringen, der Goethes tatkräftige Unterstützung für einen in Not geratenen Unbekannten dokumentiert. Dieser hatte sich aus Gera im Herbst 1778 mit der Bitte an Goethe als berühmten Dichter und einflußreichen Staatsbeamten gewandt, ihm aus seelischer und materieller Not zu helfen. Unter dem angenommenen Namen Johann Friedrich Krafft erfuhr der Hilfesuchende nicht nur Goethes Zuspruch, sondern auch finanzielle Hilfe, vor allem aber eine sichere Unterkunft in Ilmenau.

» Altenburg, Bürgel, Ilmenau, Stotternheim.

An Johann Friedrich Krafft* Weimar, 23. November 1778.

bleiben Sie ja in Gera ruhig, übermorgen will ich ein Päckchen an Sie abschicken und Ihnen mehr sagen.
Sie sind mir nicht zur Last, vielmehr lehrt mich's wirthschaften, ich vertändle viel von meinem Einkommen, das ich für den Nothleidenden sparen könnte. Und glauben Sie denn, daß Ihre Tränen und Ihr Segen nichts sind? Der der hat, darf nicht segnen, er muß geben, aber wenn die Großen und Reichen dieser Welt Güter und Rangzeichen austheilen, so hat das Schicksal dem Elenden zum Gleichgewichte den Segen gegeben, nach dem der Glückliche zu geizen nicht versteht.
Vielleicht findet sich bald, wo Sie mir nützlich sein können, denn nicht der Projektmacher und Versprecher, sondern der im Geringen treue Dienste anbietet, ist dem willkommen, der so gern was Gut's und Dauerhaftes thun möchte.

... es ist mehr eine Wohlthat von Gott, wenn er uns, da man so selten was thun kann, einmal einen wirklich Elenden erleichtern heißt.

* Krafft war vermutlich ein preußischer Emigrant, der früher als Sekretär in einem angesehenen Amt tätig gewesen war.

Tagebuch, 1. Juli 1808.
(In Karlsbad) ... kam Herr Kammerrath von Flanz von Gera ... Es wurde besonders von der Geraischen Schaumerde gesprochen und ihrem Vorkommen bey Rupitz, nicht weit von Gera, ihrer Entdeckung durch einen Kaufmann, der zuerst die Decken seiner Zimmer damit abweißen lassen ...

Tagebuch, 1. Oktober 1810.
Von Altenburg nach Gera (auf der Rückreise aus den böhmischen Bädern)... Zu Gera im goldnen Baum eingekehrt. Zu Mittag gegessen. Nach Tische mit 2 Pferden, über Köstritz bey finstrer Nacht am neuen Gasthof in Thal Bürgel angelangt. Um 6 Uhr (am 2. Oktober) ausgefahren, nach Jena...

Tagebuch, 18. Aug. 1813.
(Auf der Rückreise von Dresden) ... Altenburg ab Gera 7 3/4 Altenb.(urg) ... Gera Grüner Baum schlimm wegen Nähe einer Schneidemühle.

***Das Geraer Schloß Osterstein** im Jahre 1790, Kupferstich. Goethe hat sich weder über dieses imposante (allerdings heute nicht mehr vorhandene) Bauwerk noch über die Reize der Stadt geäußert.*

An Johann Georg Lenz Weimar, 6. März 1820.
haben die Gefälligkeit, wenn nachstehende Personen noch nicht zu den Mitgliedern unserer Gesellschaft aufgenommen wären, Diplome auszufertigen und mir solche zuzusenden. Es sind ein paar Männer die sich unserer Wissenschaft redlich annehmen.
1) Christian Gottlob Laspe, Kaufmann zu Gera,
2) August Gotthelf Rein, Director des dasigen Gymnasii.
Beiden wird solche Auszeichnung gewiß sehr erfreulich seyn.

Tagebuch, 25. Oktober 1822.
Leipziger Zeitung: Nachricht von Bohren auf Salz ohnweit Gera ...

An Kaspar Maria von Sternberg Weimar, 12. Januar 1823.
Eine merkwürdige geologische Frage wird bey uns praktisch erörtert, da ich denn auf die Antworten der lieben Mutter Natur höchst neugierig bin. Es gilt nichts weniger, als in unsern Flözgebirgen nicht etwa nur Sole, sondern sogar Steinsalz zu finden. Herr Salinen-Inspector Glenck, der wegen großen Salzgewinnes im Württembergischen und Darmstädtischen berühmt ist, arbeitet gegenwärtig in unserer Nähe; er hat bey Gera den bunten Sandstein mit 400 Fuß durchbohrt, den älteren Zechstein gleichfalls und ist nun im alten Gyps, wo er Anhydrit findet und salzhaltigen Thon entdeckt hat. Ich bin ungläubig an den glücklichen Folgen dieser Operation, doch, wie ich gern gestehe, aus alten, vielleicht veralteten Vorstellungen, und mir sollte sehr angenehm seyn, hierüber moderner aufgeklärt zu werden.
(...)
Übrigens ist es höchst erfreulich, einen so wichtigen Punct entschieden wieder angeregt zu sehen. In Ländern, wo das Unternehmen glückte, hat man die Salzpreise fast auf ein Fünftel reducirt, wodurch denn freylich jedermann, besonders aber die großen ökonomischen und technischen Anstalten höchst begünstigt werden ...

An Friedrich von Müller Weimar, 23. März 1820.
... hatten die Gefälligkeit mir von Gera einige angenehme Mineralien mitzubringen, besonders war die Rauhwacke, worin der Schaumspath so schön crystallirt zu sehen ist, mir höchst erwünscht; leider mußt ich bey näherer Betrachtung der Stufe bemerken, daß die freystehenden Crystalle sämmtlich abgerieben und zerstört waren, wie solches an einem so zarten Mineral bey'm Transport sehr leicht geschehen kann.

Golmsdorf

Herzogtum bzw. 1815 Großherzogtum Sachsen-Weimar-Eisenach
Saale-Holzland-Kreis (Dornburg)

... die famose Brunnenfege.

In Golmsdorf unweit Jenas wird auch heute noch die alljährliche „Bornfege" gefeiert. Der Ursprung dieser traditionellen Reinigung des Dorfbrunnens durch die Feuerwehr liegt bei den Weinbauern, die jedes Jahr auf festliche Weise ihre Gerätschaften und ihre Weinfässer säuberten, bevor die Arbeit an den Weinhängen begann. Am 20. Mai 1799 nahmen Goethe und Christiane Vulpius mit Sohn August an dem dörflichen Fest teil. Von Golmsdorfer Bauern wurde Goethes Hauswirtschaft zudem mit Essig, auch mit Weintrauben beliefert.

An Christiane Vulpius Jena, 9. Mai 1799.
Wegen der Bornfege will ich dir es nicht gewiß versprechen. Es kommt darauf an wie weit ich mit meinen Arbeiten bin, und ob ich einige Tage pausiren kann. Du erfährst es zur rechten Zeit. Ich will mich indessen erkundigen wie und wann dieses Fest gefeyert wird.

An Christiane Vulpius Jena, 12. Mai 1799.
Da die famose Brunnenfege erst Montag den 20ten seyn wird, so geht es recht gut an daß du mich besuchest, denn ich habe diese Woche Zeit das Nöthige zu vollenden.
Du kommst also Sonnabend d. 18. Abends gegen sechs Uhr hier an. Geist (Goethes Diener) soll dir entgegen gehen...

Tagebuch, 20. Mai 1799.
Zur Bornfege. Golmsdorf WA III, 2, 352.

An Christiane von Goethe Jena, 28. Juli 1809.
Vor allem andern ist der Essig gut besorgt worden und du wirst ihn wahrscheinlich bald erhalten: denn entweder bringt ihn der Mann (aus Golmsdorf) selbst, weil er eine größere Lieferung nach (an den) Hof bringt, oder das Fäßchen kommt hieher. Ich habe einen halben Eimer bestellt. Wenn du mehr brauchst, so darfst du mir's nur schreiben.

An Christiane von Goethe Jena, 1. August 1809.
Mit dem Essig, so nahe auch Golmsdorf liegt, ist es doch ein bischen langsam gegangen; es thäte Noth, daß man alle seine Ausrichtungen von der Art selbst machte, zu Fuß oder zu Pferd. Indessen hoffe ich dir Donnerstag oder Freytag, einen halben Eymer von dem besten auf einem Schubkarren zu schicken...

Tagebuch, 1. September 1826.
Ein Kolmsdörfer (Golmsdorfer), Trauben bringend ...

Gotha

Herzogtum Sachsen-Gotha-Altenburg (Residenzstadt), 1826 Herzogtum Sachsen-Coburg und Gotha (Residenzstadt)
Landkreis Gotha (Kreisstadt)

In Gotha ist mirs recht wohl gegangen ....

In seiner autobiographischen Schrift „Aus meinem Leben. Dichtung und Wahrheit" erinnert sich Goethe an „viel Gnädiges und Liebes", das ihm im Gothaer Schloß zuteil wurde. In weiteren Lebenszeugnissen denkt er mit Dankbarkeit an die Gothaer „Gönner und Freunde", an deren aufgeklärtem Hof er zwischen 1775 und 1801 oft und gern gesehener Gast war. Schon Jahre vorher hatte Goethe versucht, Verbindungen zur Residenz in Gotha zu knüpfen, die durch ihren kunstsinnigen und gelehrten Herzog Ernst II. auf sich aufmerksam machte.

***Blick von den Höhen auf Gotha**, Kupferstich (um 1780).*

Herzog Ernst II. regierte seit 1772, und seit der Zeit lebte auch der Jurist und Schriftsteller Friedrich Wilhelm Gotter am Gothaer Hof. Ihm schickte der junge Goethe 1773 seinen „Götz von Berlichingen" mit der Empfehlung, das Drama am fürstlichen Theater aufzuführen.
Nur zwei Jahre später kam Goethe selbst nach Gotha. Anfangs zu Höflichkeitsbesuchen in Begleitung des Weimarer Herzogs, wozu er nicht immer bereit war. Später wegen der künstlerischen und wissenschaftli-

chen Vorlieben des Gothaer Herzogs und seines geistreichen Bruders Prinz August, zu denen sich außer wissenschaftlich-literarischen Kontakten gute menschliche Beziehungen entwickelten.* Ihre reichen Kunstsammlungen und naturwissenschaftlichen Kabinette lernte Goethe bald schätzen. Selbst in Italien dachte er an Gothaer „Meisterwerke“ und nahm sich vor, sie in Zukunft mehr zu nutzen.

Herzog Ernst II. besaß u. a. eine Sammlung von Gipsabdrücken nach griechischen und römischen Originalskulpturen. Zum neuen Jahr 1782 schenkte er Goethe den „Vatikanischen Apoll“, der noch heute im Treppenaufgang des Hauses am Frauenplan steht.

Die Beziehungen Goethes zum Gothaer Hof wurden nicht zuletzt durch gemeinsame naturwissenschaftliche Interessen belebt. Herzog Ernst II. hatte Gotha zu einem führenden Wissenschaftszentrum entwickelt und als leidenschaftlicher Amateurastronom auf dem Seeberg bei Gotha 1787 eine Sternwarte errichten lassen. In ihr war Goethe oft zu Gast. Daran erinnert die Astronomie-Szene im „Wilhelm-Meister-Roman“, mit dem Goethe zu dieser Zeit beschäftigt war. Während der Arbeit an der „Farbenlehre“ konnte Goethe optische Apparaturen aus Gotha benutzen; umgekehrt stellte er den Gothaern Ergebnisse seiner wissenschaftlichen Versuche zur Verfügung.

Auch in literarischer Hinsicht kam es zu wechselseitigen Verbindungen zwischen Weimar und Gotha. Nicht nur dadurch, daß die „Correspondance littéraire“ des berühmten Baron Grimm mit Nachrichten aus Paris, die regelmäßig in Gotha eintrafen, in Einzelstücken nach Weimar weitergegeben wurde; Goethe schickte oft auch seine eigenen, neuesten Schöpfungen nach Gotha und hoffte auf anregende Auseinandersetzungen darüber. So sandte er 1795 sein „Mährchen“ dorthin mit dem Erfolg, daß Prinz August ebenfalls ein Märchen schrieb, auf dessen „demokratische Tendenz“ Goethe in einem Brief an Schiller hinweist. Allein die satirischen Epigramme der „Xenien“ stießen in Gotha auf Unverständnis, sowohl bei Herzog Ernst II. als auch bei den betroffenen Gymnasiallehrern und Literaten.

* Insgesamt weilte Goethe 29 Mal in Gotha.

Blick vom Park auf den Ostturm des Schlosses Friedenstein.

Die freundschaftlichen Beziehungen Goethes zum Gothaer Hof bestanden etwa bis 1801; in diesem Jahr kehrte er von der Kur aus Pyrmont kommend noch einmal in Gotha ein und konnte dort seinen 52. Geburtstag feiern. Nach dem Tode Ernst II. im Jahre 1804 lösten sich die guten Kontakte allmählich auf.

Aus meinem Leben. Dichtung und Wahrheit
Zweiter Theil. Achtes Buch.
... eben so wenig, als in Gotha*, wo wir uns das Schloß zeigen ließen, ich, in dem großen mit Stuccaturbildern verzierten Saale, denken durfte, daß mir an eben der Stelle so viel Gnädiges und Liebes widerfahren sollte.

WA I, 27, 196.

* 1768 nach Abschluß des Studiums in Leipzig auf der Rückfahrt nach Frankfurt a. M.

An Gotter* (in Gotha)
Frankfurt, Juni oder Juli 1773.

Schicke dir hier den alten Götzen,**
Magst ihn nun zu deinen Heiligen setzen,
Oder magst ihn in die Zahl
Der Ungeblätterten stellen zumal.
...
Mögt euch nun auch ergötzen dran,
So habt ihr doppelt wohlgethan.
Läss'st wie ich höre auch allda
Agiren, tragiren Komödia
Vor Stadt und Land, vor Hof und Herrn,
Die sähn das Trauerstück wohl gern.

WA I, 4, 193-194.

* Goethe kannte Friedrich Wilhelm Gotter aus seiner Zeit am Wetzlaer Kammergericht.
** Gemeint ist Goethes Drama „Götz von Berlichingen".

***Friedrich Wilhelm Gotter**, zeitgenöss. Darstellung.*

Tagebuch, 13. Februar 1780.
Nach Gotha. waren recht gut da, mit vieler wechselseitiger *aisance* (Gefälligkeit) und *bonhomie* (Gutmütigkeit). Kam mancherley *interessantes* vor. Versprach aufs Früh Jahr wiederzukommen.

An Herzog Ernst II. von Sachsen-Gotha Weimar, 28. Februar 1780.
Die funfzehn Bände Herzoglich Bernhard'scher Papiere habe ich ... erhalten ...* Der Antheil, den Ew. Durchl. an meiner Arbeit gnädigst nehmen wollen, macht mir sie doppelt werth, und ich wünschte auf die würdigste Weise dem Hause Sachsen, dem ich mich gewidmet habe, in einem seiner größten Männer meine Verehrung bezeugen zu können ... Von dem Hofbildhauer Clauer habe ich gehört, daß Durchl. vielleicht einige Stücke Stein zu einem Camine brauchen könnten, sollte der Fall kommen, so bitte um ein accurates Maas, um sehen zu können, ob dergleichen Steine vorräthig sind und sie alsdann auf Ew. Durchl. Befehl entweder roh oder von unserem Künstler, nach einer genehmigten Zeichnung gearbeitet, übersenden zu können ...

* Goethe beabsichtigte zu dieser Zeit, die Biografie Bernhards von Weimar, der im 30jährigen Krieg als Feldherr im Dienste des schwedischen Königs gegen den Kaiser kämpfte, zu schreiben. Aus diesem Anlaß stellte ihm Herzog Ernst II. dessen Nachlaß aus Archiv und Bibliothek zur Verfügung. Das Werk kam nicht zustande.

Herzog Ernst II.
von Sachsen-Gotha-Altenburg.

Tagebuch, Mai/Juni 1780.
Ich war in Gotha und hatte reine Verhältnisse mit allen.

An Herzog Carl August Weimar, 18. Januar 1781.
Nach mehrerer Überlegung wars natürlich daß ich mich entschließe zu Hause zu bleiben. Es ist nicht klug ein noch unbefestigtes Reich zu verlassen. Denn weis ich schon ich komme sobald nicht von Gotha weg, sondern muss die ganze Woche drüben bleiben.
Es häuft sich dann hier wieder so viel, und ich mögte doch auch wider des Teufels List und Gewalt, die *Litteratur* aufs trockne bringen. Bedenck ich noch dazu den Zug auf dem Gothischen Schlosse, die Kälte, und dass man weder Herr von seinem Rock noch Fusbekleidung bleibt, so schröckt mich das ganz in mein Dachsloch zurück, wo mich ohne dies eine hypochondrische Vorliebe gefangen hält. Die guten Geister begleiten Sie.

An Herzog Carl August Gotha, 11. Oktober 1781.
Um meinen hiesigen Aufenthalt* mit einem Abenteuer zu endigen, will ich Morgen früh sechse in forma hier abfahren, in Siebeleben aussteigen, über die Gleichen, Ichtershausen, Dinstädt nach Kochberg zu Fuse gehn, und auf der einsamen Wandrung meine Lecktion rekapituliren.**
Vom hohen Friedenstein (das Gothaer Schloß) durch das flache Land, aus dem zusammengefassten Leben der obern Menschen, zum einzelnen und einfacheren der niederen Landsbewohner.
Es ist mir recht wohl gegangen (in Gotha), ich habe viel gezeichnet. Das lebhaffte Intresse des Cirkels in dem ich hier bin, am Augenblicklichen macht auch im Augenblick lebhafft, und durch Kleinigkeiten zum Allgemeinen Scherze thätig.

* Goethe weilte vom 2. bis 12. Oktober 1781 auf Einladung Herzog Ernst II. in Gotha. Zu dieser Zeit war auch Friedrich Melchior von Grimm, der Verfasser der „Correspondance littéraire", vorübergehend als Gast in Gotha.
** Der Fußmarsch konnte wegen schlechten Wetters nicht stattfinden.

Rameaus's Neffe.
Nachträgliches I.
Stückweise kamen *La Religieuse* so wie *Jacques le Fataliste* in ununterbrochener Folge nach Gotha, wo denn diese sich einander folgenden Abschnitte jener bedeutenden Werke gleich in besondere Hefte abgeschrieben und in jenem Kreise, zu dem ich auch zu gehören das Glück hatte, mitgetheilt wurden... wir hatten während der gewöhnlichen Pausen immer genug zu thun, den Gehalt dieser successiven Trefflichkeiten zu bedenken und durchzusprechen, wodurch wir sie uns auf eine Weise zu eigen machten, von welcher man in der spätern Zeit kaum einen Begriff haben möchte.

WA I, 45, 226-227.

An Charlotte von Stein Gotha, 8. Dezember 1781.
Von freundlichen Gesichtern empfangen, lustig unterhalten und beschenckt, hab ich gestern einen angenehmen Tag zugebracht. Es ist hier

gewöhnlich daß der Nikolas bescheert, dieser hat mir auch allerley verehrt. Wäre etwas dabey das dir Freude machen könnte so schickte ich dir es gleich mit. Von der Herzoginn hab ich ein Paar schöne Manschetten, und von der Oberhofmeisterinn eine Dose mit Rousseaus bild. Wir waren sehr lustig bis Nachts um zwölfe, es wurden Austern gegessen und Punsch getruncken ...

An Charlotte von Stein Eisenach, 9. Dezember 1781.
In Gotha hat man alle Arten von Höflichkeit und Aufmercksamkeit gegen mich erschöpft, und mir wohl gemacht. Auf dem Rückweege (von Eisenach nach Weimar) werd ich wohl ein Paar Tage (in Kochberg) hängen bleiben.

An Charlotte von Stein 16. Januar 1782.
Der Herzog von Gotha hat mir einen Abguss der wahren Büste des Vatikanischen Apolls geschickt, gegen den der unsre ein würklicher Bauerbube ist ...

An Charlotte von Stein Gotha, 14. Juni 1783.
Man hat mich hier sehr freundlich empfangen ...
Der Herzog hat ein Paar schöne Landschafften von Hackert ... In dem englischen Garten ist es recht anmutig still und ruhig, das Monument das auf der Insel über dem Grabe der Prinzen steht recht hübsch und gut. Anstatt daß unser Herzog neuerdings alle Thüren und Brücken seiner Gärten und Anlagen eröffnet hat, so sind hier die Partien des Gartens gegen einander selbst verschlossen, und stellen Vorhöfe, Tempel und Heiligstes vor. Der Unterschied ist recht karackteristisch...
Heute werde ich die Gyps Abgüsse sehn die der Herzog hat, und diesen Morgen des Prinzen August neues Gebäude und Anlagen besuchen ...

Der Park.*
Welch ein himmlischer Garten entspringt aus Öd' und aus Wüste,
  Wird und lebet und glänzt herrlich im Lichte vor mir.
Wohl den Schöpfer ahmet ihr nach, ihr Götter der Erde!
  Fels und See und Gebüsch, Vögel und Fisch und Gewild.
Nur daß euere Stätte sich ganz zum Eden vollende,
  Fehlet ein Glücklicher hier, fehlt euch am Sabbat die Ruh.

WA I, 2, 129.

* Das Gedicht bezieht sich auf den 1782 angelegten Schloßpark in Gotha; sein erster Teil ist noch heute auf einem Gedenkstein am Parkeingang zu lesen.

An Charlotte von Stein Eisenach, 7. Juni 1784.
In Gotha ist es mir recht gut gegangen, und es hat mir sehr wohl gethan meine Seele auch nur auf einige Tage ausgespannt zu haben.

An Charlotte von Stein Ilmenau, 11. November 1785.
Meine Sachen sind soweit abgethan. Das schöne Wetter lockt mich, ich

will morgen auf Gotha reiten, um dort meinen Freunden auch einmal Freude zu machen und den Conradin* zu sehen. Der Anblick dieses, ienseits der Alpen gefertigten Wercks, wird mich auch auf den Thüringischen Winter stärcken helfen...

* Gemälde von Johann Heinrich Wilhelm Tischbein: Verkündigung des Todesurteils an Conradin von Hohenstaufen, das der Maler in Rom geschaffen und dem Gothaer Herzog geschenkt hatte.

An Charlotte von Stein Gotha, 26. Januar 1786.

Ich bin über Hoffen wohl und es geht mir recht gut. (...)
Des Abends wird gelesen und man scheint mit mir zufrieden, der Wind saußt entsezlich auf dem Schlosse, und bläst mein ganzes Zimmer durch, so daß ich am Ofen sitze, an der einen Seite brate, an der andern erstarrt bin ...

Italiänische Reise I.

Rom, 22. Januar 1787.

Von dem deutschen Kunstsinn und dem dortigen Kunstleben kann man wohl sagen: man hört läuten, aber nicht zusammen klingen. Bedenke ich jetzt, was für herrliche Sachen (Kunstsammlungen) in unserer Nachbarschaft (in Gotha) sind, und wie wenig sie von mir genutzt worden, so möchte ich verzweifeln, und dann kann ich mich wieder auf den Rückweg freuen, wenn ich hoffen kann, jene Meisterwerke zu erkennen, an denen ich nur herumtappte.

WA I, 30, 258.

Italiänische Reise II.

Neapel, 29. März 1787.

... nun sag' ich noch allen Freunden in Weimar und Gotha ein treues Lebewohl! Eure Liebe begleite mich, denn ich möchte ihrer wohl immer bedürfen.

WA I, 31, 78.

An Herzog Carl August Weimar, 19. September 1788.

Von Gotha bin ich zurück ... Ich habe drüben gute Stunden gehabt, auch ist mein Aufenthalt daselbst in mehr als Einem Sinne fruchtbar gewesen. *Künstlers Apotheose* ein Pendant zu *Künstlers Erdenwallen* im Puppenspiel ist in Gotha fertig geworden.

An Carl Ludwig von Knebel Weimar, 20. September 1788.

In Gotha ist mirs recht wohl gegangen und ich kann in mehr als Einem Betracht von meinem Aufenthalte zufrieden seyn.

An Friedrich von Stein Weimar, 6. August 1791.

In Gotha habe ich mich des physikalischen Apparats mit großem Nutzen bedient*, und bin recht weit vorwärts gekommen...

* Während der Arbeit an der „Farbenlehre".

Farbenlehre.
Sechste Abtheilung.
Achtzehntes Jahrhundert.
Zweite Epoche.
Confession des Verfassers.

Höchst undankbar würde ich hingegen sein, wenn ich hier nicht diejenigen nennen wollte, die mich durch Neigung und Zutrauen förderten ... Der Herzog Ernst von Gotha eröffnete mir sein physikalisches Kabinett, wodurch ich die Versuche zu vermannichfaltigen und in's Größere zu führen in Stand gesetzt wurde.

Der Prinz August von Gotha verehrte mir aus England verschriebene ... achromatische Prismen.

WA II, 4, 301.

Tag- und Jahreshefte 1794.

Von literarischen Arbeiten zu reden, so war der *Reineke Fuchs* nunmehr abgedruckt; allein die Unbilden, die aus Versendung der Freiexemplare sich immer hervorthun, blieben auch dießmal nicht aus. So verdarb eine Zufälligkeit mir die frische Theilnahme meiner Gothaischen Gönner und Freunde.

Herzog Ernst hatte mir verschiedene physikalische Instrumente freundlichst geborgt, bei deren Rücksendung ich die Exemplare des Scherzgedichtes beipackte, ohne derselben in meinem Briefe zu erwähnen, ich weiß nicht ob aus Übereilung, oder eine Überraschung beabsichtigend. Genug, der mit solchen Geschäften Beauftragte des Fürsten war abwesend und die Kiste blieb lange Zeit unausgepackt; ich aber, eine theilnehmende Erwiderung so werther und sonst so pünctlicher Freunde

Das Sommerhaus des Prinzen August *vor dem Siebleber Tor, in der heutigen Mozartstraße, in dem Goethe oft zu Gast war.*

mehrere Wochen entbehrend, machte mir tausend Grillen, bis endlich nach Eröffnung der Kiste nur Entschuldigungen, Anklagen, Bedauernisse wiederholt ausgedrückt, mir statt einer heitern Aufnahme unglücklicherweise zu Theil wurden.

(...)

Doch setzte sich alles bald wieder in's Gleiche: Prinz August fuhr mit seinen literarischen Scherzen fort, Herzog Ernst gewährte mir unausgesetzt ein wohlgegründetes Vertrauen, indem ich besonders seiner Kunstliebhaberei gar manche angenehme Besitzung zuführte ...

WA I, 35, 34-35.

An Friedrich Schiller 16. August 1796.

... indessen schicke ich ...

Ein nagelneues Märchen (das französisch geschriebene „Princesse perruche" von Prinz August von Sachsen-Gotha) dessen Verfasser Sie wohl erkennen werden. Sollte man nicht aus diesem Product, wenn man es übersetzte und ihm etwas gäbe und nähme, einen interessanten Beytrag zu den Horen (der von Schiller herausgegebenen Zeitschrift) machen können? Wenigstens ist die demokratische Tendenz eines so rein aristokratischen Quellwassers einzig in ihrer Art, und man könnte, wie ich mir's imaginire, aus der Production, mit wenigem Aufwand, noch manchen Vortheil ziehen.*

* Das Vorhaben wurde nicht verwirklicht.

***Prinz August**, der hochbegabte, doch früh verstorbene jüngere Bruder von Herzog Ernst II.*

An Herzogin Charlotte von Sachsen-Gotha-Altenburg

24. Oktober 1796.

Mit dem vierten Band meines Romans („Wilhelm Meisters Lehrjahre“) der sich Ew. Durchl. zu gnädiger Aufnahme empfiehlt, kommen auch noch ein paar französische Partituren die in Ew. Durchl. Sammlung gehören, und die sich erst jetzt bey Revision der Theatermusik gefunden haben. Verzeihen Ew. Durchl. diese späte Zurücklieferung, erhalten mir ein gnädiges Andenken, empfehlen mich Durchl. dem Herzoge und lassen mein Andenken manchmal in dem Kreise leben der das Glück hat sich um Sie zu versammeln.

Wilhelm Meisters Wanderjahre.

Erstes Buch. Zehntes Capitel.

... der Astronom aber versprach, Wilhelmen in dieser herrlichen klaren Nacht an den Wundern des gestirnten Himmels vollkommen Theil nehmen zu lassen.

Nach einigen Stunden ließ der Astronom seinen Gast die Treppen zur Sternwarte sich hinaufwinden, und zuletzt allein auf die völlig freie Fläche eines runden hohen Thurmes heraustreten. Die heiterste Nacht, von allen Sternen leuchtend und funkelnd, umgab den Schauenden, welcher zum erstenmale das hohe Himmelsgewölbe in seiner ganzen Herrlichkeit zu erblicken glaubte ...

Wie oft hast du diese Gestirne leuchten gesehen und haben sie dich nicht jederzeit anders gefunden? sie aber sind immer dieselbigen und sagen immer dasselbige: wir bezeichnen, wiederholen sie, durch unsern gesetzmäßigen Gang, Tag und Stunde; frage dich auch wie verhältst du dich zu Tag und Stunde?

WA I, 24, 180-182.

An Friedrich Schiller Weimar, 26. Oktober 1796.

Mit dem Weimarischen Publiko bin ich im Ganzen wegen des (Musen)Almanachs ziemlich zufrieden ... Daß man nicht überall (wegen der „Xenien“) mit uns zufrieden seyn sollte, war ja die Absicht, und daß man in Gotha ungehalten ist, ist recht gut. Man hat dort mit der größten Gemüthsruhe zugesehen, wenn man mir und meinen Freunden höchst unartig begegnete, und da das litterarische Faustrecht noch nicht abgeschafft ist, so bedienen wir uns der reinen Befugniß uns selbst Recht zu verschaffen, und den nekrologischen Schnabel* zu verrufen, der unserm armen Moritz, gleich nach dem Tode, die Augen aushackte ...

* Gemeint ist der verdienstvolle Adolf Heinrich Friedrich Schlichtegroll, Herausgeber des „Nekrolog(s) auf das Jahr 1790, enthaltend Nachrichten aus dem Leben merkwürdiger in diesem Jahr gestorbener Personen“. Er lebte zu dieser Zeit in Gotha; auf ihn und weitere Gothaer Schriftsteller bezieht sich u.a. das 83. Xenion.

Xenien.
83. Gans (1796)
Laßt sodann ruhig die Gans in L***g und G**a gagagen,
Die beißt keinen, es quält nur ihr Geschnatter das Ohr.*

WA I, 5.1, 217.

* In den Lesarten zu den „Xenien" findet sich zu „L***g" und „G**a" Leipzig und Gotha angegeben. WA I, 5.2, 306.

An Prinz August von Sachsen-Gotha-Altenburg 3. Januar 1800.
Das Stück (die Übersetzung des „Mahomet" von Voltaire) erhalten Sie mit dem montägigen Wagen und wer kann besser urtheilen als Sie mein Fürst ob ich mit dieser Arbeit nicht ganz unglücklich gewesen bin; da Sie die beyden Sprachen mit ihren Eigenthümlichkeiten so genau kennen.
Darf ich bitten das Exemplar nicht aus den Händen zu geben und es mir gelegentlich wieder zurück zu schicken. Mögen Sie es mit einem Urtheil über das Ganze, mit Bemerkungen über das Einzelne begleiten, so werden Sie zu dem vielfachen Guten das ich Ihnen schuldig bin noch eine neue Wohlthat hinzufügen.
(...)
Leben Sie recht wohl, bester Fürst, und gedenken Sie mein mit fortdauernder Neigung. Möchte mir doch einer meiner lebhaftesten Wünsche, womit ich das neue Jahr begrüße, gewährt seyn, der nämlich, daß ich während des Laufs desselben Gotha wieder besuchen und erfahren könne daß die Gesinnungen meiner verehrten Gönner und Freunde sich nicht geändert haben.

An Herzog Ernst II. von Sachsen-Gotha-Altenburg
Ende Juni 1800.
Ew. Durchl. haben den Arbeiten unserer Stukatur (beim Schloßbau) Ihro Zufriedenheit bezeigt und ich nehme mir daher die Freyheit Höchstdenenselben einige Ausgüsse sowohl von Rosen als Stäben und Blättern zu übersenden, welche bey künftigen Arbeiten theils zu Formen dienen theils als Muster angesehen werden können.

Ich wünsche daß Ew. Durchl.(aucht) ... mit den Gipsen zufrieden seyn mögen und unterzeichne mich in der Erinnerung an die angenehmen Stunden welche mir Ew. Durchl. gnädig gegönnt und in der Hoffnung bald wieder aufwarten zu können.

Tag- und Jahreshefte 1801.
Darauf gelangte ich nach Gotha*, wo Prinz August mich nach altem freundschaftlichen Verhältniß in seinem angenehmen Sommerhause wirthlich aufnahm und die ganze Zeit meines Aufenthalts eine im Engen geschlossene Tafel hielt; wobei der Herzog und die theuren von Frankenbergischen Gatten** niemals fehlten.

Herr *von Grimm*, der vor den großen revolutionären Unbilden flüchtend, kurz vor Ludwig dem Sechzehnten, glücklicher als dieser von Paris entwichen war, hatte bei dem altbefreundeten Hofe eine sichre Freistatt gefunden ...
Die Erinnerung früherer Zeiten, wo man in den achtziger Jahren in Gotha gleichfalls zusammen gewesen, sich mit poetischen Vorträgen, mit ästhetisch literarischen Mittheilungen unterhalten, stach freilich sehr ab gegen den Augenblick, wo eine Hoffnung nach der andern verschwand, und man sich, wie bei einer Sündfluth kaum auf den höchsten Gipfeln, so hier kaum in der Nähe erhabener Gönner und Freunde gesichert glaubte. Indessen fehlte es nicht an unterhaltender Heiterkeit. Meinen eintretenden Geburtstag wollte man mit gnädiger Aufmerksamkeit bei einem solchen geschlossenen Mahle feiern; schon an den gewöhnlichen Gängen sah man einigen Unterschied; bei'm Nachtisch aber trat nun die sämmtliche Livrée des Prinzen in stattlich gekleidetem Zug herein, voran der Haushofmeister; dieser trug eine große, von bunten Wachsstöcken flammende Torte, deren in's Halbhundert sich belaufende Anzahl einander zu schmelzen und zu verzehren drohte ...
... mag dieß ein Beispiel sein, mit welcher anständigen Naivetät man schon seit so viel Jahren einer wechselseitigen Neigung sich zu erfreuen gewußt, wo Scherz und Aufmerksamkeit, guter Humor und Gefälligkeit, geistreich und wohlwollend das Leben durchaus zierlich durchzuführen sich gemeinsam beeiferten...

WA I, 35, 113-115.

* Auf der Rückreise von Pyrmont.
** Staatsminister von Frankenberg und Frau

An Georg Sartorius Weimar, 10. Oktober 1801.

In Gotha brachte ich etwa 8 Tage, bey meinen hohen Gönnern und Freunden, zu und ergötzte mich an zwey bedeutenden Instituten, der Sternwarte auf dem Seeberge und dem Erziehungskreis in Schnepfenthal* ...

* Herzog Ernst II. unterstützte das Schnepfenthaler Schulunternehmen des Philanthropen Christian Gotthilf Salzmann.

Der Gasthof „Zum Mohren“ *in der heutigen Mohrenstraße 18 a war, wenn er nicht auf dem Schloß wohnte, Goethes Gothaer Logis.*

An August von Goethe Karlsbad, 30. Juni 1812.
Jedermann benimmt sich gegen uns sehr freundlich... vorzüglich aber Prinz Friedrich von Gotha, bey dem wir gestern sämmtlich gespeist und sehr gute Musik gehört haben.

Tagebuch, 3. Januar 1813.
Briefe. An den Prinzen Friedrich von Gotha mit zwey Fäßchen Eingemachtem.

An Christiane von Goethe Hanau, 28. Juli 1814.
Den 25ten schrieb ich viele Gedichte an Hafis (auf der Reise in die Rhein-Main-Gegend) ... Mittags im Mohren wars behäglich. Herrn und Frau Franckenberg hatte unterwegs besucht ...

An Christian Friedrich Wilhelm Jacobs*
Weimar, 20. Oktober 1815.
Ew. Wohlgeb. erprobte Gefälligkeit giebt mir Muth zu beyliegendem ergebensten Ersuchen. Ein werther Freund wünscht den Catalog zu erhalten, welchen die Herzoglich Gothaische Bibliothek, vor ein paar Jahren, von ihren arabischen Handschriften hat drucken lassen. Die Buchhändler konnten diesen Wunsch nicht befriedigen, sondern äußerten, die Schrift sey nicht in Buchhandel gekommen. Mögen Ew. Wohlgeb. mir hierüber einige Auskunft geben, oder mir vielleicht ein Exemplar dieses Catalogs verschaffen, so werden Sie mir eine ganz besondere Gefälligkeit erzeigen...

* Jacobs war Bibliothekar an der Herzoglichen Bibliothek in Gotha.

An Christoph Ludwig Friedrich Schultz
Weimar, 11. September 1825.
Es freut mich daß Sie die gothaischen Schätze mit einiger Muße gesehen, ich kenne die Grundlage dieser nunmehr methodisch aufgestellten Sammlungen seit vielen Jahren, indem ich mit Herzog Ernst in genauer Verbindung stand und seiner Besitzlust gar manches Bedeutende zuwenden konnte ...
Und da Sie vom gothaischen Medaillenkabinett sprechen fällt mir ein, daß mir in frühster Zeit erlaubt war durch den Hofbildhauer Döll einige auffallend schöne Münzen abformen zu lassen. Die Gypsformen sind noch vorhanden, ich lasse sie ausgießen, und bin überzeugt Ihnen dadurch eine wahre Freude zu machen.

Gräfentonna

Herzogtum Sachsen-Gotha-Altenburg, 1826 Herzogtum Sachsen-Coburg und Gotha
Landkreis Gotha

... ein reinliches und beträchtliches Dorf.

Auf der Fahrt zur Kur nach Pyrmont im Sommer 1801 kam Goethe durch Gräfentonna und kehrte zum Mittagessen im Gasthof „Zum Löwen" ein.

Tagebuch, 5. Juni 1801.
Früh 5 Uhr von Weimar ab, um 8 Uhr in Erfurt, nach Tiefthal, viel Weinbau und Obstbäume, nach Witteroda viel Anis- und Weinbau. Nach Groß Fahnern, fruchtbare Gegend, guter Weg. Nach Gräfentonna, im Löwen Mittag gehalten, Wirthin große und starke Figur /Erdmannin/. Gräfentonna liegt in einer angenehmen und fruchtbaren Aue, ein reinliches und beträchtliches Dorf.

Grossbrembach

Herzogtum bzw. 1815 Großherzogtum Sachsen-Weimar-Eisenach
Landkreis Sömmerda (Buttstedt)

Das halbe Dorf brannte ganz hinunter ...

Bei dem großen Feuer vom 25. Juni 1780 in Großbrembach wurden 70 Häuser, Ställe und Scheunen vernichtet. Dieser Brand war einer von vielen, bei denen Goethe im ersten Weimarer Jahrzehnt unmittelbar eingriff, um löschen zu helfen. Als Leiter der Kommission „Feuerversicherung" hatte er für Schadensregulierung und vorbeugenden Brandschutz zu sorgen.
Die Branderlebnisse und die damit verbundenen praktischen Erfahrungen regten ihn zu Überlegungen für eine Landesfeuerlöschordnung an. Sie trugen dazu bei, daß in Sachsen-Weimar-Eisenach 1780 die sogenannten „Feueranstalten" verfügt wurden. Darin war festgelegt, daß Feuerinspektoren ernannt wurden, die Schornsteine und Feuerstellen zu begutachten hatten. Für das Löschwesen ließ Goethe besondere Feuerdirektoren einsetzen.

» Neckeroda, Udestedt.

Tagebuch, 25. Juni 1780.
... Ward Feuer lärm, ritt nach Gros Brembach kam mitten in die Flamme. die Dürrung! der Wind trieb grimmig. War um die Kirche beschäfftigt. Versengten mir die Auglieder und fing das Wasser mir in Stiefeln an zu sieden. hielten sich die Leute gut. und thaten das schickliche. Nun war das Feuer um stellt. Der Herzog kam und der Prinz (Constantin). Das halbe Dorf brannte ganz hinunter mit dem Winde wie ich ankam. Ging mit einem Husaren aussen weg unterm Wind, kaum durchzukommen. Nach Mitternacht Musst ich ruhen, legte mich ins Wirthshaus über dem Wasser. Ein Husar wachte. früh dem Pfarrer Quartier geschafft und herein (nach Weimar).

An Charlotte von Stein 26. Juni 1780.
Gestern war ich in Ettersburg und dicktirte der Jöchhausen (d. i. Anna Amalias Hofdame Luise von Göchhausen) mit dem lebhafftesten Muthwillen an unsern Vögeln (Goethes Bearbeitung der „Vögel" von Aristophanes), die Nachricht von Feuer in Gros Brembach iagte mich fort, und ich war geschwind in den Flammen. Nach so lang trocknem Wetter, bey einem unglücklichen Wind war die Gewalt des Feuers unbändig. Man fühlte da recht wie einzeln man ist, und wie die Menschen doch so viel guten und schicklichen Begriff haben, etwas anzugreifen. Die fatalsten sind dabey, wie immer, die nur sehen was nicht geschieht, und darüber die aufs nothwendige Gerichteten Menschen irre machen. Ich habe ermahnt, gebeten, getröstet, beruhigt, und meine ganze Sorg-

falt auf die Kirche gewendet, die noch in Gefahr stund als ich kam und wo ausser dem Gebäude noch viel Frucht (Getreide) die dem Herrn (also Herzog Carl August) gehört, auf dem Boden zu Grunde gegangen wäre. Voreilige Flucht ist der gröste Schaden bey diesen Gelegenheiten, wenn man sich anstatt zu retten widersezte, man könnte das unglaublige thun. Aber der Mensch ist Mensch und die Flamme ein Ungeheuer. Ich bin noch zu keinem Feuer in seiner ganzen Acktivität gekommen als zu diesem. Nach der Bauart unsrer Dörfer müssen wirs täglich erwarten. Es ist als wenn der Mensch genötigt wäre, einen zierlich und künstlich zusammengebauten Holzstos zu bewohnen, der recht, das Feuer schnell aufzunehmen, zusammen getragen wäre.

Aus dem Teich wollte niemand schöpfen denn vom Winde getrieben schlug die Flamme der nächsten Häuser wirblend hinein. Ich trat dazu und rief es geht es geht ihr Kinder, und gleich waren ihrer wieder da die schöpften, aber bald musst ich meinen Plaz verlassen, weils allenfalls nur wenige Augenblicke auszuhalten war. Meine Augbrauen sind versengt, und das Wasser in meinen Schuhen siedend hat mir die Zehen gebrüht, ein wenig zu ruhen legt ich mich nach Mitternacht, da alles noch brannte und knisterte im Wirthshaus aufs Bett, und ward von Wanzen heimgesucht ...

Verzeihen Sie dass ich mit Bildern und Gestalten des Gräuels Sie in Ihre Freuden verfolge. Es fiel mir in der Nacht und denen Flammen ein, wie das Schicksaal wüthet und nun Sicilien wieder bebt und die Berge speyen, und die Engländer ihre eigne Stadt anzünden und das alles im aufgeklärten 18ten Jahrhundert.

***Brandstätte**, Bleistiftzeichnung von Goethe (1776).*

Grossengottern

Kurfürstentum bzw. 1806 Königreich Sachsen, 1815 Königreich Preußen
Unstrut-Hainich-Kreis

... (man) nennt (...) die Einwohner
die Zwiebeltreter.

Die Fahrt quer durch das Thüringer Becken zur Kur nach Pyrmont im Juni 1801 führte auch an dem Dorf Großengottern vorbei. Rasch wird das Charakteristikum des Ortes notiert: die „vielen Zwiebeln, welche hier gebaut werden“.

Tagebuch, 5. Juni 1801.
Nach (Groß-)Gottern, großer Ort, ohngefähr 300 Häuser, wegen den vielen Zwiebeln, welche hier gebaut werden, nennt man die Einwohner die Zwiebeltreter.

Grossheringen

Herzogtum bzw. 1815 Großherzogtum Sachsen-Weimar-Eisenach
Kreis Weimarer Land (Bad Sulza)

Betrachteten uns den Zusammenfluß der Ilm und Saale ...

Obwohl Goethe durch seine Aufenthalte in Dornburg das Saaletal recht gut kannte, war er immer nur flüchtig durch Großheringen gekommen. Genauer lernte er den Ort erst bei seinem letzten Besuch 1828 kennen. Weil sich der Kutscher verfuhr, konnte er aussteigen und in Ruhe die Gegend betrachten; die Sicht war so gut, daß er bis Eckartsberga, das schon im Preußischen lag, blicken konnte.

⇒ Camburg, Dornburg, Sulza.

Tagebuch, 2. August 1828.
Früh nach 6 Uhr mit Herrn Dr. Stichling abgefahren nach Großheringen, wo wir bey dem Schulmeister Franke in seinem neuen Gebäude abstiegen, da der Schulze Pietzel zu uns kam, ein gar wackerer Mann, der seiner Gemeinde gut vorsteht. Wir gingen hinter der Schule steil hinunter ins Thal, über die Wiesen (Richtung Sulza) bis zur Saline, wo wir der Bohrarbeit eine Weile zusahen ... Gingen sodann wieder zurück ... Betrachteten uns den Zusammenfluß der Ilm und Saale näher und stiegen zusammen hinauf bis zum Schulgebäude, wo wir frühstückten. Sodann den Ort hinab über die Brücke und auf dem linken Ilmufer bis Dorfsulza vor.

An Frédéric Jacques Soret Dornburg, 3. August 1828.
Nun habe ich nächstens zu berichten von einer gestrigen sehr angenehmen Fahrt nach Großheringen, wo Ilm und Saale zusammentreffen, eine Beustische Saline* steht und starker Holzhandel getrieben wird. Gar verständige, wohlgesinnte und wohlhabende Leute hab ich kennen lernen ...

* Besitzer der Saline war der weimarische Staatsbeamte Carl Leopold von Beust.

Grosskochberg

Herzogtum Sachsen-Gotha-Altenburg,
1826 Herzogtum Sachsen-Meiningen
Landkreis Saalfeld-Rudolstadt (Uhlstädt)

... meine Seele sucht dich in Kochberg.

Das reizvolle Wasserschlößchen Kochberg „hinter den Bergen" war ab 1776 etwa zehn Jahre lang ersehntes Ziel von Goethes Ritten und Fahrten. Dort hielt sich in den Sommer- und Herbstmonaten Charlotte von Stein auf, um auf dem Familiengut nach dem Rechten zu sehen. Sie überwachte die Einhaltung des Pachtvertrages, versuchte ökonomische Probleme zu lösen und kümmerte sich um die Verschönerung des Parkes.* Nach Goethes Worten trug sie schwer am „Wirthschaffts Kreuze", warf doch das Gut kaum nennenswerte Gewinne ab.
Goethe teilte die Sorgen der geliebten Frau um die Gutswirtschaft und kümmerte sich wie ein fürsorglicher Hausvater um ihre Kinder. Besonders liebevoll wandte er sich dem jüngsten Sohne Fritz zu, den er mit auf Reisen nahm und der ab 1783 in Weimar bei ihm wohnte. Seinen Schweizer Pflegesohn Peter im Baumgarten gab Goethe nach Kochberg, damit er zusammen mit den Steinschen Söhnen erzogen werden konnte.
So oft es möglich war, kam Goethe ins abgelegene Schloß Kochberg. Von Weimar aus war er dorthin sieben Stunden mit der Kutsche oder drei Stunden zu Pferd unterwegs. Oft schaltete er auf seinen Reisen durch Thüringen Kochberg als Zwischenstation ein. Die innige, vertrauensvolle Bindung an Charlotte von Stein war ihm lebensnotwendig geworden. Auf einem alten Schreibtisch aus Familienbesitz sind noch heute im Kochberger Museum Schriftzüge Goethes zu erkennen, die seine Besuche bei der Gutsherrin bezeugen. Dort ist zu lesen: „Goethe d. 6. Dec. 75 / Eben derselbe 4. Oct. 80 / Eben derselbe 5. Nov. 80."
Ein weiterer, kostbarer Schreibsekretär ziert das Museum. Ihn ließ Goethe nach eigenen Entwürfen anfertigen und schenkte ihn 1779 Charlotte von Stein für ihre Weimarer Wohnung zum Geburtstag.
Zwischen Weimar und Kochberg gingen ständig Kuriere hin und her; unzählige Briefe und „Zettelgen"**, auch manche Briefgedichte wurden überbracht. In diesen Lebenszeugnissen spiegelt sich die Entfaltung einer immer enger werdenden geistig-seelischen Bindung wider, die anfangs nicht frei war von Verstimmung und Enttäuschung, die aber etwa ab dem Frühjahr 1781 reine Harmonie ausstrahlt.
Erst Goethes Reise nach Italien, ohne Wissen Charlotte von Steins unternommen, leitete die allmähliche Abkühlung der Beziehung zwischen beiden ein. Wenn sich auch der aus Weimars höfischen Zwängen Entflohene auf der Reise immer noch der Vertrauten eng verbunden fühlt – ihr allein widmet er sein Reisetagebuch, auch an ihrem Kochberger Gut nimmt er in der Ferne noch Anteil – so kommt es nach seiner Rückkehr doch zu keiner erneuten Annäherung. Goethes letzter Besuch in Koch-

berg erfolgte im September 1788 und verlief sehr unpersönlich und kühl. Aus der Seelenfreundschaft und der tiefen Liebe wurde zumindest von Seiten Goethes nun Entfremdung, die sich zeitweilig bis zum Haß steigerte. Charlotte von Stein hat die Kränkung nie überwunden, die Goethe ihr zugefügt hatte, als er sich 1788 mit Christiane Vulpius verband. Zehn Jahre lang ging man sich aus dem Wege. Erst Ende der 90er Jahre werden in Weimar wieder nachbarschaftliche Kontakte zu Charlotte von Stein gepflegt.

In zahlreichen poetischen Werken setzte Goethe Charlotte von Stein ein literarisches Denkmal; Züge ihres Wesens sind u. a. in den Lida-Gedichten, in der Leonore des „Tasso" und in der „Iphigenie" verewigt. Das Gedicht „An den Herzog Carl August" erschien im ersten Druck mit der Überschrift: „Dem Herzog Carl August bei dessen Besuch auf dem v. Steinschen Rittergute Kochberg überreicht von Goethe, in der Verkleidung eines Landmanns." (um 1778). Allerdings ist die Zuordnung dieses Gedichtes unsicher; es könnte auch schon 1776 in Stedten bei Erfurt überreicht worden sein.

* Einzelheiten der Parkgestaltung in Großkochberg könnten in das Phantasiegebilde des Parkes in den „Wahlverwandtschaften" eingeflossen sein. Allerdings wird berichtet, daß erst der Sohn Charlotte von Steins, Carl von Stein, später als Verwalter des Gutes den Park nach dem Vorbild im Roman anlegen ließ.

** Insgesamt schrieb Goethe annähernd 2000 Briefe an Frau von Stein.

***Charlotte von Stein**, 15. März 1777, Kreidezeichnung von Goethe.*

Tagebuch, 14. Juni 1777.
Abends nach Kochberg frohen freyen Tag.

Tagebuch, 15. Juni 1777.
Sonnt.(ag) in Kochberg Aerger über die Zeichnung dunckler tag.

Tagebuch, 5. Juli 1777.
... um 5 nach Kochberg geritten fand die Kleinen (die drei Söhne Charlotte von Steins) beym Essen.

An Charlotte von Stein* Kochberg, 5./6. Juli 1777.
Abends halb 10, Kochberg in Ihrem Schlafzimmer. Nur noch eine gute Nacht. Heute komm ich von Dornburg, und bin in dem Ihrigen mit den Ihrigen. Es ist eine wehe Empfindung dass Sie nicht da sind.
Sonntag früh. Guten Morgen beste! Wie ich erstaunt und vergnügt war da ich aufwachte. Ich hatte von Weimar geträumt und wache auf und finde mich hier. – Und Sie nicht! Vorm Jahre waren Sie da und mir wars versagt. Ich bin mit meinem Daseyn und meinen Hoffnungen wie zwischen Himmel und Erde aufgehangen. Ich höre die Kleinen (die Söhne Charlotte von Steins) Singen und wirthschafften und will zu ihnen.
Sonntag Nachts. Heut früh hab ich im grosen Garten gezeichnet am Plazze wo wir neulich stillstanden und Sie mir die schöne Gegend zeigten.

* Charlotte von Stein weilte zu diesem Zeitpunkt in Pyrmont zur Kur.

An Charlotte von Stein Kochberg, 12. Juli 1777.
Mir ists diese Woche in der Stadt wieder sehr wunderlich gangen ich habe mich gestern heraus geflüchtet, bin um halb sechs zu fuß von Weimar abmarschirt und war halb 10 hier, da alles schon verschlossen war und sich zum Bett gehn bereitete. Da ich rief ward ich von der alten Dorthee zu erst erkannt und mit grosem Geschrey von ihr und der Köchinn bewillkommt. Kästner (Hofmeister der Steinschen Kinder) kam auch mit seinem Pfeifgen herab und Carl* der den ganzen Tag behauptet hatte ich würde kommen, Ernst* der schon im Hemde stand zog sich wieder an, Friz* lag schon im Schlafe. Ich tranck noch viel Selzer Wasser wir erzählten einander unsre Wochen Fata, die Zeichnungen wurden produzirt, und iezzo solls weiter dran ...

* Carl, Ernst und Fritz sind die Söhne Charlotte von Steins.

Tagebuch, 27. August 1777.
... ritt ich Nach Tische dunckel von W(eimar) weg, ich sah offt nach meinen Garten zurück, und dachte so was alles mir durch die Seele müsse biss ich das arme Dach wieder sähe. Langsam ritt ich nach Kbg. (d. i. Kochberg) fand sie froh und ruhig und mir wards so frey und wohl noch den Abend und (28. August) wachte an m.(einem) Geburtstag mit der schönen sonne so heiter auf dass ich alles was vor mir liegt* leichter an sah ...

* Goethe war auf dem Weg nach Ilmenau, wo es viele dienstliche Probleme zu lösen gab.

Goethe und
Fritz von Stein*,*
Silhouette (1781/82).

Tagebuch, 11. Oktober 1778.
Früh nach Kochberg geritten.

Tagebuch, 12. Oktober 1778.
Früh wieder zurück.

Tagebuch, 22. August 1779.
Nachmittag nach Kochberg. Rein und gut da gelebt. Das erste mahl dass mirs da wohl war, doch kann ich mich noch nicht mit dem Ort noch der Gegend Befreunden. Was es ist weis ich nicht ob die fatale Erinnerung p. Zeichnete frisch, hoffte auf ein wenig Talent.

An Charlotte von Stein Kochberg, 10. Oktober 1780.
Was Sie mir heut früh zulezt sagten hat mich sehr geschmerzt, und wäre der Herzog nicht den Berg mit hinauf gegangen, ich hätte mich recht satt geweint ... Ja es ist eine Wuth gegen sein eigen Fleisch wenn der Unglückliche sich Lufft zu machen sucht dadurch dass er sein Liebstes beleidigt ...
Ich werde mich nicht zufrieden geben biss Sie mir eine wörtliche Rechnung des Vergangnen mir vorgelegt haben ... Mir kommts entsezlich vor die besten Stunden des Lebens, die Augenblicke des Zusammenseyns verderben zu müssen ...

***Schloß Kochberg**, Juni/August 1777, Bleistift- und lavierte Tuschzeichnung von Goethe.*

An Charlotte von Stein Meiningen, 11. Mai 1782.

Sonnabend vor Pfingsten geh ich durch Kochberg es liegt mir wenig ausser dem Weeg. O wenn ich dich da fände. Vielleicht komm ich auch einen Tag früher vielleicht einen später durch. Liebste wenns möglich ist so sey da. Tausendmal Adieu.

An Charlotte von Stein Coburg, 14. Mai 1782.
Lebe wohl liebste Lotte. Dieser Brief sucht dich in Kochberg auf. Findet er dich nicht so geht er traurig auf Weimar. Bist du in Kochberg so komm ich Sonnabend Abend hin. Wärst du nicht da so gehe ich über Jena. Adieu vielgeliebte. Wer dich gefunden hat weis warum er in der Welt ist ...

An Carl Ludwig von Knebel 19. Mai 1783.
Was du mir von einem kleinen Besitzthum sagst das du dir wünschest versteh ich nicht ganz. Auch werde ich niemand, der nicht von der Erde gebohren ist rathen, sich mit der Erde einzulassen. Es ist schweer ihr etwas abnehmen und thörig ihr noch gar hingeben. Das letzte thut ieder der nur einige Immagination zum Feldbau und zur Landwirthschafft bringt. Der gute Stein (Josias von Stein, Charlottes Ehemann) ist ein trauriges Beyspiel ...

An Charlotte von Stein Eisenach, 8. Juni 1784.
Wenn ich dich in Kochberg dencke wie sehr wünsche ich bey dir zu seyn! Wie sehr würde ich mich freuen dich zu unterhalten und dir tausend Gedancken mitzutheilen.
Sehr wohl habe ich auf unsern letzten Spaziergängen gefühlt wie schlecht ich deine Abwesenheit würde ertragen können. Schon heute hab ich Projeckte gemacht ob es nicht möglich sey dich auf einen Tag zu besuchen. Dann habe ich mich gescholten daß ich dich nicht beredet mit hierher zu gehn und finde daß es so schön angegangen wäre, daß es so natürlich gewesen wäre. Tausendmal Adieu. Ich bin mehr als iemals dein. Fritz streift herum. Dieser Aufenthalt wird ihn sehr bilden helfen, nochmals lebewohl, du weist wie ich nicht von dir kann. Mein Herz lässt keinen Augenblick von dir. Adieu.

An Charlotte von Stein Eisenach, 28. Juni 1784.
Alles lieb' ich an dir und alles macht mich dich mehr lieben.
Der Eifer wie du in Kochberg deine Haushaltung angreiffst ... vermehrt meine Neigung zu dir, läßt mich deine innerlich thätige und köstliche Seele sehn. Lotte bleibe mir und was dich auch interessiren mag, liebe mich über alles.

An Charlotte von Stein 16. Oktober 1784.
Lange habe ich so vergnügte Stunden nicht gehabt als gestern auf dem Weege von Kochberg (nach Weimar) hierher. Es freute mich recht bey iedem Schritte meine Liebe lebhafft zu fühlen. Adieu du beste.

An Herzog Carl August Weimar, 28. Oktober 1784.
Die Stein ... schleppt an dem Kochberger Wirthschaffts Kreuze, sie theilt blos das Übel ohne es heben zu können ...

An Charlotte von Stein 22. September 1785.
Es regnet so sehr und ich dencke mir meine Liebe in dem alten Schlosse

wo ich sie vor zehen Jahren zum erstenmal besuchte und wo sie mich durch ihre Liebe so fest hielt. Wie gerne wäre ich bey dir und ginge meinem Wesen in der Stille nach und erfreute mich an deinem Daseyn, wenn du noch lange aussenbleibst wird es übel mit mir werden ...

An Charlotte von Stein 18. September 1786.

Auf einem ganz kleinen Blätchen geb ich meiner Geliebten ein Lebenszeichen, ohne ihr doch noch zu sagen wo ich sey. Ich bin wohl und wünschte nur das Gute was ich genieße mit dir zu theilen, ein Wunsch der mich offt mit Sehnsucht überfällt ...
Du bist in Kochberg und dort besuchen dich meine Gedancken.
Grüße mir Fritzen!

Tagebuch der Italiänischen Reise für Frau von Stein
26. Oktober 1786.

Da ich die armen Bauern auch hier so mit Mühseligkeit die Steine umwenden sah dacht ich an dein Kochberg und sagte recht mit innerlichen Herzensträhnen: wann werd ich einmal wieder in Kochberg einen schönen Abend mit ihr feyern? Ich sage dir meine liebe, wenn sie nur hier das Clima nicht voraus hätten!

WA III, 1, 325.

An Charlotte von Stein Rom, 2. Dezember 1786.

Mache ja nichts in Kochberg, ich will dir alsdann helfen, wie du einmal im Sinne hattest, die Zimmer ordnen und auf eine Weise, daß sie gleich artig aussehn und daß man noch Jahre lang dran ausmahlen kann ...

Schloß Kochberg *heute.*

GROSSROMSTEDT

Herzogtum bzw. 1815 Großherzogtum Sachsen-Weimar-Eisenach
Kreis Weimarer Land (Apolda)

... einen über tausendjährigen Grabhügel aufgegraben.

Im Rahmen seiner umfassenden Tätigkeit der „Oberaufsicht über die unmittelbaren Anstalten für Wissenschaft und Kunst" sorgte Goethe mit großem persönlichen Einsatz für die Vermehrung der osteologischen Sammlung der Universität Jena. Gerade auf dem Gebiet von Osteologie und Anatomie berührten sich seine wissenschaftlichen Interessen sehr eng mit Erfordernissen von akademischer Forschung und Lehre. Unentwegt kümmerte er sich darum, die Sammlungen zu erweitern und wissenschaftliche Erkenntnisse zu mehren, ganz im Sinne seiner eigenen Einsicht, daß jedes Geschäft „eigentlich durch ethische Hebel bewegt" wird, denn: „Alles kommt dabei auf die Persönlichkeit an."
So wundert es nicht, daß sich Goethe intensiv um einen Grabhügel bemühte, der 1813 südlich von Großromstedt eröffnet worden war. Es war der Urnenfriedhof eines germanischen Stammes aus dem Hauptsiedlungsgebiet der Hermunduren. Er barg Teile von Skeletten, aber auch Waffen, Geräte und Schmuckstücke wurden als Beigaben in den Brandurnen gefunden. Goethe interessierte sich vor allem für die Knochenfunde. Ihm war daran gelegen, ein möglichst vollständiges Skelett zu erhalten, das er sorgfältig bergen und dem anatomischen Kabinett in Jena übergeben ließ.

Tagebuch, 20. Oktober 1813.
Nach Kl. Romstedt zum Grabhügel ...

An Herzog Carl August Weimar, 19. Februar 1814.
... vermelde, daß man den Romstädter Grabhügel wieder zugeschüttet, um auf's Frühjahr die Ausgrabung mit etwas mehr Methode wieder anzugreifen. Es sind zwey unversehrte vollständige Schädel, sogar mit Unterkinnladen, in meinen Händen, wahrscheinlich ein männlicher und ein weiblicher; sie geben zu schönen Vergleichungen und Beobachtungen Anlaß ...
Die Sammlung aller gefundenen Knochen, gut geordnet, soll eine seltne Zierde des Jenaischen anatomischen Kabinetts werden ...

An Johann Friedrich John* Februar 1814.
Wir haben vergangenes Jahr einen der mehreren, in unserm Thüringen nicht seltnen Grabhügel (nahe Großromstedt bei Apolda) eröffnet. Man mag ihr Alter noch so mäßig anschlagen, so erreicht es über tausend Jahre. Unter demselben lagen die Körper sehr ordentlich, hart neben und über einander, durch Holz abgesondert, und die auf die Körper

gelegten Hölzer mit Steinen beschwert, so daß sie die ganze Zeit über in ihrer Lage geblieben. Bey einer etwas tumultaarischen Aufgrabung, welche mehr auf Antiquitäten als organische Reste gerichtet war, ist zwar manches zersplittert, mehreres aber gerettet worden. Unter dem letztern befindet sich ein vollkommen erhaltener Schädel, welchen ich selbst zu reinigen übernahm, und an welchem ich den sonderbaren Umstand bemerkte, daß er mit humus vollgepfropft, ja vollkommen ausgefüllt war, so daß kein Zufall denkbar gewesen wäre dasselbe zu bewirken, ja es würde schwer fallen, reine Erde vorsätzlich durch die Hinterkopfsöffnung, und wenn man sich eines Trichters bediente, so vollkommen anzufüllen ... Ich wurde auf diesen Umstand gar bald aufmerksam, als ich den Schädel außen gereinigt hatte, und nun an das Innere ging; deshalb ich das darin enthaltene besonders aufsammelte und ziemlich rein mitzutheilen im Stande bin ... Nicht allein mir ... schien eine mechanische Erklärung unzulänglich. Wie schön wäre es, wenn ein so sorgsamer Chemiker wie Ew. Wohlgeboren uns auf andre Wege leitete ...

* Irrtümlich John. Gemeint ist Johann Friedrich Jahn, Prof. der Chemie in Berlin. – Bei diesem Schreiben handelt es sich um einen Entwurf.

WA IV, 24, 359-360.

An Johann Heinrich Meyer Weimar, 7. März. 1814.

... vermelde, daß uns der aufgegrabene Romstedter Grabhügel höchst interessante Schädel geliefert hat, die, wenn nicht Blumenbach und Gall falsche Propheten sind*, einem reinen und schönen Naturvolke, von dem ich noch keinen Begriff gehabt habe, angehören.

* Mit Blumenbach und Gall pflegte Goethe wissenschaftlichen Gedankenaustausch. Johann Friedrich Blumenbach war Mediziner und Anatom in Göttingen, der Wiener Mediziner Franz Joseph Gall galt als der Begründer der „Schädellehre".

Tag- und Jahreshefte 1816.

Die lang unterbrochenen Ausgrabungen des uralten Grabhügels bei Romstedt wurden fortgesetzt, und gaben uns mehrere Schädel; nicht weniger wurde durch besondere Aufmerksamkeit nach Jena ein ganzes Skelett geschafft und sorgfältig geordnet niedergelegt ...

WA I, 36, 109-110.

Ausgrabungen

Kunst und Alterthum.
Zweiter Band, erstes Heft. 1818.

Weimar. Bei *Groß-Romstedt*, ohngefähr zwei Stunden von der Stadt, macht die Lage eines großen Grabhügels den Beobachter aufmerksam. Die erst von Süden nach Norden fließende, dann aber sich ostwärts umbiegende Ilm neigt sich zur Zusammenkunft mit der Saale, die ihren unveränderten Lauf von Süden nach Norden fortsetzt. Diese Richtung der Flüsse deutet auf eine Erhöhung zwischen beiden.

Und nun hat auf der höchsten, die ganze Gegend überschauenden Höhe ein altes halbgebildetes Volk den Ruheplatz für seine Todten gewählt. Die ersten Leichen legte man in einen großen Ovalkreis neben einander,

durch rohe Holzstämme geschieden; die folgenden aber mit wenig zwischengeschichteten Steinen und Erde lagenweise darüber.
Waffen fanden sich keine; vielleicht wenn dieses Volk welche hatte, waren die Lebenden klug genug, sie zu ihrem Gebrauche zurückzubehalten. Auch an Schmuck fand sich wenig und was die Ausbeute gewesen, davon werden die Curiositäten* zunächst Rechenschaft geben.
Wenn aber für Kunst im Alterthum nicht allzuviel gefunden worden, so ist dagegen dem in vergangene Zeiten gern zurückschauenden Naturforscher ein großer Gewinn entsprungen, indem die vorgefundenen Skelette, deren man ein vollständiges in dem Jenaischen Museum niedergelegt, die wichtigsten Betrachtungen veranlassen.
Wahrscheinlich gehörte dieses Volk zu den nomadischen, die, bei den großen Völkerzügen, von der Ostsee her sich freiwillig oder genöthigt bewegten. Eine Zeitlang muß ihr Wohnsitz in dieser Gegend geblieben sein, wie die ruhige sucessive Bestattung der Körper andeutet. An den Schädeln fand man keine Verwundung, das Beisammenliegen von Männern, Weibern und Kindern möchte wohl eine ruhige Nomaden-Horde andeuten.
Das Merkwürdigste jedoch vor allem andern ist die herrliche Gestalt dieser Knochenreste. Die Körper sind weder bedeutend groß noch stark, die Schädel jedoch wir sagen es mit Einstimmung unseres Freundes Blumenbach von der größten Schönheit. Die Organe... bezeichnen ein Volk, mit den glücklichsten Sinnen für die Außenwelt begabt, nicht weniger mit allen Eigenschaften, worauf sich Dauer und Glück der Familien und Stämme gründet. Das Organ des Enthusiasmus fehlt ganz auf der Höhe des Scheitels, dagegen vermißt man sehr gern die garstigen egoistischen Auswüchse, die sich hinter den Ohren eines ausgearteten Menschengeschlechts zu verbergen pflegen.
Durchaus haben die Schädel eine Familienähnlichkeit; ebenso sind sie einander gleich. Obere und untere Kinnlade, Zahnstellung und Erhaltung der Zähne sind als Muster bei'm Vortrag physiologischer Anatomie zu empfehlen; wie denn kein hohler Zahn gefunden worden, die fehlenden aber offenbar bei'm Ausgraben und Transport ausgefallen ...

WA I, 49.2, 152-154.

* Zeitschrift, von Goethes Schwager Christian August Vulpius herausgegeben.

Grossrudestedt

Herzogtum bzw. 1815 Großherzogtum Sachsen-Weimar-Eisenach
Landkreis Sömmerda

Vom Amte Groß-Rudestedt wäre vielleicht am ersten etwas zu hoffen ...

In zweifacher Hinsicht schien für Goethe das Amt Großrudestedt günstige Voraussetzungen für ökonomischen Nutzen zu bieten, den man sich so dringend für das Herzogtum erhoffte. Zum einen bot das Kammergut Anlaß zur Zufriedenheit; die Vorschläge des englischen Agronomen George Batty zu Verbesserungen in der Bewirtschaftung schienen dort auf fruchtbaren Boden zu fallen. Zum anderen hoffte Goethe aufgrund seiner theoretischen Überlegungen zu den geologischen Verhältnissen in der Gegend um Großrudestedt auf fossile Brennmaterialien, die zu fördern wären.

» Kaltennordheim.

Tagebuch, 11. und 12. März 1780.
Mit Batty (ein in Weimar tätiger englischer Agronom) ins Amt Gros-Rudstädt seine Anstalten gut befunden. seine Handelsweise mit den Leuten unverbesserlich. Wenn wir nachhalten, so wirds gut, aber freylich Jahrelang immer gleich nachhalten.

Schema zu einer Vorarbeit die fossilen brennbaren Materialien im hiesigen Fürstenthum betreffend (1797)
Von den Braunkohlen und den damit verbundnen Erden wäre noch am meisten zu hoffen; die Orte aber, wo sie bis jetzt gefunden worden, liegen tief und in der Nähe der träger fließenden Unstrut, so wie der Saale, da sie schon in die Plaine kommt ... Vom Amte Groß-Rudestedt wäre vielleicht am ersten etwas zu hoffen ...

WA I, 53, 321.

HASSLEBEN

Fürstentum Schwarzburg-Sondershausen, 1811 Herzogtum bzw.
1815 Großherzogtum Sachsen-Weimar-Eisenach
Landkreis Sömmerda (Gebesee)

Reste eines ungeheuren Stieres der Vorzeit ...

Schon ab 1780, nur fünf Jahre nach seiner Ankunft in Weimar, betrieb Goethe ernsthafte, wissenschaftliche Studien. An erster Stelle standen Osteologie und vergleichende Anatomie. Zu diesem Zweck legte er neben der Förderung naturwissenschaftlicher Kabinette an der Universität Jena eine eigene osteologische Sammlung an, in der bis heute 30 Tierschädel, einige Menschenschädel sowie Kleintierschädel und Vogelskelette enthalten sind. Goethes besonderes Interesse an vergleichender Anatomie, das 1784 zur Entdeckung des Zwischenkieferknochens beim Menschen geführt hatte, bestand bis ins hohe Alter. So verwundert nicht, daß 1821 der Fund des vollständigen Skelettes eines Stieres aus der Urzeit bei Haßleben nicht nur aufmerksam zur Kenntnis genommen wurde, sondern auch zu intensiven, wissenschaftlichen Aktivitäten anregte. Das Skelett des „Ur-Ochsen" von Haßleben gab Anlaß zum Gedankenaustausch mit verschiedenen Fachgelehrten und wurde Gegenstand von Veröffentlichungen in naturwissenschaftlichen Schriften. Um anatomische Vergleiche anstellen zu können, bemühte sich Goethe sogar um den Schädel eines ungarischen Ochsen „der größten Sorte" vom Wiener Hof- und Naturalienkabinett.

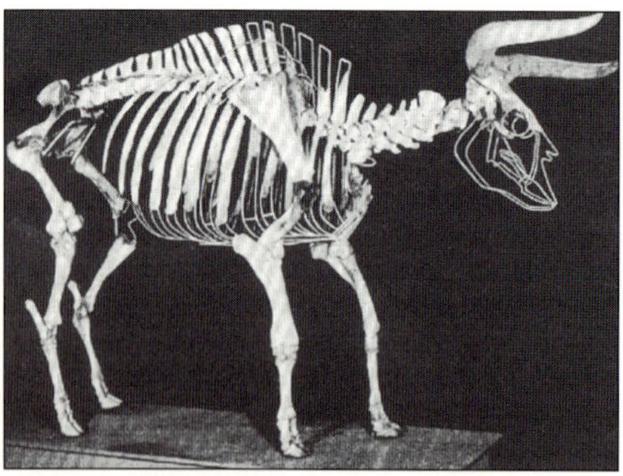

Skelett des „Jenaer Auerochsen" *im Phyletischen Museum. Bei diesem Exponat handelt es sich um den Haßlebener Fund von 1821, der auf Goethes Anweisung hin nach Jena gegeben wurde.*

Zur Morphologie. Fossiler Stier.
Um uns aber an so schönen Betrachtungen unmittelbaren Antheil zu gönnen, ereignete sich der glückliche Fall, daß in dem Torfmoore bei Haßleben, Amt Großrudestedt, das ganze Skelett eines solchen Thiers im Frühjahr 1821 ausgestochen worden, welches man alsobald nach Weimar schaffte und auf einem Fußboden naturgemäß zusammenlegte, da

sich denn fand, daß noch eine Anzahl von Theilen fehle; auch diese wurden auf alsbaldige neue Untersuchungen auf derselben Stelle meist entdeckt und nunmehr die Anstalt getroffen, das Ganze in Jena aufzustellen, welches mit Sorgfalt und Bemühung geschah. Die wenigen noch fehlenden Theile wurden, weil bei fortdauernder nasser Witterung die Hoffnung sie zu erlangen verschwand, einstweilen künstlich ergänzt, und so steht es nun der Betrachtung und Beurtheilung für gegenwärtig und künftig anheim gegeben.

WA II, 8, 237.

Tag- und Jahreshefte 1821.
Auch des Urstiers, der aus dem Haßleber Torfbruch nach Jena gebracht und dort aufgestellt wurde, ist wohl als eines der neuesten Zeugnisse der früheren Thiergestalten hier zu erwähnen. Das Archiv der Urwelt hatte schon eines gleichen gedacht, und mir ward das besondere Vergnügen, mit Herrn Körte in Halberstadt bei dieser Gelegenheit ein früheres freundliches Verhältniß zu erneuern.

WA I, 36, 208.

Tagebuch, 1. Juni 1821.
Sendung Serenissimi von Haßleber thierischen Ausgrabungen. Das große Skelett im Gartenhause gesondert und zurecht gelegt ...

An Christian Gottfried Nees von Esenbeck

Weimar, 21. Februar 1824.

Die Trümmer eines zweyten Urstiers sind in demselben Torflager (bei Haßleben) gefunden worden und wir sind über den ersten, wohlerhaltenen, noch nicht ganz im Klaren. Unsere wissenschaftlichen Männer, die hievon Kenntniß haben, sind freylich von dringenden Geschäften des Tags abgehalten sich an Gerippe der Vorzeit zu begeben.

Heiligenstadt

Erzbistum/Kurfürstentum Mainz, 1802 Königreich Preußen
Eichsfeldkreis (Kreisstadt)

Diese Stadt ist im Ganzen sehr reinlich ...

Die älteste Stadt des Eichsfeldes, Heiligenstadt, gehörte zum kurmainzischen Territorium. Wenn es in der Mainzer Gegend kriegerische Auseinandersetzungen gab, wurde sie gern als Zufluchtsort genutzt. So auch 1796, als sich der Kurfürst von Mainz dorthin in Sicherheit begab. Goethe vermerkte dies in seinem Tagebuch.
Er selbst lernte die Stadt auf der Durchfahrt zur Kur nach Pyrmont kennen.

Tagebuch, 6. Juni 1801.
... man kommt durch Kreuzeber und Geisleden nach Heiligenstadt.
Diese Stadt ist im Ganzen sehr reinlich und nach einem Brande, den sie 1739 erlitten hat, ziemlich regelmäßig erbauet. Es bricht in dieser Gegend viel rother Sandstein, der bis Reinhausen fortdauert. Die Einwohner nähren sich meist vom Ackerbau. Die Stadt ist alt und hat ohngefähr 500 Häuser und 2 Kirchen. Die Gegend ist fruchtbar und gut bebaut.
Mittag gegessen im Mohren. Man steigt nördlich immer höher und kommt nach Siemerode, Bischhagen und Bremke, letzteres ist ein schönes Dorf und liegt in einer artigen abwechselnden Gegend. Reinhausen am Sandfelsen. Man kommt nun nach und nach aus dem Gebirgsthale heraus und sieht bald rechts in einer schönen Ebene die so beliebte Universitätsstadt Göttingen liegen ...

HEILSBERG

Herzogtum bzw. 1815 Großherzogtum Sachsen-Weimar-Eisenach
Landkreis Saalfeld-Rudolstadt (Remda)

wie mancher auf dieser Höhe sein Heil gesucht ...

In Goethes Tagebuch finden sich ab Mai 1816 jahrelang Hinweise auf die Beschäftigung mit einer rätselhaften Inschrift. Sie war auf einem größeren Sandstein an der Außenmauer der Kirche von Heilsberg gefunden worden. Eine Information über diesen Fund in der Zeitschrift „Curiositäten"* hatte zur Folge, daß sich der Wiener Gelehrte Joseph von Hammer-Purgstall um die Übersetzung der Inschrift bemühte und sie als Aufforderung zum Schwur deutete. Die Ergebnisse seiner Forschungen teilte er dem Fürsten Metternich mit und dieser sandte Hammers Schreiben im April 1817 nach Weimar. Goethe fügte diesem ersten Entzifferungsversuch ein Schlußwort hinzu und ließ das Ganze unter dem Titel „Die Inschrift von Heilsberg" mit einem Faksimile der Inschrift 1818 in Weimar drucken.
Hammers Deutungsversuche führten zu gelehrten Auseinandersetzungen, die lange anhielten. Im März 1819 erhielt Goethe eine Untersuchung des Frankfurter Historikers Georg Friedrich Grotefend über den Heilsberger Stein, in welcher Hammers Ansichten zum Teil beibehalten wurden. Goethe wollte diesen Aufsatz abschließend veröffentlichen, dazu kam es jedoch nicht.
Noch 1827 gab es erneute Deutungsversuche. Goethe interessierte sich bis in seine letzten Lebensjahre für die Heilsberger Inschrift und sammelte die Akten zu den Bemühungen um ihre Deutung in einem Fascikel.

(WA I, 42.1, 412-415)

* Diese Zeitschrift wurde von Goethes Schwager Christian August Vulpius herausgegeben.

An Carl Franz Anton von Schreibers* Weimar, 9. März 1817.

Zugleich lege die Copie eines uralten Monuments bey, welches bisher in der Außenseite der Kirche Heilsbergs, eines zwey Stunden von Rudolstadt gelegenen Dorfes, eingemauert gewesen und vor kurzem nach Weimar gebracht worden.
Ew. Hochwohlgeb. selbst, als Kenner des Alterthums sich bewährend, an einem Orte wo viele trefflich unterrichtete Männer sich befinden, könnten wohl zur Auflösung dieses Räthsels behülflich seyn. Auch ist mir beygegangen, ob ein geübter Dechiffreur, der noch wunderbarere Zeichen zu diviniren (bestimmen) hat, hier nicht gute Dienste leisten könnte. Von dieser Inschrift ist das Nähere in den Curiositäten der p. Vor- und Mitwelt 5. Bandes 6. Stück pag.507, Weimar 1816, zu ersehen.

* Schreibers war Direktor des Hof- und Naturalienkabinettes in Wien.

An Carl Franz Anton von Schreibers Weimar, 18. Januar 1819.
Inwenigen Tagen übersende mehrere Exemplare der Heilsberger Inschrift, welche denn auch nach mancherley Unterbrechungen endlich zu Stande gekommen ...

An die Centraldirection der Gesellschaft für ältere deutsche Geschichtskunde

Weimar (Jena), 5. Oktober 1819.

Waren meine dichterischen und sonstigen Arbeiten zwar immer dem nächsten und gegenwärtigsten Leben gewidmet, so hätten sie doch nicht gedeihen können ohne ernsten Hinblick auf die Vorzeit.
Wie ich denn gegenwärtig mit Herrn Professor Grotefend wegen der Heilsberger Inschrift in Briefwechsel stehe, um demselben einige Auskunft zu geben, die wohl nöthig ist, um über dieses räthselhafte Document endlich in's Klare zu kommen...

An Wilhelm Christian Carl Fürsten zu Solms-Braunfels

Jena, 5. Oktober 1819.

Einige Exemplare der von Hammer'schen Erklärung der Heilsberger Inschrift nehme ich mir die Freyheit sogleich beyzulegen und zu bemerken, daß Herr Professor Grotefend in Frankfurt a. M. denselben Gegenstand bearbeitet. Er gesteht der Inschrift ein so hohes Alter nicht zu, giebt ihr aber ein höheres politisches Interesse.

Tagebuch, 12. März 1827.
Neuversuchte Erklärung der Heilsberger Inschrift ...

An Friedrich Wilhelm Riemer Weimar, 27. März 1829.
Es ist mir sehr angenehm, mein werthester Herr Professor, zu vernehmen, daß der Heilsberger Stein an schicklichem Orte glücklich angebracht ist. Wollen Sie Herrn Baurath Steiner, bis ich es selbst zu thun Gelegenheit finde, deshalb den besten Dank sagen. Angestrichen aber darf die Inschrift nicht werden, weil sonst die zarten, ohnehin schon sehr ausgewitterten Züge noch mehr an ihrer Lesbarkeit verlieren würden.

Tagebuch, 10. April 1829.
Einen Augenblick auf der Bibliothek, die eingemauerte Inschrift von Remda (Heilsberg) zu betrachten ...

Hildburghausen

Herzogtum Sachsen-Hildburghausen (Residenzstadt),
1826 Sachsen-Meiningen
Landkreis Hildburghausen (Kreisstadt)

... will in Hildburghausen mich auch an Hof stellen.

Auf seiner diplomatischen Reise zu Pferd an alle Höfe in Thüringen stattete Goethe am 13. Mai 1782 auch dem Prinzregenten Joseph von Sachsen-Hildburghausen einen kurzen Besuch ab.
Später empfing Goethe hin und wieder verschiedene Gäste aus der Stadt an der Werra, so auch den Altertumsforscher und Philologen Friedrich Carl Ludwig Sickler, seit 1812 Gymnasialdirektor in Hildburghausen.

⇨ Coburg, Meiningen, Rudolstadt.

An Charlotte von Stein Meiningen, 12. Mai 1782.
Meine Sachen gehen ordentlich und gut ... will in Hildburghausen mich auch an Hof stellen, und gegen Ende der Woche nach Rudolstadt gehn da ich einmal auf dem Weege bin und hiermit alle Thüringische Höfe absolviren ...

Tagebuch, 13. Mai 1782
Mittag Hildburghausen (von Meiningen kommend) Abends Coburg.

An Charlotte von Stein Coburg, 13. Mai 1782.
Heut Mittag hab ich in Hildburghausen bey dem Alten (Herzog Joseph) gegessen. Er war sehr munter und freundlich, gab mir Audienz im Bette, und war nachher gleich angekleidet zu Tafel.

Blick über den Schloßparkkanal *zum heute nicht mehr existierenden Hildburghäuser Schloß, Stich um 1800.*

Ilfeld

Kurfürstentum Hannover, 1807 Königreich Westfalen,
1814 Königreich Hannover
Landkreis Nordhausen

Manchmal schien es mir ganz gespensterhaft ...

Auf seiner ersten Harzreise hatte Goethe in Ilfeld ein ganz besonderes Erlebnis. Er konnte zwar in einem „ansehnlichen Gasthof" des Ortes übernachten, jedoch hinter einem Bretterverschlag in der Wirtsstube; das Haus war überfüllt.
Fünfundvierzig Jahre später beschreibt Goethe diese Situation aus der Erinnerung in der „Campagne in Frankreich". Das Gespensterhafte der Schilderung deutet auf die abenteuerliche Stimmung während des Rittes in den Harz.

Tagebuch, 30. November 1777.
Auf Sachswerben (Niedersachswerfen), wo ich einen Boten mit einer Laterne nehmen musste, um durch die tiefe Finsterniss hierher (Ilefeld) zu kommen. Fand keine Stube leer. Sizze im Kammergen neben der Wirthsstube. War den ganzen Tag in gleicher Reinheit.

Tagebuch, 1. Dezember 1777.
Montag früh 7. von Ilefeld ab. Mit einem Boten ...

Campagne in Frankreich 1792.
... gelangte des andern Tags (30. November 1777) so bald nach Nordhausen, daß ich gleich nach Tische weiter zu gehen beschloß, aber mit Boten und Laterne nach mancherlei Gefährlichkeiten erst sehr spät in Ilfeld ankam.
Ein ansehnlicher Gasthof war glänzend erleuchtet, es schien ein besonderes Fest darin gefeiert zu werden. Erst wollte der Wirth mich gar nicht aufnehmen: die Commissarien der höchsten Höfe, hieß es, seien schon lange hier beschäftigt, wichtige Einrichtungen zu treffen, und verschiedene Interessen zu vereinbaren, und da dieß nun glücklich vollendet sei, gäben sie heute Abend einen allgemeinen Schmaus. Auf dringende Vorstellung jedoch und einige Winke des Boten, daß man mit mir nicht übel fahre, erbot sich der Mann mir den Breterverschlag in der Wirthsstube, seinen eigentlichen Wohnsitz, und zugleich sein weißzuüberziehendes Ehebett einzuräumen. Er führte mich durch das weite hellerleuchtete Wirthszimmer, da ich mir denn im Vorbeigehen die sämmtlichen munteren Gäste flüchtig beschaute.
Doch sie sämmtlich zu meiner Unterhaltung näher zu betrachten, gab mir in den Bretern des Verschlags eine Astlücke die beste Gelegenheit, die seine Gäste zu belauschen, dem Wirthe selbst oft dienen mochte. Ich

sah die lange und wohlerleuchtete Tafel von unten hinauf, ich überschaute sie wie man oft die Hochzeit von Kana gemahlt sieht ... es war ein fröhliches bedeutendes Mahl, das ich bei dem hellsten Kerzenscheine in seinen Eigenthümlichkeiten ruhig beobachten konnte, eben als wenn der hinkende Teufel mir zur Seite stehe und einen ganz fremden Zustand unmittelbar zu beschauen und zu erkennen mich begünstigte. Und wie dieß mir nach der düstersten Nachtreise in den Harz hinein ergötzlich gewesen, werden die Freunde solcher Abenteuer beurtheilen. Manchmal schien es mir ganz gespensterhaft, als säh' ich in einer Berghöhle wohlgemuthe Geister sich erlustigen.

WA I, 33, 215-216.

Blick auf Ilfeld.

ILMENAU

Herzogtum bzw. 1815 Großherzogtum Sachsen-Weimar-Eisenach
Ilmkreis

Ich war immer gern hier ...

Ilmenau war seit dem Mittelalter eine Stadt des Bergbaus; man schürfte nach Silber und den mitauftretenden Metallen Kupfer, Blei, Zink und Eisen. Im Jahre 1752 brachte ein Dammbruch den Erzabbau zum Erliegen. Damit war der Bevölkerung eine wichtige Lebensgrundlage entzogen. Hinzu kam ein verheerender Brand, der die Stadt fast vollständig zerstörte. Einige Mißernten vergrößerten noch die Not der Menschen.
In dieser Situation ließ der junge Herzog Carl August am 13. Februar 1776 im Geheimen Consil den Beschluß fassen, den Ilmenauer Bergbau zu revitalisieren. Nachdem ein Gutachten des Clausthaler Bergbeamten und Mineralogen Friedrich Wilhelm Trebra positiv ausgefallen war, sollten die Voraussetzungen für die Wiederaufnahme des Bergbaues geschaffen werden.
Goethe stimmte als Mitglied des Geheimen Consils dem Vorhaben zu und bekam 1777 die Leitung der Bergwerkskommission übertragen. In enger Zusammenarbeit mit seinem späteren Ministerkollegen Christian Gottlob Voigt war er von nun an 20 Jahre lang mit Problemen des Ilmenauer Bergbaues befaßt. Von Anfang an gab es große Schwierigkeiten. In langwierigen Verhandlungen mußten juristische, technische und finanzielle Komplikationen beseitigt werden. Erst nach jahrelangen Bemühungen, unterstützt von Sachverständigen und erfahrenen Bergleuten, konnte Goethe am 24. Februar 1784 den „Neuen Johannesschacht" mit einer längeren Rede eröffnen.
Trotz großer Anstrengungen gab es in der Folgezeit immer wieder Hindernisse zu überwinden. Dem eindringenden Grundwasser war nur sehr schwer Herr zu werden; das angestrebte Flöz wurde erst in 236 Metern Tiefe erreicht. Als sich herausstellte, daß das Gestein der ersten geförderten Tonne Kupferschiefer ohne Metallgehalt war, war die Enttäuschung groß. Dennoch ging die Suche nach erzführendem Gestein weiter.
1796 ereignete sich erneut eine Katastrophe. In der Nacht vom 22. zum 23. Oktober brach der Martinrodaer Stollen* ein; das verursachte gewaltige Wassereinbrüche. Wieder eilte Goethe sofort nach Ilmenau und bemühte sich um Rettung und Instandsetzung. Am Ende mußte er einsehen, daß die jahrelangen, intensiven Anstrengungen um Wiederbelebung des Bergbaues vergeblich gewesen waren. Neueste Forschungen bestätigen, daß nicht fachliches Unvermögen oder technische Unzulänglichkeiten zum Mißerfolg führten. Sie wiesen nach, daß Goethe und seine Mitstreiter mit großer Hingabe alles taten, was zu ihrer Zeit möglich war, um den Ilmenauer Bergbau zu revitalisieren.**
Die Bindung Goethes an Ilmenau war im Laufe der Jahre durch weitere dienstliche Verpflichtungen immer enger geworden, häufige Besuche

waren nötig. Insgesamt sind 28 zum Teil längere Aufenthalte in Ilmenau nachgewiesen. War der erste Besuch 1776 wegen eines Brandes und wegen der Verfolgung einer Räuberbande veranlaßt, mußte Goethe später als Leiter der Kriegs- und Wegebaukommission dort tätig werden. Schließlich hatte er sich auch um die Neuordnung des Ilmenauer Steuerwesens zu kümmern, das sehr im argen lag. 1784 wurde eigens eine Kommission gebildet, die unter seiner Leitung die heillos verworrenen Finanzen der Stadt sanieren sollte. Durch eine gerechtere Besteuerung der Grundstücke konnte Goethe dieser Aufgabe gerecht werden, wenn auch zum Teil mit recht drakonischen Maßnahmen. Eine Hilfe dabei war ihm Johann Friedrich Krafft, der sich als Berichterstatter über die wahren Verhältnisse in der Gemeinde bewährte und dazu beitrug, daß Unterschlagungen und andere üble Machenschaften aufgedeckt wurden. Krafft kümmerte sich auch um das Findelkind Peter im Baumgarten, dessen Erziehung Goethe übernommen, und den er, genau wie Krafft, in Ilmenau untergebracht hatte.

Der Marktplatz *1783, in der Mitte das Amtshaus, das der Thüringer Landbaumeister Gottfried Heinrich Krohne 1756 geschaffen hat; es ist heute Goethe-Gedenkstätte.*

Trotz aller Kümmernisse und Enttäuschungen, mit denen die Ilmenauer Pflichten verbunden waren, empfand Goethe die dort gewonnenen Eindrücke und Erfahrungen als großen Gewinn. Nicht nur als lebenspraktisch orientierter Mensch, auch als Wissenschaftler und Dichter. Die naturwissenschaftlichen Forschungen erfuhren in Ilmenau wesentliche Impulse und trotz aller zeitlicher Belastungen wurde immer wieder an poetischen Werken gearbeitet. So am „Wilhelm-Meister"-Roman, der in einzelnen

Abschnitten sehr direkt an das „heitere Landstädtchen" und seine Umgebung erinnert. Der Ilmenauer Marktplatz mit seinen schräg gegenüberliegenden Gasthöfen läßt sich gut als Schauplatz der Begrüßung zwischen Philine und Wilhelm von Fenster zu Fenster vorstellen. Auch das Spiel zwischen Bergmann und Bauer, das Wilhelm im Roman vorgeführt wird, hatte Goethe in Ilmenau kennengelernt.

Auf dem Hintergrund der als „herrlich herrlich" empfundenen Landschaft entstanden in Ilmenau so bekannte Gedichte wie „Über allen Gipfeln ...", „Ilmenau ..." oder „Rastlose Liebe". Während einer Pause zwischen aufreibender Kommissionsarbeit wurde mitten im Wald der vierte Akt der „Iphigenie auf Tauris" niedergeschrieben.

Nach dem Ende der dienstlichen Verpflichtungen in Ilmenau hielt sich Goethe viele Jahre von dem Ort, der Mißerfolg und Enttäuschung gebracht hatte, fern. Erst im Sommer 1813 reist er wieder einmal nach Ilmenau. Er folgt der Einladung des Herzogs, seinen 64. Geburtstag dort zu verbringen und verlebt „sieben vergnügte Tage" in erinnerungsreicher Umgebung.

Auch seinen letzten Geburtstag verbringt der 82jährige in Ilmenau, diesmal in Gesellschaft der beiden Enkelsöhne. Bekannte Orte werden aufgesucht, das „Bergmannsspiel" noch einmal gehört und manche gewerblichen Produktionsstätten besichtigt, deren Entstehung und Förderung immer wichtiges Anliegen waren.

So bot der letzte Aufenthalt in Ilmenau Anlaß genug, über das vor Jahrzehnten Erwünschte und Geleistete nachzudenken und festzustellen: „Das Gelungene trat vor und erheiterte, das Mißlungene war vergessen und verschmerzt".

* Der Martinrodaer Stollen führte 7 km unter dem Höhenzug der „Sturmheide" lang und diente der Entwässerung.

** Vgl. Kurt. Steenbuck, Silber und Kupfer aus Ilmenau. Ein Bergwerk unter Goethes Leitung, Weimar 1996. (Schriften der Goethe-Gesellschaft; 65).

Tagebuch, 3. Mai 1776.
Nach Ilmenau. Brand.

An Charlotte von Stein Ilmenau, 4. Mai 1776.
Eilf uhr V. Mittag. Um diese Zeit sollt ich bey Ihnen seyn sollte mit bey Kalbs essen und sizze aufm Thüringer Wald wo man Feuer löscht und Spizbuben fängt, und bin, bey beyden entbehrlich aber doch da. Die Gegend wie die Kochberger! – Der Weeg hierher ganz herrlich ...

Rastlose Liebe

Dem Schnee, dem Regen,
Dem Wind entgegen,
Im Dampf der Klüfte,
Durch Nebeldüfte,
Immer zu! Immer zu!
Ohne Rast und Ruh!

Lieber durch Leiden
Möcht' ich mich schlagen,
Als so viel Freuden
Des Lebens ertragen.
Alle das Neigen
Von Herzen zu Herzen,
Ach wie so eigen
Schaffet das Schmerzen!

Wie soll ich fliehen?
Wälderwärts ziehen?
Alles vergebens!
Krone des Lebens,
Glück ohne Ruh,
Liebe, bist du!

Ilmenau, 6. May 1776 WA I, 1, 84.

An Herzog Carl August

Ilmenau, 4. Mai 1776.

Wie mir's gangen ist müssen Sie gleich wissen, Sonnabend früh 11 Uhr schreib ich dies Ilmenau im Amthause. Ich bin sechs Stunden geritten, also wie sich's gehört, des Husars Pferd wollte nicht mehr fort gegen das Ende, und hinter Büchenloh (Bücheloh) auch mein's nicht mehr. Da kam ich in ein sehr spizzigs Nachtrieseln das grad vom Wald kam, und traf endlich glücklich betreckt ein. Der Brand war lange nieder ... Ich muss die Anstalten die dabey vorgekehrt wurden rühmen, wie die Obern die Bereitwilligkeit und Ausdauer der Subalternen loben, eine Gasse mit dürren Schindeldächern wurde mit groser Arbeit gerettet, woran die Erhaltung des Oberntheils der Stadt, des Amt und Rathhauses hing, es sind nur *geringe Häuser* und *arme Leute* verunglückt, die doch wenig gerettet haben, Bergleute Leineweber, Taglöhner.
Von dem Raub haben Sie nun den Bericht wohl gesehn. Man hat gestreift, nichts gefunden – die 6 Husaren sind heut eilfe hergekommen, durchs Arnstädtische visitirend. Und wollen morgen auf Frauenwalde ich will mit. Man trägt sich mit Historien vom Teufel, entkleideten Weibern, Drohungen, auf die Frauenwalder, es sollen vier hagere Kerls seyn, einer im rothen Rocke, und ein Schüler von Schleusingen soll da bey seyn, in Eisfeld haben sie einen erwischt sagt man – das mag denn nun seyn, wie die Gerüchte gewöhnlich.

... Aber die Gegend ist herrlich herrlich! -
NB. Es waren 19 Sprüzen und sehr treue Hülfe der Benachbaarten hie ...

An Johann Heinrich Merck Ilmenau, 24. Juli 1776.
Wir sind hier und wollen sehn, ob wir das alte Bergwerk wieder in Bewegung setzen ...

Mundloch des Kammerberger Stollens*, 22. Juli 1776, Bleistiftzeichnung mit Tusche von Goethe.*

An Johann Friedrich Krafft 26. März 1779.
Ihrer Noth habe ich nicht vergessen. In Ilmenau hab ich mich nach einem Aufenthalt für Sie umgethan und das nothwendige würden Sie daselbst für 100 Thlr. haben, wofür ich mich von Viertel- zu Vierteljahren verbürgen würde; einiges Taschengeld würde sich denn auch finden. Nur muß ich Ihnen aufrichtig wiederholen, zu keinem guten Dienste kann ich Ihnen nicht Hoffnung machen; sollten Sie mir in herrschaftlichen Aufträgen, deren ich in jener Gegend habe, an Hand gehen können; so würde ich im Falle sein, Ihnen auch etwas dafür zu reichen, es wäre eine Erleichterung und ein Anfang ... Dabei gesteh ich Ihnen, daß ich wünsche, daß das Wenige, was Sie von mir haben, in des Herzogs Landen verzehrt werde, da ich es von daher nehme ...
Wir hoffen, daß das Bergwerk wieder in Umtrieb kommen soll, vielleicht giebt's dabei etwas zu thun ...

An Johann Friedrich Krafft 23. Juni 1779.

Ihren Brief mit den Ilmenauer Nachrichten habe ich wohl und unverletzt erhalten und danke recht sehr. Fahren Sie fort, mir Alles zu melden; ist gleich nicht sobald und durchaus zu helfen, so giebts einem doch mancherlei Ideen ...

An Johann Friedrich Krafft 13. Juli 1779.

Für Ihre Nachrichten danke ich, fahren Sie fort. Der Wunsch, Gutes zu thun, ist ein kühner, stolzer Wunsch; man muß schon sehr dankbar sein, wenn einem ein kleiner Theil davon gewährt wird.

Nun hab ich einen Vorschlag. Wenn Sie in Ihrem neuen Quartier sind, wünscht ich, daß Sie einem Knaben, (Peter im Baumgarten) für dessen Erziehung ich zu sorgen habe, und der in Ilmenau die Jägerei lernt, einige Aufmerksamkeit widmeten. Er hat einen Anfang im Französischen, wenn Sie ihm darin weiter hülfen! Er zeichnet hübsch, wenn Sie ihn dazu anhielten! ... Sie würden mir einen wesentlichen Dienst erzeigen, und ich würde Ihnen von dem, was zu des Knaben Erziehung bestimmt ist, monatlich etwas zulegen können ...

An Charlotte von Stein Ilmenau, 9. September 1780.

Heut früh haben wir alle Mörder, Diebe und Hehler vorführen lassen und sie alle gefragt und konfrontirt. Ich wollte anfangs nicht mit, denn ich fliehe das Unreine – es ist ein gros Studium der Menschheit und der Phisiognomick, wo man gern die Hand auf den Mund legt und Gott die Ehre giebt, dem allein ist die Krafft und der Verstand pp. in Ewigkeit Amen.

***Herzog Carl August**, Stich von Johann Heinrich Lips (1780).*

Rede bei Eröffnung des neuen Bergbaues zu Ilmenau den 24. Februar 1784.*

... endlich erscheint der Augenblick, auf den diese Stadt schon beinahe ein halbes Jahrhundert mit Verlangen wartet, dem ich selbst seit acht Jahren, als so lange ich diesen Landen angehöre, mit Sehnsucht entgegensehe. Das Fest, das wir heute feiern, war einer der ersten Wünsche unsers gnädigsten Herrn bei dem Antritte seiner Regierung, und wir freuen uns um des guten Herrn sowie um des gemeinen Besten willen, daß auch dieser sein Wunsch endlich zur Erfüllung kommt.

Wer die Übel kennt, welche den ehemaligen Bergbau zu Grunde gerichtet; wer von den Hindernissen nur einigen Begriff hat, die sich dessen Wiederaufnahme entgegensetzten, sich gleichsam als ein neuer Berg auf unser edles Flötz häuften und, wenn ich so sagen darf, es in eine noch größere Tiefe druckten: der wird sich nicht wundern, daß wir nach so vielen eifrigen Bemühungen, nach so manchem Aufwande erst heute zu einer Handlung schreiten, die zum Wohle dieser Stadt und dieser Gegend nicht früh genug hätte geschehen können. Er wird sich vielmehr wundern, daß es schon heute geschieht. Denn wie viele sind nicht, die es für unmöglich gehalten haben, daß man dieses Werk wieder werde aufnehmen, daß man diesen Bergbau wieder in Umtrieb werde setzen können! ...

Doch Glück auf! ...

Dieser Schacht (Johannisschacht), den wir heute eröffnen, soll die Thüre werden, durch die man zu den verborgenen Schätzen der Erde hinabsteigt, durch die jene tiefliegenden Gaben der Natur an das Tageslicht gefördert werden sollen ...

Nun sei aber auch unsre Vorsicht und unser Eifer bei dem Angriffe des Werks dem Muthe gleich, mit welchem wir dazu gehen. Denn es ist gewiß, daß nunmehr die Schwierigkeiten der Ausführung uns erst fühlbar werden müssen. Ich bin von einem jeden, der bei der Sache angestellt ist, überzeugt, daß er das Seine thun wird. Ich erinnere also niemanden mit weitläuftigen Worten an seine Pflicht; ich schildre nicht das Unheil, das nachlässige und untreue Beamte dem alten Werke zugezogen haben. Ich will und kann das Beste hoffen. Denn welcher innerliche Trieb wird nicht aufgemuntert werden, wenn wir bedenken, daß wir im Stande sind zum Wohl dieser Stadt, ja eines Theils dieser Gegend vieles mit leichter Mühe zu wirken ... Ein jeder Ilmenauer Bürger und Unterthan kann dem aufzunehmenden Bergwerke nutzen und schaden ... Es thue ein jeder, auch der Geringste, dasjenige, was er in seinem Kreise zu dessen Beförderung thun kann, und so wird es gewiß gut gehen ... Kommt dereinst der Bergbau in einen lebendigern Umtrieb, wird die Bewegung und Nahrung dadurch in diesen Gegenden stärker, erhebt sich die Stadt Ilmenau wieder zu ihrem alten Flor, so kann ein jeder, er sei wer er wolle, er habe viel oder wenig gethan, zu sich sagen: Auch ich bin nicht müßig geblieben ...

WA I, 36, 365-372.

* Während Goethe im Amtshaus sprach, wurde die gedruckte Rede an die draußen Stehenden verteilt.

Goethe, *Ölgemälde von Josef Friedrich August Darbes (1785).*

An Charlotte von Stein Ilmenau, 9.-11. November 1785.

Noch finde ich in meinen Angelegenheiten hier nichts als was mir Freude machen könnte. Es geht gut was ich angelegt habe und wird iährlich besser werden. Wenn ich noch eine Zeitlang daure und aushalte, dann kann es wieder eine Weile von selbst gehn. Ach meine liebe wie viel wäre zu thun und wie wenig thun wir.

Heute habe ich ein Capitel an Wilhelm geschrieben ...

Es geht mir ganz gut hier, nur daß ich dich Abends immer vermisse. Es ist die Art der Geschäffte daß sie sich vermehren wie man tiefer hineindringt. Sie machen mir Freude, weil ich auf viele Seiten würcken kann und wenn man nur Licht wohin bringt schon viel gethan ist.

...

Heut hab' ich endlich das sechste Buch („Wilhelm Meisters theatralische Sendung") geendigt. Möge es euch soviel Freude machen als es mir Sorge gemacht hat, ich darf nicht sagen Mühe. Denn die ist nicht bey diesen Arbeiten, aber wenn man so genau weis was man will, ist man in der Ausführung niemals mit sich selbst zufrieden ...

Ich habe noch eine köstliche Scene gehabt die ich wünschte dir wiedergeben zu können. Ich lies einen Buchbinder rufen um mir das Buch Wilhelms in meiner Gegenwart zu heften, er erinnerte eine Bitte die er bey der Steuerkommission angebracht und unter der Arbeit erzählte er mir seine Geschichte und sprach über sein Leben. Jedes Wort das er sagte war so schweer wie Gold und ich verweise dich auf ein Dutzend Lavaterische Pleonasmen um dir die Ehrfurcht auszudrücken die ich für den Menschen empfand.

Tag- und Jahreshefte 1794.
An dem Bergbaue zu Ilmenau hatten wir uns schon mehrere Jahre herumgequält; eine so wichtige Unternehmung isolirt zu wagen, war nur einem jugendlichen, thätig-frohen Übermuth zu verzeihen. Innerhalb eines großen eingerichteten Bergwesens hätte sie sich fruchtbarer fortbilden können; allein mit beschränkten Mitteln, fremden, obgleich sehr tüchtigen, von Zeit zu Zeit herbeigerufenen Officianten konnte man zwar in's Klare kommen, dabei aber war die Ausführung weder umsichtig noch energisch genug, und das Werk, besonders bei einer ganz unerwarteten Naturbildung, mehr als einmal im Begriff zu stocken.
...
Ein wundersamer, durch verwickelte Schicksale nicht ohne seine Schuld verarmter Mann (Johann Friedrich Krafft), hielt sich durch meine Unterstützung in Ilmenau unter fremdem Namen auf. Er war mir sehr nützlich, da er mir in Bergwerks- und Steuersachen durch unmittelbare Anschauung, als gewandter, obgleich hypochondrischer Geschäftsmann, mehreres überlieferte, was ich selbst nicht hätte bis auf den Grad einsehen und mir zu eigen machen können.

WA I, 35, 36-37.

Tag- und Jahreshefte 1795.
Kaum war ich zurück, (aus Karlsbad) als von Ilmenau die Nachricht einlief, ein bedeutender Stollenbruch habe dem dortigen Bergbau den Garaus gemacht. Ich eilte hin, und sah nicht ohne Bedenken und Betrübniß ein Werk, worauf so viel Zeit, Kraft und Geld verwendet worden, in sich selbst erstickt und begraben.
Erheiternd war mir dagegen die Gesellschaft meines fünfjährigen Sohnes, der diese Gegend, an der ich mich nun seit zwanzig Jahren müde gesehen und gedacht, mit frischem kindlichem Sinn wieder auffaßte, alle Gegenstände, Verhältnisse, Thätigkeiten mit neuer Lebenslust ergriff und, viel entschiedener als mit Worten hätte geschehen können, durch die That aussprach: daß dem Abgestorbenen immer etwas Belebtes folge, und der Antheil der Menschen an dieser Erde niemals erlöschen könne.

WA I, 35, 43.

An Christiane Vulpius Ilmenau, 29. August 1795.
Wir kommen, meine liebe, nicht zurück wie du uns erwartest. Es finden sich der Geschäfte soviele daß ich wohl noch acht Tage hier bleiben muß. Ich behalte den Kleinen (Sohn August) bey mir, er ist so artig als sich nur dencken läßt. Er hat schon vieles gesehen: den Schacht, das Pochwerck, die Porzellanfabrick, die Glashütte, die Mühle, worauf die Marmorkugeln zum Spiele der Kinder gemacht werden ... Gustel grüßt

dich recht schön, er sitzt eben auf dem Canapee ich habe ihn ausgezogen und wir sind die besten Freunde. Lebe wohl behalte uns lieb.

An Friedrich Schiller Ilmenau, 29. August 1795.

Aus dem gesellig müsigen Carlsbad hätte ich in keine entgegengesetztere Existenz kommen können als in das einsam thätige Ilmenau, die wenigen Tage die ich hier bin sind mir sehr schnell verstrichen und ich muß noch acht Tage hier bleiben, wenn ich in den Geschäften nach Wunsch klar werden will. Ich war immer gerne hier und bin es noch, ich glaube es kommt von der Harmonie in der hier alles steht. Gegend, Menschen, Clima, Thun und Lassen. Ein stilles, mäßiges ökonomisches Streben, und überall den Übergang von *Handwerck* zum *Maschinenwerck*, und bey der Abgeschnittenheit einen größern Verkehr mit der Welt als manches Städtchen im flachen zugänglichen Lande ...

An Christian Gottlob Voigt Jena, 12. März 1796.

In der Steuersache benimmt sich der Amtmann (in Ilmenau) gut genug, und da wir völlig seiner Meinung sind, die Steuererhebung, nach dem neuen Fuß, auf das strengste einführen und aller allgemeinen und besondern Beschwerden ungeachtet, welche besonders zu untersuchen sind, durchsetzen zu lassen; so kann es an einem glücklichen Erfolg nicht fehlen.

Wilhelm Meisters Lehrjahre.

Zweites Buch. Drittes Capitel.

Man beschloß Wilhelms Abreise ... Wir finden ihn auf seinem Pferde, den Mantelsack hinter sich, erheitert durch freie Luft und Bewegung, dem Gebirge sich nähern, wo er einige Aufträge ausrichten sollte.

Er durchstrich langsam Thäler und Berge mit der Empfindung des größten Vergnügens. Überhangende Felsen, rauschende Wasserbäche, bewachsene Wände, tiefe Gründe sah er hier zum erstenmal, und doch hatten seine frühsten Jugendträume schon in solchen Gegenden geschwebt. Er fühlte sich bei diesem Anblicke wieder verjüngt; alle erduldeten Schmerzen waren aus seiner Seele weggewaschen, und mit völliger Heiterkeit sagte er sich Stellen aus verschiedenen Gedichten, besonders aus dem Pastor fido* vor, die an diesen einsamen Plätzen schaarenweis seinem Gedächtnisse zuflossen. Auch erinnerte er sich mancher Stellen aus seinen eigenen Liedern, die er mit einer besondern Zufriedenheit recitirte. Er belebe die Welt, die vor ihm lag, mit allen Gestalten der Vergangenheit, und jeder Schritt in die Zukunft war ihm voll Ahnung wichtiger Handlungen und merkwürdiger Begebenheiten.

...

Da nun auch unglücklicherweise Regentage einfielen, und eine Reise zu Pferd in diesen Gegenden mit unerträglichen Beschwerden verknüpft war, so dankte er dem Himmel, als er sich dem flachen Lande wieder näherte, und am Fuße des Gebirges, in einer schönen und fruchtbaren Ebene, an einem sanften Flusse, im Sonnenscheine, ein heiteres Landstädtchen liegen sah, in welchem er zwar keine Geschäfte hatte, aber eben deßwegen sich entschloß, ein paar Tage daselbst zu verweilen, um sich und seinem Pferde, das von dem schlimmen Wege sehr gelitten hatte, eine Erholung zu verschaffen.

WA I, 21, 135-136, 140.

* „Il pastor fido“ = Der treue Hirte. Ein Stück Schäferpoesie des italienischen Autors Giovanni Battista Guarini (1537-1612), weitverbreitete Lieblingslektüre bis Mitte des 18. Jahrhunderts.

Wilhelm Meisters Lehrjahre.

Zweites Buch. Viertes Capitel.

Als er in einem Wirthshause auf dem Markte abtrat, ging es darin sehr lustig, wenigstens sehr lebhaft zu. Eine große Gesellschaft Seiltänzer, Springer und Gaukler, die einen starken Mann bei sich hatten, waren mit Weib und Kindern eingezogen, und machten, indem sie sich auf eine öffentliche Erscheinung bereiteten, einen Unfug über den andern. Bald stritten sie mit dem Wirthe, bald unter sich selbst; und wenn ihr Zank unleidlich war, so waren die Äußerungen ihres Vergnügens ganz und gar unerträglich. Unschlüssig, ob er gehen oder bleiben sollte, stand er unter dem Thore, und sah den Arbeitern zu, die auf dem Platze ein Gerüst aufzuschlagen anfingen.

Ein Mädchen, das Rosen und andere Blumen herumtrug, bot ihm ihren Korb dar, und er kaufte sich einen schönen Strauß, den er mit Liebhaberei anders band und mit Zufriedenheit betrachtete, als das Fenster eines, an der Seite des Platzes stehenden, andern Gasthauses sich aufthat, und ein wohlgebildetes Frauenzimmer sich an demselben zeigte. Er konnte ungeachtet der Entfernung bemerken, daß eine angenehme Heiterkeit ihr Gesicht belebte. Ihre blonden Haare fielen nachlässig aufgelös't um ihren Nacken; sie schien sich nach dem Fremden umzusehen. Einige Zeit darauf trat ein Knabe, der eine Frisirschürze umgegürtet und ein weißes Jäckchen anhatte, aus der Thüre jenes Hauses, ging auf Wilhelmen zu, begrüßte ihn und sagte: Das Frauenzimmer am Fenster läßt Sie fragen, ob Sie ihr nicht einen Theil der schönen Blumen abtreten wollen? – Sie stehn ihr alle zu Diensten, versetzte Wilhelm, indem er dem leichten Boten das Bouquet überreichte, und zugleich der Schönen ein Compliment machte, welches sie mit einem freundlichen Gegengruß erwiderte, und sich vom Fenster zurückzog.

... WA I, 21, 141-142.

Wilhelm Meisters Lehrjahre.

Zweites Buch. Viertes Capitel.

Sie waren kaum auf der Mühle angekommen, und hatten ein Essen bestellt, als eine Musik vor dem Hause sich hören ließ. Es waren Bergleute, die zu Cither und Triangel mit lebhaften und grellen Stimmen verschiedene artige Lieder vortrugen. Es dauerte nicht lange, so hatte eine herbeiströmende Menge einen Kreis um sie geschlossen, und die Gesellschaft nickte ihnen ihren Beifall aus den Fenstern zu. Als sie diese Aufmerksamkeit gesehen, erweiterten sie ihren Kreis, und schienen sich zu ihrem wichtigsten Stückchen vorzubereiten. Nach einer Pause trat ein

Bergmann mit einer Hacke hervor, und stellte, indeß die andern eine ernsthafte Melodie spielten, die Handlung des Schürfens vor.
Es währte nicht lange, so trat ein Bauer aus der Menge, und gab jenem pantomimisch drohend zu verstehen, daß er sich von hier hinwegbegeben solle. Die Gesellschaft war darüber verwundert, und erkannte erst den, in einen Bauer verkleideten, Bergmann, als er den Mund aufthat, und in einer Art von Recitativ den andern schalt, daß er wage auf seinem Acker zu hantiren. Jener kam nicht aus der Fassung, sondern fing an, den Landmann zu belehren, daß er Recht habe, hier einzuschlagen, und gab ihm dabei die ersten Begriffe vom Bergbau. Der Bauer, der die fremde Terminologie nicht verstand, that allerlei alberne Fragen, worüber die Zuschauer, die sich klüger fühlten, ein herzliches Gelächter aufschlugen. Der Bergmann suchte ihn zu berichten, und bewies ihm den Vortheil, der zuletzt auch auf ihn fließe, wenn die unterirdischen Schätze des Landes herausgewühlt würden. Der Bauer, der jenem zuerst mit Schlägen gedroht hatte, ließ sich nach und nach besänftigen, und sie schieden als gute Freunde von einander; besonders aber zog sich der Bergmann auf die honorabelste Art aus diesem Streite.

WA I, 21, 147-148.

An Christian Gottlob Voigt Jena, 28. August 1796.

Was die Ilmenauer betrifft*, so sind sie ernstlich anzugreifen; der Amtmann wird am besten wissen mit wie viel Mann auszulangen ist. Überhaupt ist das Militär bey solchen Gelegenheiten eigentlich nur ein Symbol der Gewalt, doch muß es freylich so aussehen, daß man, im äußersten Fall, sich auch als Gewalt selbst darstellen könne ...

* Die Ilmenauer weigerten sich, die Steuern nach den neuen Festlegungen zu entrichten.

An Christian Gottlob Voigt Jena, 30. August 1796.

Die Execution nach Ilmenau (zur Durchsetzung der Steuerreform) bitte bald möglichst zu veranlassen, es kann gar nicht schaden, wenn ein Officier mitgeht, damit übrigens alles in der Ordnung geschehe. Wir müssen zum erstenmal recht derb auffallen, damit sie lernen was das heiße eine zehnjährig vorbereitete Anstalt auf Bauernweise retardiren zu wollen, es könnte wohl noch 8 Tage währen bis ich zurückkomme, und die Zeit verläuft.

An Christian Gottlob Voigt Ilmenau, 3. November 1796.*

Das, was nunmehr zu thun sein möchte, will ich auf alle Weise discutiren und einschicken, und nicht eher abgehen, als bis alles nach unserer besten Überzeugung gegangen ist.

(Beilage)
Erst nach und nach fange ich an mich zu überzeugen, daß meine Gegenwart hier von einigem Nutzen sein wird ... Zwei Hauptpuncte müssen erst ganz ins Reine; denn sie machen das Fundament unserer Hoffnung:
1. Die Zugänglichkeit durch den Treuen Friedrich zum Bruche von un-

ten und 2. die Verminderung der Wasser durch den Johannes von oben. Dieses beides war bisher unser Augenmerk und in einigen Tagen soll, hoffe ich, alles im völligen Gange sein ...
Nach Berichtigung dieser Präliminarien kommt nun aber die Hauptsache selbst zur Sprache: ob man durch einen Umbruch oder durch Abbauung des Bruches den Stollen wieder in Gang setzten wolle? Wenn diese Frage ins gehörige Licht gesetzt ist, schicke ich sie nebst meinem Voto zur Entscheidung ein; denn ich wünschte, daß das, was geschieht, sowol von Ihnen als den Herrn Deputirten gebilligt werde, ja daß Serenissimus darum wisse; denn niemand kann für den Event stehen ...

* Nach dem Stolleneinbruch vom 22./23. Oktober 1796 hielt sich Goethe vom 30. Oktober bis zum 9. November in Ilmenau auf und berichtete nach Weimar über die schwierige Situation.

An Christiane von Goethe Ilmenau, 28. August 1813.
Ich wachte zeitig auf ohne mich des Tags (Geburtstags) zu erinnern. Ein Kranz mit Glück auf! von Bergr. Voigt, den mir Dienemann ans Bette brachte, erinnerte mich erst ... ich war noch nicht angezogen, als ich Durchl. den Herzog, den Prinzen und Gefolge herankommen sah und eilte auf der Straße entgegen. Da gab es freundliche Begrüßungen, und kaum waren sie auf meinem Zimmer als drey kleine Mädchen mit Sträußen und Goldpapier Bogen auf Tellern hereintraten ... Kaum hatte man sich damit bekannt gemacht so traten drey hübsche Mädchen herein, jede einen Krug haltend; sie rezitirten ihre Gedichte ... gar hübsch und als die letzte mir den Kranz aufsetzte, küßte ich sie gar behaglich, und hohlte es bey den andern nach.
Bald hierauf kamen die Mütter und Grosmütter mit den Enckeln und kleinsten Kindern und brachten eine bekränzte Cartoffel Torte. Welche so heiß sie war dem Prinzen Bernh. (Sohn Carl Augusts) fürtrefflich schmeckte. Und so war unerwartet ein sehr artiges, mannigfaltiges, wohlgemeyntes ja rührendes Fest entstanden, wo ich im Sürtout (Überrock) und ohne Halsbinde figurirte ...

An Christiane von Goethe Ilmenau, 30. August 1813.
Am 27. war ich sechs Stunden zu Pferde und sah bey dieser Gelegenheit einen großen und schönen Theil der Gegend. Am 29. ward wieder ausgeritten, in die Gebirge. Abend Ball auf dem sehr wohlgebauten Felsenkeller Saal wo ich Euch auch wohl hätte mögen herumspringen sehen. Das alles ist mir wohl bekommen und ich habe auch schon gute Gedancken gehabt ...
Der Gedancke war höchst glücklich mich hierher zu dirigiren. Es gefällt mir so wohl und ich dencke hier zu bleiben; denn in dieser Ruhe und Abgeschiedenheit gelingt mir gewiß manche Arbeit.

An Carl Ludwig von Knebel Weimar, 5. September 1813.
Zum allerschönsten danke ich dir, mein theuerster Freund, für den herrlichen Beweis deiner Liebe und Sorgfalt, womit du mich in Ilmenau aufgesucht hast ...

In Ilmenau habe ich sieben sehr vergnügte Tage zugebracht und die Erinnerungen alter Zeit waren mir gar wohlthätig; sie ist lange genug vorbey, so daß nur das, was eigentlich fruchtbar in ihr lebte, für die Einbildungskraft übrig geblieben ist. Das Gute, was man beabsichtigte und leistete, ist in allen Hauptpuncten wohl erhalten und fortgesetzt worden.
Doch du warst ja selbst vor kurzem Zeuge, wie leidlich es sich dort lebt, und dein Andenken blüht ja auch daselbst, und man spricht noch von manchen guten Tagen und Stunden ...
Sonst habe ich meinen Tag zu Pferde, auf der Troschke und auch wohl spazierengehend zugebracht; der Herzog war guten Humors, meinen Geburtstag feierten sie auf eine heitere Weise, das Wetter war in den letzten Tagen sehr schön, so daß wir sämmtlich ungern wegzogen ...

Tagebuch, 28. August 1831.
Der Stadtmusicus brachte ein Ständchen. Fünfzehn Frauenzimmerchen in weißen Kleidern ein Gedicht und Kranz auf einem Kissen bringend ... In der Nacht brachten die Bergleute ein Ständchen* ...

* Wohl das „Bergmannsspiel", das Goethe schon kannte, dazu ein weiteres Liederspiel.

An Carl Friedrich Zelter Weimar, 4. September 1831.
Nach so vielen Jahren war denn zu übersehen: das Dauernde, das Verschwundene. Das Gelungene trat vor und erheiterte, das Mißlungene war vergessen und verschmerzt. Die Menschen lebten alle vor wie nach ihrer Art gemäß, vom Köhler bis zum Porcellanfabrikanten. Eisen ward geschmolzen, Braunstein aus den Klüften gefördert, wenn auch in dem Augenblicke nicht so lebhaft gesucht wie sonst. Pech ward gesotten, der Ruß aufgefangen, die Rußbüttchen künstlichst und kümmerlichst verfertigt. Steinkohlen mit unglaublicher Mühseligkeit zu Tage gebracht, colossale Urstämme, in der Grube unter dem Arbeiten entdeckt, einen davon dir vorzuzeigen hatte ich vergessen, er steht im Gartenhause; und so ging's denn weiter, vom alten Granit, durch die angränzenden Epochen, wobey immer neue Probleme sich entwickeln, welche die neusten Weltschöpfer (die Vulkanisten) mit der größten Bequemlichkeit aus der Erde aufsteigen lassen.
Im Ganzen herrscht ein wundernswürdiges Benutzen der mannichfaltigsten Erd- und Bergoberflächen und -Tiefen.

An Carl Friedrich von Reinhard Weimar, 7. September 1831.
Die dießmal sehr gesteigerte Feyer des 28. August, welche zu dämpfen ich kein Recht hatte, glaubte ich nicht in der Nähe bestehen zu können. Deshalb verfügte ich mich mit meinen beiden Enkeln nach Ilmenau, um die Geister der Vergangenheit durch die Gegenwart der Herankommenden auf eine gesetzte und gefaßte Weise zu begrüßen.
Die jungen Wesen*... drangen ohne poetisches Vehikel in die ersten unmittelbarsten Zustände der Natur. Sie sahen die Kohlenbrenner an Ort und Stelle, Leute, die das ganze Jahr weder Brot noch Butter noch Bier

zu sehen kriegen und nur von Erdäpfeln und Ziegenmilch leben. Andere, wie Holzhauer, Glasbläser, sind in ählichem Falle, aber alle heiterer als unser einer, dessen Kahn sich so voll gepackt hat, daß er jeden Augenblick fürchten muß, mit der ganzen Ladung unterzugehen.
Indessen muß man nicht versäumen, Ruder und Segel und sonstige Griffe des Handwerks zu benutzen, um über die Welle des Augenblicks wegzukommen ...

* Die Enkelsöhne Walther und Wolfgang.

An Johann Jacob und Marianne von Willemer

Weimar, 22. September 1831.

Die Feyer meines Geburtsfestes war dießmal zu meiner Beschämung brillant. Ich, der ich es voraussah, entzog mich in ein heiteres Bergstädtchen (Ilmenau) am Thüringer Walde, wo ich vor vierzig-funfzig Jahren manches Erfreuliche und Leidige, soviel Glückliches als Widerwärtiges erlebt hatte, welches nur durch eine gränzenlose Thätigkeit allenfalls in's Gleiche zu bringen war und wo doch gar vieles geschah, dessen Wirkungen noch sachte umherschleichen.
Bey einem außerordentlich schönen, dieses Jahr seltenen Wetter befuhr ich auf neuerrichteten Chausseen die sonst kaum gehbaren Wege, freute mich an den Lindenalleen, bey deren Pflanzungen ich vor 50 Jahren zugegen war. Gute damalige Zeitgenossen hatten gealtert, die Spuren mancher Thätigkeit waren verschwunden, anderes, weder zu Erwartendes noch zu Ahnendes, hatte sich entfaltet. Genug! das alles war durch einen leidlichen Weltlauf von gescheiten und klugen Menschen recht hübsch geordnet in's Leben geführt und wohlerhalten. Besonders erfreuen die hundertjährigen Fichtenwände, schwarzgrün und düster, von der heitersten Mittagssonne kaum Notiz nehmend. In einiger Entfernung junge, von allen Jahren heranwachsende Reviere, welche ihr helles Gelbgrün, auch bey trübem Himmel unsern Augen entgegenzuschicken nicht versagen.
Diese Einblicke, das Vergangene an's Gegenwärtige knüpfend, wurden erhöht und belebt und die Landschaft vorzüglich staffirt dadurch, daß ich meine Enkel mitgenommen hatte. Diese lieben Wesen und Neulinge drangen ohne poetisches Vehikel in die ersten unmittelbaren Zustände der Natur. Sie sahen die Kohlenbrenner an Ort und Stelle, Leute, die das ganze Jahr weder Brot noch Butter noch Bier zu sehen kriegen und nur von Erdäpfeln und Ziegenmilch leben. Andere, wie Holzhauer, Glasbläser, sind in ählichem Falle, aber alle heiterer als unser einer, der gewöhnlich das *Heute* verliert, weil ein *Gestern* war und ein *Morgen* seyn wird.

Gabelbach

Abends Pirschen aufm Gabelbach ...

Auf dem Gabelbach, einer Waldhöhe unterhalb des Kickelhahns, befand sich ursprünglich ein kleines Brunfthaus. Darin nahmen die Herzöge nach dem großen Stadtbrand von 1752 ihr Quartier, wenn sie in Ilmenau weilten. Das heutige Jagdschlößchen wurde erst 1783 erbaut; heute ist es eine Goethe-Gedenkstätte.
Goethe suchte den Gabelbach oft auf. In dessen Umgebung ging er mit dem Herzog auf die Pirsch, in seiner Nähe übernachtete er im Freien, und von dort aus wurden die Streifzüge zum Hermannstein und zum Kickelhahn unternommen.
Bei einem Aufenthalt in Ilmenau im August 1831 unternahm der greise Goethe noch einmal eine mehrstündige Ausfahrt über die bewaldeten Höhen der Ilmenauer Umgebung und fuhr auch am Gabelbach vorbei.
Der Schauplatz des großen poetischen Resümees über die Erfahrungen der ersten Weimarer Jahre, das Gedicht „Ilmenau am 3. September 1783", erinnert atmosphärisch an den Gabelbach. Es entstand während eines mehrtägigen Aufenthaltes in Ilmenau und war dem Herzog zum 26. Geburtstag zugeeignet. Veröffentlicht wurde es erst in der 20bändigen Werkausgabe von 1815.

Tagebuch, 9. Mai 1776.
Birschen (Pirschen) auf Hermanst.(tein) und Gabelb.(ach)

Tagebuch, 23. Juli 1776.
Abends nach dem Gabelbach mich verirrt.

***Dampfende Täler bei Ilmenau**, 22./23. Juli 1776, Bleistiftzeichnung mit Tusche von Goethe.*

Tagebuch, 28. Juli 1776.
Früh gebadt Abends Pirschen aufm Gabelbach Nachts bey den Köhlern.

An Charlotte von Stein Ilmenau, 8. August 1776.
Auf dem Gabelbach. Es ist bald 3. der Herzog ist noch nicht von der Jagd er wird hier essen ...

An Charlotte von Stein Weimar, 30. August 1783.
Wenn es möglich ist schreibe ich dem Herzog ein Gedicht auf seinen Geburtstag ...

***Das Jagdhaus Gabelbach**, das Carl August 1783 für seine fürstlichen Gäste in aller Eile erbauen ließ. 1910 haben die Ilmenauer Goethe-Freunde das verfallene Gebäude rekonstruieren lassen. Heute ist es Museum.*

Tagebuch, 29. August 1813.*
Mit Seren.(issimus) ... ausgeritten. Gickelhahn, Hermannstein, Gabelbach. Hohe Schlaufe, von 10 – 3 Uhr ...

* Auf Einladung des Herzogs hatte Goethe seinen 64. Geburtstag in Ilmenau verbracht.

Tagebuch, 27. August 1831.
Das Gabelbacher Haus besehen. Die Chaussée mit Bewunderung bis zum (Gasthof) Auerhahn befahren ...

Ilmenau
am 3. September 1783.

Anmuthig Thal! du immergrüner Hain!
Mein Herz begrüßt euch wieder auf das beste;
Entfaltet mir die schwerbehangnen Äste,
Nehmt freundlich mich in eure Schatten ein,
Erquickt von euren Höhn, am Tag der Lieb' und Lust,
Mit frischer Luft und Balsam meine Brust!

Wie kehrt' ich oft mit wechselndem Geschicke,
Erhabner Berg! an deinen Fuß zurücke.
O laß mich heut an deinen sachten Höhn
Ein jugendlich, ein neues Eden sehn!
Ich hab' es wohl auch mit um euch verdienet:
Ich sorge still, indeß ihr ruhig grünet.

Laßt mich vergessen, daß auch hier die Welt
So manch Geschöpf in Erdefesseln hält,
Der Landmann leichtem Sand den Samen anvertraut
Und seinen Kohl dem frechen Wilde baut,
Der Knappe karges Brot in Klüften sucht,
Der Köhler zittert, wenn der Jäger flucht.
Verjüngt euch mir, wie ihr es oft gethan,
Als fing' ich heut ein neues Leben an.

(...)

So mög', o Fürst, der Winkel deines Landes
Ein Vorbild deiner Tage sein!
Du kennest lang die Pflichten deines Standes
Und schränkest nach und nach die freie Seele ein.
Der kann sich manchen Wunsch gewähren,
Der kalt sich selbst und seinem Willen lebt;
Allein wer andre wohl zu leiten strebt,
Muß fähig sein, viel zu entbehren.

(...)

So wandle du – der Lohn ist nicht gering -
Nicht schwankend hin, wie jener Sämann ging,
Daß bald ein Korn, des Zufalls leichtes Spiel,
Hier auf den Weg, dort zwischen Dornen fiel;
Nein! streue klug wie reich, mit männlich stäter Hand,
Den Segen aus auf ein geackert Land;
Dann laß es ruhn: die Ernte wird erscheinen
Und dich beglücken und die Deinen.

WA I, 2, 141-147.

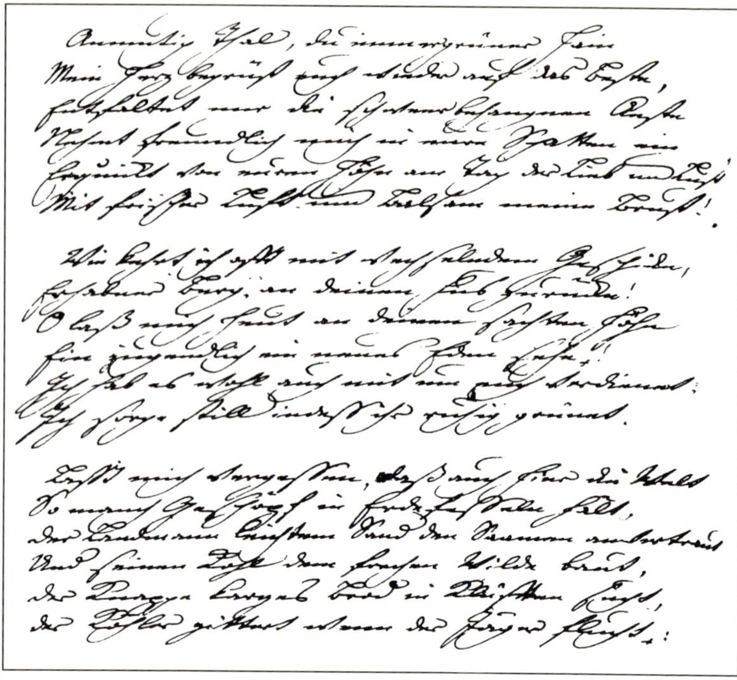

Anmuthig Thal, du immergrüner Hain
Mein Herz begrüßt euch wieder auf das beste,
Entfaltet mir die schwerbehangnen Äste
Nehmt freundlich mich in eure Schatten ein
Erquickt von euren Höhn am Tag der Lieb und Lust
Mit frischer Luft und Balsam meine Brust!

Wie kehrt ich oft mit wechselndem Geschicke,
Erhabner Berg, an deinen Fuß zurücke!
O laß mich heut an deinen sachten Höhn
Ein jugendlich ein neues Eden sehn!
Ich hab es wohl auch mit um euch verdienet;
Ich sorge still indeß ihr ruhig grünet.

Laßt mich vergessen, daß auch hier die Welt
So manch Geschöpf in Erdefesseln hält,
Der Landmann leichtem Sand den Samen anvertraut
Und seinen Kohl dem frechen Wilde baut,
Der Knappe karges Brot in Klüften sucht,
Der Köhler zittert wenn der Jäger flucht.

Goethes Handschrift *des Gedichtes.*

Goethe zu Pferde (links), Carl August zu Pferde, *Silhouetten von unbekannter Hand (um 1810).*

Hermannstein

... unter dem Hermannstein meinem geliebten Aufenthalt.

Am südwestlichen Hang des Kickelhahn oberhalb von Manebach stößt der Wanderer mitten im Nadelwald auf einen 22 Meter hohen und 55 Meter breiten Porphyrfelsen, den großen Hermannstein. Heute fast von Bäumen verdeckt, birgt er an seinem Fuß eine Höhle, die zu den geliebtesten Aufenthaltsorten Goethes während seiner Ilmenauer Zeit gehörte. Gleich bei seinem ersten Besuch 1776 stieg er zum Hermannstein empor; später zog es ihn oft zum Zeichnen dorthin.
Am 6. August 1776 suchte er gemeinsam mit Charlotte von Stein die Höhle auf. Die geliebte Frau war auf dem Rückweg von Meiningen nach Weimar am Abend vorher in Ilmenau eingetroffen und reiste am selben Tage weiter. Zwei Tage darauf zeichnete Goethe die Höhle am Hermannstein und meißelte in Erinnerung an das Erlebte eine „mystische Inschrift" an die Felswand in der Höhle – ein „S" für „Sonne". Dieses Zeichen wurde irgendwann beseitigt und durch ein „SC" ersetzt.
Acht Jahre danach schrieb Goethe in Erinnerung an den Aufenthalt in der Höhle einige Verse für Frau von Stein und schickte sie ihr aus Eisenach nach Weimar. Diese Zeilen wurden später als Inschrift am Eingang der Höhle angebracht, die zum Inbegriff der Liebe zu Charlotte von Stein wurde.

An Charlotte von Stein Hermannstein, 22. Juli 1776.

Ich hab auf der andern Seite angefangen was zu zeichnen es geht aber nicht drum will ich lieber schreiben in der Höhle unter dem Hermannstein meinem geliebten Aufenthalt wo ich möcht wohnen und bleiben. Liebste ich habe viel gezeichnet sehe nur aber zu wohl dass ich nie Künstler werde. Die Liebe giebt mir alles und wo die nicht ist, dresch ich Stroh. Das mahlerischte Fleck geräth mir nicht, und ein ganz gemeines wird freundlich und lieblich. Es regnet scharf im tiefen Wald. Wenn du nur einmal hier seyn könntest es ist über alle Beschreibung und Zeichnung. Ich hab' viel gekrizzelt seit ich hier bin, alles leider nur von Auge zur Hand, ohne durchs Herz zu gehen, da ist nun wenig draus worden. Es bleibt ewig wahr: Sich zu beschräncken, Einen Gegenstand, wenige Gegenstände, recht bedürfen, so auch recht lieben, an ihnen hängen, sie auf alle Seiten wenden, mit ihnen vereinigt werden, das macht den Dichter den Künstler – den Menschen – Addio, ich will mich an den Felswänden und Fichten umsehn. – Es regnet fort -
Hoch auf einem weit rings sehenden Berge.
Im Regen sizz ich hinter einem Schirm von Tannenreisen. Warte auf den Herzog der auch für mich eine Büchse mit bringen wird. Die Thäler dampfen alle an den Fichtenwänden herauf. (NB. das hab ich dir gezeichnet)
In der Höhle unter dem Herrmannstein 22. Juli 1776.

Ach so drückt mein Schicksal mich,
Daß ich nach dem Unmöglichen strebe.
Lieber Engel, für den ich nicht lebe,
Zwischen den Gebürgen leb' ich für dich.*

* Verse für Charlotte von Stein am Rande der Zeichnung „Dampfende Täler bei Ilmenau", die dem Brief vom 22. Juli 1776 an Charlotte von Stein beigelegt war.

An Charlotte von Stein Ilmenau, 8. August 1776.

Heut will ich auf den Hermannstein, und womöglich die Höhle zeichnen hab auch Meisel und Hammer die Inschrift zu machen die sehr mystisch werden wird. Ihr Zettelgen hab ich kriegt, hab mich viel gefreut – Ich schwöre dir ich weis nicht wie mir ist. Wenn ich so dencke, dass Sie mit in meiner Höhle war, daß ich ihre Hand hielt indeß sie sich bückte und ein Zeichen in den Staub schrieb!!! Es ist wie in der Geisterwelt, ist mir auch wie in der Geisterwelt. Ein Gefühl ohne Gefühl. Lieber Engel! Ich hab an meinem Falcken geschrieben, meine Giovanna wird viel von Lili haben, du erlaubst mir aber doch dass ich einige Tropfen deines Wesen's drein giesse, nur so viel es braucht um zu tingiren.* Dein Verhältniß zu mir ist so heilig sonderbaar, daß ich erst recht bey dieser Gelegenheit fühlte: es kann nicht mit Worten ausgedrückt werden, Menschen können's nicht sehen.

Vielleicht macht mir's einige Augenblicke wohl, meine verklungenen Leiden wieder als *Drama* zu *verkehren*.

Adieu liebe.

* Vom geplanten Drama „Der Falke" existieren nur Bruchstücke. Vgl. WA I, 38, 493.

***Höhle am Hermannstein bei Ilmenau**, 8. August 1776, tuschlavierte Kreidezeichnung von Goethe.*

An Charlotte von Stein (Hermannstein), 6. September 1780.

Meine beste ich bin in die Hermannsteiner Höhle gestiegen, an den Plaz wo Sie mit mir waren und habe das S, das so frisch noch wie von gestern angezeichnet steht geküsst und wieder geküsst dass der Porphyr seinen ganzen Erdgeruch ausathmete um mir auf seine Art wenigstens zu antworten. Ich bat den hundertköpfigen Gott*, der mich so viel vorgerückt und verändert und mir doch Ihre Liebe, und diese Felsen erhalten hat; noch weiter fortzufahren und mich werther zu machen seiner Liebe und der Ihrigen.

Es ist ein ganz reiner Himmel und ich gehe des Sonnen Untergangs mich zu freuen. Die Aussicht ist gros aber einfach.

Die Sonne ist unter. Es ist eben die Gegend von der ich Ihnen die aufsteigenden Nebels zeichnete iezt ist sie so rein und ruhig, und so uninteressant als eine grose schöne Seele wenn sie sich am wohlsten befindet.

* Vischnu, der Erhalter des Lebens

An Charlotte von Stein Eisenach, 23. Juni 1784.

Das böse Wetter hindert mich an meinen Felsen Spekulationen, eh ich weg gehe will ich noch ein Paar Tage dran wenden und die Gebürge durchstreichen. Wenn ich mir nur ein Andencken für dich irgendwo aussinnen könnte. Ich hatte vor in irgend einen Felsen einhauen zu lassen:

Was ich leugnend gestehe und offenbarend verberge
Ist mir das einzige Wohl, bleibt mir ein reichlicher Schatz
Ich vertrau es dem Felsen damit der Einsame rathe
Was in der Einsamkeit mich was in der Welt mich beglückt.

(...)

d. 24. Jun.

Ich sinne noch immer wie und wo ich die Innschrifft anbringen soll. Hier ist noch eine die ich der Herrmannsteiner Höhle zugedacht habe.

Felsen sollten nicht Felsen und Wüsten Wüsten nicht bleiben
Drum stieg Amor herab sieh und es lebte die Welt.
Auch belebt er mir die Höle mit himmlischem Lichte
Zwar der Hoffnung nur doch ward die Hoffnung erfüllt.*

* Diese in Eisenach entstandenen Verse wurden später am Eingang der Höhle am Hermannstein angebracht.

Faust

Erster Theil.

Wald und Höhle

Faust *allein*

Erhabner Geist, du gabst mir, gabst mir alles,
Warum ich bat. Du hast mir nicht umsonst
Dein Angesicht im Feuer zugewendet.
Gabst mir die herrliche Natur zum Königreich,
Kraft, sie zu fühlen, zu genießen. Nicht
Kalt staunenden Besuch erlaubst du nur,
Vergönnest mir in ihre tiefe Brust
Wie in den Busen eines Freunds zu schauen.
Du führst die Reihe der Lebendigen
Vor mir vorbei, und lehrst mich meine Brüder
Im stillen Busch, in Luft und Wasser kennen.
Und wenn der Sturm im Walde braus't und knarrt,
Die Riesenfichte stürzend Nachbaräste
Und Nachbarstämme quetschend nieder streift,
Und ihrem Fall dumpf hohl der Hügel donnert;
Dann führst du mich zur sichern Höhle, zeigst
Mich dann mir selbst, und meiner eignen Brust
Geheime tiefe Wunder öffnen sich.
Und steigt vor meinem Blick der reine Mond
Besänftigend herüber: schweben mir
von Felsenwänden, aus dem feuchten Busch,
Der Vorwelt silberne Gestalten auf,
Und lindern der Betrachtung strenge Lust.

WA I, 14, 163-164.

Kickelhahn

Über allen Gipfeln ist Ruh ...

Im September 1780 begleitete Goethe Carl August auf einer Landbereisung durch die südlichen Gebiete des Herzogtums; auch in Ilmenau wurde Station gemacht. Die dienstlichen Anspannungen waren groß, die Eindrücke von den verworrenen Zuständen in der Stadtverwaltung bedrückend.

Am Abend des 6. Sept. entfloh Goethe der Stadt, um mit seinem Diener Philipp Seidel die Nacht im Pirschhaus auf dem 861 Meter hohen Kickelhahn zu verbringen. Er übernachtete im oberen Raum der Bretterhütte, dem heutigen Goethehäuschen. An diesem Abend entstanden die berühmten Verse „Über allen Gipfeln ist Ruh ...“ Sie wurden mit Bleistift an die Bretterwand des Jagdhäuschens geschrieben.

Seinen letzten Geburtstag 1831 verbrachte Goethe in Ilmenau. Am Vortage fuhr er nach dem Forsthaus Gabelbach, bestieg von dort aus den Kickelhahn und besuchte das Bretterhäuschen. Dort „recognoscirte“ er seine Schriftzüge von vor 51 Jahren.

Am 12. August 1870 brannte das Goethehäuschen auf dem Kickelhahn ab und mit ihm die Urschrift von „Wandrers Nachtlied“. Die Erinnerungsstätte wurde auf den alten Grundmauern in originaler Form wieder aufgebaut und 1884 eingeweiht. Der Aussichtsturm auf dem Kickelhahn ist 1854/55 erbaut worden.

Das Goethehäuschen *am Kickelhahn, in seiner ursprünglichen Gestalt vor dem Brand 1870.*

An Charlotte von Stein Kickelhahn, 6. September 1780.
Auf dem Gickelhahn dem höchsten Berg des Reviers ... hab ich mich gebettet, um dem Wuste des Städgens, den Klagen, den Verlangen, der Unverbesserlichen Verworrenheit der Menschen auszuweichen. Wenn nur meine Gedancken zusammt von heut aufgeschrieben wären es sind gute Sachen drunter.

Wandrers Nachtlied.*

Über allen Gipfeln
Ist Ruh,
In allen Wipfeln
Spürest du
Kaum einen Hauch;
Die Vögelein schweigen im Walde.
Warte nur, balde
Ruhest du auch.

WA I, 1, 98.

* Beilage eines der Briefe an Charlotte von Stein, September 1780.

An Marquise Antonia von Branconi Weimar, 16. Oktober 1780.
Ihr Brief hätte nicht schöner und feyerlicher bey mir eintreffen können. Er suchte mich auf dem höchsten Berg im ganzen Lande, wo ich in einem Jagdhäusgen, einsam über alle Wälder erhaben, und von ihnen umgeben ein Nacht zubringen wollte.*
Es war schon dunckel, der volle Mond herauf, als ein Korb mit Proviant aus der Stadt kam, und Ihr Brief, wie ein Packetgen Gewürz oben auf ...

* Die Nacht vom 6. zum 7. September; am Abend entstand „Wandrers Nachtlied"

Tagebuch, 27. August 1831.
Friedrich (Krause)* ging mit den (Enkel) Kindern (Walther und Wolfgang) durch die Gebirge auf den Gickelhahn. Ich fuhr mit Herrn Mahr auch dahin. Die alte Inschrift ward recognoscirt:
Über allen Gipfeln ist Ruh pp.
Den 7. September 1783. (Richtig ist 1780.)

* Diener Goethes.

An Carl Friedrich Zelter Weimar, 4. September 1831.
Sechs Tage, und zwar die heitersten des ganzen Sommers, war ich von Weimar abwesend und hatte meinen Weg nach Ilmenau genommen, wo ich in frühern Jahren viel gewirkt und eine lange Pause des Wiedersehens gemacht hatte. Auf einem einsamen Bretterhäuschen des höchsten Gipfels der Tannenwälder recognoscirte ich die Inschrift vom 7. September 1783 (1780) des Liedes das du auf den Fittigen der Musik so lieblich beruhigend in alle Welt getragen hast:
„Über allen Gipfeln ist Ruh pp."

Schwalbenstein

Allein auf dem Schwalbenstein ...

Die Felspartie des Schwalbenstein zwischen Manebach und Ilmenau ist eng mit der Entstehung von Goethes Schauspiel „Iphigenie auf Tauris“ verbunden. Dort wurde am 19. März 1779 der vierte Akt der Prosafassung niedergeschrieben.
Äußere Anregungen zur Beschäftigung mit dem antiken Stoff waren vom Weimarer Hof ausgegangen. Man wünschte anläßlich der Geburt einer Prinzessin die Aufführung eines Schauspiels mit weiblicher Titelheldin. Goethe, der sich schon seit 1776 Gedanken über die Gestaltung der mythischen Überlieferung gemacht hatte, begann im Januar 1779 mit der Arbeit. Im April sollte die Aufführung im Liebhabertheater stattfinden.
Von Amtsgeschäften vielfach bedrängt, nutzte er während einer Dienstreise durch das Herzogtum jede verfügbare Zeit, um das Stück voranzubringen. Es war oft schwierig genug, aber in der „friedlichen, stillen Hütte“ am Schwalbenstein gelang es ihm, den vierten Akt in einem Zuge zu vollenden. Am 28. März war auch der fünfte Akt fertig und die Premiere konnte, wie gewünscht, am 6. April 1779 über die Weimarer Bühne gehen.

***Der Schwalbenstein** bei Ilmenau, Zeichnung (um 1850).*

Die Anfangsverse des vierten Aktes der „Iphigenie“ waren 1879 auf einer Gedenktafel am Schwalbenstein angebracht worden; später kam ein eisernes Goethe-Bildnis dazu, das sich nicht erhalten hat. Deshalb wurde am 28. März 1992 ein bronzenes Goethe-Relief enthüllt.
In der Schutzhütte auf dem Schwalbenstein sind folgende, von Friedrich Wilhelm Riemer mitgeteilten Goethe-Worte angebracht: „Sereno die, quieta mente (an einem heiteren Tag, ruhigen Gemüts) schrieb ich, nach einer Wahl von drei Jahren den vierten Akt meiner Iphigenia an einem Tag am 19. Maerz 1779.“

Tagebuch, 11. August 1776.
Abends mit Wedel auf die Sturmheyde und den Schwalbenstein.

Tagebuch, 19. März 1779.
Allein auf dem Schwalbenstein. d. 4. Ackt der Iph.(igenie) geschrieben.

Inschrift am Schwalbenstein.
Anfang des vierten Aktes der „Iphigenie in Tauris“ (Prosafassung).

Wem die Himmlischen viel Verwirrung
zugedacht haben, wem sie erschütternde,
schnelle Wechsel der Freude und
des Schmerzes bereiten,
dem geben sie kein höher Geschenk
als einen ruhigen Freund.

Auf diesem Felsen dichtete Goethe
den IV. Akt der „Iphigenie“
am 19. März 1779.

THÜRINGER WALD

... leb ich mit Leib und Seel in Stein und Bergen

Ausflüge über Berg und Tal in Ilmenaus Umgebung und weit darüber hinaus boten sowohl dem Naturfreund als auch dem Naturwissenschaftler Goethe vielerlei Eindrücke und Anregungen. Einerseits genoß er die Schönheiten der Natur und hielt sie in Zeichnungen fest, andererseits suchte er immer gültigen Gesetzen von Naturerscheinungen auf die Spur zu kommen. Voller Forscherdrang schuf er sich vor allem im ersten Weimarer Jahrzehnt auf zahlreichen Touren durch den Thüringer Wald ein Fundament an geologischen, mineralogischen und biologischen Kenntnissen, auf dem er ein lebenslanges Mühen um naturwissenschaftliche Einsichten aufbauen konnte.
Gleichzeitig interessierte sich Goethe, wie immer auf seinen Reisen, auch im wirtschaftlich wenig entwickelten Waldgebiet für die Lebensbedingungen der Menschen. Gerade angesichts von Größe und Schönheit der Landschaft verspürte er das Verlangen, den „armen Maulwurfen ... Beschäfftigung und Brod“ zu geben.

Wasserfall im Thüringer Wald, *tuschlavierte Bleistiftzeichnung von Goethe, vielleicht 1776.*

An Johann Heinrich Merck Ilmenau, 24. Juli 1776.
Du kannst denken, wie ich mich auf dem Thüringer Wald herumzeichne; der Herzog geht auf Hirsche, ich auf Landschaften aus und selbst zur Jagd führ ich mein Portefeuille mit ...

An Johann Gottfried Herder Ilmenau, 9. August 1776.
Lieber Bruder, wir sind in Ilmenau, seit 3 Wochen wohnen wir auf dem Thüringer Wald, und ich führe mein Leben in Klüfften, Höhlen, Wäldern, in Teichen, unter Wasserfällen, bey den Unterirdischen, und weide mich aus in Gottes Welt.

An Charlotte von Stein (Ilmenau) 7. September 1780.
Die Sonne ist aufgegangen das Wetter ist hell und klar. Diese Nacht war ein Wenig Wind und ich werde heut zu meinem Weeg schöne Zeit haben. Es geht auf Goldlauter und auf den Schneekopf. Eh ich aufbreche einen Guten Morgen.

Ilmenau, d. 7. Abends.

Meine Wandrung ist glücklich vollendet und ich sizze und ruhe, indess Sie im Geschwirre der Menschen umgedreht werden, und Illuminationen zubereitet sind. Wir sind auf die hohen Gipfel gestiegen und in die Tiefen der Erde eingekrochen, und mögten gar zu gern der grosen formenden Hand nächste Spuren entdecken. Es kommt gewiss noch ein Mensch der darüber klaar sieht. Wir wollen ihm vorarbeiten. Wir haben recht schöne grose Sachen entdeckt, die der Seele einen Schwung geben und sie in der Wahrheit ausweiten. Könnten wir nur auch bald den armen Maulwurfen von hier Beschäfftigung und Brod geben. Auf dem Schneekopf ist die Aussicht sehr schön. Gute Nacht ...

d. 8. Sept.

Nach zehenstündigem Schlaf, bin ich fröhlich erwacht. O dass doch mein Beruf wäre immer in Bewegung und freyer Luft zu seyn, ich wollte gerne iede Beschweerlichkeit mit nehmen die diese Lebensart auch ausdauern muss. Nachher hab ich verschiednes durchgeredt und untersucht. Die Menschen sind vom Fluch gedrückt der auf die Schlange fallen sollte sie kriechen auf dem Bauche und fressen Staub. Dann las ich zur Abwaschung und Reinigung einiges griechische ...
Jezt leb ich mit Leib und Seel in Stein und Bergen, und bin sehr vergnügt über die weiten Aussichten die sich mir aufthun, diese zwey lezten Tage haben wir ein gros Fleck erobert, und können auf vieles schliessen. Die Welt kriegt mir nun ein neu ungeheuer Ansehn.

An Johann Heinrich Merck Weimar, 11. Oktober 1780.
Nun muß ich dir noch von meinen mineralogischen Untersuchungen einige Nachricht geben. Ich habe mich diesen Wissenschaften, da mich mein Amt dazu berechtigt, mit einer völligen Leidenschaft ergeben und habe ... eine sehr große Freude daran. Ein junger Mensch, der auf der Freiberger Akademie studirt* ... ist mir vom größten Nutzen ... Und so lass' ich diesen Menschen seit ungefähr einem halben Jahr ... das Land durchreisen und schränke mich nicht philisterhaft, wie die neuesten

Kursachsen darauf ein, ob dieser oder jener Berg dem Herzog von Weimar gehört, oder nicht. Wie ein Hirsch, der ohne Rücksicht des Territoriums sich ässet, denk ich muß der Mineraloge auch seyn. Und so hab ich vom Gipfel des Inselberges, des höchsten vom Thüringerwald, bis ins Würzburgische, Fuldische, Hessische, Kursächsische, bis über die Saale hinüber und wieder so weiter bis Saalfeld und Coburg herum, meine schnellen Ausflüge und Ausschickungen getrieben. Habe die meisten Stein- und Gebirgsarten von allen diesen Gegenden beisammen und finde in meiner Art zu sehen, das bischen Metallische, das den mühseligen Menschen in die Tiefen hineinlockt, immer das Geringste ...

* Johann Carl Wilhelm Voigt, später Bergrat in Ilmenau, war der Bruder von Goethes Ministerkollegen Christian Gottlob Voigt.

An Herzog Ernst II. von Sachsen-Gotha-Altenburg

Weimar, 27. Dezember 1780.

Als ich den Einfall hatte, ... die thüringischen Gegenden untersuchen zu lassen, fingen wir bei dem Ettersberge als unserm nächsten Punkte an, bemerkten sorgfältig die Oberfläche der Berge sowohl als die zu Tage ausgehenden Lagen an den Abhängen und breiteten uns auf diese Weise weiter aus ...
Vielleicht wird es nach dieser Vorarbeit in wenigen Jahren möglich, den unterirdischen Zusammenhang des Harzes mit unserm Thüringerwalde auf das Wahrscheinlichste anzugeben ...
Doch ich ... bitte um Ew. Durchl. Schutz und Erlaubniß auch in Ihren Landen diese allgemeinen Begriffe durch Erfahrung noch näher bestimmen zu dürfen. Vielleicht findet sich bei solch einer Untersuchung etwas den Menschen näher Nützliches und Einträgliches ...

An Charlotte von Stein Meiningen, 12. April 1782.

Es ist ein erhabnes, wundervolles Schauspiel wenn ich nun über Berge und Felder reite, da mir die Entstehung und Bildung der Oberfläche unsrer Erde und die Nahrung welche Menschen draus ziehen zu gleicher Zeit deutlich und anschaulich wird; erlaube wenn ich zurückkomme daß ich dich nach meiner Art auf den Gipfel des Felsens führe und dir die Reiche der Welt und ihre Herrlichkeit zeige.

An Carl Ludwig von Knebel Coburg, 13. Mai 1782.

Die schönen Tage (im Thüringer Wald) haben mich neu belebt, ich bin zu Pferde über Gotha Meiningen Hildburghausen hierher gegangen, und werde über Rudolstadt zurück gehn ... Ich werde durch die Berge der Ämter Sonneberg und Schalckau mich auf der Stein Jagd erlustigen, und auf unsre vorige Pfade wo wir vorm Jahre vergnügt reisten* wieder treffen.

d. 15ten Abends.

Morgen frühe geh ich wieder zurück. Die Gegend ist sehr schön und das junge Grün auf einmal sehr erquicklich. Adieu.

* Vom 2. bis 5. Juli 1781 waren Goethe und Knebel von Ilmenau aus durch den Thüringer Wald geritten.

An Charlotte von Stein Ilmenau, 9. November 1785.
Hier ist der völlige Winter eingetreten und hat die ganze Gegend in sein weises Kleid gehüllt. Man sieht keinen Berg für (vor) Wolcken und es wäre recht heimlich wenn man nicht so allein wäre...

An Julius Heinrich Gottlieb Schlegel Weimar, 26. Dezember 1796.
Den Theil Ihres Aufsatzes über Kärnten, den ich hier zurücksende, war man eben im Begriff in den Merkur einzurücken, als ich Ihren Brief erhielt, in welchem Sie das Manuscript zurückverlangten, ich wünsche daß Sie bald im Stande seyn mögen das Ganze dem Publiko zu geben. Die Nachricht, daß Ihre Gesundheit wieder hergestellt sey, erfreut mich ganz besonders, da ich überzeugt daß Sie unsern Bergbewohnern auf mehr als Eine Weise nützlich seyn werden.
Sammeln Sie doch ja Ihre Bemerkungen die sowohl den physischen als moralischen Zustand des Volks, das die thüringische Bergkette bewohnt, in ein mehreres Licht setzen, und lassen mich von Zeit zu Zeit etwas davon erfahren. Ich wünsche hiezu, so wie zu Ihren Berufsgeschäfften eine dauerhaffte Gesundheit.*

* Schlegel war Mediziner und arbeitete als Amts- und Stadtphysikus in Ilmenau, ab 1810 als Hofarzt in Meiningen.

An Julius Heinrich Gottlieb Schlegel Weimar, 1. Februar 1798.
Für die mir übersendete Reisebeschreibung sage ich hiermit, werthester Herr Doctor, recht vielen Dank und wünschte daß Sie mir gelegentlich Ihre Bemerkungen über den Thüringer Wald und den Einfluß des Klimas auf das phisische und moralische der Bewohner, wie Sie solche bisher gemacht haben, gefällig mittheilen wollten ...

WA IV, 51, 130.

Der Verfasser theilt die Geschichte seiner botanischen Studien mit.
1817. Neufassung 1831.
Schon der erste Winter (nach der Ankunft in Weimar) gewährte die raschen geselligen Freuden der Jagd, von welchen ausruhend man die langen Abende nicht nur mit allerlei merkwürdigen Abenteuern der Wildbahn, sondern auch vorzüglich mit Unterhaltung über die nöthige Holzcultur zubrachte. Denn die Weimarische Jägerei bestand aus trefflichen Forstmännern, unter welchen der Name Sckell in Segen bleibt. Eine Revision sämmtlicher Waldreviere, gegründet auf Vermessung, war bereits vollbracht, und für lange Zeit eine Eintheilung der jährlichen Schläge vorgesehen.
(...)
Hier that sich nun der Thüringer Wald in Länge und Breite vor uns auf; denn nicht allein die dortigen schönen Besitzthümer des Fürsten, sondern, bei guten nachbarlichen Verhältnissen, sämmtliche daran stoßenden Reviere waren uns zugänglich; zumal da auch die angehende Geologie in jugendlicher Bestrebsamkeit sich bemühte, Rechenschaft von dem Grund und Boden zu geben, worauf diese uralten Wälder sich angesiedelt.

Nadelhölzer aller Art, mit ernstem Grün und balsamischen Dufte, Buchenhaine von freudigerm Anblick, die schwanke Birke und das niedere namenlose Gesträuch, jedes hatte seinen Platz gesucht und gewonnen. Wir aber konnten dieß alles in großen, meilenweiten, mehr oder weniger wohlbestandenen Forsten überschauen und erkennen.
Auch wenn von Benutzung die Rede war, mußte man sich nach den Eigenschaften der Baumarten erkundigen. Die Harzscharre, deren Mißbrauch man nach und nach zu begränzen suchte, ließ die feinen balsamischen Säfte in Betrachtung ziehn, die einen solchen Baum in's zweite Jahrhundert, von der Wurzel bis zum Gipfel begleiteten, ernährten, ewig grün, frisch und lebendig erhielten.
Hier zeigte sich denn auch die ganze Sippschaft der Moose in ihrer größten Mannichfaltigkeit; sogar den unter der Erde verborgenen Wurzeln wurde unsre Aufmerksamkeit zugewendet.
In jenen Waldgegenden hatten sich nämlich, von den dunkelsten Zeiten her, geheimnißvoll nach Recepten arbeitende Laboranten angesiedelt und vom Vater zum Sohn manche Arten von Extracten und Geisten bearbeitet, deren allgemeiner Ruf von einer ganz vorzüglichen Heilsamkeit durch emsige sogenannte Balsamträger erneuert, verbreitet und abgenutzt ward. Hier spielte nun der Enzian eine große Rolle, und es war eine angenehme Bemühung, dieses reiche Geschlecht nach seinen verschiedenen Gestalten als Pflanze und Blüthe, vorzüglich aber die heilsame Wurzel näher zu betrachten.

WA II, 6, 99-101.

Jena

Herzogtum bzw. 1815 Großherzogtum Sachsen-Weimar-Eisenach (Nebenresidenz)
Kreisfreie Stadt

Wissenschaften und Universität

... in dieser Stapelstadt des Wissens und der Wissenschaft.

Die Universitätsstadt Jena wurde für Goethe neben Weimar zum zweiten Zuhause in Thüringen. Dort konnte er Tätigkeiten nachgehen, bei denen dienstliche Aufgaben und persönliche Neigungen eng miteinander verbunden waren; amtliche Befugnisse als Verantwortlicher für die Universität und unmittelbarer Einfluß wegen der eigenen Forschungen gingen oft direkt ineinander über. Räumliche Nähe und verwaltungsmäßige Zugehörigkeit Jenas zur Residenz Weimar ließen ein spannungsreiches, aber produktives Beziehungsgefüge entstehen, das von Goethe selbst als *eine* große Stadt verstanden wurde.

***Der Markt zu Jena**, Radierung von Christian Carl Ludwig Heß (um 1810).*

Schon mit dem Eintritt ins Geheime Consilium im Sommer 1776 begann Goethes Mit-Verantwortung für die Universität. Im ersten Jahrzehnt war sie vorwiegend auf die Berufung und Besoldung von Professoren beschränkt, später lag der Schwerpunkt auf der Beschaffung von Sammlungs- und Anschauungsmaterial für naturwissenschaftliche Kabinette. Beides setzte enge Kontakte zu den jeweiligen Fachgelehrten voraus, die Goe-

the schon Anfang der achtziger Jahre gern pflegte und die durch praktische Anforderungen aus Bergbau, Forst- und Landwirtschaft noch intensiviert wurden.
Anfangs waren Osteologie und Anatomie bevorzugte Gegenstände von Goethes wissenschaftlichem Interesse, angeregt und gefördert durch Justus Christian Loder, Anatomieprofessor in Jena, der seit Ende der 70er Jahre großen Einfluß auf die Entwicklung der Universität hatte, und an dessen Vorlesungen Goethe teilnahm. Im Winter 1781/82 hielt Goethe selbst – allerdings in der Weimarer „Freien Zeichenschule“ – Vorträge über den Knochenbau des Menschen; seine Beschäftigung mit vergleichender Anatomie führte 1784 in Jena zur Entdeckung des Zwischenkieferknochens beim Menschen.
Während des Italien-Aufenthaltes vertiefte sich Goethes Verlangen nach wissenschaftlichem Durchdringen von Erscheinungen der Natur. Sein Anliegen war es, in der Fülle der natürlichen Gegenstände ein Grundmuster der Gestaltung zu erkennen, das bestimmten Gesetzen folgt.
Aus Italien zurückgekehrt, richtete sich Goethes Interesse nach 1788 verstärkt auf die Gestaltenlehre im Pflanzenreich. Die Idee von einer „Urgestalt“, die er gern auf alle Bereiche der Natur ausgedehnt hätte – sie war schon vor der Reise nach Italien im Gedankenaustausch mit Herder entwickelt worden – vertiefte sich und fand 1790 in bezug auf die Botanik in der „Metamorphose der Pflanzen“ ihren theoretischen und poetischen Ausdruck. Es kam zu einer engen Zusammenarbeit mit August Carl Batsch, der damit beschäftigt war, einen botanischen Garten anzulegen. Er war es auch, der die „Naturforschende Gesellschaft“ gründete. Ihr Ziel bestand ganz im Sinne Goethes darin, einzelne Gelehrte miteinander in Verbindung zu bringen und die reichen wissenschaftlichen Sammlungen der Universität zu ordnen und zu mehren, um naturwissenschaftliche Forschung und Lehre zu fördern.
Ähnliche Ziele verfolgte auch die „Mineralogische Societät“, die 1798 vom Direktor des Mineralienkabinetts Johann Georg Lenz* begründet worden war. Als deren Präsident bemühte sich Goethe ein Leben lang, Freunde und Förderer der von ihm besonders geliebten Mineralogie für die Zusammenarbeit zu gewinnen.
Dank Goethes Wirken gelang es, in Jena naturwissenschaftliche Disziplinen wie Botanik, Zoologie, Anatomie, Mineralogie und Chemie als selbständige Lehrfächer zu etablieren.

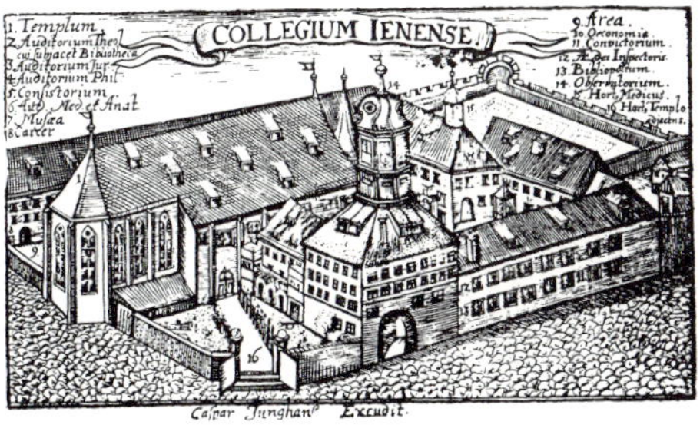

***Das Collegium Jenense**, die Gründungsstätte der Universität 1548/58, Kupferstich (1710). – Auch noch in der Zeit Goethes war es das Hauptgebäude der Universität.*

Dankbar konstatierte Goethe seine Verbindungen zu einer „Masse interessanter Menschen in Jena“, von denen er Anregungen empfing. Im Jahre 1797 erlebte er einen besonderen Höhepunkt geistigen Strebens an seiner „Akademie“. Schiller, die Brüder Humboldt, die Schlegels und Fichte wirkten hier und „peitschten“ die Wissenschaften so stark herum, daß man sich von den „Anforderungen des Tages fast betäubt“ fühlen konnte. „Die Universität stand auf dem Gipfel ihres Flors“.
Große Verdienste erwarb sich Goethe bei der Reorganisation der Jenaer Bibliotheken. Unter seiner Leitung gelang es, die Herzogliche Bibliothek mit anderen Teilbibliotheken zusammenzuführen und zur Nutzung bereitzustellen.
Im Zusammenhang mit der Staatsreform von 1815 wurden alle Verantwortungsbereiche Goethes in der „Oberaufsicht über die unmittelbaren Anstalten für Wissenschaft und Kunst in Weimar und Jena“ zusammengefaßt. Diese Funktion nahm Goethe – bis 1819 gemeinsam mit dem Ministerkollegen Voigt – bis an sein Lebensende wahr. Im Laufe der Jahre waren zu den naturwissenschaftlichen Kabinetten weitere wissenschaftliche Institutionen hinzugekommen. So 1810 ein chemisch-physikalisches Laboratorium, von Johann Wolfgang Döbereiner geleitet. Seine kostspieligen Versuche wurden von Goethe besonders gefördert, weil sie praktischen Nutzen versprachen.
1811 wurde die Jenaer Sternwarte gegründet; sie widmete sich im Auftrag des Herzogs vorwiegend Wetterbeobachtungen; Goethe verfolgte und unterstütze ihre Arbeit mit großem Interesse.**
Angesichts seiner vielfältigen Bemühungen um Lehre und Forschung ehrte die Universität im November 1825 ihren zuständigen Minister zum 50jährigen Dienstjubiläum mit der Ehrendoktorwürde.
Neben aller Freude am wissenschaftlichen Leben gab es für Goethe auch zahlreiche Krisensituationen der Universität zu bestehen. Als es 1799 um die Entlassung Fichtes ging, war er unmittelbar beteiligt, und als 1803 eine Reihe führender Gelehrter Jena verließ und die „Allgemeine Literaturzeitung“, das Wahrzeichen der Glanzzeit von Jenas „Akademie“, nach Halle verlegt wurde, hatte sich Goethe um sinnvolle Lösungen zu bemühen, um weiterführende Entwicklungen möglich zu machen.
Bis ins hohe Alter hinein nahm Goethe regen Anteil am Leben und Treiben seiner Universität. Noch im Juni 1830 berichtet das Tagebuch über einen Jena-Besuch und stellt fest: „Überall gute Ordnung und Zucht“.

* Lenz führte als Anerkennung der Bemühungen Goethes um die Mineralogie die Bezeichnung „Göthit“ für den „Rubinglimmer“ ein; der Name ist den Mineralogen noch heute geläufig.

** Die Aufzählung der Institutionen, die Goethes Oberaufsicht unterstellt waren, ist nicht vollständig. Erwähnt seien noch die Hebammenlehranstalt mit Entbindungsheim und die 1816 gegründete „Tierarzneyschule“.

» Burgau, Dornburg, Kötschau, Lichtenhain, Lobeda, Löbstedt, Weimar, Wenigenjena, Winzerla, Ziegenhain, Zwätzen.

Zahme Xenien, V.

„Wohin willst du dich wenden?"
Nach Weimar-Jena, der großen Stadt,
Die an beiden Enden
Viel Gutes hat.

WA I, 3, 314.

Der Verfasser theilt die Geschichte seiner botanischen Studien mit.

1817. Neufassung 1831.

Besonderen Vortheil aber brachte mir, wie in allem Wissenschaftlichen, die Nähe der Akademie Jena ...

August Carl Batsch, der Sohn eines in Weimar durchaus geliebten und geschätzten Vaters, hatte seine Studienzeit in Jena sehr wohl benutzt, sich den Naturwissenschaften eifrig ergeben und es so weit gebracht, daß er nach Köstritz berufen wurde, um die ansehnliche gräfliche Reussische Naturaliensammlung zu ordnen und ihr eine Zeitlang vorzustehen. Sodann kehrte er nach Weimar zurück, wo ich ihn denn, im harten pflanzenfeindlichen Winter, auf der Schrittschuhbahn, damals dem Versammlungsort guter Gesellschaft, mit Vergnügen kennen lernte, seine zarte Bestimmtheit und ruhigen Eifer gar bald zu schätzen wußte, und in freier Bewegung mich mit ihm über höhere Ansichten der Pflanzenkunde und über die verschiedenen Methoden dieses Wissens zu behandeln, freimüthig und anhaltend besprach.

Seine Denkweise war meinen Wünschen und Forderungen höchst angemessen.

WA II, 6, 104, 108-109.

Justus Christian Loder.

Johann Georg Lenz.

An Herzog Carl August Jena, 4. November 1781.
Loder ist das geschäfftigste und gefälligste Wesen von der Welt ...
Mir hat er in diesen 8 Tagen ... Osteologie und Müologie durch demonstrirt. Zwei Unglückliche waren uns eben zum Glück gestorben, die wir denn auch ziemlich abgeschält und ihnen von dem sündigen Fleisch geholfen haben ...
Auf den Mittwoch fang ich auf der Akademie Abends an das Skelet den iungen Leuten Abends zu erklären, und sie zur Kenntniß des menschlichen Körpers anzuführen. Ich thue es zugleich um meinet- und ihrentwillen, die Methode die ich erwählt habe, wird sie diesen Winter über völlig mit den Grundsäulen des Körpers bekannt machen.

An Johann Gottfried Herder Jena, 27. März 1784.
Nach Anleitung des Evangelii muß ich dich auf das eiligste mit einem Glück bekannt machen, das mir zugestoßen ist. Ich habe gefunden – weder Gold noch Silber, aber was mir eine unsägliche Freude macht – das os intermaxillare (den Zwischenkieferknochen) am Menschen!
Ich verglich mit Lodern (Justus Christian Loder) Menschen- und Thierschädel, kam auf die Spur und siehe da ist es. Nur bitt' ich dich, laß dich nichts merken, denn es muß geheim behandelt werden. Es soll dich auch recht herzlich freuen, denn es ist wie der Schlußstein zum Men-

schen, fehlt nicht, ist auch da! Aber wie! Ich habe mirs auch in Verbindung mit deinem Ganzen* gedacht, wie schön es da wird.

* Gemeint sind Herders „Ideen zur Geschichte der Menschheit".

An Carl Ludwig von Knebel Jena, 17. November 1784.

Hier schicke ich dir endlich die Abhandlung aus dem Knochenreiche (über den Zwischenkieferknochen) und bitte um deine Gedancken drüber. Ich habe mich enthalten das Resultat, worauf schon Herder in seinen Ideen („zur Philosophie der Geschichte der Menschheit") deutet, schon ietzo mercken zu lassen, daß man nämlich den Unterschied des Menschen vom Thier in nichts einzelnem finden könne. Vielmehr ist der Mensch aufs nächste mit den Thieren verwandt. Die Übereinstimmung des Ganzen macht ein iedes Geschöpf zu dem was es ist, und der Mensch ist sogut durch die Gestalt und Natur seiner obern Kinlade, als durch Gestalt und Natur des letzten Gliedes seiner kleinen Zehe *Mensch*. Und so ist wieder iede Creatur nur ein Ton eine Schattirung einer grosen Harmonie, die man auch im ganzen und grosen studiren muß sonst ist iedes Einzelne ein todter Buchstabe. Aus diesem Gesichtspunckte ist diese kleine Schrifft geschrieben, und das ist eigentlich das Interesse das darinne verborgen liegt.

***Teichgraben mit Anatomieturm**, Lithographie von Johann Friedrich Karl Hirsch (um 1800). – 1784 hatte Goethe zusammen mit Justus Christian Loder in dem heute noch als Torso existierenden Gebäude den Zwischenkieferknochen des Menschen entdeckt.*

An Jakob Friedrich von Fritsch Weimar, 4. Februar 1786.
Zugleich bringe ich den iungen Batsch in Erinnerung ... Die Absicht wäre ihn sobald als möglich nach Jena hinüber zu bringen, damit er wieder in den Gang des Akademischen Lebens käme und durch lehren sich üben und gemeinnützig machen könnte. Er würde zugleich einen Plan zu einem botanischen Garten überdencken und vorlegen können und diese drüben fast gänzlich vermisste Wissenschaft wieder einführen und in die Höhe bringen. Unter seiner Aufsicht könnte ein Theil des Fürstengartens zu diesem Gebrauch gewiedmet werden und man würde nach und nach so wohl dadurch daß man das was hier und in Jena an Pflanzen zerstreut ist versammelte, als auch durch Tausch und andre Gelegenheiten ohne grose Kosten dem Institute einen soliden Grund geben können.
Sollte alsdenn der junge (Botaniker) Dietrich den Durchl. bey dem Hofgärtner Reichardt in die Lehre gethan, wie er sich anlässt, gut einschlagen, so würde man in der Folge auch um einen botanischen Gärtner nicht verlegen seyn.

Aus meinem Leben. Dichtung und Wahrheit.
(Paralipomena.)
1790.
In Jena fand ich allein ein Element, das mich trug, ein wissenschaftliches statt des italiänischen Kunstelements; und durch die Museen und andere Anregungen ward ich wieder auf Naturbetrachtungen geführt. Metamorphose der Pflanzen geschrieben und gedruckt.

WA I, 53, 386.

Tag- und Jahreshefte 1790.
Meine frühern Verhältnisse zur Universität Jena, wodurch wissenschaftliche Bemühungen angeregt und begünstigt worden, eilte ich sogleich wieder anzuknüpfen (nach dem Italien-Aufenthalt). Die dortigen Museen fernerhin, unter Mitwirkung vorzüglicher sachkundiger Männer, vermehrt aufzustellen, zu ordnen und zu erhalten war eine so angenehme als lehrreiche Beschäftigung, und ich fühlte mich bei'm Betrachten der Natur, bei'm Studium einer weitumhergreifenden Wissenschaft für den Mangel an Kunstleben (im Vergleich zu Italien) einigermaßen entschädigt. Die *Metamorphose der Pflanzen* ward als Herzenserleichterung geschrieben ... Ein botanischer Garten ward vorbereitet.

WA I, 35, 13.

Metamorphose der Pflanzen.
Schicksal der Handschrift.
Schicksal der Druckschrift.
1790. Neufassung 1831.
Aus Italien dem formreichen war ich in das gestaltlose Deutschland zurückgewiesen, heiteren Himmel mit einem düsteren zu vertauschen; die Freunde, statt mich zu trösten und wieder an sich zu ziehen, brachten mich zur Verzweiflung. Mein Entzücken über entfernteste, kaum bekannte

Gegenstände, mein Leiden, meine Klagen über das Verlorne schien sie zu beleidigen, ich vermißte die Theilnahme, niemand verstand meine Sprache. In diesen peinlichen Zustand wußt' ich mich nicht zu finden, die Entbehrung war zu groß an welche sich der äußere Sinn gewöhnen sollte, der Geist erwachte sonach, und suchte sich schadlos zu halten.
(...) Der Versuch die Metamorphose der Pflanzen zu erklären, das heißt die mannichfaltigen besondern Erscheinungen des herrlichen Weltgartens auf ein allgemeines einfaches Princip zurückzuführen, war zuerst abgeschlossen.
(...)
Freundinnen, welche mich schon früher den einsamen Gebirgen, der Betrachtung starrer Felsen gern entzogen hätten, waren auch mit meiner abstrakten Gärtnerei keineswegs zufrieden. Pflanzen und Blumen sollten sich durch Gestalt, Farbe, Geruch auszeichnen, nun verschwanden sie aber zu einem gespensterhaften Schemen. Da versuchte ich diese wohlwollenden Gemüther zur Theilnahme durch eine Elegie zu locken
...
Höchst willkommen war dieses Gedicht („Die Metamorphose der Pflanzen"), der eigentlich Geliebten (Christiane Vulpius), welche das Recht hatte die lieblichen Bilder auf sich zu beziehen; und auch ich fühlte mich sehr glücklich als das lebendige Gleichniß unsere schöne vollkommene Neigung steigerte und vollendete; von der übrigen liebenswürdigen Gesellschaft aber hatte ich viel zu erdulden.

WA II, 6, 131, 132, 140, 143.

Die Metamorphose der Pflanzen.

Dich verwirret, Geliebte*, die tausendfältige Mischung
Dieses Blumengewühls über dem Garten umher;
Viele Namen hörest du an, und immer verdränget
Mit barbarischem Klang einer den andern im Ohr.
Alle Gestalten sind ähnlich, und keine gleichet der andern;
Und so deutet das Chor auf ein geheimes Gesetz,
Auf ein heiliges Räthsel. O, könnt' ich dir, liebliche Freundin,
Überliefern sogleich glücklich das lösende Wort! -
Werdend betrachte sie nun, wie nach und nach sich die Pflanze,
Stufenweise geführt, bildet zu Blüthen und Frucht.
...
Bildsam ändre der Mensch selbst die bestimmte Gestalt.
O, gedenke denn auch, wie aus dem Keim der Bekanntschaft
Nach und nach in uns holde Gewohnheit entsproß,
Freundschaft sich mit Macht in unserm Innern enthüllte,
Und wie Amor zuletzt Blüthen und Früchte gezeugt.

WA I, 1, 290-292.

* Christiane Vulpius.

An Carl Ludwig von Knebel Jena, 28. März 1797.

Ich habe dir, mein werther Freund, lange nicht geschrieben ... es hat sich dießmal alles so gedrängt, daß mich die Mannigfaltigkeit der Existenz und die Anforderungen des Tages fast betäubt haben. Wenn du mein Gedicht („Hermann und Dorothea") sehen wirst, ... so wirst du am besten beurtheilen können, daß ich diese 4 Wochen (in Jena) nicht müßig war. Dann fordert die Thätigkeit der Freunde und Kunstverwandten auch noch zur Theilnahme auf. Schiller ist fleißig an seinem Wallenstein, der ältere Humboldt arbeitet an der Übersetzung des Agamemnon von Aeschylus, der ältere Schlegel an einer des Julius Cäsar von Shäkespear ...

Dabey bringt noch die Gegenwart des jüngern von Humboldt, die allein hinreichte eine ganze Lebensepoche interessant auszufüllen, alles in Bewegung was nur chemisch, physisch und physiologisch interessant seyn kann, so daß es mir manchmal recht schwer ward mich in meinen Kreis zurück zu ziehen.

Nimmst du nun dazu daß Fichte eine neue Darstellung seiner Wissenschaftslehre ... herauszugeben anfängt, und daß ich, ... wenigstens im Ganzen Antheil daran nehmen muß, so wirst du leicht sehen, daß man manchmal nicht wissen mag wo einem der Kopf steht, besonders wenn noch reichliche Abendessen die Nacht verkürzen und die den Studien so nöthige Mäßigkeit nicht begünstigen. Ich freue mich daher bald wieder nach Weimar zu kommen um mich wieder in einem andern Kreise zu erholen.

Unglaublich aber ist's was für ein Treiben die wissenschaftlichen Dinge herumpeitscht und mit welcher Schnelligkeit die jungen Leute das, was sich erwerben läßt, ergreifen.

***Carl Ludwig von Knebel**,*
Silhouette (Anfang der 80er Jahre).

An Friedrich Schiller Weimar, 9. Dezember 1797.
Vielleicht habe ich bey Bibliotheksachen künftig einigen Einfluß. Sagen Sie, ob Sie die Idee vor thulich halten mit der ich mich schon lange trage: die hiesige, die Büttnerische* und Akademische Bibliothek ... in Ein Corpus zu vereinigen und über die verschiedenen Fächer, so wie über einen bestimmtern und zweckmäßigern Ankauf Abrede zu nehmen und Verordnungen zu geben. Bey der jetzigen Einrichtung gewinnt niemand nichts, manches Geld wird unnütz ausgegeben, manches Gute stockt, und doch sehe ich Hindernisse genug voraus die sich finden werden, nur damit das rechte nicht auf eine andere Art geschehe als das unzweckmäßige bisher bestanden hat.

* Die Bibliothek des Privatgelehrten Christian Wilhelm Büttner war 1783 auf Rentenbasis vom Herzog erworben und im Schloß aufbewahrt worden. Nachdem Goethe 1797 die Aufsicht über die Herzogliche Bibliothek übernommen hatte, bemühte er sich um die Zusammenführung aller Buchbestände. Nach dem Tode Büttners 1801 gelang das Vorhaben.

Tag- und Jahreshefte 1797.
Die Universität Jena stand auf dem Gipfel ihres Flors; das Zusammenwirken von talentvollen Menschen und glücklichen Umständen wäre der treusten lebhaftesten Schilderung werth.

An Johann Georg Lenz Weimar, 18. Januar 1798.
Für die Aufnahme zum Glied Ihrer mineralogischen Gesellschaft, von der ich mir viel gutes verspreche, danke ich zum schönsten. Es soll mich freuen zu Ihren Zwecken etwas beyzutragen. Nächstens gedenke ich nach Jena hinüber zu kommen und erwarte manches neue und unterrichtende bey Ihnen zu finden.

Mineralogische Gesellschaft.
(Paralipomena 274.)
Das herzogliche Museum in dem Jenaischen Schlosse steht unter der Oberaufsicht der Hn. geh. Räthe von Goethe und Voigt, und besitzt in allen Fächern der Naturgeschichte, was zum akademischen Vortrag nöthig ist. Es wird desselben hier gedacht, weil der mineralogische Theil große Vorzüge hat, und sich neben den Sammlungen der mineralogischen Gesellschaft aufgestellt befindet.
Diese Societät ward im Jahr 1798 von ihrem noch gegenwärtigen Director, Hn. Bergrath Lenz, gestiftet, und zählt, sowohl in Deutschland, als in den übrigen europäischen Reichen, ja sogar in entfernten Welttheilen, ansehnliche Mitglieder, deren geneigte Beyträge reichlich eintreffen.
Außer bedeutenden Schenkungen von geognostischen und mineralogischen Suiten (regionale Gesteinsfolgen) verschiedener Gegenden, erhielt das Societäts-Cabinet durch die Gunst des letzt verstorbenen Präsidenten, Fürsten von Gallizin, die ganze Sammlung, welche dieser für Mineralogie so enthusiastische Kenner durch mehrere Jahre zusammengebracht, worunter sich sowohl die instructivsten, als prächtigsten Exemplare befanden.

Mit einer ähnlichen, ja gewissermaßen gleichen Stiftung begnadigten Se. Durchl. der Herzog von Weimar das Institut, als Höchstdieselben im vorigen Jahre ein großes Cabinet in Leipzig ankauften und nach Jena bringen ließen.

WA II, 13, 269.

An Christian Gottlob Voigt Jena, 2. April 1799.

Es hat sich bey meinem Aufenthalte diesmal so manches sauere und herbe ergeben daß es billig ist nun mit etwas süßem zu endigen. Deswegen melde sogleich daß ich mich mit Professor Göttling so ziemlich über das Local zu dem grössern Zuckerversuch vereinigt habe. Wollten Sie deswegen so gütig seyn einzuleiten daß Serenissimus die Runkeln, welche dazu bestimmt sind bald herüber schicken. Die Fuhre fährt in den Amtshof und wird daselbst weitere Anweisung finden. Nur wünscht man daß die Runkeln *wohlgewaschen* herüber kommen, eine Operation die man vor dem aufladen in Oberweimar leicht machen kann, die aber hier, sowohl wegen des Lokals, als wegen des Wassers und der Taglöhner manche Schwierigkeit finden würde.

WA IV, 51, 146.

An Johann Georg Schlosser Weimar, 30. August 1799.

Wie sehr du in dem großen Frankfurt allein seyn magst, kann ich mir recht gut vorstellen, unser kleiner Kreis, wenn ich besonders Jena mit dazu nehme, ist dagegen ein wahres Feenmärchen. Die Masse von interessanten Menschen, die hier einander so nahe sind ... ist, wie du dir leicht denken kannst, in einer immerwährenden Gärung und in einem Conflict dem man gerne zusieht und worin man allenfalls, entweder vernünftig oder leidenschaftlich, gern auch einmal mitspielt ...
Was Fichten betrifft, so thut mirs immer leid, daß wir ihn verlieren mußten, und daß seine thörige Anmaßung ihn aus einer Existenz hinauswarf, die er auf dem weiten Erdenrund, so sonderbar auch diese Hyperbel klingen mag, nicht wieder finden wird. Je älter man wird je mehr schätzt man Naturgaben, weil sie durch nichts können angeschafft werden. Er ist gewiß einer der vorzüglichsten Köpfe; aber wie ich selbst fürchte für sich und die Welt verloren ... Übrigens ist es ... ein Glück, daß die Höfe in einer Angelegenheit, wo eine unverschämte Präoccupation ... so weit ging, einen Schritt thun konnten, der, wenn er von der einen Seite gebilligt wird, von der andern nicht getadelt werden kann. Und ich für meine Person gestehe gern, daß ich gegen meinen eignen Sohn votiren würde, wenn er sich gegen ein Gouvernement eine solche Sprache erlaubte ...*

* Johann Gottlieb Fichte war von der Kursächsischen Regierung verdächtigt worden, atheistische Lehren zu verbreiten. Daraufhin hatte er in einem Brief an Staatsminister Voigt mit Rücktritt gedroht, falls seine Tätigkeit an der Universität Jena von der Weimarer Regierung mißbilligt würde. Daraufhin sah sich Goethe gezwungen, Fichtes Entlassung zu befürworten.

Johann Gottlieb Fichte, *Kreidezeichnung von Friedrich Bury (entstanden vermutlich 1801, also nach Fichtes Entlassung).*

Tag- und Jahreshefte 1803.
Fichte hatte in seinem philosophischen Journal über Gott und göttliche Dinge auf eine Weise sich zu äußern gewagt, welche den hergebrachten Ausdrücken über solche Geheimnisse zu widersprechen schien; er ward in Anspruch genommen, seine Vertheidigung besserte die Sache nicht, weil er leidenschaftlich zu Werke ging, ohne Ahnung wie gut man dießseits für ihn gesinnt sei, wiewohl man seine Gedanken, seine Worte auszulesen wisse; welches man freilich ihm nicht gerade mit dürren Worten zu erkennen geben konnte, und eben so wenig die Art und Weise, wie man ihm auf das gelindeste herauszuhelfen gedachte. Das Hin- und Widerreden, das Vermuthen und Behaupten, das Bestärken und Entschließen wogte in vielfachen unsichern Reden auf der Akademie durcheinander, man sprach von einem ministeriellen Vorhalt, von nichts Geringerem als einer Art Verweis, dessen Fichte sich zu gewärtigen hätte. Hierüber ganz außer Fassung, hielt er sich für berechtigt, ein heftiges Schreiben bei'm Ministerium einzureichen, worin er jene Maßregel als gewiß voraussetzend, mit Ungestüm und Trotz erklärte, er werde dergleichen niemals dulden, er werde lieber ohne weiteres von der Akademie abziehen, und in solchem Falle nicht allein, indem mehrere bedeutende Lehrer mit ihm einstimmig den Ort gleichzeitig zu verlassen gedächten.
Hierdurch war nun auf einmal aller gegen ihn gehegte gute Wille gehemmt, ja paralysirt: hier blieb kein Ausweg, keine Vermittelung übrig,

und das Gelindeste war, ihm ohne weiteres seine Entlassung zu ertheilen. Nun erst, nachdem die Sache sich nicht mehr ändern ließ, vernahm er die Wendung, die man ihr zu geben im Sinne gehabt, und er mußte seinen übereilten Schritt bereuen, wie wir ihn bedauerten.
Zu einer Verabredung jedoch mit ihm die Akademie zu verlassen, wollte sich niemand bekennen, alles blieb für den Augenblick an seiner Stelle; doch hatte sich ein heimlicher Unmuth aller Geister so bemächtigt, daß man in der Stille sich nach außen umthat, und zuletzt *Hufeland* der Jurist nach Ingolstadt, *Paulus* und *Schelling* aber nach Würzburg wanderten.
Nach allem diesem vernahmen wir im August die so hochgeschätzte Literaturzeitung solle auch von Jena weg und nach Halle gebracht werden ...
Die Sache war von der größten Bedeutsamkeit und es ist nicht zu viel gesagt: diese stille Einleitung bedrohte die Akademie für den Augenblick mit völliger Auflösung ...

WA I, 35, 151-153.

An Friedrich Schiller Jena, 29. Juli 1800.

Meine Arbeit geht ihren Gang fort ...
Kurze Übersicht derer Gaben, welche mir in dieser Stapelstadt des Wissens und der Wissenschaft, zur Unterhaltung sowohl, als zur geistigen und leiblichen Nahrung mitgetheilt worden.

Loder gab
fürtreffliche Krebse, von denen ich Ihnen einen Teller zugewünscht habe,
köstliche Weine,
einen zu amputirenden Fuß,
einen Nasenpolypen,
einige anatomische und chirurgische Aufsätze,
verschiedene Anekdoten,
ein Mikroskop und Zeitungen.

Frommann
Griesens Tasso,
Tiecks Journal erstes Stück.

Fr. Schlegel
Ein eignes Gedicht,
Aushängebogen des Athenäum.

Lenz
Neue Mineralien, besonders sehr schön krystallisirte Chalcedone.

Mineralogische Gesellschaft
Einige Aufsätze hohen und tiefen Standpuncts,
Gelegenheit zu allerley Betrachtungen.

Ilgen
Die Geschichte Tobi's,
Verschiedne heitre Philologica.

Der botanische Gärtner
Viele Pflanzen nach Ordnungen, wie sie hier im Garten stehen und zusammen blühen.
Cotta
Philiberts Botanik.
Der Zufall
Gustav Wasa von Brentano.
Die Litteraturhändel
Lust, Steffens kleine Schrift über Mineralogie zu lesen.
Graf Veltheim
Seine zusammengedruckten Schriften, geistreich und lustig; aber leider leichtsinnig, dilettantisch, mitunter hasenfüßig und phantastisch.
Einige Geschäfte
Gelegenheit mich zu vergnügen und zu ärgern.

Zuletzt sollte ich Ihres Memnons nicht vergessen, der denn auch wie billig zu den merkwürdigen Erscheinungen und Zeichen der Zeit gerechnet werden muß.
Wenn Sie nun alle diese Gespenster durch einander spuken lassen, so können Sie denken daß ich weder auf meinem Zimmer, noch auf meinen einsamen Promenaden allein bin.

An Friedrich Schiller Jena, 19. Januar 1802.
Indem ich in das Büttnerische und akademische Bibliothekswesen hinein sehe, und die Idee eines virtualen Katalogs, der drey, im Lande bestehenden, Bibliotheken, auszuführen trachte, muß ich auch in die ungeheure Empirie des Litterarwesens hineinschauen, wo einem denn doch, wenn man auch die Forderungen noch so hoch spannt, manches respectable Streben und Leisten entgegen kommt.

An Friedrich Schiller Jena, 4. Mai 1802.
Bey der Bibliothekseinrichtung steht mir die Art der Jenenser, die sich nahezu mit der Italiäner *göttlichem Nichtsthun* vergleicht, auf eine verdrießliche Weise entgegen. Ich gebe die Bemerkung zum besten, daß das Arbeiten nach vorgeschriebener Stunde, in einer Zeitenreihe, solche Menschen hervorbringt und bildet, die auch nur das allernothdürftigste, stundenweis und stundenhaft, möchte man sagen, arbeiten. Ich werde so lange als möglich hier bleiben, weil ich überzeugt bin daß wie ich weggehe, das Ganze wieder, mehr oder weniger, stocken wird.

An Heinrich Karl Abraham Eichstädt Weimar, 11. April 1804.
Die Bibliothekseinrichtung ist einer meiner liebsten Wünsche: der Ordnung in diesem Geschäft bey uns überhaupt, sowohl in Weimar, als in Jena, seh' ich entgegen wie Moses dem gelobten Lande und fürchte fast das Ziel nicht mehr zu erreichen.

An Christian Gottlob von Voigt 1. Mai 1807.
... zur Ehre des Weimar-Jenaischen Wesens, welches denn doch eigentlich nicht separirt werden kann, und bey unmittelbarer Wirkung und Gegenwirkung mit einander stehen und fallen muß.

An Carl Ludwig von Knebel Weimar, 25. November 1808.
Deine Bemerkung zu Ehren der Naturstudien gilt nicht für Jena und für diesen Moment allein; es liegt ein viel allgemeineres dahinter und daran. Schon fast seit einem Jahrhundert wirken Humaniora nicht mehr auf das Gemüth dessen der sie treibt und es ist ein rechtes Glück, daß die Natur dazwischen getreten ist, das Interesse an sich gezogen und uns von ihrer Seite den Weg zur Humanität geöffnet hat.

***Blick aus dem Fenster von Knebels Wohnung in Jena**, Bleistiftzeichnung von Goethe (April 1810).*

An Friedrich Wilhelm Heinrich von Trebra 7. April 1812.
Unser Professor der Chemie, Döbereiner in Jena, macht seine Sachen sehr gut, er ist jung, thätig, hat viele technische Einsicht und Fertigkeit, so daß er sich auch schon als Oberaufseher unserer Bierpfannen und Branntweinblasen sehr wacker gezeigt hat ... der Herzog hatte ihn nach Sachsen geschickt eine Runkelrübenzucker Fabrik zu besichtigen.*

* Döbereiner war seit 1810 in Jena. Goethe sorgte dafür, daß er die Oberaufsicht über die Brauereien, Brennereien, Färbereien und anderer chemisch-technischer Betriebe erhielt. Goethe schätzte Döbereiners praktische Initiativen: 1812 für die Stärkezucker- und Essig-Herstellung, 1816 für Leuchtgas-Herstellung, 1823 für Entwicklung des (Döbereinerschen) Platinfeuerzeugs.

An Thomas Johann Seebeck Jena, 29. April 1812.
Döbereiner beschäftigt sich sehr emsig mit der Zuckerfabrication aus Stärke, sie ist ihm gleich gelungen ... Übrigens glaube ich nicht, daß dieser Umwandlungs Prozeß das Werk einzelner Familien, Frauen und Köchinnen werden könne, wir haben vielmehr Lust eine Subscription zu eröffnen, wodurch mehrere Familien in Weimar und Jena mit Herrn Döbereiner contrahiren können, wie viel sie vierteljährig geliefert haben wollen. Der Unterschied der Preise ist so groß, daß es thöricht ist, an der Qualität zu mäkeln, wie schon manche zu thun anfangen.
Die Öconomen sind nun schon dahinter her, welche Kartoffel die stärkereichste und zugleich an Menge der Knollen die ergiebigste ist.

An Christian Gottlob von Voigt (10. März 1815).
... übersende eine Vorarbeit zu einem unterthänigsten Bericht über die Jahre 1813 und 1814 der Jenaischen wissenschaftlichen Anstalten ...
Nachdem ich in beynahe dreyßig Monaten jenen Geschäften keine persönliche Aufmerksamkeit widmen konnte*, begab ich mich, sobald nur Durchmarsch und Einquartierung aufhörte, nach Jena, und hatte die Freude zu sehen, daß durch Treue und Aufmerksamkeit der Männer, denen die verschiedenen Anstalten übergeben sind, nicht weniger durch Theilnahme wohldenkender Mitbürger, sich alles in vollkommener Ordnung finde, wohl erhalten und in einzelnen Theilen verbessert, ja sogar ansehnlich vermehrt sey. Ich beeiferte mich nun auch von meiner Seite, alles, was zu weiterer Begründung, Erhaltung und Erweiterung gedachter Institute dienlich seyn möchte, kennen zu lernen und in ein Geschäft wieder einzugreifen, das von den frühsten Zeiten her meine liebste Angelegenheit gewesen.

* Wegen der Kriegswirren.

Tag- und Jahreshefte 1816.
Zu sonstigen physikalischen Aufklärungen war der Versuch einer Gasbeleuchtung in Jena veranstaltet; wie wir denn auch durch Döbereiner die Art, durch Druck verschiedene Stoffe zu extrahiren, kennen lernten.

WA I, 36, 111.

An Friedrich Wilhelm Riemer Jena, 25. Mai 1816.
Daß ich Döbereiner und somit der Chemie in Jena für ewig eine Burg erbauen kann, giebt mir eine behagliche Thätigkeit.

Weite Welt und breites Leben,
Langer Jahre redlich Streben,
Stets geforscht und stets gegründet,
Nie geschlossen, oft geründet,
Ältestes bewahrt mit Treue,
Freundlich aufgefaßtes Neue,
Heitern Sinn und reine Zwecke:
Nun! man kommt wohl eine Strecke.*

WA I, 3, 71.

* Die Verse sind der Gedichtgruppe „Gott und Welt" vorangestellt; geschrieben wurden sie am 25. Mai 1817 in Jena.

An Carl Friedrich Zelter Jena, 16. Dezember 1817.
Ich lebe zwischen Weimar und Jena; an beiden Orten habe ich Geschäfte die mir Freude machen, in Jena kann ich sogar thun und lernen zugleich; die Naturwissenschaft, besonders die Chemie, ist so lebendig daß man auf die angenehmste Weise wieder jung wird, indem man seine frühesten Ahndungen, Hoffnungen und Wünsche realisirt findet, und Belege zu dem Höchsten und Besten wozu man sich im Gedanken erheben konnte.

Inschriften
*Denk- und Sende-Blätter 66.**

Flora, welche Jena's Gauen
Reich mit Blum- und Früchten schmückt,
Ist verwundert anzuschauen
Was ein fremder Himmel schickt.

Sorget nun, in dichten Häusern,
Daß auch hier der Wachsthum frei,
Daß den allerzartsten Reisern
Hier ein ewiger Sommer sei.

WA I, 4, 53.

* Vermutlich 1820 anläßlich der Fertigstellung eines neuen Gewächshauses im Botanischen Garten in Jena entstanden.

An Johann Friedrich Heinrich Schlosser Jena, 12. August 1820.
Nun aber nehmen Sie eine ... Bitte ... geneigt auf, und senden mir unter Beyhülfe Ihrer Frau Gemahlin ein Dutzend Artischocken auf der fahrenden Post, hierher nach Jena ... Wenn dieses Verlangen komisch erscheinen möchte, so diene zur Entschuldigung, daß wir, durch unsere botanischen Leistungen berühmt, von der Zeder bis zum Issop (Ampelpflanze) alles lebendig, wo möglich blühend und fruchtend, vorzuzeigen bemüht sind, auch im culinarischen Fach zu völliger Zufriedenheit der Tafeln Pisang (Banane), Ananas und so herunter abzuliefern im Stande,

demohngeachtet aber eine Artischocke, wie sie seyn sollte, zu produciren nicht vermögen. Es ist also auf einen Scherz abgesehen, wenn ich, wie unsere Frankfurter Gegend dieses edle Gewächs hervortreibt, zum Anschauen und Geschmack bringen möchte.

Parabase.*

Freudig war, vor vielen Jahren,
Eifrig so der Geist bestrebt,
Zu erforschen, zu erfahren,
Wie Natur im Schaffen lebt.
Und es ist das ewig Eine,
Das sich vielfach offenbart;
Klein das Große, groß das Kleine,
Alles nach der eignen Art.
Immer wechselnd, fest sich haltend,
Nah und fern und fern und nah;
So gestaltend, umgestaltend -
Zum Erstaunen bin ich da.

WA I, 3, 84.

* Erster Druck ohne Überschrift 1820 auf der Rückseite des Titelblattes „Zur Morphologie", Heft 3.

An Johann Jakob von Berzelius Weimar, 3. Januar 1823.
Fürwahr, dieser unser Fürst (Großherzog Carl August) nimmt ein so reinen gründlichen Antheil an den Wissenschaften als man nur wünschen kann, sucht sie in seinem Kreise zu beleben und ihren Einfluß auf's Praktische immerfort in Thätigkeit zu erhalten.

An den Senat der Universität Jena Weimar, 24. November 1825.
Eine unausgesetzte Theilnahme, wie ich sie seit vielen Jahren an der Akademie Jena erwiesen, war eine der schönsten Pflichten, welche die große Thätigkeit eines verehrten Fürsten mir auferlegen konnte.
Ich darf mir schmeicheln, daß Beweise vorliegen, wie ich von jeher alles beyzutragen gedachte, um daselbst nothwendige, den Wissenschaften unerläßliche, einzelne Anstalten zu gründen; nicht weniger, wie ich in derselben Gesinnung und gleicher Vorsorge bis in die letzten Tage fortgefahren. Wie hoch ich daher die Aufmerksamkeit zu schätzen weiß, welche mir von seiten der verehrungswürdigen Gesammtheit, an dem durch Serenissimi Gnade vorgreifenden Fest einer fünfzigjährigen Dienstfeier, geneigtest erwiesen worden, halte ich für Pflicht, wenn auch nur mit wenigen Worten, dennoch tief empfunden, hier auszusprechen.
Ich muß gerührt seyn, wenn ich überdenke und mir vergegenwärtige, wie ich bey meiner ersten Ankunft einen Landsmann und nahen Familiennachbar, den unvergeßlichen Griesbach, schon zum Besten Jenas eifrigst beschäftigt fand; wie ich an ihm, und in der Folge an so vielen andern, je

mehr ich mich in die Wissenschaften versenkte, den treusten Beystand, die redlichste Förderung gefunden. Nun aber muß ich mich höchlich erfreuen, daß ich bis auf den heutigen Tag noch immer Jena und Weimar wie zwey Enden einer großen Stadt anzusehen habe, welche im schönsten Sinne geistig vereint, eins ohne das andere nicht bestehen könnten. Wenn ich von den vielen mir immer am Herzen bleibenden wissenschaftlichen Anstalten meine Sorgfalt nicht abwenden kann; so gereicht es mir zum größten Vortheil, auch von dorther in wissenschaftlichen und literarischen Unternehmungen erwünschtes Mitwirken und Eingreifen zu erfahren.

Da ich nun ein solches Verhältniß im Allgemeinen bis an das Ende meines Lebens als nothwendige Verwandtschaft zu ehren habe; so wüßte ich nichts mehr zu wünschen, als daß auch die einzelnen Glieder dieser großen Corporation mit Wohlwollen und Neigung mir zugethan bleiben mögen: denn wechselseitig freundlich-treue Gesinnungen fördern allein das was in der Stadt Gottes und der Sitten am dringendsten verlangt und am unerläßlichsten gefordert wird.

Mit Eifer werde ich daher jede Gelegenheit, so lang es mir vergönnt ist, ergreifen um wie im Laufe meines Lebens, so auch fortan das in Worten Ausgesprochene, in der Wirklichkeit zu bethätigen.

An die philosophische Facultät der Universität Jena

Weimar, 24. November 1825.

Das unerwartete Glück, welches mich am siebenten November von so manchen Seiten her überraschte*, wird mir erst allgemach zu eigen, und mein verspäteter Dank selbst wird Zeugniß, wie sehr ich von so viel Wohlwollen gerührt sey ...

So entschieden und leidenschaftlich auch meine Sehnsucht gegen die Natur und ihre gesetzlichen Erscheinungen gerichtet war, so konnte sie doch nur durch einen längeren akademischen Aufenthalt erst recht belebt, genährt, geregelt und stufenweise befriedigt werden.

Ein solcher ward mir seit vielen Jahren zu Jena, und ich bin dieser Akademie ganz eigentlich die Entwickelung meines wissenschaftlichen Bestrebens schuldig geworden.

Manche treffliche Männer, unmittelbare Theilnehmer an meinem gesteigerten rastlosen Bemühen, sind dahin gegangen, andere leben entfernt in glücklicher Lage. Wie erfreuen muß es mich daher, von der gegenwärtigen Generation ein Zeugniß zu erhalten, daß sie die Ausdauer meines Bestrebens mit fortwährender Geneigtheit und Aufmerksamkeit begleite.

* Die Ehrungen zum 50jährigen Dienstjubiläum.

An Johann Wolfgang Döbereiner Weimar, 7. Oktober 1826.

... sind aus Erfahrung selbst überzeugt, daß es eine höchst angenehme Empfindung sey, wenn wir eine bedeutende Entdeckung irgend einer Naturkraft technisch alsobald zu irgend einem nützlichen Gebrauch eingeleitet sehen; und so bin ich in dem Falle mich Ew. Wohlgeboren immer dankbar zu erinnern, da Ihr so glücklich erfundenes Feuerzeug* mir täglich zur Hand steht und mir der entdeckte wichtige Versuch von so tathkräftiger Verbindung zweyer Elemente, des schwersten und des leichtesten, immerfort auf eine wundersame Weise nützlich wird.

* Döbereiner hatte die von ihm erfundene Zündmaschine, den Vorläufer des Taschenfeuerzeugs, an Goethe geschickt.

Dem Professor Döbereiner
im Namen seiner Kinder,
zum Geburtstage.

Wenn wir dich, o Vater, sehen
In der Werkstatt der Natur,
Stoffe sammeln, lösen, binden,
Als seist du der Schöpfer nur,

Denken wir: der solche Sachen
Hat so weislich ausgedacht,
Sollte der nicht Mittel finden
Und die Kunst, die fröhlich macht?

Und dann schauend auf nach oben,
Wünschen, bester Vater, wir,
Was die Menschen alle loben,
Glück und Lebensfreuden dir.

WA I, 4, 259.

Johann Wolfgang Döbereiner.

Tagebuch, 7. Oktober 1827.
Zeitig nach Jena gefahren ... An dem botanischen Garten angefahren. Garten und Haus besehen. In dem Bären (dem Gasthof) abgestiegen. Zu Director Lenz in das Mineralien-Cabinet. Die übrigen Sammlungen durchgegangen. Alles rein und ordentlich gefunden. Zu Major von Knebel zu Tische. Gegen 4 Uhr in die Bibliothek. Professor Göttling und die übrigen gesprochen. Alles in bester Ordnung gefunden. Nochmals in den botanischen Garten ... Zu Dr. Weller in die Bachgasse. Haus und Garten besehen. Frau und Kind auch Schwester begrüßt. Zurück in den Bären. Inspector Götze. Der junge Frommann. Zeitig zu Bette.

Tagebuch, 8. Oktober 1827.
Früh aufgestanden ... In das anatomische Cabinet ... Alles gleichfalls reinlich und ordentlich ... Zu Hofrath Döbereiner, welcher wie die übrigen uns gar freundlich empfing. Einige schöne Experimente, zeigte besonders die Wirkung der Platina in metallischem und oxydirtem Zustande ...
Ich war in vier Jahren nicht nach Jena gekommen und hatte mich zu erfreuen, daß durch die aufmerksame Wirkung meines Sohns und die höchst verständige Wirkung aller Angestellten sich im Ganzen und Einzelnen nichts zu tadeln fand.

Tagebuch, 19. Juni 1830.
Ich besorgte viel nach allen Seiten, wegen meines Entschlusses nach Jena zu gehen ... Gegen Abend nach Jena. Im botanischen Garten abgestiegen und den Erker bezogen. Fand alles in bester Ordnung. Die Ter-

***Goethe**, Zeichnung von William Makepeace Thackeray (1830/31).*

rassen zunächst des Hauses sehr löblich angelegt. An den Wegen war noch einiges zu thun. Mit Baumann die Wege durchgegangen. Einiges notirt zu meinen nächsten Zwecken. Dr. Weller, Custos Färber. Verabredung wegen morgen.

Tagebuch, 20. Juni 1830.
Früh aufgestanden. Die Angelegenheiten überdacht. Im botanischen Garten. Um 10 Uhr in's Schloß mit Dr. Weller. Erst das mineralogische, dann das zoologische Museum durchgegangen. Das kleinere mineralogische zu didactischem Zweck, ingleichen das Auditorium. Ferner die beyden untern Säle. Überall gute Ordnung und Zucht. Durchaus die größte Reinlichkeit auf's Neue empfohlen.
Mittag mit Dr. Weller. Manches über die Jenaischen Zustände. Nachmittag dessen Schwester und zwey Kinder. Die Professoren Voigt und Göttling gesprochen und das Nächste mit ihnen verhandelt. Dr. Wellern einige Aufträge wegen des botanischen Gartens gegeben. Um 4 Uhr abgefahren.

An Heinrich Wilhelm Ferdinand Wackenroder

Weimar, 14. August 1830.

In diesen Betrachtungen ist mir ein Gedanke beygegangen, welchen ich verfolgt wünschte. Der alte Eckthurm in Jena über dem botanischen Garten, der sogenannte Pulverthurm, steht nun schon so manche Jahre allen atmosphärischen Einwirkungen ausgesetzt, und ich wünschte wohl, daß ein umsichtiger Chemiker und Mineralog denselben genau untersuchte, inwiefern Sonnenschein und Schatten, Wärme und Kälte, Feuchtigkeit aller Art auf das Gestein in der Höhe eingewirkt und vielleicht, auf irgend einer Seite, einen solchen chalcedonartigen Überzug hervorgebracht habe?

Der Verfasser theilt die Geschichte seiner botanischen Studien mit.
1817. Neufassung 1831.
Seit länger als einem halben Jahrhundert kennt man mich, im Vaterlande und auch wohl auswärts, als Dichter und läßt mich allenfalls für einen solchen gelten; daß ich aber mit großer Aufmerksamkeit mich um die Natur in ihren allgemeinen physischen und ihren organischen Phänomenen, emsig bemüht und ernstlich angestellte Betrachtungen stetig und leidenschaftlich im Stillen verfolgt, dieses ist nicht so allgemein bekannt, noch weniger mit Aufmerksamkeit bedacht worden.
... er (der vorstehende Aufsatz) soll anschaulich machen: wie ich Gelegenheit gefunden einen großen Theil meines Lebens mit Neigung und Leidenschaft auf Naturstudien zu verwenden.

WA II, 6, 126, 127.

Arbeits- und Lebensalltag

Ich bin hier recht vergnügt und fleißig.

Ende Februar 1784 wurde Jena von einer Hochwasserkatastrophe heimgesucht. Goethe als Leiter der herzoglichen Wegebaukommission, zu der Wasserbau und Flußregulierung gehörten, eilte sogleich in die Saalestadt, um Hilfsmaßnahmen einzuleiten. Mehr als zwei Jahrzehnte lang hatte er aus ähnlichen Anlässen in Jena zu tun. Oft beschäftigten ihn Saale-Regulierungsarbeiten, wie Durchstiche an Fluß-Schleifen, die Überschwemmungen gefährdeter Straßen verhindern konnten. Erst im Oktober 1807 gab Goethe die „Wasserbau-Geschäfte" wieder ab.

***Spaziergänger am (Jenaer) Fürstengraben**, lavierte Radierung von Carl Benjamin Schwarz (1791).*

Inzwischen hatte er genügend andere Gründe, oft und gern nach Jena zu kommen. Schon im Februar 1785, noch vor der Reise nach Italien, teilt Goethe seinem „Urfreund" Carl Ludwig von Knebel mit, daß er nach Jena kommen will, weil er dort in „einer Art Abgeschiedenheit" am besten arbeiten könne. Nach der Rückkehr aus Italien wird die Bindung an Jena immer enger. Nach aufreibender Verwaltungsarbeit als Staatsbeamter im ersten Weimarer Jahrzehnt vollzieht sich nun eine verstärkte Hinwendung zu den Naturwissenschaften; die Besuche in der Universitätsstadt mehren sich. In der zweiten Lebenshälfte werden die Aufenthalte in Jena immer länger, mitunter dauern sie mehrere Wochen. Sie werden allmählich notwendige Ergänzung zum Leben in der Residenz. In Jena gelingt es Goethe meist, die notwendige Sammlung und Konzentration

für wissenschaftliche und poetische Arbeiten zu finden. Viele Werke, in Weimar oder auf Reisen geplant oder begonnen, werden in Jena ungestört weitergeführt und zu Ende gebracht.
Der Tagesrhythmus in der Universitätsstadt unterschied sich deutlich vom Weimarer Alltag. Wurde er dort durch Ablenkungen wegen höfischer oder familiärer Ereignisse geprägt und oft zersplittert, spielte sich in Jena die gewünschte Regelmäßigkeit zwischen angespanntem Tätigsein und behaglichem Genießen ein, die in eigener Regie geregelt werden konnte. Auf diese Weise entstand ein spannungsreiches Wechselspiel zwischen Weimarer und Jenaer Alltag, der sich günstig auf Goethes Schaffenskraft auswirkte.
Die schöne Landschaft in Jenas Umgebung reizte zudem Goethe als Naturfreund sehr; sie regte zu zahlreichen Spaziergängen an, die oft in Begleitung unternommen wurden und zu angeregten Unterhaltungen führten. An den Abenden setzten sich die Gespräche meist in geselliger Runde fort. Nach 1800 war das Wohnhaus des Verlagsbuchhändlers Frommann mit seiner bürgerlichen Behaglichkeit das Zentrum geistvoller Unterhaltungen. Auch in den Häusern des Juristen Hufeland und des Theologen Griesbach traf man sich in gemütlicher Runde. Hin und wieder nahm Goethe auch an den Zusammenkünften des Professorenklubs in der „Rose“ teil.
Am Ende des Jahres 1807 hielt sich der Sonetten-Dichter Zacharias Werner in Jena auf, er verkehrte im Frommannschen Hause und las aus seinen Werken vor. Goethe sah sich zu einem Zyklus von Sonetten angeregt, in denen sich nach eigenen Aussagen die tiefe Zuneigung zu Minchen Herzlieb, der Pflegetochter Frommanns, widerspiegelt. Neuere Forschungen weisen nach, daß die Sonette auch die Beziehung zu Silvie von Ziegesar als biographischen Hintergrund haben könnten.
Während der Jena-Aufenthalte wurde Goethe von seiner treuen Gefährtin Christiane, die während seiner Abwesenheit das Haus am Frauenplan in Weimar zu hüten hatte, auch von Weimar aus fürsorglich betreut. Gab es in Jena über unzureichendes Essen zu klagen – was oft der Fall war – schickte sie die gewünschten Leckerbissen per Botenfrau herüber. Wünschte der „Geheime Rath“ – und das blieb Goethe für Christiane bis an ihr Lebensende – nicht gestört zu werden, nahm sie Rücksicht und verzichtete auf Besuche in Jena. Umgekehrt folgte sie einer Einladung gern, wenn eine Arbeitspause ein Treffen erlaubte. So trug Christiane dazu bei, daß Jena außer der gewünschten Arbeitsatmosphäre auch die notwendige Behaglichkeit bieten konnte.
In den ersten Jahren seiner Jenaer Aufenthalte wohnte Goethe im Schloß. Nachdem dort 1806 ein Lazarett eingerichtet worden war, nahm er in der Hauptwache an der Einfahrt zum Schloß, im Bischoffschen Hause, Quartier.
Später, ab 1817, bot das Inspektorhaus im Botanischen Garten, die gepriesene „Klausur auf dem Blumen- und Pflanzenberg“, eine schlichte, aber gern genutzte Unterkunft. Hier verbrachte Goethe bis 1822 jeweils einige Wochen des Jahres. Zusätzlich mietete er 1818 jenseits der Saale in der „Grünen Tanne“ eine Mansarde, in der er bei herrlicher Aussicht auf

die Stadt, den Fluß und die Berge ungestört seinen Forschungen nachgehen konnte. Diese gern genutzte Wohnung Goethes in Jena kann symbolisch für seine bevorzugte Lebensform in der Universitätsstadt stehen, sich lernend und genießend zugleich mit Naturerscheinungen und wissenschaftlichen Problemen zu befassen.

An Charlotte von Stein Jena, 1. März 1784.

Statt meiner kommt wieder ein Brief ... Ich bin nicht ganz unnütze hier drum will ich bleiben.* Du bist meine Begleiterinn auf Wassern und Eise. An einigen Orten der Vorstadt ist das Übel gros, und in einer allgemeinen Noth auch ein gemeiner Verstand nütze, wenn er Gewalt hat.
Drum will ich bleiben und alles in deinem Nahmen thun. Alles rennt durch einander, die Vorgesetzten sind auf keine auserordentlichen Fälle gefasst, die Unglücklichen ohne Rath und die Verschonten unthätig. Wenige einzelne brave Menschen zeichnen sich aus ...
Ich komme in grose Versuchung, der Herzog fährt hinein (nach Weimar) und will Abends wieder hier seyn, ich könnte mit meiner Lotte zu Mittage essen, ihr allerley erzählen, und wieder fortfahren.
Allein ich will dem nothwendigen nachgeben es ist besser ich bleibe hier.
Der guten Stadt Jena geht es wie dem römischen Reich man sieht nicht eher wie elend die Constitution ist als wenn die Noth an Mann geht.

* Eine Überschwemmungskatastrophe in der Saaleaue hatte Goethe als Leiter der Wegebaukommission, der auch Wasserwegebau und Flußregulierung unterstanden, nach Jena eilen lassen.

An Friedrich Heinrich Jacobi Jena, 3. März 1784.

Der Gedancke an dich ... folgt mir auch hierher wo ich von Wassern, Eise und Noth, ich darf wohl sagen umgeben sitze, und Beruf und Gelegenheit habe menschliche Schicksale wieder zu käuen. Ich bin ein armer Sclave der Pflicht mit welcher mich das Schicksal vermählt hat.

An Herzog Carl August Weimar, 28. Oktober 1784.

In Jena ist auch alles in Ordnung, das Hospital abgetragen, und kan der Plaz nun den Winter über liegen bleiben, der Brücken Bogen ist frey, und wäre dadurch die letzte Hinderniß die sich dem Ablaufe des Wassers entgegen stellte gehoben. Der abgestochne Rand der Mühllache wird auch beflochten, wir haben diese Arbeit die ieder Besitzer unter Aufsicht verrichten muß dadurch erleichtert daß wir ihnen die benötigten Pfäle dazu verwilligt haben. Es macht dieses gegen den Vortheil der für das Publikum erreicht wird eine kleine Summe.

An Carl Ludwig von Knebel 27. Februar 1785.

Wenn es möglich ist, komme ich bald zu dir, ich habe einige Sachen zurückgelegt, die ich in Jena am besten ausarbeiten kann und in einer Art von Abgeschiedenheit durchdencken muß.

Ich käme eines Sonnabends und zöge in ein Zimmer neben dem Concertsaale*, wenn wir vorher die Geister dieser Lustbarkeit vertrieben hätten, und so wohnten wir in brüderlicher Eintracht und Nachbarschaft beysammen. Ich hätte acht Tage vor mir, bis die Musick mich wieder vertriebe.

* Im Schloß, wo Knebel zu dieser Zeit wohnte.

An Charlotte von Stein Jena, 8. März 1785.
Bey Knebeln ist recht gut seyn. Ich habe ein artiges Stübgen das eine freye muntre Aussicht hat. Ausser meinen Geschäfften erkundige ich mich nach mancherley Verhältnissen der naturlichen Dinge an denen mir gelegen ist. Das Cabinet, die Bibliotheck, das alte lebendige Encyklopädische Dicktionair (Prof. Büttner)*, alles wird genutzt wie es die Kälte und die Umstände erlauben ...
Die Kälte ist auserordentlich und die Gegend höchst schön bey dem Schnee und dem hohen Stand der Sonne.

* Natur- und Sprachforscher, der seit 1782 als Privatgelehrter in Jena lebte.

An Charlotte von Stein Jena, 13. Dezember 1785.
Ich habe die schönsten Stunden im freyen gehabt. Das Thal (Saaletal) ist im Nebel und halb Lichte gar schön.

An Charlotte von Stein 10. Januar 1786.
Ich habe mich kurz und gut resolvirt nach Jena zu fahren, da die Wasser gros sind und ich den Effeckt der neuen Wasserbaue gern sehn mögte ich lasse mir bey Stein* ein leichtes Wägelgen ausbitten.

* Oberstallmeister Josias von Stein, Charlottes Ehemann.

An Herzog Carl August Weimar, 8. Oktober 1788.
Die gegenwärtige Jahrszeit fordert mich auf, den Durchstich bey Jena oberhalb der Rasenmühle in Erinnerung zu bringen. Dieses Werck wozu man durch die Gefahr der nahliegenden Straße gezwungen worden hat mehrere Jahre Arbeit und mancherley Kosten erfordert, es hat sich ... gut gehalten ... Gegenwärtig sollte ich dencken daß man mit wenigem das Unternehmen endigen und den letzten Entzweck erreichen könnte. Besonders da das Material so nah ist und die Kies Inseln, welche ich von jeher als einen Schatz für den dortigen Wasserbau angesehn, und auch ferner zu bewahren bitte, auf das schönste wieder die nöthigen Weidenäste und Sprößlinge getrieben haben.

An Friedrich von Stein Jena, 16. November 1788.
Ich habe mich recht wohl befunden, auf dem Balle habe ich viel getanzt, bin in Lobeda und Drackendorf gewesen, vorgestern bei Grießbach zum Abendessen, gestern im Conzert, und so geht es immer fort. Du siehst, daß Jena zum lustigen Leben inspirirt ... Sage deiner Mutter, daß ich viel lerne und viel denke. Mit Knebel wird viel geschwätzt, und er muntert mich auf, Manches niederzuschreiben.

An Herzog Carl August Weimar, 5. November 1789.
In Jena war ich gestern und genoß den herrlichen Tag im Saalthale, das sehr schön war. Der Durchstich wird auch gut werden. Das Stück Wiese ist acquirirt, die Bäume sind gefällt und der neue Durchstich angegeben. Ich habe nun das ganze Werck dreymal angesehn, bey großem, Mittel und kleinem Wasser und bin überzeugt daß der Entzweck erreicht ist. Nur muß man jetzt noch einige Jahre, mit Aufmercksamkeit zusehen, was der Strom thun will. Wenig Aufwand wird es erfordrn.

An Johann L. (Christoph) Schmidt Weimar, 14. Oktober 1790.
Da ich bey Untersuchung der Saal Ufer gefunden daß der sehr niedrige Wasserstand gegenwärtig erlaubt den neuen Durchstich über der Rasenmühle noch um einige Stiche auszuheben so habe ich dem Conduckteur Vent aufgetragen dieses bewerckstelligen zu laßen. Es ist eine Arbeit welche mit zwölf Mann etwa in acht Tagen wird geendet werden können.
Ew. Hochwohlg. ersuche daher um Verordnung an den Jenaischen Rentbeamten daß derselbe die von gedachtem Vent authorisirten Zettel bezahle.
Übrigens kann ich vorläufig anzeigen daß ich nicht ungegründete Hoffnung habe das ganze Wasserbau Geschäfte endlich in den rechten Weg zu leiten.

Tag- und Jahreshefte 1795.
Für einen Theil der Jenaischen Bürgerschaft ward auch gerade in dieser Zeit ein bedeutendes Geschäft beendigt. Man hatte den alten Arm der Saale oberhalb der Rasenmühle, der durch mehrere Krümmungen die schönsten Wiesen des rechten Ufers in Kiesbette des linken verwandelte, in's Trockne zu legen einen Durchstich angeordnet, und den Fluß in gerader Linie abwärts zu führen unternommen. Schon einige Jahre dauerte die Bemühung, welche endlich gelang, und den anstoßenden Bürgern, gegen geringe frühere Beiträge, ihre verlornen Räume wieder gab, indem ihnen die alte Saale und die indeß zu nutzbaren Weidichten herangewachsenen Kiesräume zugemessen und sie auf diese Weise über ihre Erwartung befriedigt wurden; weßhalb sie auch eine seltene Dankbarkeit gegen die Vorgesetzten des Geschäftes ausdrückten.
Unzufriedene machte man jedoch auch bei dieser Gelegenheit: denn auch solche Anlieger, die im Unglauben auf den Erfolg des Geschäftes die früheren geringen Beiträge verweigert hatten, verlangten ihren Theil an dem eroberten Boden, wo nicht als Recht doch als Gunst, die aber hier nicht statt haben konnte.

WA I, 35, 54-55.

Faust. Zweiter Theil.
Fünfter Act.
Offene Gegend.

PHILEMON ZU BAUCIS:
Eile nur den Tisch zu decken,
Wo's im Gärtchen munter blüht.
Laß ihn rennen, ihn erschrecken,
Denn er glaubt nicht was er sieht.
Neben dem Wandrer stehend.
Das euch grimmig mißgehandelt,
Wog' auf Woge, schäumend wild,
Seht als Garten ihr behandelt,
Seht ein paradiesisch Bild.
Älter, war ich nicht zu Handen,
Hülfreich nicht wie sonst bereit,
Und, wie meine Kräfte schwanden,
War auch schon die Woge weit.
Kluger Herren kühne Knechte
Gruben Gräben, dämmten ein,
Schmälerten des Meeres Rechte,
Herrn an seiner Statt zu sein.
Schaue grünend Wies' an Wiese,
Anger, Garten, Dorf und Wald. -
Komm nun aber und genieße,
Denn die Sonne scheidet bald. -
Dort im Fernsten ziehen Segel!
Suchen nächtlich sichern Port.
Kennen doch ihr Nest die Vögel,
Denn jetzt ist der Hafen dort.
So erblickst du in der Weite
Erst des Meeres blauen Saum,
Rechts und links, in aller Breite,
Dichtgedrängt bewohnten Raum.

WA I, 15.1, 291-292.

An Christiane Vulpius Jena, 3. April 1795.
Es geht mir, mein liebes Kind, hier recht gut, ich bin fleißig und mache meine Sachen weg. Beym schönen Wetter gehe ich spazieren, beim unfreundlichen bleibe ich zu Hause ...
Schicke mir doch sechs Bouteillen Wein und eine gute Salvelatwurst, denn was das Essen betrifft lebe ich schlecht und theuer.

An Christian Gottlob Voigt Jena, 22. April 1795.
Das Geschäft (Wasserbau) geht ganz gut, und da ich täglich zweymal die Arbeit besehe; so komme ich auch immer zu mehrerer Klarheit was zu machen ist und hoffe immer mehr mit wenigerm Aufwand zu leisten.

An Christiane Vulpius Jena, 9. November 1795.

Ich bin hier recht vergnügt und fleißig wenn ich nur auch wüßte daß du und der Kleine recht wohl bist. Laß mir doch sobald als möglich ein Wort schreiben. Vielleicht bleibe ich biß zu Ende der Woche hier, denn im stillen Schloß läßt sichs recht gut dencken und arbeiten. Abends bin ich bey Schillern und da wird biß tief in die Nacht geschwätzt.

An Christiane Vulpius Jena, 8. Januar 1796.

Ich muß dir sagen, meine liebe, daß es mir ganz wohl geht. In acht Tagen hoffe ich mit dem siebenten Buche (des „Wilhelm Meister") zu Stande zu seyn, und dann werde ich vergnügt zurück kehren. Alle Morgen gehe ich spazieren und die Abende war ich bey Schillern. Nun bin ich auf drey Abende in die Stadt geladen und damit geht die Zeit so hin. Das Wetter begünstigt mich sehr und in allem befinde ich mich leidlich. Die Götzen* kocht nicht übel, nur, weil sie im Ofen kocht, sind die Sachen wohl einmal rauchrigt. Vor einigen Tagen hatte ich Gäste die mir meinen Keller ziemlich aufräumten. Dagegen hat Herr v. Milkau** mir wieder Engl. Bier zukommen lassen. Lebe recht wohl. Der Presskopf und das Leberwürstchen dauert noch. Von Wein schicke mir etwas Werthheimer, aber kein Bier. Lebe wohl grüße Gusteln und behalte mich lieb.

* Maria Dorothea Götze, die Mutter von Goethes ehemaligen Diener Paul Götze, der als Kondukteur, später als Inspektor bei der Jenaer Wegebaukommission angestellt war, zog 1794 mit seiner Mutter nach Jena.

** Christian Wilhelm Gottlob von Milkau war Kommandant der Jenaer Garnison.

***Das 1905 abgebrochene Jenaer Schloß**, wo für Goethe immer eine Dienstwohnung bereit stand. – An seinem Platz befindet sich heute das von 1905 bis 1908 erbaute Universitätshauptgebäude.*

An Christiane Vulpius Jena, 7. März 1796.

Da das Wetter so hübsch und leidlich ist, und ich noch einige Zeit hier verweilen werde, so wünsche ich dich mit dem Kleinen einmal bey mir zu sehen. Du kannst deinen Bruder und Ernestinen (Christianes Stiefschwester) mitnehmen, ihr steigt im Bären (Gasthof) ab, wo ich eine warme Stube bestellen werde, du kommst zu mir herüber (ins Schloß) und die andern können drüben zu Mittage essen. Sorge dafür, daß du Abends den Kleinen gut einpacken kannst.

Ich habe soviel gearbeitet daß ich es ganz satt habe und mir auch wieder einmal mit dir und dem Kleinen was zu Gute thun mögte. Ich freue mich sehr dich wieder zu sehen. Du mußt mir aber Geld mitbringen. Nimm nur den eingesiegelten Schlüssel und bringe mir das Silbergeld das in der kleinen Schublade linckerhand auf meinem Schreibtische sich befindet.

Lebe wohl. Ich muß dich einmal wieder an mein Herz drücken und dir sagen daß ich dich recht lieb habe.

An Christiane Vulpius Jena, 1. Mai 1796.

Ich bitte dich recht herzlich, mein liebes Kind, die schönen, guten Tage zu genießen, die du vor so vielen andern haben kannst und dir das Leben nicht zu verderben, noch verderben zu lassen. Du weißt daß ich zu Hause nicht zur Sammlung kommen kann meine schwere Arbeit (an „Wilhelm Meisters Lehrjahre") zu endigen, vielleicht gelingt mir es auch hier nicht und ich muß doch nach Ilmenau. Lebe recht wohl, grüße und küsse das Bübchen, ihr sollt mich bald besuchen.

An Christian Gottlob Voigt Jena, 10. Mai 1796.

Am Wasserbau sind wir indessen fleißig gewesen, der Durchstich der Mühllache ist fertig, ich hoffe er soll sich gut halten, vielleicht besuchen Sie uns einmal nach dem Feste und sehen diese kleine Arbeit an.

An Christian Gottlob Voigt Jena, 31. Mai 1796.

In der Beylage erscheint abermals ein kleines Ansuchen, Sie werden, nach Ihrer gewohnten Güte, entweder der Sache irgend eine günstige Wendung geben, oder mich deßhalb belehren.

...

Übrigens ist hier unter Bürgern und Bürgergenossen eine unglaubliche Thätigkeit und ich glaube daß es der Moment wäre Liederlichkeit und Unart auf ewig von hier zu verbannen, wenn man von oben herein, gerade jetzt, eingreifen wollte; jeder fängt an den Werth des Besitzthums zu fühlen, mancher wendet Geld und Kräfte hierher, weil er Geld und Kräfte findet, und es wäre doch schön wenn wir noch manches mit offnen Augen sehen könnten, was wir der Nachwelt vielleicht hinterlassen müssen zu thun, wenn wir sie zuschließen.

Sie sehen auch hieraus daß eine gewisse Kraft und Neigung nicht müssig seyn kann, und daß ich, da mir die Franzosen den Weg nach Italien abschneiden*, zu Hause im kleinen nützlich zu seyn wünschte...

Gehorsamstes *pro Memoria*.
Der Gerber Eckardt hat einen sehr wichtigen Bau unternommen, indem er ein altes, zwischen seinem Wohnhaus und dem Bären (Gasthaus) gelegenes, Gebäude niedergerissen hat und nunmehr ein anderes, in gleicher Flucht mit seinem bestehenden Hause aufführt, ein Unternehmen, das alle Aufmunterung verdient. Es ist ihm dabey folgender Umstand vorgekommen:
Er hat einige lange, zu Thürsturzen und ähnlichen überbindenden Bedürfnissen nöthige Steine, die so haltbar und vollkommen in hiesigen Gegenden nicht gebrochen werden, in Zwätzen, und zwar um des Transports willen *behauen* angeschafft. Über diese hat ihm das hiesige Mauerhandwerk Streit erregt, hat den Wagen einige Tage nicht in die Stadt gelassen, und was dergleichen mehr ist. Die Sache ist, wie ich höre, an Fürstl. Regierung.
Ich zweifle nicht an einer Resolution, die den Umständen gemäß ist und die Frage für jetzt und künftig entscheidet. Der Gerechtsame des Maurerhandwerks unbeschadet (denn daran ist in einzelnen Fällen nicht zu rühren) kommt mir ein solcher Fall höchst zulässig vor. Es ist offenbar, daß ein Bauherr keine Steine von Zwätzen hierher schleppen wird, wenn er sie näher haben kann, es ist ungeschickt von ihm zu fordern, daß er die ganze rohe Masse über die Hügel schleppen soll, es ist unleidlich von ihm zu fordern, daß er statt tüchtiger, in einer gewissen Länge, die Last haltender und tragender Steine, wider besser Wissen und Gewissen, bey seinem kostbaren Bau, schlechtere nehmen soll. Möchte doch in diesem, so wie in vielen andern Fällen, auf eine gelinde Weise, das Hinderniß weggehoben werden, das den einzelnen hindert, dem ganzen schadet und nicht dem einzelnen nützt, weil es das ganze lähmt.

* Goethe plante erneut eine Reise nach Italien, konnte sie aber wegen der Besetzung Oberitaliens durch die Franzosen nicht antreten.

An Christiane Vulpius Jena, 23. August 1796.
... ich erwarte Nachricht ob du mich Sonnabend besuchen wirst, worauf ich mich sehr freue; ich kann noch nicht hinüber gehen, ich kann euch aber auch nicht da behalten, denn es ist noch sehr viel zu thun, wobey ich mir ganz allein überlassen seyn muß. Schicke mir mit den zurück kehrenden Botenweibern drey kleine Fläschchen Pyrmonter... und drey Bouteillen rothen Wein...

Zahme Xenien.
Aus dem Nachlaß.

In Jena weiß man viele Sachen,
Nur nicht aus Essig Wein zu machen.

WA I, 53, 23.

Goethe und Christiane Vulpius*, Kreidezeichnungen von Friedrich Bury (1800).*

An Christiane Vulpius Jena, 6. September 1796.

Noch kann ich dir heute nicht sagen wenn ich kommen werde. Auf den Sonnabend wird sichs entscheiden lassen, die Sachen gehen nicht so geschwind als man denkt, man verrechnet sich im kleinen immer um Tage wie im großen um Wochen und Monate.

Bringe ja deinen Haushalt recht in Ordnung und richte dich ein daß wir ein gut Stück des Octobers hier zubringen können, sorge für deine Reitequipage, und was dazu gehört, denn da wir die Reitbahn im Hause (Schloß) haben und der Stallmeister auf jede Art gefällig ist, so wäre es unverantwortlich, wenn ich dir den Spaß nicht machen sollte.

Laß die Bücher, die ich auf beyliegendem Blättchen verzeichnet habe, durch deinen Bruder in meiner Bibliothek aufsuchen und schicke mir sie durch die rückgehenden Botenweiber.

Chokolade schicke mir auch. Grüße das Bübchen und schicke es fleißig zu Frau von Stein.

An Christiane Vulpius Jena, 9. September 1796.

Ich kann Dir nicht sagen, mein liebes Kind, ob ich in den nächsten Tagen kommen werde, es kommt alles darauf an ob sich die Lust bey mir zu einer neuen Arbeit einfindet. Gechieht das, so bleibe ich hier, es ist nämlich die große Idylle, von der du weißt („Hermann und Dorothea"), könnte ich diese noch diesen Monat fertig machen so wäre ich über alle Maßen glücklich.

Schicke mir auf alle Fälle warme Strümpfe, denn es fängt schon an morgens sehr kalt zu werden.

An Christian Gottlob Voigt Jena, 9. September 1796.
Die völlige Abgesondertheit in der ich hier lebe, setzt mich in sehr gute Stimmungen und macht mir die Ausführung von gewissen Arbeiten möglich, die mir sonst sehr entfernt, ja unmöglich schienen, und da übrigens die Welt völlig ohne mich ihren wilden und ruhigen Gang geht und gehen kann, so erfreue ich mich um desto mehr meines abgeschiedenen Zustandes.

***Christian Gottlob Voigt**, Goethes Ministerkollege.*

An Christiane Vulpius Jena, 10. März 1797.
Durch die Anwesenheit des Herzogs bin ich ein wenig an meinem Gedicht („Hermann und Dorothea") gestört worden, doch ist es noch recht gut im Gange und wird gewiß fertig, wenn ich mir nur die gehörige Zeit lasse. Ich will nicht eher von hier weggehen, bis das Ganze beysammen ist und bis die ersten drey Gesänge abgeschrieben und fortgeschickt sind. Dadurch gewinne ich auch ein paar Monate die schönste Ruhe und Freyheit, denn ich mögte jetzt um vieles nicht den guten Gang unterbrechen, in welchen ich diese Arbeit eingeleitet habe.

An Friedrich Schiller Frankfurt a. M., 22. August 1797.*
Bey allem dem leugne ich nicht daß mich mehrmals eine Sehnsucht nach dem Saalgrunde wieder anwandelt und, würde ich heute dahin

versetzt, so würde ich gleich, ohne irgend einen Rückblick, etwa meinen Faust oder sonst ein poetisches Werk anfangen können.

* Auf der Reise in die Schweiz.

An Friedrich Schiller Weimar, 9. Dezember 1797.

Noch habe ich vierzehn Tage (in Weimar) zu thun ... Dann will ich aber auch gleich zu meiner Tages-Einsamkeit des Jenaischen Schlosses und zu unsern Abendgesprächen eilen.

Meyern (den Weimarer Hausgenossen) werde ich wohl nicht mitbringen, denn ich habe die Erfahrung wieder erneuert: daß ich nur in einer absoluten Einsamkeit arbeiten kann, und daß nicht etwa nur das Gespräch, sondern sogar schon die häusliche Gegenwart geliebter und geschätzter Personen meine poetische Quellen gänzlich ableitet. Ich würde jetzt in einer Art von Verzweiflung seyn, weil auch jede Spur eines productiven Interesse bey mir verschwunden ist, wenn ich nicht gewiß wäre es in den ersten 8 Tagen in Jena wiederzufinden.

An Christiane Vulpius Jena, 20. November 1798.

Meine Arbeiten fangen an zu rücken, doch langsamer als sonst. Ich bitte dich daher nicht unvermuthet herüber zu kommen, ich muß es wieder auf meine gewöhnliche Art halten und hier solange in Einem Stücke arbeiten als ich mag und kann. Alsdann wollen wir wieder vergnügt beysammen seyn.

An Carl Ludwig von Knebel Jena, 28. November 1798.

Seit 18 Tagen bin ich nun wieder in deiner alten Stube (im Schloß), in der nichts als der Ofen verrückt ist, der nun aus dem kleinern hintern Zimmer eingeheizt wird, wodurch ich viel Holz erspare und um vieles behaglicher wohne ...

Hier geht alles in seinem gewöhnlichen Fleiße fort, und es ist wirklich interessant so viele Menschen zu sehen von denen jeder arbeitet als wenn er für alle arbeiten müßte, diese Betriebsamkeit hat für mich immer etwas Ansteckendes ...

An Johann Georg Paul Götze Weimar, 25. Dezember 1798.

Du hast wohl gethan, mich von dem Zustand der Saale bey gegenwärtigem Frost zu unterrichten, ich wünschte nun aber daß du mir auch einige Vorschläge mittheiltest, wie allenfalls einem zu besorgenden Uebel zu begegnen wäre; ob wohl gegen eine so große Naturwirkung wenig zu thun ist und dabey so viel vom Zufall abhängt.

Vor allen Dingen müßte man den Eisrechen und den Damm besichtigen ob sie in solchem Stande sind, daß ein kommendes Eis die weder umwerfen noch umgehen kann ferner müßte dem Brückenmüller aufgegeben werden daß er in einem Falle wo der Eisgang zu besorgen ist, die Mühle gleich zusetze, wodurch der Zug nach der Stadt auf einmal gehemmt ist mehr oder weniger läßt sich ein solcher Eisgang zeitig genug voraussehen.

Außer dieser Vorsorge will mir gegenwärtig nichts einfallen allenfalls könnte man die Leute in der Saalvorstadt auf die Gefahr aufmerksam machen daß sie ihr Vieh bey Seite brächten und sich einrichteten aus den untern Zimmern in die Obern zu flüchten.
Schreibe mir bald deine Gedanken damit ich das weitere besorgen kann.

WA IV, 51, 140.

An Christiane Vulpius Jena, 12. Februar 1799.
Ich habe mich heute wieder verführen lassen eine Stunde Schlitten zu fahren. Die Kälte war viel erträglicher als neulich und ich finde mich von der Bewegung ganz heiter.
Meine Arbeiten gehen bis jetzt recht gut von statten und ich werde in den nächsten drey Wochen schon etwas vor mich bringen. Es war aber auch endlich einmal nöthig daß etwas geschah.
Ich schicke dir hierbey etwas Wildpret, daran es mir hier nicht fehlt. Mit meinem Essen steht 'es überhaupt ganz gut, ich lasse mir von der Trabitius (die Frau des Schloßvogts) morgens wieder Wassersuppen kochen, denn es scheint doch daß die Chokolade mir nichts taugt. Wer weiß auch was sie bey der Fabrikation hineinmischen ...

Tag- und Jahreshefte 1800.
Dieses Jahr brachte ich halb in Weimar, halb in Jena zu.

An Johann Ludwig von Eckardt Weimar, 10. Oktober 1800.
Daß der von Fürstl. Wasserbau Commission, in dem sogenannten Thalstein, angeordnete Durchstich ... einige Unannehmlichkeiten verursacht hat, setzt mich in nicht geringe Verlegenheit, da ich, bey denen mir aufgetragnen Geschäften, das öffentliche Beste mit den Privatvortheilen der einzelnen zu verbinden äußerst bemüht bin und besonders in diesem Falle ... nichts zu unternehmen wünschte worüber Dieselben Klage zu führen veranlaßt werden könnten.
Durch den Augenschein werden sich Ew. Hochwohlgeb. überzeugt haben, wie nothwendig gedachter Durchstich sey, da der, zum unersetzlichen Schaden der gegenüberliegenden Nachbarn, sich ansetzende Gries, das Flußbett dergestalt in einen Bogen drängt, daß das Eis, bey großen Eisfahrten, seinen Weg nicht nehmen kann, sondern hier fast jederzeit stocken muß. In solchen Fällen hat die jenaische Bürgerschaft wiederholt um die Anlage eines Durchstichs nachgesucht, welche auch von Fürstl. Wasserbau Commission längst verordnet worden wäre, wenn die schwache, von andern Ausgaben belästigte Casse sich dazu im Stande gefunden hätte.
Nun aber, da von den versammelten Herrn Ständen ... eine hinreichende Summe ... verwilligt worden; so hat man keinen weitern Anstand nehmen dürfen pflichtmäßig zum Werke zu schreiten ...
Ich hoffe zunächst nach Jena zu kommen ... und nach Möglichkeit ... völlig Beruhigung zu bewirken hoffe ...

Tag- und Jahreshefte 1801.
Zu Anfang des Jahres überfiel mich eine grimmige Krankheit; die Veranlassung dazu war folgende: seit der Aufführung Mahomets* hatte ich eine Übersetzung des Tancred von Voltaire begonnen und mich damit beschäftigt; nun aber ging das Jahr zu Ende, und ich mußte das Werk ernstlich angreifen, daher begab ich mich Hälfte Decembers nach Jena, wo ich in den großen Zimmern des herzoglichen Schlosses einer altherkömmlichen Stimmung sogleich gebieten konnte. Auch diesßmal waren die dortigen Zustände meiner Arbeit günstig; allein die Emsigkeit, womit ich mich daran hielt, ließ mich den schlimmen Einfluß der Localität dießmal wie schon öfter übersehen. Das Gebäude liegt an dem tiefsten Puncte der Stadt, unmittelbar an der Mühllache; Treppe so wie Treppengebäude von Gyps, als einer sehr kalten und verkältenden Steinart, an die sich bei eintretendem Thauwetter die Feuchtigkeit häufig anwirft, machen den Aufenthalt besonders im Winter sehr zweideutig. Allein wer etwas unternimmt und leistet, denkt er wohl an den Ort wo es geschieht? Genug ein heftiger Katarrh überfiel mich, ohne daß ich deßhalb in meinem Vorsatz irre geworden wäre.

WA I, 35, 87-88.

* Goethe hatte im Auftrag des Herzogs Voltaires „Mahomet“ übersetzt und im Hoftheater aufführen lassen.

Tag- und Jahreshefte 1802.
Neben allem diesem wissenschaftlichen Bestreben hatte die Jenaische Gesellschaft nichts von ihrem heitern Charakter verloren. Neue heranwachsende, hinzutretende Glieder vermehrten die Anmuth und ersetzten reichlich, was mir in Weimar auf einige Zeit entgangen war.
Wie gern hätte ich diese in jedem Sinne angenehmen und belehrenden Tage noch die übrige schöne Herbstzeit genossen, allein die vorzubreitende Ausstellung* trieb mich nach Weimar zurück ...

WA I, 35, 139.

* In Weimar wurden von 1798 bis 1805 von den „Weimarer Kunstfreunden“ Kunstaustellungen veranstaltet, die mit Preisausschreiben verbunden waren.

An Friedrich Schiller Jena, 19. Januar 1802.
Im Geiste der immer neuen Jenaischen Jugend werden die Abende gesellig hingebracht. Gleich Sonntags bin ich bey Lodern, bis 1 Uhr in der Nacht, geblieben, wo die Gesellschaft gerade einige Kapitel historischer Kenntnisse aufrief, die bey uns nicht zur Sprache kommen. Bey einiger Reflexion über die Unterhaltung fiel mir auf was man für ein interessantes Werk zusammenschreiben könnte, wenn man das was man erlebt hat, mit der Übersicht, die einem die Jahre geben, mit gutem Humor aufzeichnete.

An Friedrich Schiller Jena, 19. Januar 1802.
In Jena, in Knebels alter Stube (im Schloß), bin ich immer ein glücklicher Mensch, weil ich keinem Raum, auf dieser Erde, so viel productive Mo-

mente verdanke. Es ist lustig daß ich an einen weißen Fensterpfosten alles aufgeschrieben habe was ich, seit dem 21. Nov. 1798, in diesem Zimmer, von einiger Bedeutung, arbeitete. Hätte ich diese Registratur früher angefangen, so stünde gar manches darauf was unser Verhältniß aus mir heraus lockte.

An Christiane Vulpius Jena, 19. Januar 1802

Mein Mittagstisch ist wie immer nur zur Noth genießbar, gestern habe ich mir, durch ein Gericht Meerrettig, den ganzen Nachmittag verdorben. Götze hat mir fürtreffliche Knackwürste ausgemacht, sie mögen nur ein klein bischen zu stark gesalzen seyn. Deine bleiben noch immer die besten. Sorge ja bey der neuen Schlacht dafür daß sie gut werden, weil ich zum Frühstücke nun daran gewöhnt bin.
Die Abendessen sind desto besser, indem, in kleiner Gesellschaft, allerley Gutes aufgetischt wird; allein ich muß mich Abends in Acht nehmen und esse also nicht wo ich zu essen finde, und wo ich essen möchte habe ich nichts.
Schicke mir ja das Schweinewildpret, damit ich Lodern eine Artigkeit erzeigen kann, und frage beym Hofkammerrath an: ob er dir etwas Caviar ablassen möchte? Wenn du mich damit versorgst, so bringe ich dir auch einige Flaschen Champagner mit.

An Christiane Vulpius Jena, 19. Februar 1802.

Eine Fahrt herüber will ich dir nicht rathen, besonders gehts im Mühlthale so oft durchs Wasser und Eis, daß der Schlitten sich nicht wohl dabey befinden dürfte. Auch will ich von meinen Lieben nichts sehen, biß ich hier fertig bin.

An Christiane Vulpius Jena, 4. Mai 1802.

Ich habe diese Tage nicht geschrieben, weil ich sehr fleißig bin, und mir was ich vornehme recht gut von Statten geht. An den heißen Tagen komme ich gar nicht aus, nur Abends gehe ich einige Stunden spazieren. Die Blüthen sind hier außerordentlich schön, wie sie bey der günstigen Witterung wohl weit und breit seyn werden, besonders ists hinter Griesbachs Garten ganz bewundernswürdig.
Mit der Kost geht es recht gut, indem ich mit Herrn von Hendrich esse, der eine so gute Küche führt, daß man nur fast zu viel ißt und zu lange bey Tische bleibt. Ob ich dich auf den nächsten Sonntag einladen werde, weiß ich nicht, denn da ich noch bis in künftige Woche hier bleiben kann; so wünsche ich auf meine ganz ungestörte Weise meinen Weg fortzugehen.
So viel kann ich dir melden daß der zweyte Aufzug, des bewußten Stükkes („Die natürliche Tochter"), fertig ist, und, wenn ich noch acht Tage Zeit habe, so kann wohl der dritte sich dazu gesellen.
Schicke mir noch einige Fläschchen Port und Madera! wenn du ein gut Gericht Spargel hast, so schicke es doch auch, denn daran fehlt es hier gar sehr, besonders da die Griesbachischen, welche nun zu lange stehen, anfangen abzunehmen.

An Herzog Carl August Weimar, 27. August 1803.

Bey einiger erlangten Kenntniß von dem Wasserbau, besonders insofern er an unsern kleinen Flüssen anwendbar ist, habe ich, mehrere Jahre, mit Vergnügen die dahin einschlagenden Geschäfte besorgt, und manche, wie der Erfolg zeigt, nicht unzweckmäßige Anordnungen getroffen. Jetzt, da mir meine Gesundheit nicht mehr erlaubt, in Früh- und Spatjahr diejenigen wiederholten Expeditionen vorzunehmen, welche zu Leitung solcher Arbeiten nöthig sind; so stelle ich anheim: ob nicht Serenissimus geneigt seyn möchten, die Wasserbaucommission aufzulösen, und das Geschäft zurück an Fürstl. Cammer zu weisen.

...

Tag- und Jahreshefte 1807.

Nachtrag.

(...)

Anfang Decembers kam Werner nach Jena, und man kann nicht läugnen, daß er Epoche in unserm Kreis gemacht. Er mußte sogleich als ein merkwürdiger Mensch betrachtet werden. Ein sehr schönes poetisch-rhetorisches Talent ...

Mit großer Wahrheit und Kraft las er vor, wodurch denn seine trefflichen Sonette noch höhern Werth erhielten und besonders die rein menschlich leidenschaftlichen großen Beifall gewannen. Es war das erste Mal seit Schillers Tode, daß ich ruhig gesellige Freuden in Jena genoß; die Freundlichkeit der Gegenwärtigen erregte die Sehnsucht nach dem Abgeschiedenen und der auf's neue empfundene Verlust forderte Ersatz. Gewohnheit, Neigung, Freundschaft steigerten sich zu Liebe und Leidenschaft, die, wie alles Absolute, was in die bedingte Welt tritt, vielen verderblich zu werden drohte. In solchen Epochen jedoch erscheint die Dichtkunst erhöhend und mildernd, die Forderung des Herzens erhöhend, gewaltsame Befriedigung mildernd. Und so war dießmal die ... von Werner in's Tragische gesteigerte Sonettenform höchst willkommen. Besonders auch sagte sie Riemers geistreich poetischem Talente zu, und ich ließ mich gleichfalls hinreißen, welches auch jetzt noch nicht reuen darf; denn die kleine Sammlung Sonette, deren Gefühl ich immer gern wieder bei mir erneuere, und an denen auch andere gern Theil genommen, schreibt sich aus jener Zeit her. Noch einige sind im Hinterhalte; sie bleiben zurück, weil sie die nächsten Zustände nur allzudeutlich bezeichneten.

WA I, 36, 391-392.

Sonette, II.
Freundliches Begegnen.

Im weiten Mantel bis an's Kinn verhüllet
Ging ich den Felsenweg, den schroffen, grauen,
Hernieder dann zu winterhaften Auen,*
Unruh'gen Sinns, zur nahen Flucht gewillet.

Auf einmal schien der neue Tag enthüllet:
Ein Mädchen kam, ein Himmel anzuschauen,
So musterhaft wie jene lieben Frauen
Der Dichterwelt. Mein Sehnen war gestillet.

Doch wandt' ich mich hinweg und ließ sie gehen
Und wickelte mich enger in die Falten,
Als wollt' ich trutzend in mir selbst erwarmen;

Und folgt' ihr doch. Sie stand. Da war's geschehen!
In meiner Hülle konnt' ich mich nicht halten,
Die warf ich weg, Sie lag in meinen Armen.

WA I, 2, 4.

* Der „Felsenweg" oberhalb der „Aue" weckt Assoziationen an die Jenaer Landschaft mit ihren Muschelkalkhängen zu beiden Seiten des Saaletales.

Sonette, XVII.
Charade.

Zwei Worte sind es, kurz, bequem zu sagen,*
Die wir so oft mit holder Freude nennen,
Doch keineswegs die Dinge deutlich kennen,
Wovon sie eigentlich den Stempel tragen.

Es thut gar wohl in jung- und alten Tagen
Eins nach dem andern kecklich zu verbrennen;
Und kann man sie vereint zusammen nennen,
So drückt man aus ein seliges Behagen.

Nun aber such' ich ihnen zu gefallen
Und bitte mit sich selbst mich zu beglücken;
Ich hoffe still, doch hoff' ich's zu erlangen:

Als Namen der Geliebten sie zu lallen,
In Einem Bild sie beide zu erblicken,
In Einem Wesen beide zu umfangen.

WA I, 2, 19.

* Herz-Lieb

Tag- und Jahreshefte 1807.
... auch die Wahlverwandtschaften sollten ... kurz behandelt werden. Allein sie dehnten sich bald aus; der Stoff war allzubedeutend, und zu tief in mir gewurzelt, das daß ich ihn auf eine so leichte Weise hätte beseitigen können.
Pandora sowohl als die Wahlverwandtschaften drücken das schmerzliche Gefühl der Entbehrung aus, und konnten also nebeneinander gar wohl gedeihen ...*

WA I, 36, 28.

* Während seines Jenaer Aufenthaltes vom 11. November bis 18. Dezember 1807 arbeitete Goethe an der „Pandora" und beschäftigte sich mit Plänen zu den „Wahlverwandtschaften". Zu dieser Zeit weilte er fast täglich bei Frommanns; das Gefühl der „Entbehrung", sprich „Entsagung" im Sinne von Verzicht und Selbstüberwindung – in beiden Werken präsent – ist auch im Zusammenhang mit der Zuneigung zu Minchen Herzlieb zu sehen.

An Charlotte von Stein Jena, 1. Dezember 1807.
Bald habe ich meine hiesigen Tagwerke vollbracht und kann mit heiterem Sinn wieder zurückkehren.
Ich bringe manchen Abend bey Knebel zu; da denn manches gelesen und durchgeschwätzt wird. Im ganzen ist bey einer äußeren höchsten Stille doch im Grunde hier viele Thätigkeit. Gebildete Menschen und die auf Bildung Anderer arbeiten, bringen ihr Leben ohne Geräusch zu. Freylich sind die trüben Tage und langen Abende hier fast unüberwindlich.

An Carl Friedrich Zelter Jena, 16. Dezember 1807.
Hier ist es mir ganz gut geworden, und was Sie mir wohl nicht rathen würden, ich bin ins Sonettenmachen hineingekommen. Davon schicke ich Ihnen gelegentlich ein Dutzend, mit der einzigen Bedingung, daß sie Niemand sieht und daß keine Abschrift genommen wird. Möchten Sie aber eins davon componiren, so würde es mich recht glücklich machen. Ich mag gar zu gern meine Productionen auf Ihrem Elemente schwimmen sehen...

Jena, Gärtnerhaus im Botanischen Garten, *Tuschlavierung von Goethe (21. August 1806).*

Sonette, V.
Wachsthum.*

Als kleines art'ges Kind nach Feld und Auen
Sprangst du mit mir, so manchen Frühlingsmorgen.
„Für solch ein Töchterchen, mit holden Sorgen,
Möcht' ich als Vater segnend Häuser bauen!"

Und als du anfingst in die Welt zu schauen,
War deine Freude häusliches Besorgen.
„Solch eine Schwester! und ich wär' geborgen:
Wie könnt' ich ihr, ach! wie sie mir vertrauen!"

Nun kann den schönen Wachsthum nichts beschränken;
Ich fühl' im Herzen heißes Liebetoben.
Umfass' ich sie, die Schmerzen zu beschwicht'gen?

Doch ach! nun muß ich dich als Fürstin denken:
Du stehst so schroff vor mir emporgehoben;
Ich beuge mich vor deinem Blick, dem flücht'gen.

Jena, 13. December 1807.

WA I, 2, 7.

* Die Handschrift des Sonetts war ursprünglich im Besitz von Wilhelmine Herzlieb.

An Carl Ludwig von Knebel Weimar, 21. Oktober 1809.
Es versteht sich von selbst, daß ich an diesen schönen Tagen gar zu gern vor deinen Fenstern (in Jena) in die Hände patschen und dich zum Spaziergang auffordern möchte. Ich gehe zwar auch hier (in Weimar) weit und breit umher; doch läßt sich, wenn ich aufrichtig seyn soll, der Gegend nichts abgewinnen, sobald man einmal an die Jenaische gewöhnt ist. Doch was ist zu thun!

An Christiane von Goethe Jena, 17. April 1810.
Alles was ich gewünscht habe ist recht glücklich und gut angekommen, deswegen du auch ganz beonders gelobt seyn sollst. Ganz allein fehlt noch das Holz vom Wachholderbaum, wovon ich dich um einen stärkern und schwächern Ast bitte.*
Unsere Geschäfte gehen hier sehr gut; nur bringt mich leider das Essen beynahe zur Verzweiflung. Ich übertreibe nicht, wenn ich sage, daß ich vier fünf Tage blos von Cervelatwurst Brodt und rothem Wein gelebt. Auch sehe ich unter den hiesigen Umständen gar keine Rettung und wäre, weil es mir zuletzt doch schädlich werden muß, schon wieder hinübergefahren (nach Weimar), wenn es unser Geschäft nur einigermaßen zuließe. Ich bitte dich also aufs allerinständigste, mir mit jedem Boten-Tage etwas Gutes Gebratenes, einen Schöpsenbraten, einen Kapaun, ja einen Truthahn zu schicken, es *mag kosten was es will*, damit wir nur

zum Frühstück, zum Abendessen, und wenn es zu Mittag gar zu schlecht ist, irgend etwas haben was sich nicht vom Schweine herschreibt. Ich mag dir nicht sagen, wie verdrießlich und ärgerlich ich die Zeit her gewesen bin, wenn ich mit einem übertriebenen und ganz unschicklichen Aufwand entweder hungern oder etwas genießen mußte was mir offenbar schädlich war.
Alles andere was von uns selbst abhängt geht sehr gut, und wir werden zur rechten Zeit fertig ...

* Ein alter Wacholderbaum in Goethes Garten an der Ilm war in der Nacht vom 30. zum 31. Januar 1809 bei gewaltigem Sturm umgestürzt. Aus dem Holz wollte Goethe zum Andenken brauchbare Gegenstände für den Hausrat arbeiten lassen.

An Christiane von Goethe Jena, 20. April 1810.
Doch haben deine Wohlthaten, theils an und vor sich selbst sehr gute Wirkung gethan, theils auch anderes Gute herbeygeführt, und wir haben uns in der letzten Zeit, was das Essen betrifft, um vieles besser befunden. Sende uns nur mit jedem Botentage etwas Abgebratenes, es sey was es sey, damit ich nur zum Frühstück und Nachtisch etwas Kaltes habe, das mir allein wohlschmeckt und mir allein wohl bekommt.
Zahnpulver schicke ich hier eine kleine Gabe. Herrn von Hendrich werde ich wegen solcher Schächtelchen erinnern. Daß du mir die beyden Flaschen Franzwein aufgeopfert hast, weiß ich dir großen Dank. Die eine hat uns schon besonders gut geschmeckt; die andere wollen wir mit destomehr Verstand trinken.
(...)
Sey so gut und schicke mir ein paar Pfund Chocolade. Augusten bitte gefälligst zu sagen, daß ich sein Stammbuch besorgt habe, es aber leider heute nicht mitschicken kann, indem es bey Frommanns liegt, die in diesem Augenblick, wo die Botenfrauen eben abgehen wollen, nicht zu Hause sind...

An Christiane von Goethe Jena, 6. November 1812.
Nachschrift.
Gestern Abend habe ich auch Minchen (Herzlieb) wieder gesehn. Ich überließ es dem Zufall wie ich mit ihr zusammen kommen sollte. Der hat sich auch recht artig erwiesen, und es war eben recht. Sie ist nun eben um ein paar Jahre älter. An Gestalt und Betragen u.s.w. aber immer noch so hübsch und so artig, daß ich mir gar nicht übel nehme, sie einmal mehr als billig geliebt zu haben.

An Carl Friedrich Zelter Weimar, 15. Januar 1813.
Herrn Pfund (den Verlobten von Minchen Herzlieb) hab ich gern und freundlich ... gesehn ... Seine Braut fing ich an als Kind von acht Jahren zu lieben und in ihrem sechzehnten liebte ich sie mehr wie billig.

An Johann Heinrich Meyer Jena, 23. Mai 1817.

Die wissenschaftlichen Stunden der lieben Prinzessinnen machen sich recht hübsch.* Ich begleite sie nah und fern.

* Die Enkelinnen des Großherzogs, Marie und Augusta, verbrachten die Sommermonate in Griesbachs Gartenhaus nahe dem Inspektorhaus des Botanischen Gartens, in dem Goethe wohnte.

An Johann Heinrich Meyer Jena, 7. Juni 1817.

Durch ganz eigentlichen Zufall bin ich im botanischen Garten wohnhaft. Es kann seyn daß ich mich in dem Bischoffischen Quartier mit den entoptischen Farben und andern hypochondrischen Räthseln noch länger gequält hätte; hier tritt manches Freundliche hervor. Der fürstlichen Kinder Zustand und Unterricht verfolge gewissenhaft in der Stille...

Tagebuch, 23. Juni 1817.

Nachricht, daß auf der Rasenmühle (an der Saale) ein Lachs 13 ℔ schwer. Erkaufung desselben. Section desselben...
Eingeweide, Floßfeder und Kopf zu einem Präparate sorgfältig aus- und abgelöst. Die Hälfte des Ganzen in die Küche der Prinzessinnen gegeben. Eine Portion von meinem Theil Knebeln, eine Hofrath Voigts und die dritte *meinen Kindern* mit einem Brief gesendet.

An Christian Gottlob von Voigt Jena, 8. Juli 1817.

Meine Körperlichkeiten, die mich keine großen Sprünge machen lassen, erlauben mir wenigstens innerhalb meiner Clausur auf dem Blumen- und Pflanzenberge* in meiner Art schriftlich und drucklich thätig zu seyn.

* Die Wohnung im Inspektorhaus des Botanischen Gartens.

***Das Inspektorhaus** am Botanischen Garten heute; in zwei Räumen des Erdgeschosses befindet sich eine Goethe-Gedenkstätte.*

An Johann Sulpiz Boisserée Jena, 16. Januar 1818.
Ihr liebreiches Andenken fand mich gerade allein am Weihnachtsabend, in meiner wunderlichen jenaischen Wohnung, wo aller Comfort nur aus der Seele des Bewohners entspringen kann.

Tagebuch, 22. Mai 1818.
Fuhr ich zu Frommanns, wo Methfessel* Musik vor großer Gesellschaft gab.

* Albert Methfessel, Theaterkomponist und Dirigent aus Stadtilm.

Tag- und Jahreshefte 1820.
Mein ... Aufenthalt in Jena wurde dadurch sehr erheitert, daß die Herrschaften* einen Theil des Sommers in Dornburg zubrachten, wodurch eine lebhaftere Geselligkeit entstand, auch manches Unerwartete sich hervorthat; wie ich denn den berühmten indischen Gaukler und Schwertverschlucker Krtom Balahja seine außerordentlichen Künste mit Erstaunen bei dieser Gelegenheit vortragen sah.**
Gar mancherlei Besuche beglückten und erfreuten mich in dem alten Gartenhause und dem daran wohlgelegenen wissenschaftlich geordneten botanischen Garten ...

WA I, 36, 182.

* Die herzogliche Familie.
** Goethe nahm auf Einladung der herzoglichen Familie an der Vorführung des indischen Gauklers teil.

An Ottilie von Goethe Jena, 20. Juni 1820.

Wo ich wohne
Zeigt die Melone;
Am Paradiese
Zunächst der Wiese
Liegt ein Garten;
Da warten
Hübsche Kinder auf mich.
Ich aber denck an dich,
In aller Tugend und Zucht
Schick ich die Frucht.

Tagebuch, 6. Oktober 1820.
Bericht an Serenissimum wegen der Landständischen Beyträge zu den Jenaischen Anstalten. Gegen Mittag spazieren gegangen. In den Prinzessinnen Garten. Nachmittag mit Knebel spazieren gefahren. Gegen Wenigen-Jena und die Gleise (Gleisberge bei Jena). Sehr schönes Wetter. Unterhaltung mit dem Brückenmüller.

Freundschaft mit Schiller

... mit wechselseitiger Theilnahme an dem was wir lieben und treiben.

Seit 1789 als Professor für Geschichte an der Universität Jena tätig, war Friedrich Schiller lange Zeit bemüht, sich dem Weimarer Genius Goethe zu nähern. Der Weg zu diesem Ziel war mühsam und voller Zweifel. Allzu große Unterschiede der Vorstellungsart hielten das Verhältnis zwischen beiden gespannt und Goethes kühle Zurückhaltung war nicht dazu angetan, Schillers Hin- und Hergerissensein zwischen Bewunderung und Abneigung zu entkräften.
Dennoch schien es Schiller 1784 geboten, den Großen in Weimar für sein Projekt der „Horen" zu gewinnen. Diese Zeitschrift sollte alle Dichter und Denker Deutschlands „unter der Fahne der Wahrheit und Schönheit" vereinen. Der Einladung zur Mitarbeit an den „Horen" im Juni folgte eher zufällig Ende Juli 1794, im Anschluß an eine Sitzung der „Naturforschenden Gesellschaft" in Jena, ein Gespräch zwischen Goethe und Schiller, in dem man sich über die gegensätzlichen Positionen der Naturanschauung austauschte. Dies war der entscheidende Impuls für ein Arbeits- und Freundschaftsbündnis, dessen Zustandekommen viele Jahre später von Goethe als ein „glückliches Ereigniß" bezeichnet wird.
Im gegenseitigen Ringen um Bestätigung bei gleichzeitigem Anerkennen der Gegensätze fühlte sich vor allem Goethe in seinem poetischen Schaffen durch Schiller angeregt und gefördert. Die Jahre des geistigen Austausches mit Schiller zwischen 1794 und 1805 umfassen eine besonders fruchtbare Periode seines Schaffens. Von Schiller herausgefordert, wurde die Arbeit am „Faust" wieder aufgenommen und im brieflichen Gedankenaustausch mit dem Bündnispartner am „Wilhelm Meister"- Roman gearbeitet. Auch das Versepos „Hermann und Dorothea" entstand unter reger Anteilnahme Schillers. Das Jahr 1797 wurde zum Balladenjahr, in dem im gegenseitigen Wettstreit nach theoretischer Verständigung über das Wesen von Dichtung unsterbliche Werke der deutschen Literatur entstanden.

***Friedrich Schiller*,**
Silhouette (um 1795).

Wie innig geistige Übereinstimmung und gegenseitiges Verstehen waren, wurde bei der Entstehung von mehr als tausend polemisch-satirischen „Xenien" besonders augenscheinlich. Sie erschienen in Schillers „Musenalmanach" von 1797 und Goethe stellte rückblickend fest, daß bei deren „einzelnen Gedanken gar nicht die Rede und Frage sein konnte, ob sie dem einen gehörten oder dem andern"*. Die Beziehungen zwischen beiden Dichtern waren so eng und einfühlsam, daß „keiner ohne den anderen leben konnte".
Umso tiefer empfand Goethe den Verlust, den er durch Schillers Tod am 9. Mai 1805 erleiden mußte. Sein Andenken an den Freund äußerte sich nicht zuletzt im Versuch von 1817, Schillers Gartenzinne an der Leutra als Erinnerungsstätte zu gestalten. Goethes Vorschlag blieb ohne Erfolg; das Häuschen ließ sich nicht wieder herstellen und wurde abgerissen. Heute ist es wieder zu besichtigen. Die Kustodie der Friedrich-Schiller-Universität ließ Schillers Gartenzinne 1978/79 stilgerecht nachbauen.

* Eckermann läßt Goethe am 16. Dezember 1828 sagen: „Freunde wie Schiller und ich, jahrelang verbunden, mit gleichen Interessen, in täglicher Berührung und gegenseitigem Austausch, lebten sich ineinander so sehr hinein, daß überhaupt bei einzelnen Gedanken gar nicht die Rede und Frage sein konnte, ob sie dem einen gehörten oder dem andern. Wir haben viele Distichen gemeinschaftlich gemacht, oft hatte ich den Gedanken, und Schiller machte die Verse, oft war das umgekehrt der Fall, und oft machte Schiller den einen Vers und ich den andern. Wie kann nun da von Mein und Dein die Rede sein! Man müßte wirklich selbst noch tief in der Philisterei stecken, wenn man auf die Entscheidung solcher Zweifel nur die mindeste Wichtigkeit legen wollte."

Tag- und Jahreshefte 1794.
Noch aber war der Zwiespalt, den das wissenschaftliche Bemühen in mein Dasein gebracht, keineswegs ausgeglichen: denn die Art, wie ich die Naturerfahrungen behandelte, schien die übrigen Seelenkräfte sämmtlich für sich zu fordern.
In diesem Drange des Widerstreits übertraf alle meine Wünsche und Hoffnungen das auf einmal sich entwickelnde Verhältniß zu *Schiller*; von der ersten Annäherung an war es ein unaufhaltsames Fortschreiten philosophischer Ausbildung und ästhetischer Thätigkeit. Zum Behuf seiner Horen mußte ihm sehr angelegen sein, was ich im Stillen gearbeitet, angefangen, unternommen, sämmtlich zu kennen, neu anzuregen und zu benutzen; für mich war es ein neuer Frühling, in welchem alles froh nebeneinander keimte und aus aufgeschlossenen Samen und Zweigen hervorging. Die nunmehr gesammelten und geordneten beiderseitigen Briefe geben davon das unmittelbarste, reinste und vollständigste Zeugniß.*

WA I, 35, 41-42.

* Die „Tag- und Jahreshefte" wurden ab 1819 niedergeschrieben. 1824 begann Goethe mit der Redaktion seines Briefwechsels mit Schiller, der 1828 erschien.

Erste Bekanntschaft mit Schiller 1794.*
Alle meine Wünsche und Hoffnungen übertraf das auf einmal sich entwickelnde Verhältniß zu *Schiller*, das ich zu den höchsten zählen kann die mir das Glück in späteren Jahren bereitete. Und zwar hatte ich dieses

günstige Ereigniß meinen Bemühungen um die Metamorphose der Pflanzen zu verdanken, wodurch ein Umstand herbeigeführt wurde, der die Mißverhältnisse beseitigte die mich lange Zeit von ihm entfernt hielten. (...)
Schiller zog nach Jena ... Zu gleicher Zeit hatte Batsch durch unglaubliche Regsamkeit eine naturforschende Gesellschaft in Thätigkeit gesetzt, auf schöne Sammlungen, auf bedeutenden Apparat gegründet. Ihren periodischen Sitzungen wohnte ich gewöhnlich bei; erstmals (um den 20. Juli 1794) fand ich Schillern daselbst, wir gingen zufällig beide zugleich heraus, ein Gespräch knüpfte sich an, er schien an dem Vorgetragenen Theil zu nehmen, bemerkte aber sehr verständig und einsichtig und mir sehr willkommen, wie eine so zerstückelte Art die Natur zu behandeln, den Laien, der sich gern darauf einließe, keineswegs anmuthen könne.
Ich erwiderte darauf: daß sie den Eingeweihten selbst vielleicht unheimlich bleibe, und daß es doch wohl noch eine andere Weise geben könne die Natur nicht gesondert und vereinzelt vorzunehmen, sondern sie wirkend und lebendig, aus dem Ganzen in die Theile strebend, darzustellen.
Er wünschte hierüber aufgeklärt zu sein, verbarg aber seine Zweifel nicht; er konnte nicht eingestehen, daß ein solches, wie ich behauptete, schon aus der Erfahrung hervorgehe.
Wir gelangten zu seinem Hause, das Gespräch lockte mich hinein; da trug ich die Metamorphose der Pflanzen lebhaft vor, und ließ, mit manchen charakteristischen Federstrichen, eine symbolische Pflanze vor seinen Augen entstehen. Er vernahm und schaute das alles mit großer Theilnahme, mit entschiedener Fassungskraft; als ich aber geendet, schüttelte er den Kopf und sagte: das ist keine Erfahrung, das ist eine Idee. Ich stutzte, verdrießlich einigermaßen: denn der Punct der uns trennte, war dadurch auf's strengste bezeichnet. Die Behauptung aus Anmuth und Würde (Schillers Abhandlung) fiel mir wieder ein, der alte Groll wollte sich regen, ich nahm mich aber zusammen und versetzte: das kann mir sehr lieb sein, daß ich Ideen habe ohne es zu wissen und sie sogar mit Augen sehe ...
Wenn er das für eine Idee hielt, was ich als Erfahrung aussprach, so mußte doch zwischen beiden irgend etwas Vermittelndes, Bezügliches obwalten! Der erste Schritt war jedoch gethan. Schillers Anziehungskraft war groß, er hielt alle fest, die sich ihm näherten; ich nahm Theil an seinen Absichten und versprach zu den Horen (Schillers Zeitschrift) manches, was bei mir verborgen lag, herzugeben; seine Gattin, die ich von ihrer Kindheit auf zu lieben und zu schätzen gewohnt war, trug das Ihrige bei zu dauerndem Verständniß, alle beiderseitigen Freunde waren froh, und so besiegelten wir, durch den größten, vielleicht nie ganz zu schlichtenden Wettkampf zwischen Object und Subject, einen Bund, der ununterbrochen gedauert, und für uns und andere manches Gute gewirkt hat.
Für mich insbesondere war es ein neuer Frühling, in welchem alles froh neben einander keimte und aus aufgeschlossenen Samen und Zweigen

hervorging. Unsere beiderseitigen Briefe geben davon das unmittelbarste, reinste und vollständigste Zeugniß.

WA I, 36, 246-252.

* Dieser Aufsatz wurde zuerst in Heft 1 „Zur Morphologie" in leicht veränderter Form als Schluß der Abhandlung „Metamorphose der Pflanzen" unter dem Titel „Glückliches Ereigniß" gedruckt.

An Friedrich Schiller Weimar, 25. Juli 1794.

Erhalten Sie mir ein freundschaftliches Andencken und seyn Sie versichert daß ich mich auf eine öftere Auswechslung der Ideen mit Ihnen recht lebhaft freue. Empfehlen Sie mich in Ihrem Circkel. Unvermuthet wird es mir zur Pflicht mit nach Dessau zu gehen und ich entbehre dadurch ein baldiges Wiedersehen meiner Jenaischen Freunde.

An Friedrich Schiller Ettersburg, 27. August 1794.

Zu meinem Geburtstage, der mir diese Woche erscheint, hätte mir kein angenehmer Geschenck werden können als Ihr Brief, in welchem Sie, mit freundlicher Hand, die Summe meiner Existenz ziehen und mich, durch Ihre Theilnahme, zu einem emsigern und lebhafteren Gebrauch meiner Kräfte aufmuntern.*

Reiner Genuß und wahrer Nutzen kann nur wechselseitig seyn und ich freue mich Ihnen gelegentlich zu entwickeln: was mir Ihre Unterhaltung gewährt hat, wie ich von jenen Tagen an auch eine Epoche rechne und wie zufrieden ich bin, ohne sonderliche Aufmunterung, auf meinem Wege fortgegangen zu seyn, da es nun scheint als wenn wir, nach einem so unvermutheten Begegnen, mit einander fortwandern müßten. Ich habe den redlichen und so seltenen Ernst der in allem erscheint was Sie geschrieben und gethan haben immer zu schätzen gewußt und ich darf nunmehr Anspruch machen durch Sie selbst mit dem Gange Ihres Geistes, besonders in den letzten Jahren, bekannt zu werden. Haben wir uns wechselseitig die Punckte klar gemacht wohin wir gegenwärtig gelangt sind; so werden wir desto ununterbrochner gemeinschaftlich arbeiten können.

Alles was an und in mir ist werde ich mit Freuden mittheilen. Denn da ich sehr lebhaft fühle daß mein Unternehmen das Maas der menschlichen Kräfte und ihrer irdischen Dauer weit übersteigt, so möchte ich manches bey Ihnen deponiren und dadurch nicht allein erhalten, sondern auch beleben.

Wie groß der Vortheil Ihrer Theilnehmung für mich seyn wird werden Sie bald selbst sehen, wenn Sie, bey näherer Bekanntschaft, eine Art Dunckelheit und Zaudern bey mir entdecken werden, über die ich nicht Herr werden kann, wenn ich mich ihrer gleich sehr deutlich bewußt bin...

* Schiller hatte u. a. geschrieben: „Lange schon habe ich, obgleich aus ziemlicher Ferne, dem Gang Ihres Geistes zugesehen und den Weg, den Sie sich vorgezeichnet haben, mit immer erneuter Bewunderung bemerkt. Sie suchen das Notwendige der Natur, aber Sie suchen es auf dem schwersten Wege, vor welchem jede schwächere Kraft sich wohl hüten wird. Sie nehmen die ganze Natur zusammen, um über das Einzelne Licht zu bekommen ..."

An Friedrich von Stein Weimar, 28. August 1794.
Eine angenehme Aussicht bietet sich mir dar, daß ich mit Schillern in ein angenehmes Verhältniß komme, und hoffen kann, in manchen Fächern mit ihm gemeinschaftlich zu arbeiten, zu einer Zeit, wo die leidige Politik und der unselige körperlose Partheygeist alle freundschaftliche Verhältnisse aufzuheben, und alle wissenschaftliche Verbindungen zu zerstören droht.

An Friedrich Schiller Weimar, 3. Januar 1795.
Viel Glück zum neuen Jahre. Lassen Sie uns dieses zubringen, wie wir das vorige geendigt haben, mit wechselseitiger Theilnahme an dem was wir lieben und treiben. Wenn sich die gleichgesinnten nicht anfassen was soll aus der Gesellschaft und der Geselligkeit werden. Ich freue mich in der Hoffnung daß Einwirckung und Vertrauen sich zwischen uns immer vermehren werden.

Schiller, die Brüder Humboldt und Goethe in Jena, *Andreas Müller zugeschriebene Federzeichnung (2. Hälfte der 90er Jahre). – Der Ort ist vermutlich Schillers Garten, der, wie auch der abgebildete Steintisch, heute noch existiert.*

An Friedrich Heinrich Jacobi Weimar, 2. Februar 1795.
Mit Schiller und Humbold* setze ich ein ganz vergnügliches Leben fort, die Kreise unsers Denckens und Wirckens laufen in einander und wir begegnen uns oft.

* Wilhelm von Humboldt lebte zu dieser Zeit in Jena; er arbeitete an Schillers „Horen“ mit
.

An Friedrich Schiller Weimar, 1. November 1795.
Statt eines artigen Mädchens ist endlich ein zarter Knabe angekommen und so läge denn eine von meinen Sorgen in der Wiege.* Nun wäre es an Ihnen, zu Bildung der Schwägerschaft und zu Vermehrung der dichtrischen Familie für ein Mädchen zu sorgen. Ich komme nun bald und bedarf wircklich eines Gesprächs wie ich es mit Ihnen führen kann, ich habe Ihnen viel zu sagen.

* Eines der vier Kinder von Goethe und Christiane Vulpius, die nicht lange am Leben blieben.

Tag- und Jahreshefte 1796.
Schiller ... hatte nun den Gegenstand von Wallenstein aufgefaßt und den gränzenlosen Stoff in der Geschichte des dreißigjährigen Kriegs dergestalt behandelt, daß er sich als Herrn dieser Masse gar wohl empfinden mochte. Aber eben durch diese Fülle ward eine strengere Behandlung peinlich, wovon ich Zeuge sein konnte, weil er sich über alles, was er dichterisch vorhatte, mit andern gern besprach und was zu thun sein mochte hin und wieder überlegte.
Bei dem unablässigen Thun und Treiben was zwischen uns stattfand, bei der entscheidenen Lust das Theater kräftig zu beleben, ward ich angeregt den Faust wieder hervorzunehmen.

WA I, 35, 63.

An Friedrich Schiller Jena, 20. Mai 1796.
Ich werde durch einen Boten nach Weimar berufen und gehe sogleich dahin ab. Heute Abend bin ich wieder da und sehe Sie Morgen. Diese Fahrt mache ich gern nach unsrer gestrigen Lecktüre (des „Wilhelm Meister“, 7. Buch), denn wie sehr diese mich vorwärts gebracht hat ist nicht auszudrücken ... Hier einige Xenien und tausend Danck für alles gute.

Xenien.
Aus dem Nachlaß.
57. Polizeitrost

Gutes Jena, dich wäscht die Leutra* zweimal die Woche.
Leutra, nimm nur den Koth gleich auch des Kritikers mit.

WA I, 5.1, 277.

* Ein aus dem Mühltal kommendes und im Paradies in die Saale mündendes Flüßchen. Zur Zeit Goethes trieb die Leutra zahlreiche Mühlen an. Heute verläuft sie im Stadtgebiet kanalisiert.

An Christian Gottlob Voigt Jena, etwa 20. August 1796.
Ihr Briefchen ... hat mir, in einer einsamen Stunde, große Freude gemacht; in dem alten Schlosse und unter dem düstren Himmel bin ich ziemlich meinen stillen Studien und Betrachtungen überlassen, Abends geh ich meist zu Schillern und wir verarbeiten unsere Interesses und Vorstellungsarten gegen einander.

An Christiane Vulpius Jena, 22. August 1796.
Mit der Küche stehts ein wie allemal, wenn mich nicht Schillers manchmal, mit Schwarzwurzeln und Spinat, erquickten, so sähe es schlecht aus, übrigens geht es mir ganz gut und meine Versuche und Arbeiten aller Art gehen bestens von statten.

An Friedrich Schiller Weimar, 7. Juil 1796.
Herzlich danke ich Ihnen für Ihren erquickenden Brief und für die Mittheilung dessen, was Sie bey dem Roman („Wilhelm Meisters Lehrjahre"), besonders bey dem achten Buche, empfunden und gedacht. Wenn dieses nach Ihrem Sinne ist, so werden Sie auch Ihren eigenen Einfluß darauf nicht verkennen, denn gewiß ohne unser Verhältniß hätte ich das Ganze kaum, wenigstens nicht auf diese Weise, zu Stande bringen können. Hundertmal, wenn ich mich mit Ihnen über Theorie und Beyspiel unterhielt, hatte ich die Situationen im Sinne, die jetzt vor Ihnen liegen, und beurtheilte sie im Stillen nach den Grundsätzen über die wir uns vereinigten. Auch nun schützt mich Ihre warnende Freundschaft vor ein Paar in die Augen fallenden Mängeln, bey einigen Ihrer Bemerkungen habe ich das sogleich gefunden wie zu helfen sey, und werde bey der neuen Abschrift davon Gebrauch machen.

An Christian Gottlob Voigt Jena, 30. September 1796.
Ich werde wohl noch einige Zeit hier bleiben, denn ich habe nicht Muth den guten Schiller in seiner gegenwärtigen Lage zu verlassen, sein Vater ist vor kurzem gestorben und sein jüngster Knabe scheint auch in kurzem wieder abscheiden zu wollen, er trägt das alles mit gesetztem Gemüthe, aber seine körperliche Leiden regen sich nur um desto stärker und ich fürchte sehr daß diese Epoche ihn äußerst schwächen wird, um so mehr da er wie immer nicht aus dem Hause zu bringen ist, dadurch außer aller Connexion kommt und ihn wenig Menschen wieder besuchen. Ich sage Ihnen das im Vertrauen, weil ich nicht gerade gerne öffentlich von diesem Zustande spreche. Sie erwähnen ja wohl gelegentlich ein Wort gegen *Serenissimum* über diese Ursache meines längeren Außenbleibens.

Tag- und Jahreshefte 1797.
Ich schrieb den *Neuen Pausias* und die *Metamorphose der Pflanzen* in elegischer Form, Schiller wetteiferte, indem er seinen *Taucher* gab. Im eigentlichen Sinne hielten wir Tag und Nacht keine Ruhe; Schillern besuchte der Schlaf erst gegen Morgen; Leidenschaften aller Art waren in Bewegung; durch die Xenien hatten wir ganz Deutschland aufgeregt,

jederman schalt und lachte zugleich. Die Verletzten suchten uns auch etwas Unangenehmes zu erweisen, alle unsere Gegenwirkung bestand in unermüdet fortgesetzter Thätigkeit.

WA I, 35, 71.

An Charlotte von Schiller Jena, 18. März 1797.

Bey dem schönen Wetter wäre es wohlgethan, wenn man sich heute früh in den Garten verfügte, ich dächte Sie schickten mir die Schlüssel, damit ich einstweilen davon Besitz nehmen und das Ganze beschauen und betrachten könnte und Sie kämen alsdann zu welcher Stunde es Ihnen beliebte. Ich hoffe Schiller wird von der Parthie seyn.*

* Schiller beabsichtigt, vor der Stadt an der Leutra ein Gartengrundstück zu kaufen.

***Schillers Garten in Jena**, tuschlavierte Bleistiftzeichnung von Goethe (April 1810). – Schiller besaß das Grundstück mit dazugehörigem Haus von 1797 bis 1802. Heute befindet sich in dem Gebäude das Jenaer Schiller-Museum.*

Kahla

Herzogtum Sachsen-Gotha und Altenburg,
1826 Herzogtum Sachsen-Altenburg
Saale-Holzland-Kreis

... mit mancherley malerischen Parthien.

Auf seinen Fahrten in die böhmischen Bäder und zurück machte Goethe oft in Kahla Station; mitunter übernachtete er auch dort. Die „angenehme Gegend“ lud aber nicht nur während der Reiseaufenthalte zum Spaziergang ein, auch von Weimar aus kam Goethe in Begleitung von Mitgliedern der Hofgesellschaft nach Kahla. Meist stand dabei der Bergsturz am Dohlenstein im Mittelpunkt des Interesses.* Noch bei seiner letzten Rast von 1823 in Kahla spazierte Goethe zum geologisch aufschlußreichen „Erdfall“. Fünf Jahre vorher hatte er auf der Rückreise aus Böhmen das Schema zum „West-östlichen Divan“ in Kahla niedergeschrieben.

* In der Nacht zum 4. Juni 1780 hatte sich am Muschelkalkfelsen des Dohlensteins bei Kahla ein Bergsturz ereignet.

Tagebuch, 21. April 1779.
Früh nach Kahle, gegessen daselbst Herzog Wedel u Herder, waren gutes Humor. Nach Tisch auf Jena.

Tagebuch, 13. Juli 1780.
Nach Kahle.
...
In dem weitern Lauf des Monats ist viel vorgefallen.
War die Gothische (Gothaer) Herrschafft da. Fuhren die beyden Herzoge (also Carl August und Ernst II.) ... und ich nach Kahle über Jena, den eingestürzten Berg zu sehn ...

An Johann Georg Paul Götze Weimar, 24. Dezember 1798.
Du erhältst hiermit einen Auftrag den du aufs genauste und beste zu besorgen hast, ohne daß jedoch Jemand in Jena etwas davon erfährt.
Sonnabends, gegen Abend, wird eine Gesellschafft in Kahle eintreffen, die daselbst zu Nacht speisen und übernachten will. Es können drey oder vier Herren und einige Bedienten seyn.
Sorge daher, daß in dem besten Wirthshause daselbst die Zimmer rein und geheitzt sind, auch daß ein gutes Abendessen bereit ist, du kannst allenfalls von Jena einiges Wildprett hinschaffen.
Ich überlasse dir die Art wie du die Sache am besten zu besorgen glaubst, vielleicht wäre es am besten du avertirtest den Wirth durch einen Boten voraus, und rittest Freytag Abends selbst hin, um zu sehen ob alles gut

eingerichtet ist, so viel als es ein Gasthof in einem solchen Städtchen erlaubt ... WA IV, 51, 139.

Tagebuch, 8. August 1806.
Nach Kahla (auf der Rückfahrt aus Böhmen). Spatziergang über die Brücke bis gegen den Erdfall. Sehr angenehme Gegend, mit mancherley malerischen Parthien. Zurück in den Gasthof vom goldenen Stern. Leidlich gegessen. Um 2 Uhr abgefahren ...

Tagebuch, 26. Juni 1823.
Weggefahren nach acht Uhr mit meinem Sohn von Jena, wo ich einen Augenblick im botanischen Garten abgetreten war. In Kahla. Zusammen durch die Stadt über die Brücke zum Schießhaus und weiter zum Erdfall. Abends unterhaltende vertrauliche Gespräche.*

* Am nächsten Tag Weiterfahrt in Richtung Karlsbad.

Dohlensteineinsturz, *kolorierte Handzeichnung von Georg Melchior Kraus (1780).*

Kalbsrieth

Herzogtum bzw. 1815 Großherzogtum Sachsen-Weimar-Eisenach
Kyffhäuserkreis (Artern)

Nach Kalbsrieth der Strase Wegen.

Das südlich von Allstedt an der Unstrut gelegene Rittergut war seit 1452 im Besitz der Familie von Kalb. 1764 wurde es in ein freies Erblehen umgewandelt und 1776 durch eine Schenkung Herzog Carl Augusts beträchtlich erweitert.
Der Kammerrat (und spätere Kammerpräsident) Johann August Alexander von Kalb begleitete den Weimarer Herzog im Oktober 1775 zu dessen Hochzeit nach Karlsruhe, auf der Rückreise nahm er Goethe von Heidelberg mit nach Weimar. Goethe wohnte bis März 1776 in dessen Weimarer Stadtwohnung. 1782 mußte Kalb von seinem Amt zurücktreten, weil ihm Unregelmäßigkeiten bei den Finanzen nachgewiesen wurden. Carl August schrieb über ihn: „Als Geschäftsmann hat er sich mittelmäßig, als politischer Mensch schlecht, und als Mensch abscheulich aufgeführt.“ Goethe hatte mit ihm in verschiedenen Kommissionen zusammengearbeitet und ihn dreimal, 1776, 1779 und 1782, immer im Zusammenhang mit Besuchen in Allstedt, auf seinem Gut besucht. Im Mai 1776 besuchte er von Kalbsrieth aus die Königspfalz Tilleda, den Kyffhäuser und die Sachsenburg. 1779 untersuchte er als Leiter der Wegebaukommission den Zustand der Straße von Kalbsrieth nach Allstedt.

» Allstedt.

Tagebuch, 11. März 1779.
Nach Kalbsrieth der Strase Wegen.

An Charlotte von Stein Kalbsrieth, 22. März 1782.
(...) kam ich zeitig hierher, und hörte mit grosem Vergnügen daß die Seckendorf und Caroline (von Ilten) kommen würden. Ich wusste daß der Präsident (von Kalb) auf dem Weege war, und zwischen Vater und Sohn (von Kalb), gegen die mein innerstes zugeschlossen ist, dachte ich mir ein Paar betrübte Tage. (...) Ich erzählte ihnen ein Mährgen, worüber viel gelacht wurde, indem sich aus einer weitläufigen Geschichte der Ursprung eines grosen Löffels den der Stadtrath zu Rastenberg aufbewahrt, und des graziosen Lächlens einer bekannten Standsperson offenbaarte.

Kaltennordheim

Herzogtum bzw. 1815 Großherzogtum Sachsen-Weimar-Eisenach
Wartburgkreis

... sehe den Bauersman der Erde
das Nothdürftige abfordern.

Im September 1780 begleitete Goethe Herzog Carl August auf einer Inspektionsreise durch die am weitesten entfernten Ämter im südlichen Teil des Herzogtums. Es ging auf dieser Reise vor allem darum, die wirtschaftliche Situation der armen Waldgegenden kennenzulernen und Maßnahmen zu begutachten, die der englische Agronom George Batty zur Bodenverbesserung und Ertragssteigerung dort durchführen ließ. Batty war als Landwirtschaftskommissar für den Eisenacher Landesteil berufen worden, nachdem er Anfang des Jahres ein fundiertes Gutachten über das herzogliche Kammergut in Großrudestedt abgegeben hatte. Goethe setzte große Hoffnungen auf Battys Verbesserungsvorschläge, die sich hauptsächlich auf Bewässerungsanlagen bezogen.
Zwei Jahre später durchstreifte Goethe auf seinen diplomatischen Reisen durch Thüringen erneut mit wachem Blick für die Lebens- und Arbeitsbedingungen der Menschen die Gegend des Eisenacher Oberlandes. Er stellte fest, daß der Bauersmann durchaus sein Auskommen hätte, „wenn er nur für sich schwitzte". In einem Brief an Knebel stehen die vielzitierten Worte, „daß oben immer in einem Tage mehr verzehrt wird, als unten in einem beygebracht werden kann".

⇒ Burgau, Großrudestedt.

An Charlotte von Stein

Kaltennordheim, 13. und 14. September 1780.

Von der Zillbach* sind wir gegen Mittag hier angekommen, und ich finde hier kein Intresse als was mir Bäty (George Batty) von Wiesewässerungen vorerzählt die sie in der Gegend eingerichtet haben. Morgen wollen wir alles besichtigen und ich werde auch mein geliebtes Dorf Melpers zu sehen kriegen.** Auf der Reise hab ich Ihnen recht offt gedanckt dass Sie mich haben saure Gurcken essen gelehrt ... bey heisen Ritten war mirs offt erquickend ...
In Melpers hab ich viel Vergnügen gehabt, Bäty hat seine Sachen trefflich gemacht. Unter andern Betrachtungen sind folgende.
Man soll thun was man kan einzelne Menschen vom Untergang zu retten.
Dann ist aber noch wenig gethan vom Elend zum Wohlstand sind unzählige Grade.
Das Gute was man in der Welt thun kan ist ein Minimum pp.
Und dergleichen Tausend. Die Sache selbst erzähl ich Ihnen mündlich.
... Dann hat mir ein böser Prozess einige Stunden Nachdenckens und Schreibens gemacht.***

In meinem Kopf ists wie in einer Mühle mit viel Gängen wo zugleich geschroten, gemahlen, gewalckt und Oel gestossen wird... Und wenn ich dencke ich sizze auf meinem Klepper und reite meine pflichtmäsige Station ab, auf einmal kriegt die Mähre unter mir eine herrliche Gestalt, unbezwinglich Lust und Flügel und geht mit mir davon.
Und so bin ich Reisemarschall und Reisegeheimderath und schicke mich zum einen wie zum andern ...
Heute in dem Wesen und Treiben, verglich ich mich einem Vogel der sich aus einem guten Entzweck in's Wasser gestürzt hat, und dem, da er am Ersauffen ist, die Götter seine Flügel in Flosfedern nach und nach verwandeln. Die Fische die sich um ihn bemühen begreifen nicht, warum es ihm in ihrem Element nicht sogleich wohl wird.
So einen Menschen wie Baty zu haben, ist ein Glück über alles, wenn ich ihn entbehren sollte, und müsste meinen Garten geben ihn zu erhalten ich thäts.

* „In der Zillbach" bei Schmalkalden befand sich ein weimarisches Jagdrevier mit einer Forstschule.
** Im Geheimen Consilium hatte Goethe von der Notlage der Gemeinde Melpers erfahren. In den Beratungen war es darum gegangen, dem Dorf durch Kapitalstundung und Zinserlaß in schwieriger Situation zu helfen. Goethe hatte dafür plädiert, recht schnell Abhilfe zu schaffen.
*** In diesem Prozeß ging es um uralte Holzrechte der Meininger gegenüber der Weimarer Verwaltung.

Die Ruinen der Kraynburg, *Bleistiftzeichnung von Goethe. – Die Anlage aus dem 12. Jahrhundert befindet sich östlich vom Rhönstädtchen Vacha, das Goethe nur flüchtig berührte.*

An Charlotte von Stein Kaltennordheim, 15. September 1780.
Dieses (das beigelegte Gedicht „Meine Göttin"*) zum Danck für Ihren Brief, und statt alles andern was ich von heut zu sagen hätte.

* Diesen Titel erhielt das Gedicht erst 1789 in seiner leicht veränderten Form.

Meine Göttin.

Welcher Unsterblichen
Soll der höchste Preis sein?
Mit niemand streit' ich,
Aber ich geb' ihn
Der ewig beweglichen,
Immer neuen,
Seltsamen Tochter Jovis,
Seinem Schooskinde,
Der Phantasie.
...
Alle die andern
Armen Geschlechter
Der kinderreichen
Lebendigen Erde
Wandeln und weiden
In dunkelm Genuß
Und trüben Schmerzen
Des augenblicklichen
Beschränkten Lebens,
Gebeugt vom Joche
Der Nothdurft.

WA I, 2, 58-60.

Kapellendorf

Herzogtum bzw. 1815 Großherzogtum Sachsen-Weimar-Eisenach
Kreis Weimarer Land (Mellingen)

... Herrn Rentamtmann Urlau dancken Sie bestens.

Im Amtssitz Kapellendorf, auf halber Höhe zwischen Jena und Weimar gelegen, war Johann Heinrich Urlau als Rentamtmann tätig. Goethe muß ihn und seine Arbeit geschätzt haben, denn er gab 1811 seinen Sohn August nach dem Studium in Jena für knapp ein Jahr in dessen Obhut zu praktischer Ausbildung. Daraus erklären sich zahlreiche Besuche von Goethes Frau in Kapellendorf. Auch Goethe selbst fuhr im Mai dieses Jahres dorthin und besichtigte bei dieser Gelegenheit vom nahen Sperlingsberg aus das Schlachtfeld, auf dem sich 1806 die entscheidende Phase der für die Preußen vernichtenden Niederlage vollzogen hatte. Auch dienstlich hatte Goethe mit Urlau zu tun. Als es 1814 um die Sicherung der archäologischen Funde des Großromstedter Grabhügels ging, übertrug Goethe dem verdienstvollen Amtmann die örtliche Aufsicht.

» Großromstedt, Weimar.

Tagebuch, 23. März 1809.
Meine Frau war nach Capellendorf gefahren.

Tagebuch, 5. April 1811.
August war nach Capellendorf geritten.

Tagebuch, 5. Mai 1811.
Nach Capellendorf gefahren. In die Gärten und auf den Sperlingsberg. Daselbst die Gegend, wo die Schlacht am 14. October vorgefallen, übersehen. Abends zurück (nach Weimar) ...

Tagebuch, 27. Juli 1811.
Früh nach Weimar (von Jena) über Capellendorf. August mitgenommen.

An Herzog Carl August Weimar, Dezember 1811.
Überzeugt daß Leben mehr als Lehre bilde, lies ich ihn (den Sohn August) nach anderthalb Jahren von Jena abgehen und nach Capellendorf zu dem Rentsecretair Urlau ziehen. Hier ist er denenjenigen Geschäften welche in einem Herzoglichen Rentamte vorkommen aufmercksam gefolgt, und hat zugleich die ländliche Öconomie dabey näher kennen lernen ...

WA IV, 22, 395.

***Wasserburg Kapellendorf**, Innenhof mit sog. Prinzessinnenhaus, das der Sitz des Justiz- und Rentamtes war.*

An Christian August Vulpius Berka, 22. Juni 1814.

Herrn Rentamtmann Urlau dancken Sie bestens für die Aufmercksamkeit, es wär sehr gut wenn auch unbedeutente Knochen in Romstädt aufgehoben werden, es findet sich doch vielleicht noch etwas brauchbares darunter.

WA IV, 51, 355.

An Christian Gottlob von Voigt 10. März 1815.

Als Durchlaucht der Erbprinz neulich einen Grabhügel bey Groß-Romstedt eröffnen ließen und die daselbst gefundenen wenigen Alterthümer auf Herzogliche Bibliothek gebracht wurden, so wurden an den Rentamtmann Urlau zu Capellendorf 20 Thaler ausgezahlt, um diejenigen Arbeiter proportionirlich zu belohnen, welche bey sorgfältigem Ausgraben der Körper sich besonders hervorthaten. Hierdurch sind eine Anzahl wohlerhaltener Schädel, sogar mit Unterkiefern, ja ein ganzes Skelett in unsre Hände gekommen, welche mit Sorgfalt nach Jena geschafft und daselbst aufgestellt worden sind. Denn es ist freylich eine schwierige Aufgabe, morsche und durcheinander geworfene Reste dergestalt zu erhalten, daß sie den Freunden der Wissenschaft zum Vergnügen und Nutzen gereichen.

(Bad) Köstritz

Fürstentum Reuß-Schleiz (Paragiatsherrschaft Reuß-Köstritz)
Landkreis Greiz

In Köstriz
Die Reußischen Sammlungen Reste besehen ...

Im September 1809 erhielt Goethe Ausgrabungsstücke zugeschickt, die kurz vorher im reußischen Köstritz gefunden worden waren. Es handelte sich um einen bronzezeitlichen Metallfund, der Goethe sehr interessierte. Er forschte nach dem Zusammenhang von vorliegender Form und möglicher Funktion der gefundenen Geräte, studierte zu diesem Zweck Bücher zur thüringischen Geschichte und vermutete schließlich, daß es „schneckenförmige ... Klanginstrumente" aus heidnischer Zeit sein könnten. Spätere Forschungen ergaben, daß es typische Wulstringe aus der Hallstatt-Zeit waren.
Mit Köstritz stand Goethe bis ins hohe Alter in Verbindung. Dort lebte und wirkte der naturwissenschaftlich interessierte Arzt Carl Georg Schottin, der Leibarzt des Fürsten Heinrich XLIII. Schottin kümmerte sich auch um dessen wertvolle Sammlungen, die Goethe kannte und bei ihrer Versteigerung 1814 im einzelnen wohl einzuschätzen wußte.
Als am 13. Oktober 1819 in Pohlitz bei Köstritz ein Meteorit niedergegangen war, machte Schottin Goethe darauf aufmerksam und schickte ihm einige Splitter des Steines für seine Sammlung.* Auch Teile von eiszeitlichen Knochenresten, die 1827 in Gipsablagerungen bei Gleina gefunden wurden, gelangten durch Schottin in Goethes Fossilien-Sammlung.

* Goethe besaß umfängliche, naturkundliche Sammlungen; für deren Aufbewahrung ließ er 18 Schränke mit mehr als 100 Schubladen anfertigen.

Tag- und Jahreshefte 1809.
Zu allen diesen fügte sich noch eine Sammlung Köstritzer Ausgrabungen metallner Geräthe von unbekannten Formen, denen ich viel Aufmerksamkeit schenkte. Ich forschte manches darüber in der ältern Geschichte, besonders jener Epoche wo Heiden- und Christenthum in Franken und Thüringen gegen einander schwankten. Unter den Büchern die ich damals aufschlug waren mir die Antiquitates Nordgavienses besonders merkwürdig, und veranlaßten eine genaue Betrachtung der Paganien, d.h. der heidnischen Gebräuche, welche durch die ersten fränkischen Concilien verbannt wurden. Ich überzeugte mich auf's neue, daß unsere heidnischen Urväter zwar viele auf Naturahnungen sich beziehende düster abergläubische Gewohnheiten, aber keine fratzenhaften Götzenbilder gehabt. Ein schriftlicher Aufsatz über diese Gegenstände ward von dem Fürstlich Reußischen Besitzer freundlich aufgenommen und mir dagegen ein Exemplar der gefundenen räthselhaften Alterthümer verehrt.

WA I, 36, 51-52.

An Christian Gottlob Voigt Jena, den 25. September 1809.
Der Antheil, den Sie den Köstritzer Alterthümern geschenkt, war mir sehr werth. Dergleichen Dinge haben kein sonderlich Ansehen ...
Ich habe mich bey der Gelegenheit an unserm Pflug erfreut, der mit Enthusiasmus versicherte, daß der Guß dieser Dinge meisterhaft sey. Er versprach mir, sobald er Zeit habe, ein ähnliches zu gießen; aber ob er es so dünn liefern könne, daran zweifle er sehr.

An Johann Heinrich Meyer Jena, den 28. September 1809.
Von Köstritz sind mir einige problematische Antiquitäten zugeschickt worden, eherne, horn- oder vielmehr schneckenförmige hohl gegossene Körper, wovon ich eine flüchtige Zeichnung einschalte ...
Es ist ein Ganzes, ein zerbrochenes und zwey Stücke die nicht zusammenpassen. Unsre Antiquaren haben nie dergleichen gesehen. Es sind offenbar Klanginstrumente beym heidnischen Gottesdienst gebraucht, von deren abergläubischen Benutzung ich in den ersten Deutschen Concilien glaube Spuren gefunden zu haben.

Tagebuch, 19. August 1813*.
Um 5 Uhr von Gera. In Köstriz Die Reußischen Sammlungen Reste besehen ...

* Auf der Rückreise von Böhmen über Dresden.

An Christian Gottlob Voigt Weimar, 11. Mai 1814.
... gestehe aufrichtig, daß eine Sendung nach Gera* und eine bedeutende Anschaffung aus dem dortigen Fürstlich Reußischen Nachlaß mir keineswegs gefallen will. Gemälde für Herzogliche Bibliothek anzuschaffen, sind wir nur insofern geneigt, als es Gelegenheit giebt, ein anerkanntes gutes Bild um leidlichen Preis zu erlangen ...
Die dortigen Broncen haben keinen Kunstwerth: wollte man aber auf dieselben und übrigen kleinen Alterthümer 30 bis 40 Thaler bieten, so könnten sie denn wohl neben den unsrigen stehen ...
Als ich vergangenen Herbst in Köstritz war, waren die Elfenbeinarbeiten eingepackt. Unter solchen Dingen könnten wohl vorzügliche Kunstwerke seyn, allein sie machen einen besondern Zweig der Kunstliebhaberey aus. Für unsere Zwecke besitzen wir Musterstücke genug. Auch soll der Fürst bei seiner Abreise die besten Stücke mitgenommen haben, wie es auch mit dem gemalten Albert Dürerschen Kopfe und andern vorzüglichen Sachen geschehen ist.

* Die Reuß-Köstritzschen Sammlungen waren in Köstritz *und* Gera untergebracht. Teile davon wurden 1813/14 versteigert.

Kötschau

Herzogtum bzw. 1815 Großherzogtum Sachsen-Weimar-Eisenach
Kreis Weimarer Land (Mellingen)

... kommen wir einmal in Kötschau zusammen.

Im Gasthof von Kötschau, etwa auf halber Strecke zwischen Weimar und Jena gelegen, machte Goethe oft Halt. Die Raststätte, die zugleich Poststation war, befand sich an der Stelle, an der die Straße nach zahlreichen Windungen durch das schluchtenartige Gelände des Mühltals aus dem Saaletal heraus auf der Hochfläche ankam. Die Fahrt auf dieser vielbefahrenen Strecke stellte vor allem für Kutschen ein waghalsiges Unternehmen dar. Goethe kümmerte sich als Verantwortlicher für Wegebau immer wieder um die Verbesserung des Zustandes der Straße. 1780 ließ er sie in der Nähe von Kötschau mit einem Packlager von Kieselsteinen versehen.

Der alte Kötschauer Gasthof *(heute Wohnhaus), der zugleich Poststation war. Unter den dortigen Linden ließ auch Goethe seine Kutsche halten, die Pferde tränken und füttern, wenn er, wie so oft, auf dem Weg nach Jena war. Keine Straße dürfte er im Leben öfter befahren haben als die Chaussee nach Jena.*

Weilte Goethe längere Zeit in Jena, nutzte er das Kötschauer Wirtshaus oder auch das gegenüberliegende Gut des Freiherrn von Lyncker als Treffpunkt mit der Familie, mit Freunden oder Kollegen, deren Besuch ihn in Jena bei der Arbeit gestört hätte. Vermutlich fiel in Kötschau am

30. Mai 1799 in einer persönlichen Beratung mit Ministerkollegen Voigt der entscheidende Beschluß, der zur Entlassung des Philosophen Johann Gottlieb Fichte von der Universität Jena führte.
Machte Christiane mit ihren Freundinnen einen Ausflug nach Kötschau, konnte sie dort auf Nachricht von Goethe aus Jena hoffen. Auch die Hofgesellschaft unternahm Ausfahrten nach Kötschau oder kehrte dort ein, wenn man nach Jena unterwegs war. So war am 11. Dezember 1780 zu einer fürstlichen Tafel ins Jenaer Schloß eingeladen. Goethe konnte nicht teilnehmen, aber Charlotte von Stein fuhr mit einigen Hofdamen dorthin und machte unterwegs Halt in Kötschau. Dort wurde sie durch Goethes Diener Seidel mit einem Gedicht überrascht, das mit den Versen beginnt: „Aus Kötschau's Thoren reichet euch ..."

» Jena, Weimar.

An Frau von Stein und ihre Gesellschaft

Aus Kötschau's Thoren reichet euch
Ein alter Hexenmeister
Konfekt und süßen rothen Wein
Durch einen seiner Geister.

Der sollt', wenn er nicht heiser wär',
Euch auch dieß Liedchen singen,
Doch wird er einen holden Gruß
Von mir euch überbringen.

Kein Wetter kann der arme Tropf
Am hohen Himmel machen,
Sonst sollt' euch Sonne, Mond und Stern
Zu eurer Reise lachen.

Genießet, weil ihr süße seid,
Auch etwas Süßes gerne,
Und denkt bei Scherz und Fröhlichkeit
An einen in der Ferne!

Der gerne möcht', mit mancher Lust
Euch Schönen zu vergnügen,
An jedem Weg, in jedem Busch
Im Hinterhalte liegen.

Den ihr drum als Oresten saht,
Als Scapin sich gebärden,
Und der nun möcht' zu eurem Spaß
Auch Wirth von Kötschau werden.

WA I, 4, 216.

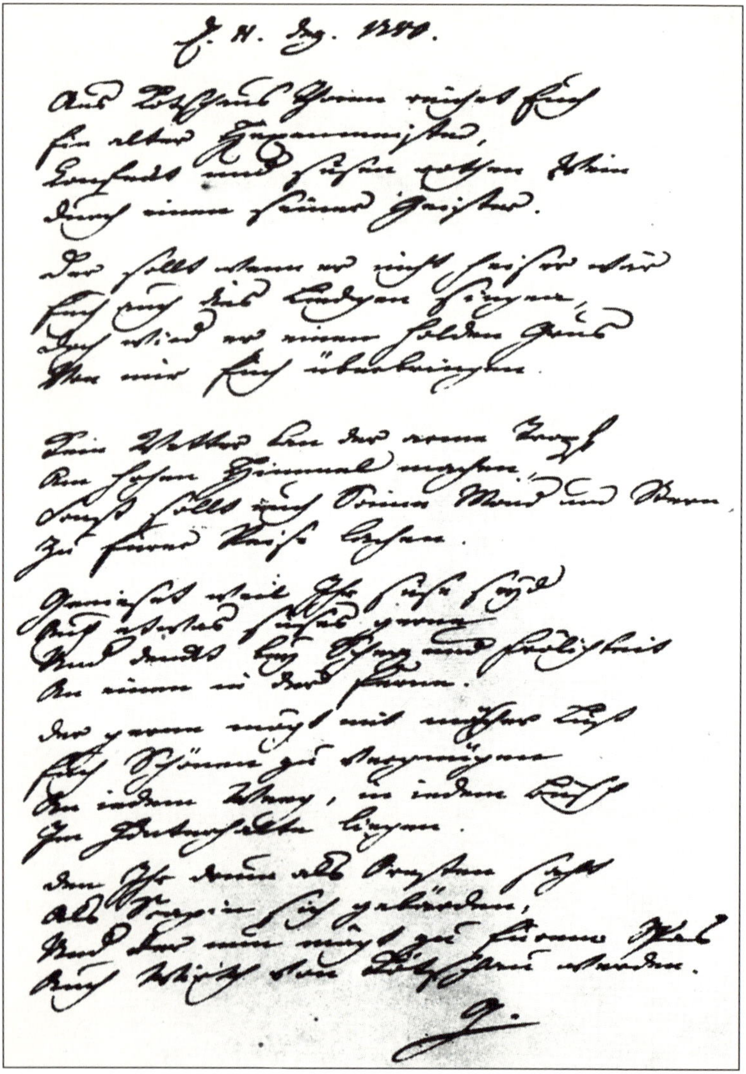

Die Handschrift des Kötschau-Gedichtes. – *Goethe hatte es mit den im Text erwähnten Gaben am 11. Dezember 1780 an Charlotte von Stein geschickt. In der letzten Strophe spielt er auf die erste Aufführung der Prosa-„Iphigenie" am 6. April 1779 in Weimar an, bei der er den Orest darstellte; die genannte Rolle des Molièreschen Scapin bezieht sich auf Goethes Literatursatire „Die Vögel" (nach Aristophanes), die am 18. August 1780 in Ettersburg gegeben wurde.*

An Charlotte von Stein Erfurt, 11. Dezember 1782.
Sonnabends bin ich zur rechten Zeit bey dir um mit nach Ketschau (Kötschau) zu gehn. Eigentlich bin ich nirgends wenn ich nicht bey dir bin.

An Charlotte von Stein 14. Dezember 1782.
Liebste liebe sag mir ein Wort daß du mich liebst daß du mir mein Aussenbleiben verzeihst. Ich bin balde bey dir. Wie wird es mit unsrer heutigen Fahrt (nach Kötschau)?

An Charlotte von Stein Jena, 9. Januar 1785.
Das Wetter ist so schön und die Berge so freundlich anzusehn daß ich nur meine Liebste zu mir herüber wünschte.
(...)
Morgen sehn wir uns. Grüse Herders. Heute nur diesen Grus. Wir sind fleisig und ich bringe wieder artige Sachen mit. Adieu. Knebel grüst, grüse Fritzen. Wenn du ihn in der Kutsche nach Kötschau nähmst könnte er auf meinem gedultigen Pferde mit Götzen (Goethes Diener) nach Hause reiten. Frage Steinen ob es ihm recht ist. Dem Knaben wäre es Bewegung und grose Freude.

Tagebuch, 17. März 1797.*
Früh nach Kötschau (von Jena), daselbst zu Mittag gegessen (mit Christiane und August), Abends um 5 Uhr wieder zurück.

* Seit dem 20. Februar hielt sich Goethe in Jena auf, um ungestört arbeiten zu können. „Hermann und Dorothea" war zu vollenden und die „Farbenlehre" fortzuführen.

An Christiane Vulpius Jena, 17. März 1797.
Ich muß dir noch indem ich das Geld absende einen guten Abend sagen. Es war mir gar zu angenehm dich einmal wieder zu sehen (in Kötschau) und ich habe jetzt wieder Lust noch die Sachen wegzuarbeiten die zunächst vor mir liegen, damit ich dich recht frey und heiter wiedersehen kann ...

An Christiane Vulpius Jena, 25. November 1798.
Da du mir schreibst daß du heute nach Kötschau fährst, so will ich dir, da eben ein Bote geht, dahin einen Grus senden. Es freut mich daß ihr schön Wetter habt und wünsche daß dir dieses Vergnügen, so wie alle andre Freuden dieser Woche recht wohl anschlagen und alle Grillen und Träume verjagen mögen. Mit meinen Arbeiten geht es sehr gut und wenn es noch eine Zeitlang dauert, so werden wir uns Ostern (zur Messe) einer guten Einnahme zu erfreuen haben. Lebe recht wohl und grüße deine Gesellschaft.

Tagebuch, 24. März 1799.
In Kötschau (von Jena). Abends bey Schiller.

Tagebuch, 30. März 1799.
Nach Tische 1 1/2 Uhr nach Kötschau (von Jena aus).*

* Zu einer Beratung mit Staatsminister Voigt, um im Fall „Fichte" eine Entscheidung zu fällen.

An Christiane von Goethe 14. September 1808.
Durch diesen Boten vermelde ich dir, mein liebes Kind, daß ich in Jena* glücklich angekommen bin. Ich finde hier allerley zu thun und einzurichten, auch höre ich daß ihr noch immer mit Durchmärschen geplagt seyd, darum möchte ich nicht gleich hinüber (nach Weimar). Mehr aber noch weil ich manches von hier aus erst überschauen möchte.
Deßwegen wünscht ich du entschlössest dich nach Kötschau zu fahren, etwa Freytag früh, ich wollte auch bey guter Zeit da seyn, du brächtest mir mit was indessen angekommen, wenn es nicht gar zu gros ist, und ich brächte dir von meiner Seite auch einige hübsche Sachen. Ich erführe von dir was mir zu wissen nötig ist und wir könnten zusammen vieles überlegen. Wie sehr wünsche ich dich wiederzusehen und dir zu sagen wie sehr ich dich liebe. Lebe recht wohl und antworte nur kürzlich.

* Nach längerem Aufenthalt in den böhmischen Bädern.

Tagebuch, 4. März 1810.
Um 1 Uhr nach Hohlstädt (bei Kötschau) gefahren, wohin Herr Geheimer Rath von Voigt und Herr Hofrath Meyer kam. Abends um 7 Uhr zurück.

Tagebuch, 21. März 1817.
Gegen 8 Uhr von Weimar weggefahren. Gelinde Kälte, umwölkter Himmel, wenige Schneeflocken. Von Kötschau zu Fuße bis an die abhängende Straße. Versteinerungen. Steinkerne ...

Tagebuch, 24. April 1817.
Nach Kötschau gefahren (von Jena), um mit meinem Sohn zu conferiren.

An Johann Heinrich Meyer Jena, 25. Juli 1817.
... kommen wir einmal in Kötschau zusammen da wir denn das Nothwendigste besprechen wollen.

Kranichfeld

Oberkranichfeld: Herzogtum Sachsen-Gotha und Altenburg,
1826 Herzogtum Sachsen-Meiningen
Niederkranichfeld: Erzbistum/Kurfürstentum Mainz,
1803 Königreich Preußen, 1806 französische Besetzung, 1813 Königreich Preußen, 1815 Großherzogtum Sachsen-Weimar-Eisenach
Kreis Weimarer Land

Hierhergetrabt ...

In den ersten Septembertagen 1776 machte sich Goethe zu Pferd auf den Weg in südlicher Richtung durch das Ilmtal. Wie noch sehr oft in den folgenden Jahren auf seinen Reisen nach Großkochberg oder Ilmenau führte ihn sein Weg über Kranichfeld. Im Herbst dieses ersten Weimarer Jahres bewegten ihn heftige Emotionen – das kleine Briefgedicht vom 2. September gibt Zeugnis davon.
Vier Jahrzehnte später führt die Fahrt mit der Kutsche zur Feier seines 68. Geburtstages in Paulinzella wiederum durch den zweiherrigen Ort. Diesmal kreisen die Gedanken des Reisenden um ganz andere Probleme; der Zustand der Straße interessiert und „landräthliche Betrachtungen" verschiedener Art werden angestellt.

⇨ Großkochberg, Ilmenau.

An Charlotte von Stein Weimar, 1. September 1776.
Leben Sie wohl ... Fühlen Sie dass ich an Sie denke, und dass ich wieder einen Theil des Weegs (im Ilmtal durch Kranichfeld nach Ilmenau) reiten werde den ich mit Ihnen gefahren bin.

An Frau von Stein
Kranichfeld, den 2. September 1776.

Hierhergetrabt die Brust voll tiefem Wühlen
Planvoller Aussicht, sehnt sich nun
Mein Herz ein Weilchen auszuruhn
Und wieder was für dich zu thun.

WA I, 4, 209.

Tagebuch, 5. September 1776.
Früh 6. weg (von Ilmenau). von Kranichf. bis Bercka mit Lenz* zu Fuse geirrt ...

* Der Dichter Jakob Michael Reinhold Lenz lebte zu dieser Zeit in Berka.

***Das Kranichfelder Oberschloß**, Radierung (Anfang des 19. Jahrhunderts).*

Tagebuch, 13. April 1778.
früh 6 mit Cr (Corona Schröter) weggeritten (von Weimar), sie begleitete mich biss klein Hettstädt, ritt zurück in Kranichfeld essen, ich war gegen 1 in Ilmenau ...

Biographische Einzelheiten.
Paralipomena.
Paulinzella, den 28. August 1817.
Cranichfelder Flur. Unerträglich-gefährliche und ängstliche Flecke. Ein feindlicher Ingenieur mit 100 Mann setzte sie in wenigen Tagen für ewige Tage in Stand.
Warum der Fürst in Friedenszeiten nicht auch einmal rasch zum Besten der Unterthanen verfährt. Landräthliche Betrachtungen ... Übergang von ästhetischer Beschaulichkeit der Gegend zur geologischen. Unmittelbar sich anschließende ökonomische Betrachtungen.

WA I, 53, 390-391.

Kunitz

Herzogtum bzw. 1815 Großherzogtum Sachsen-Weimar-Eisenach
Stadt Jena

Wer reitet so spät durch Nacht und Wind?

Die Ruine der Kunitzburg war am 4. Juli 1777 von Dornburg aus das Ziel einer unternehmungslustigen Gruppe junger Männer um Herzog Carl August, zu der auch Goethe gehörte.
In den späteren Jahren mag der Dichter auf seinen zahlreichen Spaziergängen in Jenas Umgebung hin und wieder von Camsdorf-Wenigenjena aus in Richtung Kunitz spazierengegangen sein. Auf dem Weg dorthin trifft der Wanderer heutzutage am felsigen Hang unterhalb des Schlößchens „Thalstein" auf die überlebensgroße Statue des „Erlkönigs", die der Besitzer des „Thalsteins", Wolf von Tümpling, 1893 errichten ließ. Vom Jenenser Steinmetz und Bildhauer Otto Späte aus einem riesigen Sandsteinblock gehauen, erinnert diese Figur an eine weitverbreitete Legende. Sie besagt, daß ein Kunitzer Bauer spätabends mit seinem kranken Kind im Wenigenjenaer Gasthof „Grüne Tanne" einkehrte, um ärztliche Hilfe zu finden. Goethe, der sich dort aufhielt, sei durch dieses Erlebnis zur Ballade vom „Erlkönig" angeregt worden.

Der Jenaer „Erlkönig" *an der Straße von Wenigenjena nach Kunitz.*

Die Quellen wiedersprechen dieser Überlieferung; das Gedicht entstand 1782 vermutlich in Weimar. Es leitet das Singspiel „Die Fischerin" ein, das am 22. Juli 1782 im Tiefurter Park aufgeführt wurde. Dennoch ist leicht vorstellbar, daß Stimmungen ins Gedicht einflossen, die in der Saaleaue empfunden wurden.

» Dornburg, Jena, Tiefurt, Weimar.

Tagebuch, 4. Juli 1777.
Früh nach Dornburg leidlich helle. Dort ward mir's wohl. Gezeichnet, Abends nach Cuniz (Kunitz). Das Schloss gefährlich erstiegen. im Regen zurück. Nachts auf der Streue mit d. Herzog, Prinzen (Constantin), Dalberg u 2 Einsiedels vorher tolles Disputiren mit Einsied d. iüngern.

Tagebuch, 5. März 1779.
Cuniz (Kunitz) brave Bauern arbeitsam und einfach, Küttel (Kittel) ohne Knöpfe mit Riemgen.

Tagebuch, 23. April 1779.
Früh über Cunis (Kunitz) auf Dornburg dort gut und fröhlich gelebt. Abends nach Jena zurück.

Erlkönig

Wer reitet so spät durch Nacht und Wind?
Es ist der Vater mit seinem Kind;
Er hat den Knaben wohl in dem Arm,
Er faßt ihn sicher, er hält ihn warm.

Mein Sohn, was birgst du so bang dein Gesicht? –
Siehst, Vater, du den Erlkönig nicht?
Den Erlenkönig mit Kron' und Schweif? –
Mein Sohn, es ist ein Nebelstreif.

...

Tagebuch, 20. Oktober 1798.
Früh im Mühlthale (wegen Straßenbau). Nachmittags gegen Cunitz (Kunitz), zu Abends bey Schiller.

(Bad) Langensalza

Kurfürstentum bzw. 1806 Königreich Sachsen, 1815 Königreich Preußen
Unstrut-Hainich-Kreis

... eine alte, aber doch reinliche Stadt.

Der Name des heutigen Bad Langensalza taucht wiederholt in Briefen Goethes auf. Zum erstenmal Ende 1782 in einem Schreiben an den Jugendfreund Merck, als es um den Fund eines Mammutzahnes in der Unstrut geht, den Merck gern käuflich erworben hätte. Zwölf Jahre später, zur Zeit der Napoleonischen Kriege, wird der Ort im Zusammenhang mit Goethes Mutter erwähnt. Sie ließ im Sommer 1794 persönliche Wertsachen wegen befürchteter Plünderungen Frankfurts durch französische Truppen bei einem Handelsmann in Langensalza in Sicherheit bringen. Erst zwei Jahre danach langte die Kiste, aus Langensalza kommend, in Goethes Weimarer Haus am Frauenplan an.
Im Alter nennt Goethe die Stadt als Geburtsort seines ehemaligen Dieners Carl Eisfeld, der von 1806 bis 1812 in seinen Diensten stand und sich im Anschluß daran mit einem „wirthschaftlichen Unternehmen" in Langensalza niedergelassen hatte.
Die Stadt selbst lernte Goethe 1801 auf der Durchfahrt zur Kur in Pyrmont kennen. Seine Eindrücke hat er im Tagebuch festgehalten.

An Johann Heinrich Merck Im November 1782.
Was das Langensalzer Horn betrift, so wirst du aus dem Merkur* die Zeit her näher gesehen haben weß Geistes Kind es ist und ich würde deinen Auftrag sogleich ausrichten, wenn ich nicht fürchtete dir selbst den Kauf zu verderben. Ich mag schreiben laßen durch wen ich will so merkt man daß es von hier kommt...

* Im „Teutschen Merkur", 1782, IV, 19-24, war der Aufsatz „Über ein fünf Ellen langes Horn, welches man in der Unstruth gefunden hat" erschienen.

An Friedrich von Stein Weimar, 14. August 1794.
Am Rheine ist Alles in Furcht und Sorgen, auch meine Mutter hat eingepackt und ihre Sachen nach Langensalza geschickt. Würde es übler, so kann sie zu mir ...

Tagebuch, 5. Juni 1801.
Langensalza, eine alte, aber doch reinliche Stadt und gehört dem Kurfürsten von Sachsen. Die Häuser nach der alten Manier gebaut, nämlich es stößt immer ein Stockwerk vor dem andern hervor. Die Einwohner scheinen sich meist von Ackerbau und Viehzucht zu nähren, doch wird auch viel Handel getrieben. Das Rathaus daselbst ist eins der zweckmäßigsten und schönsten Gebäude, ganz massiv auf einem freyen, mitten in der Stadt gelegenen Platze. Rechts sieht man die Stadt Thamsbrück liegen, welches die älteste in Thüringen seyn soll ...

Lichtenhain

Herzogtum Sachsen-Meiningen
Stadt Jena

... spatzieren gegen Lichtenhain.

Das Dörfchen Lichtenhain bei Jena, das eine meiningische Exklave war, gehörte zu den bevorzugten Zielen auf Goethes Spaziergängen, wenn er in der Saalestadt weilte. Nur etwa 20 Minuten von Jena entfernt, war es gut zu Fuß erreichbar, und auf dem Weg über die Höhe dorthin boten sich herrliche Ausblicke ins Saaletal und auf seine Muschelkalkhänge. Den Blick zum gegenüberliegenden Hausberg hielt Goethe in einer Zeichnung fest.
Das Tagebuch vermerkt in den Jahren 1802, 1809, 1810 und 1816 besonders häufig Spaziergänge nach Lichtenhain, oft in Begleitung des „Urfreundes" Carl Ludwig von Knebel.

» Jena.

Tagebuch, 12. August 1809.
Abends mit Knebeln spatzieren gegen Lichtenhain zu. Mit demselben nach Hause.

Tagebuch, 5. Oktober 1809.
Spatziergang auf den Höhen gegen Lichtenhain.

Tagebuch, 18. Mai 1816.
Zu Knebel. Kam Meyer. Zusammen spazieren gegangen gegen Lichtenhahn.

Lobeda

Herzogtum bzw. 1815 Großherzogtum Sachsen-Weimar-Eisenach
Stadt Jena

... ihr Haus ein lichter Punct in dem Saalthale.

Das Haus des Bürgermeisters Bohl in Lobeda bei Jena wurde seit den 80er Jahren häufig von den literarischen Größen Jenas und Weimars aufgesucht. Im Sommer 1784 berieten in der Bohlschen Gartenlaube die Weimarer Schriftsteller Christoph Martin Wieland und Friedrich Justin Bertuch über die Herausgabe der „Allgemeinen Literaturzeitung", deren Erfolg bald dazu beitragen sollte, daß Jena zu einem der führenden literarischen Zentren in Deutschland aufstieg.
Den ersten Anlaß für die Zusammenkünfte in Lobeda aber gab die poetisierende Frau des Bürgermeisters, Johanna Susanna Bohl, von der Wieland 1782 ein Gedicht in seiner Zeitschrift „Teutscher Merkur" veröffentlicht hatte; weitere ihrer Texte waren anonym erschienen und hatten auf sie aufmerksam gemacht.
Von Carl Ludwig von Knebel eingeführt, war auch Goethe des öfteren bei den Bohls zu Gast; selbst in Italien erinnert er sich an die Dichterin und schildert ihr von dort seine Reiseeindrücke.
Später führten ihn immer wieder Spaziergänge ins schön gelegene Lobeda. Die landschaftliche Umgebung gefiel ihm sehr; das mag einer der Gründe gewesen sein, sich dort um den Kauf eines Gutes zu bemühen.
Besonders beeindruckt war Goethe von den schwierigen Lebensbedingungen der Susanna Bohl. Bei verschiedenen Gelegenheiten versuchte er, die Familie in Notsituationen zu unterstützen. Goethes Bedürfnis, unverschuldet in Not geratenen, tüchtigen Menschen zu helfen, wird auch am Beispiel des Lobedaer Mediziners Eichelberg deutlich. Für ihn bat er bei seinem Ministerkollegen Voigt um Unterstützung.

⇒ Drackendorf, Jena, Löbichau, Oberroßla.

Blick auf Lobeda.

An Elisabeth Charlotte von der Recke Weimar, 30. Mai 1785.

... nur wird es Ihrem theilnehmenden Herzen wehe thun zu vernehmen, daß der braven Burgemeister Bohl in Lobeda, welche Sie in Jena kennen lernen, ein trauriger Fall begegnet ist, der die Umstände ihrer Familie gänzlich zu zerrütten droht. Ihr Schwiegersohn Loeber ist vor kurzem gestorben und hinterlässt eine Witwe mit sieben Kindern, wovon das älteste neun Jahre das iüngste zwanzig Wochen alt ist. Tochter und Enckel fallen nun wieder, da er ohne Vermögen war, auf die Grosmutter zurück, und diese gute Frau die keinen Wunsch hatte als, bey einer sehr eingeschränckten Haushaltung, ihr Leben anständig und ehrbar zu endigen, sieht sich beynahe in die ängstliche Lage versetzt mit den ihrigen zu darben.
Ich weis daß Ew. Gnaden, bey Ihrem Aufenthalte in Jena*, Sich grosmütig erkundigt, ob dieser, würcklich in ihrer Art seltnen Frau irgend ein Hülfe nötig sey. Damals konnte sie mit einem ruhigen Vertrauen auf ihren Zustand sehn und mit danckbarer Beschämung Ew. Gnaden Grosmuth ablehnen.
Wie verschieden steht es ietzo mit ihr! Sie ist in Sorgen für diejenigen von denen sie im Alter selbst Hülfe erwarten konnte, und da sie bereit ist alles mit den ihrigen zu theilen, so kann sie leicht berechnen daß es ihnen bald allen zusammen an dem nothdürftigen fehlen werde.
Unsere gnädigste Herrschafften haben sogleich der wackern Frau einen Theil ihres Kummers weggenommen indem sie einige Kinder versorgt, nun bleibt für Freunde auch noch etwas zu thun übrig und ich glaube Ew. Gnaden einen angenehmen Dienst zu erweisen wenn ich Sie davon benachrichtige. Denn ich weis daß Ihr edles Gemüth keine grössere Freude kennt, als würdigen Menschen, die das Glück verletzt, wohlzuthun, und Wunden, die das Schicksal schlägt, zu heilen.

WA IV, 30, 35-36.

* Die Schriftstellerin Elisabeth von der Recke hielt sich 1784 kurze Zeit in Jena auf.

An Charlotte von Stein Jena, 25. April 1786.

Wie offt hab ich heute gewünscht diesen Tag mit dir hier zu zu bringen, er war ganz köstlich. Ohne in Jena anzuhalten, ritt ich gleich nach dem Durchstich (Arbeiten an der Saaleregulierung) und von da nach Lobeda, und fand die gute Bohl, aber ach wie! Ich muß dir ihre Wirthschafft ihr Wesen und Zustand im Detail beschreiben es ist ein seltsam Tableau. Das Saal Thal hab ich noch nie gesehn in solcher Schönheit, ich bin einen Weeg zurückgekehrt den ich dich führen muß, es ist an einem Platze würcklich ein gros Bild.

An Charlotte von Stein Jena, 4. Juni 1786.

Nur wenige Worte. Ich freute mich der schönen Zeit in der schönen Gegend noch mehr wenn du bey mir wärest, wie vieles mögt ich dir zeigen, es ist doch hier ein ganz ander Wesen der Natur... Ich bin heute früh schon weit umher geritten und schon bey der Burgemeister (Bohl in Lobeda) gewesen.
Ich werde bey den Herrschafften um ein auserordentliches Geschenck für die Enckel an Leinwand, Cattun pp. bitten. Die Menschen drucken sich iämmerlich.

An Johanna Susanna Bohl Rom, 18. August 1787.
Wenn ich nach unserm hiesigen Sommer rechne; so haben Sie auch gute Wittrung gehabt und alle Feldfrüchte sind der braven Hausmutter glücklich eingebracht worden. Ich habe indeß ein schön Stück Welt gesehen und manchmal einen so wohlthätigen Himmel über das Saalthal gewünscht als er über den meisten Theilen dieser Halbinsel (Italien) und ihrer Inseln schwebt.
In Sicilien hab ich an Sie gedacht, wie schön steht da der Waitzen, die Gerste! gleichsam in ihrem natürlichen Zustande, wie sicher ist die Jahrszeit und wie bequem die Erndte! Wir im Norden scheinen nur wie unglückliche Nachahmer uns zu quälen. Vergebens suchen wir durch Mühe, Geduld und Anhalten das zu ersetzen was uns eine gütige Natur versagt hat.
... Verzeihen Sie meine liebe, wenn ich Ihnen durch diese Erzählungen die Lobedaer Flur auf einen Augenblick verleide. ... Mad. Angelika (Kauffmann)* seh ich oft und sie erwiedert Ihren Gruß ...

* Die Malerin Angelika Kauffmann lebte in Rom und war mit Goethe befreundet.

An Christian Gottlob Voigt Verdun, 10. September 1792.
Dürfte ich Sie wohl um eine freundschaftliche Bemühung in einer häußlichen Angelegenheit bitten. In Franckfurt habe ich gefunden daß ich eine Summe Geldes daher ziehen und in Weimar anlegen könnte. Schon lange hatte ich Lust zu einem Gütchen, besonders zu dem Lobedaischen Griesheimischen. Es stand einmal auf dem Verkauf, die Interessenten haben sich aber wieder arrangirt.* Könnte man nicht erfahren wie die Sache jetzt steht? und ob das Gut um einen leidlichen Preis zu haben wäre? Der Burgemeister Bohl steht wohl am nächsten in Connexion.

* Schon 1784 hatte sich Goethe um das Griesheimische Rittergut bemüht; nach dem Tod des Eigentümers versuchte er noch einmal, das Gut zu erwerben, jedoch wieder ohne Erfolg.

Tagebuch, 21. Mai 1796.
Mit Loders in Lobeda. Abends dort zu Tische.

An Christian Gottlob Voigt Jena, 31. Mai 1796.
Für den armen Mediciner Eichelberg in Lobeda, der sich sauerer, als ein Mensch werden ließ und läßt um etwas zu lernen und zu leisten, wünschte ich, daß eine Kleinigkeit geschähe. Glauben Sie, daß ich etwa bei Serenissimo oder bey Fürstl. Cammer irgend einen Schritt thun oder begünstigen sollte? so will ich mich dessen nicht entziehen...

Tagebuch, 19. Mai 1799.
Spatzieren gefahren gegen Lobeda...

Tagebuch, 23. Mai 1799.
Um 11 Uhr spatzieren gefahren gegen Lobeda.

Tagebuch, 11. Oktober 1799.
Nachmittag mit den Kindern auf der Lobeda-Burg.

***Pappeln an der Saale**, lavierte Tuschzeichnung von Goethe (1806).*

An Christian Gottlob von Voigt Weimar, 13. März 1814.

Wenn es mit Ew. Excellenz Genehmigung geschieht, so will ich Beykommendes einige Mal abschreiben lassen, und sodann solches etwa an Herrn von Ziegesar, den ehemaligen Nachbar der guten Frau (Bürgermeisterin Bohl), an Legations-Rath Bertuch und sonst gelangen lassen. Vielleicht thut die Loge etwas, wenn man sich auf das Vorwort beruft, welches Wieland für sie eingelegt hätte, wenn er noch lebte. Vielleicht geben mir Ew. Excellenz noch einige Wege und Mittel an. Nach Hof will ich es auch zu bringen suchen.

(Beilage)
Die Burgermeisterin Bohl, sonst zu Lobeda, lebt gewiß noch im Andenken aller gebildeten älteren Personen der hiesigen Stadt und der Gegend.* Ein sittlicher Charakter, häusliche treue Thätigkeit zeichneten sie aus, ein zartes frommes dichterisches Talent, das ihren Pflichten keineswegs Eintrag that, machte sie bemerkbar. Gastfrey empfing sie jeden in ihrer reinlichen wohlgeordneten Wohnung, gesellig und gesprächig machte sie gern ihren Freunden einen Gegenbesuch. Lange war ihr Haus ein lichter Punct in dem Saalthale, dessen Schönheit man aus ihren Fenstern übersah. Vor allem aber erregte sie den größten Antheil durch die unermüdliche Geduld, mit welcher sie häusliche Leiden an dem Gatten und Kindern, ja an zahlreichen, früh verwaisten Enkeln übertrug.
Eine Tochter dieser Frau, die Pfarrerin Bechstedt zu Millingsdorf bey Eckartsberga, gehört unter diejenigen, welche bey den letzten Kriegsereignissen alles verloren haben. Von den Fliehenden, wie von den Verfolgenden beraubt ist ihr und den ihrigen kaum so viel übrig geblieben, daß sie die nächste Zeit ihr Leben kümmerlich fristen konnten...
Freylich erschallen die Stimmen des Bedürfnisses und der Noth von allen Seiten her, so daß die Theilnahme selbst der Hülfreichen gelähmt wird; aber ich habe mich doch nicht enthalten können, den gegenwärtigen Fall im Stillen einigen Freunden der Verstorbenen vorzulegen, ob sie vielleicht, in Erinnerung guter Zeiten, für diese Familie irgend etwas zu thun oder zu bewirken sich möchten bewogen finden. Denn auch die

übrigen Abkömmlinge, die Bohlschen Enkel zu Lobeda, sind durch die Kriegszüge hart mitgenommen und in solche Dürftigkeit versetzt worden, daß man sich nicht erwehren kann auch ihr Schicksal zu bedauern. Vielleicht könnte aus gegenwärtiger Gelegenheit für sie gleichfalls eine Wohlthat entspringen.

* Susanna Bohl war am 28. August 1806 verstorben.

An Charlotte von Stein Weimar, 15. März 1814.
Nach einem so langen Stillschweigen komme ich verehrte Freundin mit ... einem Gesuch, was in beyliegendem Blatt (Bohl-Zirkular) enthalten ist. Möchten Sie es wohl an unsere Herzogin bringen und vielleicht höchsten Orts und in Ihrem Kreise begünstigen.

An Christian Gottlob von Voigt Weimar, 22. März 1814.
... ermangle nicht anzuzeigen, daß das Andencken der guten Bohl den hinterlassnen ihrigen bis jetzt eine Gabe von 65 rh. 19 gr. verschafft hat. Ich erwarte noch etwas von der Loge und erbitte mir Ew. Exzell. gefälliges Sentiment wegen der Verwendung: ob man den Lobedaern auch etwas zufließen läßt, oder die Erwähnung derselben als eine für die Folge gethane Empfehlung ansieht. Ich bin hierüber nicht ganz mit mir einig.

An Christian Gottlob von Voigt 24. März 1814.
... bemercke soviel: daß nach Ew. Exzell. Anleitung die Zigesarische Colleckte von 60 Thlr. 20 Gr. 6 Pfg. mit 18 Ellen Leinwand und ein Paar warmen Strümpfen die Pfarrerin Bechstedt (Tochter der Susanna Bohl in Millingsdorf bei Eckartsberga) und das Übrige was mir zugekommen an 20 Thlr. nach Lobeda (an die übrige Familie) besorgen werde.

An Anton von Ziegesar Weimar, 29. März 1814.
... verfehle nicht anzuzeigen daß das kleine Geschäft (Sammlung für die Familie Bohl), dessen Sie sich so gefällig angenommen, nunmehr beendigt ist. Mit Einstimmung des Herrn Geheimerath von Voigt Excellenz habe die von Ew. Hochwohlgeboren mir übersendete Summe, nebst Leinwand und Strümpfen, der Pfarrerin Bechstedt eingehändigt; das bey mir unmittelbar Eingekommene, an zwanzig Thalern, ist der Lobedaischen Bohlischen Enkelin übersendet, und so den Manen unserer verstorbenen Freundin ein willkommenes Opfer gebracht worden. Nehmen Sie meinen Dank für Ihre gütige Verwendung und geben mir Gelegenheit auch etwas Angenehmes zu erzeigen...

Tagebuch, 26. März 1817.
Lobdaer Jahrmarkt, Negociation (Geschäftsabschluß) wegen Fischen.

Tagebuch, 28. Juni 1819.
Mit Major von Knebel spazieren gefahren nach Lobeda.

Löbichau

Herzogtum Sachsen-Gotha-Altenburg, 1826 Herzogtum Sachsen-Altenburg
Kreis Altenburger Land (Schmölln)

... hat mich freundlich auf ihr Gut eingeladen, das bey Altenburg liegt.

In Karlsbad kam Goethe häufig mit der Herzogin Dorothea von Kurland zusammen, die auf ihrem Schloß in Löbichau bei Altenburg lebte und regelmäßig zur Kur nach Böhmen kam. Auch deren Schwester, die Schriftstellerin Elisa von der Recke, traf Goethe oft während seiner Aufenthalte in den böhmischen Bädern; ihr sandte er gelegentlich Exemplare seiner Werke.
Der Einladung nach Löbichau folgte Goethe im Herbst 1810 auf der Rückreise aus Böhmen. Am 29. und 30. September hielt er sich dort auf und war von der „Anmuth der Herzoginn" sehr angetan.

» Altenburg.

An Silvie von Ziegesar Karlsbad, 3. August 1808.
Ich lernte die Töchter der Herzoginn von Curland, erst später ihre Hoffräulein kennen. Ihr selbst wartete ich erst gestern auf ...
Alle waren sehr freundlich und anmuthig; zutraulich, gefällig, gnädig, und wie man die erwünschten Stufen des Wohlwollens bezeichnen mag. Ich habe dagegen durch allerley Gespräch und Vorlesen mich möglichst danckbar erwiesen. Nach Löbichau bin ich schönstens, und, wenn ich mir nicht zuviel schmeichle, wircklich im Ernst eingeladen.

An Christiane von Goethe Teplitz, 28. August 1810.
Die Herzoginn von Curland hat mich freundlich auf ihr Gut eingeladen, das bey Altenburg liegt. Wahrscheinlich besuche ich sie auf der Rückreise.

Tagebuch, 30. September 1810.
Zum Frühstück im Zelte ... auf ein wohlgelegenes Lusthaus. Zurück zur Tafel. Sodann (von Löbichau) nach Altenburg.

An Carl Friedrich von Reinhard Weimar, 7. Oktober 1810.
Nun bin ich (aus Böhmen zurück) ... wieder auf meinem alten Flecke ... Dresden mit seinen Kunst- und Naturschätzen, Freyberg mit seiner unter- und oberirdischen Thätigkeit, Chemnitz durch seine Spinnmaschinen, Altenburg und Löbichau durch die Anmuth der Herzoginn von Curland, haben mir eine sehr erfreuliche und unterhaltende Rückreise gegeben.

Tagebuch, 12. Juli 1812.
Bey der Herzogin von Kurland und Frau von Recke (in Karlsbad) ...

Löbstedt

Herzogtum bzw. 1815 Großherzogtum Sachsen-Weimar-Eisenach
Stadt Jena

Spazieren gefahren gegen Löbstädt.

Wenn sich Goethe längere Zeit in Jena aufhielt, gehörte Löbstedt zu den bevorzugten Zielen seiner Spazierwege. Dorthin führte eine „Chaussee", die offenbar gut zu befahren war. Als Wegebauinspektor hatte er sich um ihren Zustand zu kümmern. Solche Ausfahrten boten Gelegenheit, mit Begleitern Gedanken auszutauschen – so auch mit Schiller.
Als 1817 an der Löbstedter Straße interessante Versteinerungen gefunden wurden, war dies ein immer wieder genutzter Anlaß, am Fundort vorbeizufahren. Bis in den Herbst 1821 hinein ist oft im Tagebuch zu lesen: „Spazieren gefahren gegen Löbstädt", allein oder in Begleitung. Die letzte Eintragung in bezug auf Löbstedt stammt vom 24. September 1821. Sie lautet: „Mit Major von Knebel und (dessen Sohn) Bernhard erst nach Camsdorf, dann nach Löbstädt."

» Jena, Kunitz, Zwätzen.

An Christian Gottlob Voigt Jena, 1. Oktober 1799.
Götze hat die Angelegenheit (Wegebau) zwischen Löbstädt und Kunitz besichtigt und mir Rapport erstattet. Ich werde das Lokal bey hübscher Witterung selbst besuchen und meine Gedanken darüber mittheilen.

Tagebuch, 12. Februar 1799.
Gegen Mittag Schlitten gefahren mit Götze gegen Wenigenjena und Löbstädt.

Tagebuch, 23. Mai 1799.
Nachmittags zu Schiller. Schema des Dilettantism. Abends mit demselben spatzieren gefahren gegen Löbstädt. Über eine neue Ausgabe meiner kleinen Gedichte. Auch über eine Ausgabe meiner Werke überhaupt.

Tagebuch, 30. März 1817.
Wunderbarer Fund von Versteinerungen an der alten Löbstädter Straße durch Stadelmann und Barth; hinausgefahren die Örtlichkeit zu untersuchen ...

Manebach

Hauptort: Herzogtum Sachsen-Gotha-Altenburg bzw. 1826 Herzogtum Sachsen-Meiningen; Ortsteil Kammerberg: Herzogtum bzw. 1815 Großherzogtum Sachsen-Weimar-Eisenach
Ilmkreis (Ilmenau)

... in des Cantors Gärtgen gezeichnet.

Im rechts der Ilm gelegenen, weimarischen Ortsteil „Kammerberg" vom gothaischen Manebach wurde in der Goethe-Zeit Steinkohlenbergbau betrieben. Das veranlaßte Goethe als Leiter der Bergwerkskommission gleich bei seinem ersten Ilmenau-Besuch, die Steinkohlengruben aufzusuchen. Später zeigte er immer wieder Interesse am Kammerberger Bergwerk; den Eingang zum Stollen hielt er in einer Zeichnung fest.
Bis ins hohe Alter hinein war ihm das Bergwerk auch wegen fossiler Pflanzenabdrücke von Bedeutung, die dort gefunden wurden. Noch wenige Monate vor seinem Tod bedankt sich Goethe beim dortigen Rentamtmann Mahr für fossile Pflanzenexemplare, die ihm geschickt worden waren.
Im links der Ilm gelegenen Ortsteil von Manebach war Goethe häufiger Gast im Hause des Kantors Mathäus Schellhorn. Von seinem Garten aus zeichnete er den „Manebacher Grund" und schickte die Zeichnung an Charlotte von Stein.
Touren zum Hermannstein und mancher Ritt durch die Wälder der Umgebung führten immer wieder an Manebach vorbei.

⇒ Ilmenau, Jena, Stützerbach.

Tagebuch, 22. Juli 1776.
Früh nach Cammerberg gezeichnet mit und Ohne Liebe. Betrachtungen darüber, gegen Mittag auf den Herrmannstein.

Tagebuch, 1. August 1776.
... nach dem Cammerberger Kohlenwercke eingefahren. Dann oben nach dem C.(arl) A.(ugust) Schacht. der etwa anderthalb Lachter abgeteuft war. gefrühstückt hunten. Zu Tische. Viel von Bergw.(erks)sachen geschwazt.

Tagebuch, 29. August 1777.
Nach Tisch allein nach Manebach, unter weegs geschlafen an der Ilm, angekommen beym Cantor, auf seiner Wiese den Grund hinauf gezeichnet.

An Charlotte von Stein

Manebach, Ilmenau, 29. und 31. August 1777.

Manebach beym Cantor. Zwischen Gebürg und Fichtenwald hab ich heut Abend gesessen und zeichnen wollen, aber es ging nicht ...

Sonntag d. 31. Ilmenau. Ich schicke Ihnen was ich d. 30. früh in des Cantors Gärtgen gezeichnet habe. Wunder dacht ich was ich alles fertigen wollte, und nun ist das alles ... Heut Abend gehn wir nach Stüzzerbach vielleicht schick ich noch was gezeichnetes von da.

***Manebacher Grund**, tuschlavierte Bleistiftzeichnung von Goethe (1777).*

An Johann Friedrich Blumenbach Weimar, 20. April 1802.

Ohngefähr vor zwanzig Jahren, als ich von Zeit zu Zeit in Ilmenau einen längern Aufenthalt zu machen pflegte, wurde mir angezeigt, daß man in der Manebacher Steinkohlengrube (gothaischer Seits) auf einen aufrechtstehenden Baumstamm getroffen, den man in seiner Stellung geschont und ihn bey der Förderung umgangen habe.

Als ich mich dahin verfügte fand ich ihn etwa 4 Fuß hoch, gegen die Horizontallinie wenig geneigt, fest anstehend. Ich ließ ihn ablösen, heraus und nach Jena schaffen.

Im Trockenwerden unterlag er den Gesetzen der mineralischen Natur, indem er durch verschieden durchgehende Stiche sich in mehrere Theile trennte, die mit seinem vorhergehenden organischen Bau in keinem Verhältniß standen.

Ich enthalte mich aller weiteren Beschreibung indem ich ein solches abgesondertes Glied hiermit überschicke.

Sollte man diesen Überrest nicht als etwas Palmartiges ansprechen dürfen, wohin die kurz übereinander gedrängten Wachsthumsreihen zu deuten scheinen.

Tagebuch, 28. Aug. 1813.
Mit Pr.(inz) Bernh.(ard) nach Manebach. Döbereiner war von der Partie.

Tag- und Jahreshefte 1822.
Ich erhielt zu Anfrischung der Berg- und Gesteinlust bedeutende Pflanzenabdrücke in Kohlenschiefer durch den sorgfältigen und diesen Studien ergebenen Rentamtmann Mahr.

WA I, 36, 215.

Tagebuch, 15. Dezember 1831.
... an Rentamtmann Mahr, wegen eingesendeter merkwürdiger fossiler Pflanze aus dem Manebacher Kohlenwerke.

An Johann Christian Mahr Weimar, 18. Dezember 1831.
Für das übersendete Stück einer merkwürdigen fossilen Pflanze hab ich in mehr als einem Sinne zu danken; es ist nicht allein das Erste seiner Art was sich aus den dortigen Gruben herschreibt, sondern es ist mir auch dergleichen niemals anders woher bekannt geworden ...
Sowohl der ungeheure Stamm, den ich Ihrer früheren Aufmerksamkeit schuldig bin, als dieser neue Fund macht jene Kohlengruben nur desto wichtiger, je weiter man in diesen Kenntnissen vorschreitet ... Mir ist bey dem Wunsch, dergleichen selbst zu besitzen, auch angelegen, die Kenntniß im Einzelnen weiterzuführen und die unter den Geologen schon längst berühmten Kammerberger und Manebacher Kohlenwerke in ihrem alten und immer erneuten Rufe zu erhalten.

Tagebuch, 31. Dezember 1831.
Nähere Betrachtung des von Mahr gesendeten Pflanzenabdrucks aus Kammerberg ... Abends für mich. Das neuste aus Kammerberg angekommene fossile Pflanzenexemplar näher beleuchtet und mit schon vorhandenen Abbildungen verglichen.

Mattstedt

Herzogtum bzw. 1815 Großherzogtum Sachsen-Weimar-Eisenach
Kreis Weimarer Land (Apolda)

... wegen des Mattstedter Kohlenwercks.

In den Jahren zwischen 1798 und 1803 pflegten Goethe und Christiane Vulpius als Gutsbesitzer in Oberroßla auch geselligen Verkehr mit benachbarten Familien. Eines Tages erhielt Christiane ein Stück kohlehaltigen Gesteins als Geschenk; sie schickte es nach Weimar. Es handelte sich um Lettenkohle, wie sie in der Nähe von Mattstedt bei Apolda zu finden war. Diese Sendung könnte der Anlaß gewesen sein, daß Herzog Carl August am linken Ufer der Ilm am Fuße des Schösserberges bei Mattstedt Kohle abbauen ließ.
Die Lettenkohle war reich an Schwefelkies. Auf Initiative Goethes entstand in Flußnähe eine Anlage, in welcher der Schwefelkies mit Wasserkraft zerpocht und gemahlen wurde. Goethe selbst besaß Anteile an diesem Unternehmen, das „Poche" genannt wurde und der Gegend bis heute ihren Namen gibt.* Im Zusammenhang mit dem Kohlebergwerk entstanden Fabriken, wie Ziegel- und Gipsbrennerei, an denen auch Pfarrer Günther** von Mattstedt unternehmerisch beteiligt war. Alle diese Betriebe gingen allerdings bald wieder ein; auch das Mattstedter Kohlewerk mußte wegen zu geringer Ausbeute aufgegeben werden.
Am 17. April 1813 besuchte Goethe auf der Fahrt nach Dresden noch einmal das Gelände des ehemaligen Bergwerkes. Viele Jahre später trat es erneut in sein Blickfeld. Sein wissenschaftlich interessierter Briefpartner Caspar Maria Graf von Sternberg aus Prag wünschte ein Stück der Mattstedter Kohle, um zu untersuchen, ob sich fossile Pflanzenspuren darin nachweisen ließen. Briefe und Tagebuchaufzeichnungen zeigen, wie intensiv sich Goethe darum bemühte, diesem Wunsch nachzukommen.

* Noch heute heißt dort ein Gasthof an der Straße „Zur Poche".
** Wilhelm Christoph Günther war ökonomisch interessiert und praktisch geschickt. 1801 wurde er als Hofprediger und Oberkonsistorialrat nach Weimar berufen. Er war es, der auf Goethes Wunsch 1806 die Trauung mit Christiane Vulpius vollzog.

» Apolda, Oberroßla, Weimar.

Tagebuch, 8. September 1800.
Früh 4 Uhr mit Sereniss.(Herzog Carl August) nach (Ober)Roßla. Mittag bey Pfarrer Günther in Mattstädt ... Abends nach Oberroßla zurück.

Tagebuch, 17. April 1813.
Früh 6 Uhr aus Weimar gefahren ... 1/2 8 Uhr bey Roßla, 1/4 auf 9 Uhr beym Kohlenwerk (zwischen Mattstedt und Wickerstedt am Fuße des Schösserberges) ...

Tagebuch, 2. Dezember 1824.
Überlegung wie aus dem Mattstedter eingegangenen Kohlenwerke einige Musterstücke zu erhalten.

An Caspar Maria Graf von Sternberg Weimar, 14. Dezember 1824.
Auf das Kohlenwerk zu Mattstedt wird nun in diesen Tagen ein ernstlicher Angriff gemacht. Ich halte für das Beste mir vorerst eine Kiste der besten Kohlen hereinschaffen zu lassen und bedächtig zu untersuchen ob vegetabilische Spuren zu finden sind.

An Wilhelm Christoph Günther Weimar, 28. Januar 1825.
Ew. Wohlgeboren
erlauben eine kleine Anfrage in Bezug auf unser neuliches Gespräch. Ein auswärtiger Naturfreund, Herr Graf Sternberg zu Prag ... wünscht einige Musterstücke von der Mattstedter Steinkohle, wo möglich mit Pflanzenabdrücken, die darin vorgekommen seyn sollen ... Leider find ich in meiner Sammlung keine Spur davon und die gegenwärtige Lage des Flötzes verhindert, besonders in dieser Jahreszeit, das Gewinnen irgend einiger tauglichen Stücke.
Nun ist mir der Gedanke beygegangen, ob nicht vielleicht ... bey Ihnen noch irgend etwas der Art vorhanden seyn möchte? oder ob Ihnen bekannt wäre, wo sich sonst dergleichen könnte versteckt haben ...

An Wilhelm Christoph Günther Weimar, 5. Februar 1825.
Einleitung und Anweisung gemäß hat der Copist John seine Untersuchungen in Mattstedt vollbracht und mich vorläufig von den dortigen Zuständen unterrichtet. Freylich ist von der früher gewonnenen guten Kohle weder etwas zu finden noch an Ort und Stelle zu hoffen. Könnte deshalb einiges durch gefällige Vermittelung von Herrn Schreiber in Meiningen zu erhalten seyn, so müßte es mir und meinem edlen Freunde höchst erwünscht werden ...

An Kaspar Graf von Sternberg Weimar, 5. Februar 1825.
Mein Beauftragter hat wegen Mattstedt meinen Erwartungen nicht entsprochen ... Ein dem Werke früher Vorgesetzter der jetzt in Meinungischen Diensten steht hat ... auf dergleichen gesammelt und soll im Besitz bedeutender Stücke seyn. An diesen ist nun geschrieben und ich wünsche glücklichen Erfolg. Meine eigene Schränke und Catalogen habe durchgesehen, finde aber nirgends eine Spur der Mattstedter Kohle, ihr Gewinn fiel in eine Zeit wo mein Antheil anderswo beschäftigt war.*

* Im Antwortschreiben des Bergmeisters Schreiber vom 21. Februar 1825 heißt es: „Leid thut es mir, Ihrem Wunsche nicht ganz genügen zu können. Von zwey Exemplaren, meinem ganzen Vorrath der Mattstedter Steinkohlen, lege ich Ihnen das ausgezeichnetste bey, welches aber auch nur einen sehr unvollkommenen Abdruck enthält. Wirkliche Farren (Farn) kräuter-Abdrücke hat es wohl nie auf dem Mattstedter Steinkohlenflötz gegeben."
WA IV, 39, 130.

Maua

Herzogtum bzw. 1815 Großherzogtum Sachsen-Weimar-Eisenach
Stadt Jena

... zu einer Mühle, der schönsten die ich ie gesehn.

Auf seinen Touren durch das Thüringer Land interessierte sich Goethe nicht nur in amtlicher Funktion für Leben und Arbeit der Bewohner einzelner Orte. Tüchtige Menschen, die in ihrem Bereich mit „Verstand, Geschick und Fleis" tätig waren, konnten immer seiner Wertschätzung sicher sein.
So auch der Müller Johann Gottfried Letsch d. J., der die 1517 erstmals urkundlich erwähnte Wassermühle in Maua bei Jena in der 14. Generation seiner Familie betrieb. Bei ihm kam Goethe im Frühjahr 1783 auf einem Ritt durch das Land vorbei. Bei diesem Besuch weckte auch ein Bauer in der Dorfschenke gegenüber der Mühle durch „allerley Spas" Goethes Aufmerksamkeit und Sympathie.

» Jena.

Die heute noch existierende Letsch-Mühle in Maua.

Tagebuch, 2. März 1779.
Nach Rothenstein die Strase beritten, den (Saale-)Durchstich bey Maue (Maua) besehn ...

An Charlotte von Stein Jena, 28. Mai 1783.
Ich bin durch einige Fluren geritten, habe das Gut Pösen (im Leutratal bei dem Dorf Bucha) das denen Hellfelds gehört besehen, und daselbst eine sehr mittelmäsige, um nicht zu sagen schlechte Wirthschafft gefunden. Gleich darauf kamen wir zu einer Mühle (in Maua), der schönsten die ich ie gesehn, ob es gleich grösere giebt. Die Wirthschaffts Gebäude sind so artig aufgebaut, und die Haushaltung so ordentlich und gut daß es mir eine Freude seyn wird dir alles zu beschreiben. Wenn das Glück nur einigermassen will, so belohnt sich in diesem Fache Verstand, Geschick und Fleis gar schön.
Fritzen (der Sohn Charlotte von Steins) traf ich in Maue (Maua) wo er mit Götzen (Goethes Diener) hingegangen war und wir assen da zusammen ...
Ein alter launiger Bauer machte uns bey Tische allerley Spas. Es giebt doch noch in dieser Klasse recht glückliche Menschen, wenn sie nur einigermassen wohlhabend sind und der Druck nicht zu stark auf ihnen liegt.

Die Letsch-Mühle.

Meiningen

Herzogtum Sachsen-Meiningen (Residenzstadt)
Landkreis Schmalkalden-Meiningen

In Meiningen hat man mich
auf das aller artigste behandelt.

Der erste Kontakt mit dem Meininger Hof fand im Herbst 1775 in Frankfurt a. M. statt, als der junge Goethe auf den neuvermählten Weimarer Herzog Carl August wartete, um mit ihm nach Thüringen zu reisen. Für die spätere Weimarer Zeit sind zwei Besuche in Meiningen dokumentiert, die Goethe in der Funktion des Staatsbeamten absolvierte. Der erste Aufenthalt fand während einer Inspektionsreise mit dem Herzog im Herbst 1780 statt. In diesen Tagen hatte Goethe an schwierigen Verhandlungen teilzunehmen, in denen es um die Holzabgabe aus dem Forst Zillbach, der zu Sachsen-Weimar gehörte, an Untertanen von Sachsen-Meiningen ging. Dieser „böse Prozess" machte es erforderlich, sich mit komplizierten und äußerst verworrenen Rechtsfragen zu beschäftigen.
Der zweite Aufenthalt Goethes in Meiningen im Jahre 1782 war einerseits aus diplomatischen Gepflogenheiten notwendig – dem Hof mußte ein offizieller Besuch abgestattet werden – andererseits war mit dem Herzog als einem der Nutritoren (Erhaltern) der Universität Jena wegen der Besetzung zweier theologischer Lehrstühle zu verhandeln.
Dokumente über diese beiden Besuche in Meiningen zeugen von reichen Erfahrungen im Umgang mit höfischem „Wesen und Treiben", aber auch vom großen Gewinn an menschlichen Erfahrungen und sozialen Einblicken.
Über Goethes eigene Besuche hinaus gab es mit Meiningen in kultureller und wissenschaftlicher Hinsicht Verbindungen, die Goethe als Verantwortlicher auf diesem Gebiet organisierte. So stellte das Weimarer Hoftheater den Meiningern Notenmaterial zur Verfügung und die Universität Jena empfing eine Sammlung von Mineralien aus Meiningen.
In späteren Jahren hielt Goethe sich noch einmal kurz in Meiningen auf. Auf der Rückfahrt aus der Rhein-Main-Gegend 1815 mußte er wegen einer Reparatur an der Kutsche bei großer Kälte „in einer nicht zu erheizenden Stube" pausieren.

⇒ Coburg, Hildburghausen.

An Charlotte von Stein Meiningen, 24. September 1780.
Seit dem ich hier bin macht mein Schreiben eine Pause. Es lässt sich nicht so wie von Felsen und Wäldern sogleich sagen, wie man mit Menschen dran ist, und besser man wiederholt sich nicht ieden Eindruck, sondern lässts eine Weile fortgehen.

Wir wären sehr undanckbaar wenn wir uns hier nicht gefallen sollten, man ist im möglichsten verbindlich und die Unterhaltung ist mancherley. Die ersten Paar Tage sind mir sauer geworden, weil ich weder Leichtigkeit noch Offenheit habe mit den Menschen sogleich zu leben, iezt aber gehts besser. Es ist mir auch ein Unglück, ich habe gar keine Sprache für die Menschen wenn ich nicht eine Weile mit ihnen bin.

An Jakob Friedrich von Fritsch Meiningen, 1. Oktober 1780.
Im Begriff von Meinungen abzureisen melde ich Ew. Exzell. mit wenigem, den Fortgang der hiesigen Unterhandlungen in der bewussten Sache (Zillbacher Holzabgabestreit).
Die Gesinnungen welche man gegen unsern gnädigsten Herrn zeigt scheinen ungeheuchelt zu seyn, und man hat versprochen das mögliche zu thun um die Unterthane dahin zu bringen, dass sie nochmals ihr Intresse der Herrschafft in die Hände legen mögen.
So schweer dies wegen des alten Mistrauens seyn mag, so ist doch dieser Weeg, als freylich für uns der vortheilhaffteste ernstlich zu versuchen.

An Johann Heinrich Merck Weimar, 11. Oktober 1780.
In Meinungen haben wir eine Menge Kunst- und andere Sachen ... in gehöriger Erbschaftsconfusion gefunden. Der Herzog (Carl August) konnte nicht ruhen, bis er ihnen vier Gemählde abgehandelt hatte ... Ich habe bei der Gelegenheit auch einige vortreffliche Zeichnungen erwischt.

Das Meininger Residenzschloß Elisabethenburg, wo Goethe 1780 wohnte.

An Charlotte von Stein Meiningen, 12. April 1782.
... meine Sachen gehn gut. Die Herzoge wenden Erde und alte Mauern um, und machen Thorheiten die ich ihnen gern verzeihe weil ich mich meiner eignen erinnere. Sie fragen mich um Rath, und ich habe gelernt nicht mehr zu rathen als was ich sehe daß auszuführen ist.
...
O liebe Lotte was sind die meisten Menschen so übel dran! Wie eng ist ihr Lebenskreis und wo läuft es hinaus! ...
Nun hab ich noch ein Conzert und ein Souper auszustehn.

An Charlotte von Stein Meiningen, 12. Mai 1782.
Meine Sachen* gehen ordentlich und gut, es ist freylich nichts wichtiges noch schweeres, indessen da ich, wie du weisst, alles als Übung behandle; so hat auch dies Reiz genug für mich. Ich habe als Gesandter eine förmliche Audienz bey beyden Herzogen gehabt, die Livree auf dem Saal, der Hof im Vorzimmer, an den Thürflügeln zwey Pagen und die gnädigsten Herrn im Audienz Gemach, Morgen geh ich nach Coburg dieselbe Comödie zu spielen, will in Hildburghausen mich auch an Hof stellen, und gegen Ende der Woche nach Rudolstadt gehn da ich einmal auf dem Weege bin und hiermit alle Thüringische Höfe absolviren ...
Ich wohne gegen der Kirche über, das ist eine schröckliche Situation für einen der weder auf diesem noch auf ienem Berge betet, noch vorgeschriebne Stunden hat Gott zu ehren. Sie läuten schon seit früh um viere und orgeln daß ich aufhören muß denn ich kann keinen Gedancken zusammenbringen.

* Verhandlungen wegen der Besetzung theologischer Lehrstühle an der Universität Jena.

Der Gasthof „Zum Hirsch“, *wo Goethe abgestiegen war, Zeichnung eines unbekannten Künstlers, Nachfolgebau Markt Nr. 10. – Am 7. Dezember desselben Jahres traf Schiller in diesem Gasthof mit dem Bibliothekar Reinwald zusammen, der ihn gleich nach Bauerbach weiterempfahl. Während Goethe als Gesandter seines Herzogs nach Meiningen kam, war Schiller vor seinem Landesherrn auf der Flucht.*

An Charlotte von Stein Coburg, 13. Mai 1782.

So weit wäre mein Feldzug vorgerückt und ganz glücklich und püncktlich ... Ich verlange nicht mehr von den Menschen als sie geben können, und ich dringe ihnen wenigstens nicht *mehr* auf als sie haben wollen, wenn ich ihnen gleich nicht *alles* geben kann was sie gerne mögten.

In Meiningen hat man mich auf das aller artigste behandelt, es ist ohnmöglich, mehr Attention Freundschafft und Gefälligkeit zu haben. Ich trete demohngeachtet sehr leise auf und nehme nichts an als was sie mir, iedes einzeln und alle zusammen gewiß nicht zurücknehmen. Die Seele aber wird immer tiefer in sich selbst zurückgeführt iemehr man die Menschen nach ihrer und nicht nach seiner Art behandelt, man verhält sich zu ihnen wie der Musikus zum Instrument, und ich könnte es nicht Acht Tage treiben wenn mein Geist nicht in der glückseeligen Gemeinschafft mit dem deinigen lebte.

Man läuft, man drängt, man reißt mich mit!
Was hat das zu bedeuten?
Sechs Pferde mit gemess'nem Schritt
Erblick' ich schon von weitem.
Ein Dichter der so manches litt,
Fährt her, begafft von Leuten,
Steigt aus und kommt mit stolzem Tritt,
Begrüßt von allen Seiten.
Doch kommt ein Wurm im Herzen mit
Und läßt ihn vieles leiden;
Er muß bei stolzem Tritt und Schritt
Ein armes Volk beneiden.
O Pegase! o nimm ihn mit
In der Begeistrung Weiten!
Er gibt gewiß für *einen* Ritt
Das Sechsgespann mit Freuden.* WA I, 4, 165.

* Das Gedicht wird in der Weimarer Ausgabe „Meiningen" zugeordnet; es fand sich auf einem Blatt unter den Briefen an Charlotte von Stein vom Mai 1782.

An Herzog Georg von Sachsen-Meiningen Weimar, 10. Juli 1799.

... übersende sogleich befohlnermaßen Partitur und Stimmen von dem Sonntagskinde in so fern sie sich gegenwärtig hier beysammen finden. Denn leider kann ich nicht mit allen Singstimmen aufwarten indem mehrere Sänger die ihrige noch bey sich haben und gegenwärtig sich in Lauchstädt aufhalten. Ich wünsche daß dieser Umstand Ew. Durchl. nicht hindern möge den ländlichen geselligen Zeitvertreib zu veranstalten.

Tagebuch, 9. Oktober 1815.

Meiningen 1 1/4. Schadhafter Wagen. Zu Fuß bis Meiningen.* Schöne Nacht. Um 9 Uhr angekommen im Hirsch. Der Wagen um 10 Uhr. Betrachtung über das Posthorn.
Schönster Tag.

* Auf der Rückreise aus der Rhein-Main-Gegend nach Weimar.

Mühlhausen

Freie Reichsstadt, 1802/03 Königreich Preußen,
1807 Königreich Westfalen, 1815 Königreich Preußen
Unstrut-Hainich-Kreis (Kreisstadt)

Die Stadt liegt in einer fruchtbaren Gegend ...

In Mühlhausen hielt sich Goethe einige Male auf. Am 14. Dezember 1777 kam er auf dem Rückweg vom Ritt durch den Harz in die alte Reichsstadt, übernachtete dort und ritt nach Eisenach weiter, um wieder mit der herzoglichen Jagdgesellschaft zusammenzutreffen. Von ihr hatte er sich 14 Tage vorher zum geheimgehaltenen Ziel der Brockenbesteigung verabschiedet. Drei Jahre später traf er sich mit Jugendfreund Merck in Mühlhausen und verlebte dort „einen sehr guten Tag und ein Paar Nächte". Im Spätsommer 1784 sah Goethe die Stadt wieder, jedoch nur im Vorbeifahren in Begleitung des Herzogs auf dem Weg zu Verhandlungen am Braunschweiger Hof. Diesem Aufenthalt in Braunschweig schloß sich Goethes dritte Harzreise an. Das „Geognostische Tagebuch" der gesamten Tour enthält auch Aufzeichnungen über die geologischen Verhältnisse der Gegend um Mühlhausen.
Zum letztenmal übernachtete Goethe im Juni 1801 auf der Reise zur Pyrmonter Kur in Mühlhausen, begleitet vom Sohn August. Diesmal werden im Tagebuch einzelne Beobachtungen zur Stadt festgehalten.
Im Alter hat sich Goethe oft für talentierte junge Leute eingesetzt und versucht, im Interesse ihrer weiteren Entwicklung zu vermitteln. Eines der Beispiele dafür war ein Student aus Mühlhausen, wie ein überliefertes Empfehlungsschreiben dokumentiert.

» Dingelstädt, Nordhausen.

Tagebuch, 14. Dezember 1777.
um 8 Uhr weg (von Duderstadt) allein in tiefem Nebel und Koth nach Mühlhausen. Angekommen um 2. blieb da die Nacht.

Tagebuch, 15. Dezember 1777.
früh mit einen Postillon vor sechs weg, war schon wieder kälter und hart der Weeg. gegen 11 in Eisenach fand den Herzog und die Gesellschafft da.

An Charlotte von Stein 20. Oktober 1780.
Im Begriff nach Mühlhausen zu fahren, wo Mephistopheles Merck hinkommt schick ich noch zwey Fasanen von der gestrigen Jagd ... Sonntag Abends bin ich wohl wieder da.

An Charlotte von Stein 25. Oktober 1780.
Mit Mercken hab ich einen sehr guten Tag und ein Paar Nächte (in Mühlhausen) verlebt.

***Johann Heinrich Merck**, Schriftsteller und Kritiker aus Darmstadt, gehörte zu den ersten, die Goethes Genie erkannten; er übte in den frühen Jahren einen großen Einfluß auf Goethe aus und gilt wegen seines Zynismus als das Vorbild für den Mephistopheles im „Faust".*

Geognostisches Tagebuch der Harzreise 8. August 1784.
Über Mühlhausen nach Dingelstädt Kalkgebirge, Leimen in den Plänen. Hinter Duderstadt fängt der rothe Sandstein an, in dünnen Lagern mit Letten dazwischen, sehr brüchig und vewitterlich. Das Erdreich, das aus dieser Verwitterung entsteht, bringt stark gedüngt gute Früchte.

WA II, 9, 155.

Tagebuch, 5. Juni 1801.
Abends 7 Uhr nach Mühlhausen, Gasthof zum Faulen Loch. Wirth Kleemann. Diese Stadt ist ebenfalls sehr alt und hat ihren Nahmen wahrscheinlich von den vielen Mühlen erhalten, welche alle von Einem Bache getrieben werden, der oberhalb der Stadt entspringt. Es ist ein sehr gesundes und gutes Wasser und es werden noch jährlich, zu drey verschiedenen Zeiten, Dankfeste celebrirt, und zwar ziehen die Lehrer männlichen als weiblichen Geschlechts mit ihrer Schuljugend in Prozession an den Ursprung der Quelle, sowie auch die Waisenkinder ganz besonders mit ihren Lehrern. Die Stadt liegt in einer fruchtbaren Gegend und hat eine gesunde Lage, sie hat viele Kirchen und große Stadtmauern. Schlechtes Theater auf dem sogenannten Fleischhause.

Tagebuch, 6. Juni 1801.
Früh 5 1/2 von Mühlhausen ab, durch Ammern, wo man über die Unstrut kommt, in einem schönen Wiesengrunde nach Lengefeld.

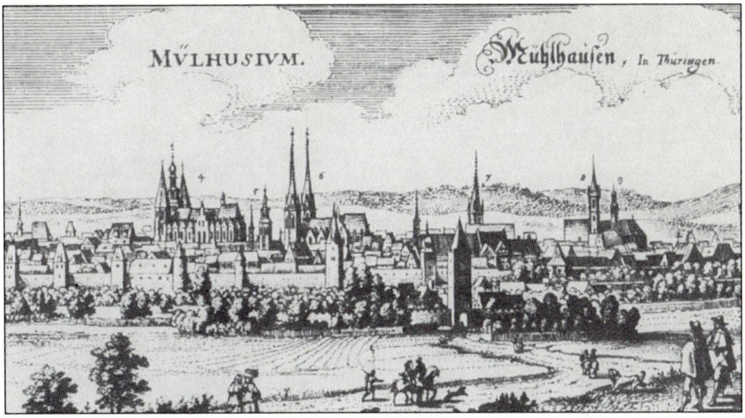

Das türmereiche Mühlhausen
in dem Kupferstich von Matthäus Merian d. Ä. (1650).

An August Ferdinand Häser* Jena, 15. Juni 1818.

Der Studiosus Franke aus Mühlhausen, welcher sich einige Mal im jenaischen Concert mit Beyfall hat hören lassen, wünscht sich in der Musik zu vervollkommnen und wenn es möglich wäre sich derselben ganz zu widmen. Da nun gegenwärtig in Weimar unter Direction des Herrn Häsers ein Theater-Chor errichtet wird, so könnte diesem jungen Mann nichts Glücklicheres begegnen als wenn er der Belehrung eines so vorzüglichen Meisters genösse.

Ich wüßte daher keinen bessern Rath zu geben, als daß er sich nach Weimar verfüge und bei Herrn Chor-Director Häser melde, um geneigte Prüfung bitte und da ich seine Fähigkeiten nicht beurtheilen kann, sich durch gegenwärtiges Blatt wenigstens legitimire, daß der Schritt, den er thut, auf mein Anrathen geschehen.

WA IV, 29, 378.

* Häser war Gymnasiallehrer in Weimar.

NECKERODA

Herzogtum bzw. 1815 Großherzogtum Sachsen-Weimar-Eisenach
Kreis Weimarer Land (Blankenhain)

Feuer in Neckeroda ...

In seinem ersten Weimarer Jahrzehnt leistete Goethe in vielen Fällen praktische Hilfe beim Löschen von Großfeuern. Das Tagebuch berichtet von zahlreichen Bränden, meist in Dörfern der Umgebung Weimars, oft mit der Notiz versehen, daß er hingeritten sei. Als 1780 Instruktionen für Feuerlöschanstalten erlassen wurden, beruhten sie auf Erfahrungen, die Goethe bei seinen praktischen Einsätzen gesammelt hatte.
Die Branderlebnisse spiegeln sich in Flammengleichnissen wieder, die Goethe gern benutzte. Im Brief vom 24. Mai 1776 an Charlotte von Stein, während einer spannungsreichen Zeit des Werbens um Verständnis und Liebe geschrieben, wird der unmittelbare Zusammenhang zwischen der Verwendung von Feuer-Symbolik und gerade erlebtem Brand in Neckeroda deutlich.

» Apolda, Großbrembach.

Tagebuch, 22. und 23. Mai 1776.
Feuer in Neckerode. um 2 Uhr. Morgends zurück.

An Auguste Gräfin zu Stolberg Weimar, 24. Mai 1776.
Habe viel ausgestanden die Zeit. Mittwoch Nachmittag brach ein Feuer aus im Hazfeldischen (in Neckeroda) 5 Stunden von hier der Herzog ritt hinaus biss wir hinkamen lag das ganze Dorf nieder, es war nur noch um Trümmern zu retten und die Schul und die Kirche. Es war ein groser Anblick ich stand auf einem Hause wo das Dach herunter war und wo unsre Schlauchsprizze nur das untre noch erhalten sollte, und sieh Gustgen und hinter und vor und neben mir feine Glut, nicht Flamme, tiefe hohlaugige Glut des niedergesuncknen Orts, und der Wind drein und dann wieder da eine auffahrende Flamme, und die herrlichen alten Bäume um's ort inwendig in ihren hohlen Stämmen glühend und der rothe dampf in der Nacht und die Sterne roth und der neue Mond sich verbergend in Wolcken. Wir kamen erst Nachts zwey wieder nach Hause.

An Charlotte von Stein Weimar, 24. Mai 1776.
Also auch das Verhältniss, das reinste, schönste, wahrste, das ich ausser meiner Schwester ie zu einem Weibe gehabt, auch das gestört! – ... Wenn ich mit Ihnen nicht leben soll, so hilft mir Ihre Liebe so wenig als die Liebe meiner Abwesenden, an der ich so reich bin. Die Gegenwart im Augenblicke des Bedürfnisses entscheidet alles, lindert alles, kräfftiget alles. Der Abwesende kommt mit seiner Sprüzze wenn das Feuer nieder ist - -

NEUNHEILINGEN

Kurfüstentum bzw. 1806 Königreich Sachsen, 1815 Königreich Preußen
Unstrut-Hainich-Kreis (Schlotheim)

... eine Güte, die mir täglich neue Bewundrung macht.

In der Woche vom 7. bis zum 15. März 1781 hielt sich Goethe als Begleiter des Herzogs auf dem Gut des Grafen von Werthern in Neunheilingen auf. Dort lebte die vom Herzog verehrte Jeanette Louise geb. von Stein aus Nassau, die seit 1773 in einer wenig glücklichen Ehe mit Graf von Werthern verbunden war.
Ein Brief Goethes aus diesen Tagen an Charlotte von Stein enthält die flehentliche Bitte, „mache mich recht gut! du kannsts". Geschrieben wurden diese Worte unter dem Eindruck der Gräfin von Werthern, einer Frau, von deren Güte und natürlicher Anmut Goethe sehr beeindruckt war. Sie war für ihn das Ideal eines edlen, reinen und zugleich weltgewandten Wesens, das ihn sehr an die geliebte Frau in Weimar erinnerte. Die Tage in Neunheilingen, fernab von den gewohnten Plagen des Lebens in der Residenz, brachten dem Dichter reichen Ertrag beim Studium menschlichen Wesens, zugleich auch beim Studium großer Vorbilder in der Kunst. Frau von Werthern – auch ihr weniger sympathischer Gatte – machten des Dichters „dramatische und epische Vorrathskammer um ein gutes" reicher. Aus dieser brieflichen Mitteilung an Frau von Stein wird die oft geäußerte Ansicht abgeleitet, daß das Ehepaar von Werthern aus Neunheilingen im Grafenehepaar des „Wilhelm Meister"-Romans poetisch gefaßt sei.

Aus meinem Leben. Dichtung und Wahrheit
Vierter Theil, Zwanzigstes Buch.
Mit solchem Talent und Charakter begabt empfahl er (Georg Melchior Kraus)* sich bald in höhern Kreisen und war besonders in dem freiherrlichen von Stein'schen Schlosse zu Nassau an der Lahn wohlaufgenommen, eine talentvolle, höchst liebenswürdige Tochter in ihrem künstlerischen Bestreben unterstützend, und zugleich die Geselligkeit auf mancherlei Weise belebend.
Nach Verheirathung dieser vorzüglichen jungen Dame an den Grafen von Werthern nahm das neue Ehepaar den Künstler mit auf ihre bedeutenden Güter in Thüringen (Neunheilingen) ...

WA I, 29, 169.

* Der Maler Georg Melchior Kraus stammte, wie Goethe, aus Frankfurt a. M. Durch ihn hatte der junge Dichter schon manches über Thüringen, auch über Neunheilingen, erfahren.

An Charlotte von Stein Neunheilingen, 7. März 1781.

Der Ritt hierher war ein bittrer Bissen, besonders die letzten Stunden, wo es feinen Regen im Winde trieb. Der Herzog hat einen entsezlichen Schnuppen, mir ists ganz wohl bekommen und wir sind hier gar artig. Ihnen danck ich tausendmal für die Nähe Ihrer Liebe, und alles was Sie mir mitgegeben und mich hoffen lassen. Dafür hab ich Ihnen auch ein Paar schöne Gleichnisse erfunden. Morgen soll wenn das Glück gut ist gezeichnet werden.

Unsre Wirtinn ist ein zierliches Wesen, und er (der Graf) hat sich noch ganz gut gehalten. Seine Narrheit nehm ich für bekannt an und toll ist er noch nicht gewesen.

Ich sehne mich nach Ihren lieben Augen die mir gegenwärtiger sind als irgend etwas sicht oder unsichtbaares. Noch nie hab ich Sie so lieb gehabt und noch nie bin ich so nah gewesen Ihrer Liebe werth zu seyn.

An Charlotte von Stein Neunheilingen, 8. März 1781.

Es geht uns recht gut. Der Tag lauft weg wie das Leben, man thut nichts und weis doch nicht wo die Zeit hinkommt ... *Sie* (die Gräfin von Werthern) ist liebenswürdig, einfach, klug, gut, verständig, artig pp alles was Sie wollen, und ihr ganzes Wesen ist recht gemacht mich an das zu erinnern was ich liebe.

Heute ist gezeichnet worden. Der Graf hat auserordentlich schöne Ewerdingen (Bilder von Everdingen*), davon hab ich zwey angefangen, es ist eine Gröse und Krafft drinne an der man sich ewig erlaben kan. Sonst liest und schwäzt man, isst und trinckt, mir kommts ganz ungewohnt vor solche harmlose Tage zu haben.

Im Zeichnen war ich heute wieder recht unzufrieden mit mir, es wird eben nichts draus und kan nichts werden. Ich bin immer so nah und so weit wie einer der vor einer verschlossnen Thüre steht.

* Allaert van Everdingen, ein niederländischer Landschaftsmaler, wurde von Goethe sehr geschätzt, später auch wegen seiner Radierungen zu „Reineke Fuchs".

An Charlotte von Stein Neunheilingen, 10. März 1781.

Gestern hab ich gezeichnet, dann kam Besuch von Langensalza, der gröste Theil des Tags wurde weggestanden und wegdiskutirt. Wenn es nicht immer nüzlich wäre Menschen zu sehen, sie seyen von welcher Art sie wollen, so würde mich die schöne Zeit dauern. Ich habe einen Everdingen angefangen, nach meiner gewöhnlichen Art, auf schlecht Papier und nun dauert mich die Arbeit da ich ans Ausmachen komme. Die Ruhe, die Entfernung von aller gewohnten Plage thut mir gar sehr wohl, ich fühle daß ich noch immer bey mir selbst zu Hause bin, und daß ich von dem Grundstock meines Vermögens nichts zugesezt habe ... Wir wollen den Grafen nicht berufen, sonst müßt ich sagen er führt sich recht gut auf ...

In ihr (der Gräfin) ist eine Richtigkeit der Beurtheilung, ein unzerstörliches Leben und eine Güte die mir täglich neue Bewundrung und Freude machen. Sie ist dem Herzog sehr nützlich, und würde es noch mehr seyn wenn die Knoten in dem Strange seines Wesens nicht eine ruhige gleiche Aufwicklung des Fadens so sehr hinderten.

An Charlotte von Stein Neunheilingen, 11. März 1781.

Die Gräfinn hat mir manche neue Begriffe gegeben, und alte zusammengerückt. Sie wissen daß ich nie etwas als durch Irradiation lerne, daß nur die Natur und die größten Meister mir etwas begreifflich machen können, und daß im halben oder einzelnen etwas zu fassen mir ganz unmöglich ist! – Wie offt hab ich die Worte *Welt, grose Welt, Welt haben u. s. w.* hören müssen und habe mir nie was dabey dencken können, die meisten Menschen die sich diese Eigenschafften anmasten, verfinsterten mir den Begriff, sie schienen mir wie schlechte Musickanten auf ihren Fiedeln Symphonien abgeschiedner Meister zu kreuzigen, ich konnte eine Ahndung davon aus diesem und ienem einzelnen Liede haben, vergebens sucht ich mir das zu dencken was mir nicht mit vollem Orchester war produzirt worden.
Dieses kleine Wesen (die Gräfin von Werthern) hat mich erleuchtet. Diese *hat Welt* oder vielmehr sie *hat die Welt*, sie weis *die Welt zu behandlen* (la manier) sie ist wie Quecksilber das sich in einem Augenblicke tausendfach theilt und wieder in eine Kugel zusammenläuft. Sicher ihres Werths, ihres Rangs handelt sie zugleich mit einer Delikatesse und Aisance die man sehn muß um sie zu dencken. Sie scheint iedem das seinige zu geben wenn sie auch nichts giebt, sie spendet nicht, wie ich andre gesehn habe, nach Standsgebühr und Würden iedem das eingesiegelte zugedachte Packetgen aus, sie lebt nur unter den Menschen hin, und daraus entsteht eben die schöne Melodie die sie spielt daß sie nicht ieden Ton sondern nur die auserwählten berührt. Sie tracktirts mit einer Leichtigkeit und einer anscheinenden Sorglosigkeit daß man sie für ein Kind halten sollte das nur auf dem Klaviere, ohne auf die Noten zu sehen, herumruschelt, und doch weis sie immer was und wem sie spielt. Was in ieder Kunst das Genie ist, hat sie in der Kunst des Lebens ...
Ich habe noch drey Tage und nichts zu thun als sie anzusehn, in der Zeit will ich noch manchen Zug erobern. Nur noch einen der wie eine Parabel den Anfang einer ungeheuren Bahn zeichnet. Der Pfarr hier ist ein schlechter Kerl, nicht so daß man ihn absezzen könnte, genug er ist schlecht. Wenn der Graf ihn zu Gaste lädt so ißt sie nicht mit hausen, und sagt es sey recht und nothwendig auch öffentlich zu zeichen (zeigen) wenn man iemanden um seiner Schlechtigkeit willen verachtet. Thun Sie dieses zu ienem oben gesagten hinzu so multiplizirt es die Summe ungeheuer. Gerne macht ich Ihnen nun auch von ihm das Portrait so weit ichs habe und führte den Rattentext weiter aus, wenn mich bey diesem Gegenstande nicht der natürliche Widerwille gegen das Schreiben behende ergriff. So viel kan ich sagen er macht mir meine dramatische und epische Vorrathskammer um ein gutes reicher. Ich kan nicht verderben, da ich auch aus Steinen und Erde Brod machen kan.

An Charlotte von Stein Neunheilingen, 12. März 1781.
Heute früh hatten wir (Goethe und die Gräfin von Werthern) einen langen politischen Diskurs; auch diese Dinge sieht sie gar schön, natürlich und wie ihres gleichen. Sie liebt den Herzog (Carl August) schöner als er sie. und in diesem Spiegel hab ich mich beschaut und erkannt daß auch Sie mich schöner lieben als wir gewöhnlich können ...
Meine Seele ist fest an die deine angewachsen, ich mag keine Worte machen, du weist daß ich von dir unzertrennlich bin und daß weder hohes noch tiefes mich zu scheiden vermag. Ich wollte daß es irgend ein Gelübde oder Sakrament gäbe, das mich dir auch sichtlich und gesezlich zu eigen machte, wie werth sollte es mir seyn. Und mein Noviziat war doch lang genug um sich zu bedencken ...
Noch etwas von meiner Reiseandacht. – Die Juden haben Schnüre mit denen sie die Arme beym Gebet umwickeln, so wickle ich dein holdes Band um den Arm wenn ich an dich mein Gebet richte, und deiner Güte Weisheit, Mäsigkeit und Geduld theilhafft zu werden wünsche. Ich bitte dich fusfällig vollende dein Werck, mache mich recht gut! du kannsts, nicht nur wenn du mich liebst, sondern deine Gewalt wird unendlich vermehrt wenn du glaubst daß ich dich liebe.

Wilhelm Meisters Lehrjahre.
Drittes Buch. Erstes Capitel.
Indessen sagte Philine zur Gräfin: Es ist noch ein recht hübscher junger Mann oben, der sich gewiß bald zum ersten Liebhaber qualificiren würde.
Warum läßt er sich nicht sehen? versetzte die Gräfin.
Ich will ihn holen, rief Philine, und eilte zur Thüre hinaus. Sie fand Wilhelmen noch mit Mignon beschäftigt, und beredete ihn mit herunter zu gehen. Er folgte ihr mit einigem Unwillen, doch trieb ihn die Neugier: denn da er von vornehmen Personen hörte, war er voll Verlangen, sie näher kennen zu lernen. Er trat in's Zimmer, und seine Augen begegneten sogleich den Augen der Gräfin, die auf ihn gerichtet waren. Philine zog ihn zu der Dame, indeß der Graf sich mit den Übrigen beschäftigte. Wilhelm neigte sich, und gab auf verschiedene Fragen, welche die reizende Dame an ihn that, nicht ohne Verwirrung Antwort. Ihre Schönheit, Jugend, Anmuth, Zierlichkeit und feines Betragen machten den angenehmsten Eindruck auf ihn, um so mehr, da ihre Reden und Gebärden mit einer gewissen Schamhaftigkeit, ja man dürfte sagen, Verlegenheit begleitet waren. Auch dem Grafen ward er vorgestellt, der aber wenig Acht auf ihn hatte.

WA I, 21, 241-242.

Neustadt a. d. Orla

Kurfüstentum bzw. 1806 Königreich Sachsen,
1815 Großherzogtum Sachsen-Weimar-Eisenach
Saale-Orla-Kreis

Bei Neustadt ... gleich sehr fester Thonschiefer.

Im Sommer 1785 reiste Goethe zum erstenmal nach Karlsbad, von Knebel begleitet und im Kurort von Charlotte von Stein erwartet. In Neustadt a. d. Orla gab es einen längeren, krankheitsbedingten Aufenthalt. Wie stets in ähnlichen Fällen nutzt Goethe, soweit es möglich ist, die Zeit für Lektüre und Studien. Diesmal wird der „Hamlet viel studiert" und geologische Beobachtungen aus der Umgebung Neustadts in ausführlichen Beschreibungen festgehalten.
Mehr als zwei Jahrzehnte später wird auf der Rückreise aus Böhmen erneut in Neustadt übernachtet, ohne daß Äußerungen über die Stadt gemacht werden. Erst als der Ort 1815 dem Großherzogtum Sachsen-Weimar-Eisenach zugeordnet worden war, erfährt Neustadt und seine Umgebung vor allem in kultureller und wissenschaftlicher Hinsicht Goethes Beachtung. Da beschafft er als Verantwortlicher für die Großherzogliche Bibliothek eine Handschrift aus der Neustädter Gegend und sorgt dafür, daß der Neustädter Buchhändler und Verleger Wagner eine besondere Anerkennung durch den Großherzog erfährt, weil sein Wirken „allgemeiner Bildung förderlich" sei, und da sorgt er sich um regelmäßige Wetterbeobachtungen, die zu dieser Zeit an mehreren Orten im Großherzogtum, auch in Neustadt, angestellt werden.
Zum Neustädter Verwaltungsgebiet gehörte damals auch Weida. Aus diesem Ort stammte Ferdinand Schreiber, ein Diener Goethes, der allerdings nur wenige Monate in seinen Diensten stand. Die Begründung dafür liefert Goethe in einem aufschlußreichen Brief an den Landrat von Neustadt.

An Charlotte von Stein Neustadt a. d. Orla, 27. Juni 1785.
Ich schreibe dir gleich um dich aus der Sorge zu bringen in der du meinetwegen seyn musst. Leider sind wir noch hier und verpassen die schönen Tage.
Du kannst dencken wie weh es uns anfangs that, die solang gespaarten und so glücklich herbeygekommenen Stunden so schlecht zu zu bringen.
Es war ein Übel ienem im Winter ähnlich, nur nicht so starck noch so schmerzhafft. Jetzt ist es meist vorbey der Backen nur noch geschwollen ...
Alles kommt darauf an sagt Hamlet daß man gefaßt ist. Es waren böse Tage, an sich selbst und durch den Gegensaz des was wir hofften ...
Diese Tage sind fast ganz für mich verlohren. Ausser daß ich Hamlet viel

studirt habe. Heut ist das schönste Wetter von der Welt. Ich erlaube mir kein Murren. Wird die Sonne doch schön leuchten wenn wir im Grabe liegen, warum sollt es uns verdriesen daß sie ihre Schuldigkeit thut, wenn wir Stube und Bette hüten müssen.

[Notizen der Reise von Neustadt bis Karlsbad Juni/Juli 1785.]

Von Kahla bis Neustadt Sand.

Bei Neustadt, über den Ort, gleich sehr fester Thonschiefer zwischen andern, der es weniger ist, besonders ein schwarzer, der alles Ansehen (von) Basalt hat. Diese festeren Schiefer haben zwischen ihren Ablösungen schmale, höchst feine Schieferstreifen; die Bänke stehen beinahe perpendicular, und die Klüfte streichen *hora* sechs.

Von Neustadt bis Hof so viele Abwechselungen des Thonschiefers, welche weder angezeigt, noch beschrieben werden können. Von erst erwähnter schwarzer Farbe wechselt er durch mancherlei grüne und graue Schattierung ab. Ebenso ist es mit der Erde, welche sehr verschieden ist. Manchmal bezwingt ihn der Hammer mit Mühe, an andern Orten zerfällt er gleichsam von Verwitterung in Spähne, in welchem Falle er sich der fasrigten Gestalt des Jaspis nähert und mehr Glimmer in seiner Mischung zu haben scheint.

WA II, 10, 257.

An Herzog Carl August Karlsbad, 15. August 1785.

Ich dancke für Ihren herzlichen Antheil an dem Übel das mich zu Neustadt 8 Tage hielt, es war eine Repetition meiner letzten Kranckheit (einer Entzündung des Zahnkiefers), wir wollen hoffen daß es seltner kommen werde.

Tagebuch, 13. September 1808.

... gegen 6 Uhr nach Neustadt (aus Böhmen kommend), welches der Kutscher verkannte und vorüberfuhr. (Dennoch Rückkehr und Übernachtung in Neustadt.) Geschickter Harfenspieler, der sich im Billardzimmer hören ließ.

An Carl Leberecht Hartmann von Erffa Weimar, 8. Januar 1817.

Ew. Hochwohlg. geruhen dem Überbringer des Gegenwärtigen einige Aufmerksamkeit zu schenken. Es ist ein junger Mensch, Namens Ferdinand Schreiber, aus Weyda gebürtig, der vergangene Ostern sich mir zum Dienst anbot, in welchen ich ihn denn auch wegen seiner leidlichen Gestalt und guten Betragens aufnahm. Er zeigte sich sehr willig, geschickt und thätig und bildete sich sehr bald zu allem was bey der Aufwartung überhaupt besonders aber zum nähern Dienste meiner Person nöthig war. Wie er sich denn auch in dem Bade zu Tennstedt, wohin er mich begleitete, dergestalt erwies, daß ich mir keinen bessern Bedienten hätte wünschen mögen.

Unglücklicherweise ließ er sich bey seiner Rückkehr verführen ein schlechtes Haus zu betreten wo er von einem Übel ergriffen wurde, das früher offenbart und besser behandelt, vielleicht als Kleinigkeit vorübergegan-

gen wäre. Da nun aber mehrere Wochen zu seiner Widerherstellung nöthig waren, wie er denn, nach ärztlichen Zeugnissen, nunmehr völlig geheilt ist, so kann ich ihn doch in so manchem Betracht nicht sogleich wieder in meinem Dienste anstellen und um meine Person gebrauchen. Er ist jedoch ein sehr gutartiger Mensch und ich nehme mir die Freyheit ihn deshalb an Ew. Hochwohlgeb. zu senden. Er hat gute Anlagen zum Schreiben und Rechnen, ist in allen Arten von Thätigkeiten gewandt. Ew. Hochwohlgeb. haben so einen weiten Wirkungskreis und sind in dem Falle manche Menschen dieser Art anzustellen und zu beschäftigen, so daß ich diesen wohl zu einiger gefälligen Aufmerksamkeit empfehlen darf, da er dem Neustädter Kreis als Landeskind angehört und außer jenem Fehltritt sich nicht das Geringste hat zu Schulden kommen lassen. Wäre es auch nur daß ihm für den Augenblick von Ihrer Gunst einige Beschäftigung gegönnt würde, so zweifle ich nicht daß er für die Folge sich selbst zu empfehlen im Stande wäre.
...

An Christian Gottlob von Voigt 16. Mai 1817.

Ew. Excellenz
werden gewiß lächeln, wo nicht gar mich tadeln, daß ich 52 Thaler Sächs. für eine magische Handschrift gezahlt, unserer Bibliothek einzuverleiben* ... Ich feilschte schon 4 Wochen darum, konnte es aber doch am Ende nicht aus Händen lassen. Eine auf dem Lande Oppurg bey Neustadt wohnende Alchymisten Familie hält es im Geheim seit mehreren Jahren für den größten Schatz und bringt es nur an Tag, weil der Glaube sich mindert, und die Noth sich mehrt.
Ich denke es hier zu behalten, und indessen bis Kosegarten kommt Tektur und Futteral darüber machen zu lassen, denn bisher ward es immer in Teppichen aufbewahrt. Ich halte es für nicht so alt als es sich angibt, doch ist es immer noch seltsam genug, um Bibliotheksbesuchende in Verwunderung zu setzen, und einen treflichen Aufsatz in die Curiositäten** zu veranlassen.

* Goethe war ab 1794 bis zu seinem Tode für die Herzogliche, ab 1815 Großherzogliche Bibliothek im Grünen Schloß in Weimar verantwortlich. Seine besondere Fürsorge galt dem Ausbau der Bestände, auch der Beschaffung kostbarer Handschriften.

** Von Goethes Schwager Vulpius herausgegebene Zeitschrift. – Vulpius war als Registrator der Bibliothek angestellt. Er teilte in den „Curiositäten“ u. a. mit, daß das Titelblatt der Oppurger Handschrift mit dem sächsischen Wappen und einer Widmung an den Kurfürsten Friedrich den Weisen versehen sei.

An Friedrich von Müller Weimar, 29. September 1824.

Sollten Sie, wie es wohl möglich wäre auf Ihrer Neustädter Tour, den Criminal-Assessor *Heller* zu Weida sehen, so würden Sie gefälligst ihn aufmuntern, die meteorologischen Beobachtungen an gedachtem Ort zu übernehmen, der Mangel derselben war uns bisher nur allzufühlbar. Sagen Sie diesem wackern Mann auch ein freundliches Wort in meinem Namen.

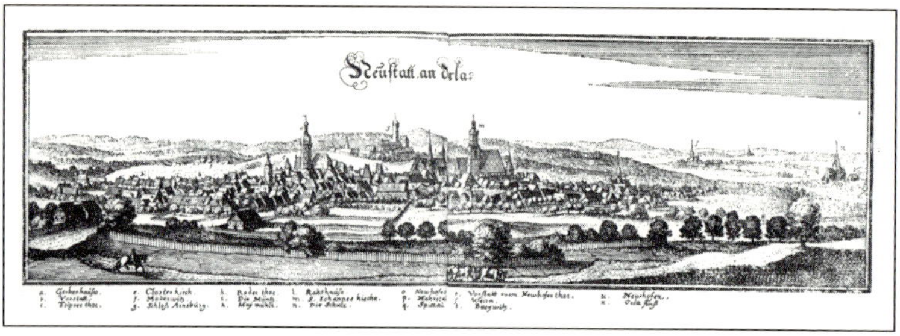

***Neustadt a. d. Orla**, Kupferstich von Matthäus Merian d. Ä. (1650).*

An Großherzog Carl August Weimar, 10. August 1827.

... wie wir ... den Buchhändler und Verleger *Wagner* in Neustadt veranlaßt, auch die Verpflichtung der übrigen Druckherren im Großherzogthume zu übernehmen und ein Exemplar von seinem jedesmaligen Verlag anher zu übersenden.

Es hat derselbe nicht allein für die Zukunft sich willig erklärt, sondern auch Exemplare seines bisherigen ganzen Verlags ungesäumt übersendet und seine Obliegenheit respectsvoll anerkannt.

Nun ist ... nicht unbekannt, daß die Unternehmungen dieses Mannes nicht blos mercantilisch nützlich, sondern auch allgemeiner Bildung förderlich sind, indem die von ihm ausgegangenen Schriften durchaus dem sittlichen und religiösen Unterricht gewidmet sind, auch derselbe sonst als ein wohlgeordneter Haushalter und schätzbarer Bürger bekannt ist: so glauben wir keine Fehlbitte zu thun, wenn wir den Wunsch äußern, Höchst Denenselben möge es gefallen, durch irgend eine Auszeichnung, vielleicht den Titel eines Commissionsraths, auch Höchst Ihren Beyfall zu erkennen zu geben, wodurch nicht nur er sich höchlich geehrt fühlen, sondern auch seine Mitbürger, welche bisher gut von ihm zu denken alle Ursache gehabt, höchlich erfreut seyn würden.

An Johann Carl Gottfried Wagner Weimar, 18. August 1827.

Hier beykommendes Zeichen höchster landesherrlicher Anerkennung Ihrer mannichfaltigen Verdienste wird Ihnen gewiß zu besonderem Vergnügen und zu freudiger Aufmunterung in so vielfacher Thätigkeit gereichen. Mir aber gibt es die erwünschte Gelegenheit, auch meinerseits auszusprechen: wie gern ich an allem Theil nehme, was in sittlich-religiös-literarischer Hinsicht in den Großherzoglichen Landen auch durch Ew. Wohlgeboren geschehen und geschieht.

Nordhausen

Freie Reichsstadt, 1802/03 Königreich Preußen,
1807 Königreich Westfalen, 1815 Königreich Preußen
Landkreis Nordhausen (Kreisstadt)

Schöne Aussicht
die goldne Aue ... bis Northhausen herauf.

Auf seinem Ritt von 1777 durch Nordthüringen in den Harz kam Goethe durch Nordhausen. Lange hielt es ihn nicht in der Stadt nahe der Goldenen Aue; der Drang, den Brocken zu erreichen, war groß. Jahre später erinnert er sich an die „wunderlichen Thurm- und Mauerbefestigungen“ der Stadt.

⇒ Ilfeld.

Tagebuch, 30. November 1777.
... früh nach sechsen von Greusen mit einem Boten ab. War scharf gefroren und die Sonne ging mit herrlichsten Farben auf. Ich sah den Ettersberg, den Inselsberg, die Berge des Thüringer Waldes hinter mir. Dann in Wald und im heraustreten, Sondershausen das sehr angenehm liegt. Die Spizze des Brockens einen Augenblick, hinter Sondershausen weg auf Sundhausen. Schöne Aussicht die goldne Aue vom Kyffhäuser bis Northhausen herauf. Mit einigen Invaliden die ihre Pension in Ilefeld hohlten. Fütterte in Sundhausen. Dann bey Northausen weg. es hatte schon gegen Mittag zu regnen angefangen. Die Nacht kam leise und traurig.

Campagne in Frankreich 1792.
Die Nacht (zum 30. November 1777) verblieb ich in Sondershausen (richtig in Greussen), und gelangte des andern Tags so bald nach Nordhausen, daß ich gleich nach Tische weiter zu gehen beschloß, aber mit Boten und Laterne nach mancherlei Gefährlichkeiten erst sehr spät in Ilfeld ankam ...
(im Gespräch mit Plessing)* ... bot ich seiner Einbildungskraft die wunderlichen Thurm- und Mauerbefestigungen von Nordhausen, gesehen bei hereinbrechender Abenddämmerung.

* Friedrich Victor Leberecht Plessing, der Sohn eines Wernigeroder Theologen, hatte sich in zwei Briefen ratsuchend an den Autor des „Werther“-Romans gewandt. Goethe hatte darauf zwar nicht reagiert, Plessing aber am 3. Dezember 1777 unerkannt aufgesucht. Im Sommer 1783 besuchte dann Plessing seinerseits Goethe in Weimar und erkannte in ihm den unbekannten Besucher von 1777.

An Clemens Wenzeslaus Coudray Weimar, 15. Juni 1830.
... nehme mir die Freyheit einen jungen, nicht ungefälligen Mann zuzuschicken, Namens Breitenbach, zweyter katholischer Pfarrer an der Heiligen Geistkirche zu Nordhausen. Er hat von der hiesigen vakanten Stelle vernommen und wünscht sich ein wenig hier umzusehen und sich zu erkundigen, jedoch ohne Aufmerksamkeit zu erregen. Mögen Sie ihn freundlich aufnehmen.

Oberrossla

Herzogtum bzw. Großherzogtum Sachsen-Weimar-Eisenach
Kreis Weimarer Land (Apolda)

... unwiderstehliche Lust
nach dem Land- und Gartenleben.

Im März 1798 kaufte Goethe in Oberroßla bei Apolda ein Gut, das er bis Ende 1803 besaß. Zu seinem Besitz gehörten außer dem Wohnhaus mitten im Dorf zahlreiche Ländereien, die sich meist in schmalen Einzelstücken über die Flur verteilten.
Motive für den Kauf waren außer der Liebe zur Natur das Bestreben, für Christiane Vulpius und den gemeinsamen Sohn August eine Zufluchtsstätte zu schaffen und ihre ökonomische Existenzgrundlage zu sichern. Das Anwesen wurde auf Goethes Wunsch vom Herzog in ein freies Erblehngut umgewandelt und von Anfang an durch einen Pächter bewirtschaftet.
Zunächst war Goethes Freude am eignen Landbesitz groß. Er machte es ihm möglich, wieder der „alten Parkspielerei zu geschlängelten Wegen und geselligen Räumen" nachzugehen. Bald stellte sich jedoch heraus, daß der Pächter große Schwierigkeiten mit der Bewirtschaftung hatte. Die Erträge entsprachen nicht den Erwartungen, und die Pacht konnte

***Der „Schloßhof"**, dieses aus der Mitte des 19. Jahrhunderts stammende Gebäude befindet sich an der Stelle des abgebrannten Gutshauses. Da sein Zustand sehr desolat ist, wurde die an Goethe erinnernde Gedenktafel entfernt.*

nicht aufgebracht werden. Auch nach der Übernahme durch einen neuen Pächter, den Landwirt und Baumzüchter Reimann aus Buttstädt, fühlte sich Goethe durch das Gut zu stark belastet, so daß er es schließlich an Reimann verkaufte. Abschließend zu dieser Episode seines Lebens spricht Goethe vom „Glück", sein „Verhältnis zu den Erdschollen von Roßla völlig aufgehoben zu sehen".
Insgesamt verbrachte Goethe nur 58 Tage auf seinem Gut in Oberroßla, ansonsten ließ er sich von Christiane, die dort gern Feste ausrichtete, über das Geschehen auf dem Gut unterrichten.
Mit Wieland, der seit 1797 mit seiner Familie im benachbarten Oßmannstedt lebte, pflegte Goethe während der Jahre auf seinem Landgut wieder nachbarschaftliche Gemeinschaft, nachdem sie sich vorher in Weimar gelockert hatte.
Das Gedicht „Frühzeitiger Frühling", 1801 entstanden, läßt an Oberroßla denken.

⇒ Apolda, Oßmannstedt, Weimar.

Tag- und Jahreshefte 1797.
Eine unwiderstehliche Lust nach dem Land- und Gartenleben hatte damals die Menschen ergriffen. Schiller kaufte einen Garten bei Jena, und zog hinaus; Wieland hatte sich in Oßmannstedt angesiedelt. Eine Stunde davon, am rechten Ufer der Ilm, ward in Oberroßla ein kleines Gut verkäuflich, ich hatte Absichten darauf.

WA I, 35, 72.

Tagebuch, 8. März 1798.
Das Roßlaer Gut zugeschlagen.

Tag- und Jahreshefte 1798.
Damit ... der Geist zur unmittelbaren gemeinen Natur zurückgezogen werde, folgte ich der damaligen landschaftlichen Grille. Der Besitz des Freiguts zu Roßla nöthigte mich dem Grund und Boden, der Landesart, den dörflichen Verhältnissen näher zu treten, und verlieh gar manche Ansichten und Mitgefühle, die mir sonst völlig fremd geblieben wären.

WA I; 35, 81.

An Friedrich Schiller Weimar, 10. März 1798.
Es fehlte nur noch daß in das zehente Haus meines Horoskops noch einige Hufen Landes eingeschoben würden, damit meine Existenz ja noch bunter werden möchte. Und doch ist es so, ich habe das Oberroßlaer Freygut endlich doch noch erstanden, nachdem mir die bisherigen Pächter ... durch zwey Jahre diese Acquisition sauer gemacht haben. Indessen bin ich mit dem Besitz und mit dem Preise noch ganz zufrieden, denn es geht jetzt mit Grund und Boden wie mit den Sibyllinischen Büchern, jedermann zaudert beym steigenden Preise indem der Preis immer steigt.*
Übrigens habe ich einen ganz *reinen* Kauf gethan, wie wohl selten geschieht, denn ich habe das Gut und die Gebäude bis auf den heutigen

Tag nicht gesehen und werde es morgen zum erstenmal in Augenschein nehmen. Das was dabey zu bedenken und allenfalls zu thun ist wird mich kaum acht Tage aufhalten.

* Goethe kaufte das Gut 1798 für 13 125 Reichstaler und verkaufte es 1803 für 15000 Reichstaler.

An Carl Ludwig von Knebel Weimar, 18. März 1798.
Auch muß ich dir melden daß ich das kleine Gut zu Ober Roßla erstanden habe, wodurch noch ein neues Kapitel in die Mannigfaltigkeit meiner Existenz eingeschoben wird. Ich werde mir zwar nie einfallen lassen es zu administriren, aber wenn ich nur deutlich wissen will was ich denn eigentlich besitze? so muß ich mich in das geheimnißvolle Feld der Landwirthschaft wagen, das mehr als man glauben sollte von denen die im Besitz sind sorgfältig verwahrt wird, damit kein Laye diese offenbaren Geheimnisse kennen lerne, da ich aber einmal festen Fuß habe so will ich ihnen wohl bald auf die Sprünge kommen.

An Friedrich Heinrich Gotthelf Osann* Weimar, 14. April 1798.
Der bisherige Mitbesitzer ... des Freyguts zu Ober Roßla ... hat auf demselben die Branntweinbrennerey getrieben, welche ich nunmehr auch meinem künftigen Pachter zusichern möchte.
Bey Ew. Wohlgeb. frage ich deßhalb an: ob ich, als Besitzer eines solchen Gutes, solches ohne weiteres thun kann, oder ob ich deßhalb bey fürstl. Cassedirectorium eine Anzeige zu machen habe?

* Osann war Regierungsrat in Weimar.

An Christiane Vulpius Jena, 25. Mai 1798.
Wegen einem kleinen Spaße, den man den jungen Leuten in Roßla bey der Übergabe machen könnte, will ich dir meine Gedanken schreiben. Ich wünschte entweder an diesem Tage, oder vielleicht noch schicklicher den Sonntag darauf, welches zugleich das Johannisfest ist, die Leute mit einem Fest nach meiner Art zu überraschen. Doch davon nächstens mehr.

An Christoph Martin Wieland Oberroßla, 22. Juni 1798.
Meinem lieben Herrn Bruder in Apoll und Genossen in Ceres vermelde hierdurch freundlichst, daß ich in Oberroßla angelangt bin, um von meiner Hufe und dem Zugehörigen Besitz zu nehmen. Wie mich nun eine so nahe Nachbarschaft herzlich erfreut, so wollte ich hiermit höflichst gebeten haben: morgen, gegen Mittagszeit, Sich aus Euro Pallästen in unsere Hütten zu begeben, mit einem juristisch-oekonomischen, frugalen Mahl vorlieb zu nehmen und mir nach langer Zeit ein fröhliches Wiedersehen zu verschaffen. Eben so ist die liebe Frau und wer uns noch von der Familie durch seine Gegenwart erfreuen möchte, bestens eingeladen.
In Hoffnung einer günstigen Antwort.

An Christiane Vulpius Jena, 5. August 1798.
Mache deine Sachen in Ordnung und gehe sodann nach Rosla und erfreue dich an den ländlichen Beschäftigungen. Es ist recht gut wenn du alles näher kennen lernst. Betrübe dich nicht über das was außer dir vorgeht! die Menschen sind nicht anders gegen einander, im Großen wie im Kleinen*. Dencke daß ich dich liebe und daß ich keine andre Sorge habe als dir eine unabhängige Existenz zu verschaffen, es wird mir ja das auch wie so manches andre gelingen.
Thue nur jeden Tag das nöthige, weiter bleibt uns in guten und bösen Zeiten nichts übrig. Sorge gut für das gute Kind und dencke daß uns nichts fehlen kann, solange wir beysammen sind.
Ich will mit allem Fleiße sorgen daß ich das nöthigste wegarbeite, dann sehen wir uns wieder.

* Christiane war in Weimar oft gehässigem Klatsch ausgesetzt.

Tagebuch, 19. September 1798.
Die Bepflanzung des Tröbels (Talgrund in der Roßlaer Flur) mit Hrn. Reimann* von Buttstädt besprochen.

* Der Kaufmann und Ökonom Immanuel Reimann war aus Liebhaberei Baumzüchter. Er machte Goethe Vorschläge für die Bepflanzung seiner Gärten im Roßlaer Gut und lieferte Obstbäume. Später wurde er der neue Pächter des Gutes.

An Herzog Carl August Roßla, Mitte Juni 1799.
... muß ich vor den verlängerten Urlaub danken der mir in dem kleinen ländlichen Kreise, den ich so selten besuche, meine wenigen Geschäfte abzuthun verstattet. Die Landwirthschaft, der Feldbau ist so ein eigner Kreis, über dessen innere Mannigfaltigkeit man sich nicht genug verwundern kann, wenn man so wie ich zum Besuche herein kommt. Die kleine Besitzung nöthigt mich, davon wenigstens einige Kenntniß zu nehmen, indeß ich mich aller praktischen Theilnahme sorfältig enthalte.

Tag- und Jahreshefte 1801.
Auch die Verhältnisse, in die ich durch den Besitz des Freiguts zu Roßla gekommen war, forderten aufmerksame Theilnahme für einige Zeit, wobei ich jedoch die Tage, die mir geraubt zu werden schienen, vielseitig zu benutzen wußte. Der erste Pachter war auszuklagen, ein neuer einzusetzen, und man mußte die Erfahrungen für etwas rechnen, die man im Verfolg so fremdartiger Dinge nach und nach gewonnen hatte.
Zu Ende März war ein ländlicher Aufenthalt schon erquicklich genug. Ökonomen und Juristen überließ man das Geschäft und ergötzte sich einstweilen in freier Luft, und weil die Conlusion *ergo bibamus* (also laßt uns trinken) zu allen Prämissen paßt, so ward auch bei dieser Gelegenheit manches herkömmliche und willkürliche Fest gefeiert; es fehlte nicht an Besuchen, und die Kosten einer wohlbesetzten Tafel vermehrten das Deficit, das der alte Pachter zurückgelassen hatte.
Der neue (Pächter Reimann) war ein leidenschaftlicher Freund von Baumzucht; seiner Neigung gab ein angenehmer Thalgrund von dem frucht-

barsten Boden Gelegenheit zu solchen Anlagen. Die eine buschige Seite des Abhangs, durch eine lebendige Quelle geschmückt, rief dagegen meine alte Parkspielerei zu geschlängelten Wegen und geselligen Räumen hervor; genug es fehlte nichts als das Nützliche, und so wäre dieser kleine Besitz höchst wünschenswerth geblieben. Auch die Nachbarschaft eines bedeutenden Städtchens (Apolda), kleinere Ortschaften, durch verständige Beamte und tüchtige Pächter gesellig, gaben dem Aufenthalt besondern Reiz; die schon entschiedene Straßenführung nach Eckartsberga, welche unmittelbar hinter dem Hausgarten abgesteckt wurde, veranlaßte bereits Gedanken und Plane, wie man ein Lusthäuschen anlegen und von dort an den belebenden Meßfuhren sich ergötzen wollte; so daß man sich auf dem Grund und Boden, der einträglich hätte werden sollen, nur neue Gelegenheiten zu vermehrten Ausgaben und verderblichen Zerstreuungen mit Behagen vorbereitete.

WA I, 35, 93-94.

An Friedrich Schiller Oberroßla, 3. oder 4. April 1801.

Mein hiesiger Aufenthalt bekommt mir sehr gut, theils weil ich den ganzen Tag mich in freyer Luft bewege, theils weil ich durch die gemeinen Gegenstände des Lebens depotentiirt werde, wodurch eine gewisse Bequemlichkeit und Gleichgültigkeit in meinen Zustand kommt, die ich lange nicht mehr kannte.

An Henriette von Wolfskeel Oberroßla, 23. April 1801.

Wie sehr wünschte ich daß Sie ... mich ... unter meinem alten Schieferdach (im Gutshaus) besuchen. Sie sollten in einer Gesellschaft speisen die Sie wohl kaum beysammen gesehen haben und die wenn sie sich gleich ein wenig zur Carricatur neigt doch wie ich hoffe nicht ins Abgeschmackte fallen soll ...
Die verschiedenen Wahrzeichen von Oberroßla, die schöne Quelle, die neue Parkanlage und die Gänschen, die durchs Gitter fressen, werden Ihnen nicht geringe Unterhaltung gewähren.

Tag- und Jahreshefte 1802.

Wenn ich nun dieses Jahr in immerwährender Bewegung gehalten wurde, und bald in Weimar bald in Jena und Lauchstädt meine Geschäfte wie sie vorkamen versah; so gab auch der Besitz des kleinen Freiguts Roßla Veranlassung zu manchen Hin- und Herfahrten. Zwar hatte sich schon deutlich genug hervorgethan, daß wer von einem so kleinen Eigenthum wirklich Vortheil ziehen will, es selbst bebauen, besorgen und, als sein eigner Pachter und Verwalter, den unmittelbaren Lebensunterhalt daraus ziehen müsse, da sich denn eine ganz artige Existenz darauf gründen lasse, nur nicht für einen verwöhnten Weltbürger. Indessen hat das sogenannte Ländliche, in einem angenehmen Thale, an einem kleinen baum- und buschbegränzten Flusse, in der Nähe von fruchtreichen Höhen, unfern eines volkreichen und nahrhaften Städtchens (Apolda), doch immer etwas das mich Tage lang unterhielt, und sogar zu kleinen poetischen Productionen eine heitere Stimmung verlieh. Frauen und Kinder sind hier in ihrem Elemente, und die in Städten unerträgliche Gevatterei ist hier wenigstens an ihrem einfachsten Ursprung; selbst Abneigung und Mißwollen scheinen reiner, weil sie aus den unmittelbaren Bedürfnissen der Menschheit hervorspringen.

WA I, 35, 142-143.

Tag- und Jahreshefte 1803.
Gegen Ende des Jahres erlebte ich das Glück mein Verhältniß zu den Erdschollen von Roßla völlig aufgehoben zu sehen. War der vorige Pachter ein Lebemann und in seinem Geschäft leichtsinnig und nachlässig, so hatte der neue als bisheriger Bürger einer Landstadt, eine gewisse eigene kleinliche Rechtlichkeit ...
Zwischen allem ... war der häusliche Mann doch auch klar geworden, daß die Besitzung für den der sie persönlich benutze ganz einträglich sei, und in dem Maße wie mir der Besitz verleidete, mußte er ihm wünschenswürdig erscheinen, und so ereignete sich's, daß ich nach sechs Jahren das Gut ihm abtrat, ohne irgend einen Verlust als der Zeit und allenfalls des Aufwandes auf ländliche Feste, deren Vergnügen man aber doch auch für etwas rechnen mußte. Konnte man ferner die klare Anschauung dieser Zustände auch nicht zu Geld anschlagen, so war doch viel gewonnen und nebenbei mancher heitere Tag im Freien gesellig zugebracht.

WA I, 35, 161-162.

Oettern

Herzogtum bzw. Großherzogtum Sachsen-Weimar-Eisenach
Kreis Weimarer Land (Mellingen)

... einen alten Steinbruch wieder aufgerührt.

Bei Ausfahrten ins südliche Ilmtal, vorbei an bewaldeten Höhenzügen und felsigen Böschungen, entdeckte Goethe in der Nähe von Oettern einen fast vergessenen Steinbruch. Von dessen Kalkgestein war ehemals der „Thüringer Marmor" abgebaut worden, der auch beim Bau des Weimarer Schlosses verwendet worden war.
In den Trümmern des 1774 ausgebrannten Schlosses hatte Goethe Bruchstücke des Oettener Felsgesteins gefunden und vom Hofbildhauer Gottlieb Martin Klauer begutachten lassen. Es stellte sich heraus, daß der lichtgraue Stein gut zu bearbeiten war. Goethe empfahl Klauer, dieses Gestein für seine Skulpturen zu verwenden. Schon im Herbst 1778 stellte er sich selbst zum erstenmal als Modell zur Verfügung und veranlaßte Klauer etwa zur gleichen Zeit, den „Knabenakt Fritz von Stein" zu fertigen. Beide Skulpturen sind im Tiefurter Schlößchen aufgestellt.

Tagebuch, 22. September 1776.
... herrlicher Morgen. Nach Tisch mit ♃(Carl August) Pr.(inz) v. D.(armstadt) Wedel trefflichen Weeg im Ilmgrunde bis Ettern (Oettern) ...

Tagebuch, 30. Januar 1779.
Clauer an Frizens (Fritz von Stein) Modell gearbeitet. Er findet doch endlich gott sey Danck an dem schönen Körper ein übergros Studium. Und da er erst die Figur aus dem Kopf machen wollte weil der Körper zu mager sey, kan er ietzt nicht genug dessen Schönheit bewundern. Die Geschichte, wie es damit von Anfang gegangen ist muss ich nicht vergessen.

An Johann Caspar Lavater Ende November 1779.
Ich kann nicht weiter gehn ohne dir über eine Idee zu schreiben die mir sehr am Herzen liegt. Du weisst wie wichtig in vielem Betracht diese Reise dem Herzog gewesen ist* und wie gewiss eine neue Epoche seines und unsers Lebens sich davon anfängt. Wenn wir nach Hause kommen lebt er wieder in seinen Gärten und Gebüschen fort, dorthin an einen schönen Plaz mögt ich ihm ein Monument dieser glüklich vollbrachten Reise sezen, das ihm in guten Augenbliken eine fröhliche Erinnerung wäre ...
Wir haben bei uns einen Bildhauer (Klauer), einen Mann von leichtem Begriff und schneller Hand, der sich täglich durch das *Studium* der Natur und der Antike bessert ...
Noch muss ich dir dabei sagen, dass wir einen auserordentlich schönen lichtgrauen sanften Stein, der an Marmor gränzt und keiner Witterung weicht, zu dieser Arbeit haben ...

* die Reise in die Schweiz

Orlamünde

Herzogtum Sachsen-Gotha-Altenburg,
1826 Herzogtum Sachsen-Altenburg
Saale-Holzland-Kreis

... die Landschaft duftig.

Auf seinen Reisen in die böhmischen Bäder und zurück kam Goethe einige Male durch Naschhausen, die Unterstadt von Orlamünde. Meist wurde in Kahla oder Pößneck übernachtet, im dazwischenliegenden Orlamünde konnte in der Regel nur kurz verweilt werden. Dennoch nahm sich der Reisende auf zwei Durchfahrten, 1807 und 1810, genügend Zeit, um Zeichnungen mit dem Blick von Naschhausen auf Orlamünde zu entwerfen. Die Schönheit des Saaletales und die Lage des Ortes müssen ihn besonders beeindruckt haben.

⇨ Jena, Kahla, Pößneck.

***Blick auf Orlamünde von Naschhausen her**, Bleistiftzeichnung (1810) von Goethe, dazu sein Text: „Ansicht von Naschhausen, Orlamünde oben drüber: der Kirchweg hinauf mit uralten Linden bepflanzt, links herum geht es nach der Brücke über die Saale."*

Tagebuch, 28. September 1819.
(Auf der Rückreise von Karlsbad) Auf der Brücke unter Orla M.(ünde) Sonnenschein, Heiterkeit, die Landschaft duftig. Anmuthiger Gegensatz zu den Voigtländischen Thonschiefern und Fichten.

Tagebuch, 23. April 1820.
Von Jena um 5 Uhr ... Pößneck 12. Schleiz 7 ...
Im Orla Thale botanische Betrachtungen. Sand und Hitze. Reichliche Flora. Zum Divan: *Der ächte Moslem spricht.* Wetterbeobachtungen besonders aufgezeichnet. Schleiz übernachtet. Einiges schematisirt.

An August von Goethe 27. Juni 1823, auf der Reise nach Böhmen.
... von Kahla halb 9 Uhr abgefahren ... Gegen 10 Uhr in Naschhausen, einige Augenblicke verweilt. Halb 1 Uhr in Pößneck.

Ossmannstedt

Herzogtum bzw. Großherzogtum Sachsen-Weimar-Eisenach
Kreis Weimarer Land (Pfiffelbach)

... durch Freundschaft geweihten Platz.

Ein Jahr, bevor Goethe in Oberroßla Landbesitz erwarb, hatte Christoph Martin Wieland in Oßmannstedt seinen lange gewünschten, „musenhaft ruhigern“ Aufenthalt gefunden. Dort lebte der Dichter des Musenhofes von Herzoginmutter Anna Amalia und ehemalige Erzieher Carl Augusts ab 1797 sechs Jahre lang in ländlicher Abgeschiedenheit und kehrte erst nach dem Tode seiner Frau nach Weimar zurück.
Nur zwei Stunden Wagenfahrt von der Residenz entfernt, war Wielands Landsitz für Gäste aus Weimar gut erreichbar. Auch Goethe kam zu Besuch, vor allem dann, wenn er sich auf seinem Besitz im benachbarten Oberroßla aufhielt.
Nach Wielands Tod ging das Gut mit seiner schönen Parkanlage in fremde Hände über und damit auch die Fürsorge für Wielands Grabstätte im Park an der Ilm. Dort hatten Sophie Brentano, die Enkeltochter von Wielands Jugendfreundin Sophie von La Roche, und Wielands Frau Anna Dorothea ihre letzte Ruhestätte gefunden.
Auch Wieland wurde 1813 in diesem „lebendigen Haine“ beigesetzt, in einer Grabstätte, die nach Entwürfen des Weimarer Oberbaudirektors Coudray gestaltet worden war.
Goethe kümmerte sich bis in seine letzten Lebensjahre um den Begräbnisplatz und vermittelte zwischen Familie Brentano und den Besitzern des Gutes, um Pflege und würdige Ausgestaltung der Grabstätte zu sichern.

⇒ Oberroßla, Weimar.

Tagebuch, 19. Juni 1797.
Nachmittags von Knebel, fuhr Abends mit demselben zu Wieland nach Osmannstädt.

An Friedrich Schiller Weimar, 21. Juni 1797.
Vorgestern habe ich Wieland besucht, der in einem sehr artigen, geräumigen und wohnhaft eingerichteten Hause, in der traurigsten Gegend von der Welt, lebt, der Weg dahin ist noch dazu meistentheils sehr schlimm. Ein Glück ist's daß jedem nur sein eigner Zustand zu behagen braucht, ich wünsche daß dem guten Alten der seinige nie verleiden möge! Das Schlimmste ist wirklich, nach meiner Vorstellung, daß bey Regenwetter und kurzen Tagen an gar keine Communication mit andern Menschen zu denken ist.

***Blick auf das Gutsgebäude**, in dem sich heute eine Wieland-Gedenkstätte befindet.*

Tag- und Jahreshefte 1798.
Hieraus (durch das Gut in Oberroßla) entstand mir auch eine nachbarliche Gemeinschaft mit Wielanden, welcher freilich tiefer in die Sache gegangen war, indem er Weimar völlig verließ und seinen Wohnort in Oßmannstedt aufschlug. Er hatte nicht bedacht was ihm am ersten hätte einfallen sollen: daß er unsrer Herzogin Amalia und sie ihm zum Lebensumgang völlig unentbehrlich geworden.
Aus jener Entfernung entstand denn ein ganz wunderbares Hin- und Wiedersenden von reitenden und wandernden Boten, zugleich auch eine gewisse, kaum beschwichtigende Unruhe.

WA I, 35, 81.

Tag- und Jahreshefte 1802.
Höchst angenehm war (in Oberroßla) die Nachbarschaft von Oßmannstedt, in demselbigen Thale (im Ilmtal) aufwärts nur auf der linken Seite des Wassers. Auch Wieland fing dieser Naturzustand an bedenklich zu werden; einmal setzte er sehr humoristisch auseinander, welches Umschweifes es bedürfe, um der Natur nur etwas Genießbares abzugewinnen. Er wußte die Umständlichkeiten des Erzeugnisses der Futterkräuter gründlich und heiter darzustellen: erst brachte er den sorgsam gebauten Klee mühsam durch eine theuer zu ernährende Magd zusammen, und ließ ihn von der Kuh verzehren, um nur zuletzt etwas Weißes zum Kaffee zu haben.
(...)
Wir besuchten ihn oft nach Tische und waren zeitig genug über die Wiesen wieder zu Hause.

WA I, 35, 143-144.

Zu brüderlichem Andenken Wielands, 1813.

Die Sicherheit des Grundbesitzers gab jedermann Vertrauen, das freie Naturleben zog jedermann an, und wie der gesellig geborne Mensch sich öfters den süßen Trug vorbilden kann als lebe er besser, bequemer, froher in der Abgesondertheit, so schien auch Wieland, dem bereits die höchste literarische Muße gegönnt war, sich nach einem noch musenhaft ruhigern Aufenthalt umzusehn; und als er gerade in der Nähe von Weimar (in Oßmannstedt) sich ein Landgut zuzueignen Gelegenheit und Kräfte fand, faßte er den Entschluß, daselbst den Rest seines Lebens zuzubringen. Und hier mögen die, welche ihn öfters besucht, welche mit ihm gelebt, umständlich erzählen, wie er gerade hier in seiner ganzen Liebenswürdigkeit erschien, als Haus- und Familienvater, als Freund und Gatte, besonders aber, weil er sich den Menschen wohl entziehen, die Menschen ihn aber nicht entbehren konnten, wie er als gastfreier Wirth seine geselligen Tugenden am anmuthigsten entwickelte.

Indeß ich nun jüngere Freunde zu dieser idyllischen Darstellung auffordere, so muß ich nur kurz und theilnehmend gedenken, wie diese ländliche Heiterkeit durch das Hinscheiden einer theuern mitwohnenden Freundin* und dann durch den Tod seiner werthen sorgsamen Lebensgefährtin** getrübt worden. Er legt diese theueren Reste auf eignem Grund und Boden nieder, und indem er sich entschließt, die für ihn allzusehr verflochtene landwirthschaftliche Besorgung aufzugeben, und sich des einige Jahre froh genossenen Grundbesitzes zu entäußern, so behält er sich doch den Platz, den Raum zwischen beiden Geliebten vor, um dort auch seine ruhige Stätte zu finden. Und dorthin haben denn die verehrten Brüder ihn begleitet, ja gebracht, und dadurch seinen schönen und anmuthigen Willen erfüllt, daß die Nachkommen seinen Grabhügel in einem lebendigen Haine besuchen und heiter verehren sollten.

WA I, 36, 336-337.

* Sophie Brentano, sie war im Jahre 1800 schwerkrank nach Oßmannstedt gekommen und dort verstorben.

** Wielands Ehefrau Anna Dorothea.

An Susanna Elisabeth Bethmann-Hollweg*

Weimar, 28. Februar 1821.

Nach unserer Verabredung, verehrte Freundin, habe ich sogleich Herrn Doctor Bartholomäi gesprochen, es ist derselbe, der an Herrn von Bethmann geschrieben hat, Schwiegersohn des Oßmannstedter Gutsbesitzers. Diese Familie wünscht freylich sehr, daß, nach früherem Plane, der ehrwürdige Raum möge eingehegt und vor aller Unbill verwahrt werden. Ist dieß geschehen, und man will zur Erhaltung und Verpflichtung eines Custoden irgend eine Summe stiften, so würde für deren Verwendung gewiß von oben herein treulich gesorgt werden.

Es entstand vorläufig die Frage: ob man diese werthen Gräber nicht dadurch am besten schützte, daß man ein kleines Capellchen darüber baute? ohngefähr wie beyliegende Skizze andeutet; so wäre diese Stelle auf viele Jahre gesichert, da eine hölzerne Einhegung wandelbar und eine eiserne immer angreifisch wäre. Doctor Bartholomäi erwartet geneigte Entschließung und ist, als thätiger junger Mann, bey einer Angelegenheit sehr gern wirksam, die ihn so nahe betrifft: denn freylich sind die Besitzer des Gutes und Gartens von Fremden bisher manchmal übel angesehen worden wegen Vernachlässigung dieses Platzes.

* Frau des Frankfurter Bankiers Simon Moritz von Bethmann.

An Johanna Antonia Brentano Weimar, vermutl. 6. April 1821.

Sie entschuldigen, verehrte Freundin, gewiß mein Zaudern, in einer so complicirten, schwer zu entwirrenden Sache.

Um das Verhältniß einigermaßen aufzuklären setz ich Folgendes auseinander: Der Entfernte hört von einer Gartenmauer und denkt sich also einen eingeschlossenen Bezirk, dieses ist aber der sogenannte Garten keineswegs; es ist ein großes von seinem früheren, gräflichen Besitzer freylich zum Garten bestimmtes, nachher aber ganz zum Feldbau benutztes Grundstück, welches vom Schlosse herunter, bis nahe an das Wasser reicht; nun ist die einzige schmale Seite gegen die Ilm zu, von Alters her mit einer Mauer begränzt, an welcher auch die Gräber situirt sind, die man sich aber deshalb keineswegs geschützt denken darf, indem die langen Seiten des Raums, sowohl gegen die Straße, als gegen die Nachbar-Felder, entweder keine, oder theilweis' in Ruin zerfallene Mauern haben, welches dem gegenwärtigen Besitzer bey seinem Feldbau gleichgültig bleibt. Daher ist also ersichtlich, daß jedermann in diese offenen Räume so gut als auf jeden anderen Acker hereintreten, die Gräber besuchen, seinen Namen anschreiben und mehr oder weniger schonend dabey verfahren kann.

Wollte man also die Gräber schützen, so müßten noch drey Seiten dieser vier Quadratruthen eingeschlossen und auf irgend eine Weise befriedigt werden.

Nun ist es freylich ein eigenes, vielleicht nie wieder vorkommendes Verhältniß, daß eine Familie in fremdem Lande, innerhalb des Besitzes eines andern, ein kleines frommes Fleckchen besitze, wohin sie niemals kommt, was sie nicht hegen und pflegen kann. Daher dürfte man wohl voraussagen, daß von Zeit zu Zeit immer einige Mißverständnisse sich wiederholen werden. Sollte man denn aber wohl eine Impietät begehen? wenn man das Eigenthumsrecht an dieser Stelle aufgäbe, und dem Hauptbesitzer wieder überließe.

Die Kühnische Familie* ist wohlhabend und ehrenvoll, der Schwiegersohn Doctor Bartholomäi, einer unserer vorzüglichsten Sachwalter von besonderer Thätigkeit; er hat schon erklärt, daß die Kühnische Familie von allen Anforderungen gern abstrahiren und die Erhaltung jener Grabstätte sich zur eignen Pflicht machen werde, sobald man von dorther jede Eigenthums- und Dispositionsbefugnisse aufgeben und dem Gutseigenthümer abtreten wolle. Können sich die werthen Verwandten der guten Sophie hiezu entschließen, so träte alsdann sogleich der Fall ein, dessen Sie gedenken: der Gutsbesitzer erklärte sodann: er werde diese fromme Stätte auf eine schickliche und angemessene Weise zu sichern und zu ehren suchen; wollten jedoch Freunde der geliebten und geschätzten Verstorbenen, die hier ruhen, auch nach Belieben einen Beytrag thun, so könnte man schon auf weitere Plane denken und auch hiesige Freunde, so wie den Fürsten selbst zur Theilnahme aufrufen. Weshalb ich nunmehr die Entschließung überlasse, indem ich kein anderes Mittel sehe, diese Sache auf einen glücklichen und zum Ziel führenden Weg zu leiten, die unbefugten Sprecher, die sich so gern in alles mischen, ein für allemal zu beschämen.

WA IV, 34, 370-372.

* Nach Wieland Besitzer des Gutes.

Wielands Grab *an der Ilm im Oßmannstedter Gutspark.*

Tagebuch, 5. Juli 1827.
Oberbaudirector Coudray, die Restauration des Wielandischen Grabs zu Oßmannstedt referirend und zeigend.

Ostheim

Herzogtum bzw. 1815 Großherzogtum Sachsen-Weimar-Eisenach
Landkreis Rhön-Grabfeld (Bad Neustadt; Regierungsbezirk Unterfranken, Freistaat Bayern)

... diese Pflicht wird mit täglich theurer.

Auf der Inspektionsreise von 1780 durch die südthüringischen, wirtschaftlich besonders schwachen Gebiete des Herzogtums erkannte Goethe angesichts bedrückender sozialer Eindrücke, daß ihm seine amtlichen Pflichten „täglich theurer" wurden. Er sah zugleich, daß es noch an „neuen Menschen" fehlte, die die notwendigen Veränderungen im Leben der Bewohner dieses Landstriches bewirken könnten.
Nicht zuletzt unter dem Eindruck vieler Übel in diesem Gebiet formulierte Goethe in einem Brief aus Ostheim an Lavater sein unbedingtes Verlangen, die eigene Lebenspyramide „so hoch als möglich in die Lufft zu spizzen", wohl auch aus dem ganz praktisch ausgerichteten Bedürfnis, bedrängten Menschen zu helfen.
Im Alter interessierte sich Goethe noch einmal für Ostheim. Dort hatte man eine Turmruine entdeckt, die römischen Ursprungs sein konnte. Derartige Funde regten Goethe stets an, Fragen der Bauweise und des Baumaterials nachzugehen.

⇨ Kaltennordheim.

An Charlotte von Stein Ostheim, 18. September 1780.
Wir sind in *Ostheim* unter viel Cärimonien angekommen, es hat sich alles ausgepuzt und in eine Reihe gestellt. Die Kinder sahen gar gut aus.
Ich habe einige Tage her pausirt im Schreiben, einmal weil ich zu wenig, und dann weil ich zu viel zu sagen hatte.
Gott giebt mir zur Buse für meine eigne Sünden die Sünden andrer zu tragen. Und in meinem immer bewegten Zustand, beneid ich den der mich um etwas bittet und dem ich durch eine kleine Gefälligkeit seine Wünsche ausfüllen kan und selbst niemand habe der mir – ...

An Johann Caspar Lavater Ostheim, etwa 20. September 1780.
... wir sind in einigen entfernten Ämtern des Fürstenthums Eisenach, und sehen verschiedene neue, gute und nüzliche Veranstaltungen in der Nähe, die seit vergangnem Frühiahr im Werck sind ...*
Das Tagewerck das mir aufgetragen ist, das mir täglich leichter und schweerer wird, erfordert wachend und träumend meine Gegenwart diese Pflicht wird mir täglich theurer, und darinn wünscht ich's den grössten Menschen gleich zu thun, und in nichts *grösserm*. Diese Begierde, die Pyramide meines Daseyns, deren Basis mir angegeben und gegründet ist, so hoch als möglich in die Lufft zu spizzen, überwiegt alles andre

und lässt kaum Augenblickliches Vergessen zu. Ich darf mich nicht säumen, ich bin schon weit in Jahren vor, und vielleicht bricht mich das Schicksaal in der Mitte, und der Babilonische Thurn (Turm) bleibt stumpf unvollendet.
Wenigstens soll man sagen es war kühn entworfen und wenn ich lebe, sollen wills Gott die Kräffte bis hinauf reichen.

* Gemeint sind die Bewässerungsanlagen, die der englische Agronom George Batty anlegen ließ.

An Georg Christian Sartorius* Januar oder Februar 1823.

... habe verbindlichen Dank abzustatten für die Mittheilung der zu Ostheim beobachteten alten Burg. Ich stimme vollkommen mit Ihrer Meynung überein, daß es ein ächt römisches Gebäude sey; Sie werden Sich um das deutsche Alterthum gewiß verdient machen, wenn Sie gelegentlich einen genaueren Riß davon aufnehmen, wobey denn zugleich die Bemerkung wünschenswerth ist, aus welcher Steinart das Gebäude aufgeführt sey. Ferner wie die Behauung der Steine besonders bey den runden Thürmen genau und wie die Setzung derselben horizontal und die Verschränkung derselben regelmäßig sey?

WA IV, 36, 453.

* Sartorius war Baumeister in Eisenach.

PAULINZELLA

Fürstentum Schwarzburg-Rudolstadt
Landkreis Saalfeld-Rudolstadt (Bad Blankenburg)

Die Lage ist höchst bedeutend.

Von der Ruine des 1106 gegründeten Benediktiner-Klosters von Paulinzella hatte Goethe schon sehr früh erfahren. Am 7. Juli 1781 wollte er eigens von Ilmenau dorthin reiten, um die Reste des Kirchengebäudes aus hochromanischer Zeit zu zeichnen. Vermutlich ist aus dem Vorhaben nichts geworden, weil es die Witterungsbedingungen nicht erlaubten.
Erst viele Jahre später, 1811, beim Besuch des Kenners mittelalterlicher Kunst, Sulpiz Boisserée, wird Goethe in einem längeren Gespräch über Baukunst wieder an Paulinzella erinnert. Zu einer Besichtigungsreise dorthin kam es aber erst 1817, als Goethe beschloß, seinen 68. Geburtstag in aller Stille inmitten der Kirchenruine zu verbringen. Er ahnte freilich nicht, daß ihm Sohn und Oberforstmeister dort mit einem festlichen Frühstück eine kleine Feier bereiten würden.
In Erinnerung an die behagliche kleine Reise nach Paulinzella und an die „Überreste des Kirchengebäudes“, die zu allerlei Überlegungen Anlaß gaben, plante Goethe einen Aufsatz, der jedoch nicht geschrieben wurde. Überliefert ist das Schema für den vorgesehenen Text.

⇨ Ilmenau.

***Ruinen von Paulinzelle im Rudolstädtischen von Abend**, Aquatintazeichnung (um 1800) von Georg Melchior Kraus.*

An Charlotte von Stein Ilmenau, 6. Juli 1781.
Morgen wenn das Wetter gut bleibt, geh ich nach Paulin Zelle, dort eine Ruine zu zeichnen.

Tagebuch, 6. Mai 1811.
Herr von Boisserée aus Köln ... Baumeister Steiner zeigte seine Paulinzelle vor. Boisserée seine architectonischen Risse ... Nach Tische die architectonische Unterhaltung fortgesetzt.

Tag- und Jahreshefte 1817.
Seit vierzig Jahren zu Wagen, Pferd und Fuß Thüringen kreuz und quer durchwandernd war ich niemals nach *Paulinzelle* gekommen, obgleich wenige Stunden davon hin und her mich bewegend. Es war damals noch nicht Mode diese kirchlichen Ruinen als höchst bedeutend und ehrwürdig zu betrachten; endlich aber mußte ich so viel davon hören, die einheimische und reisende junge Welt rühmte mir den großartigen Anblick, daß ich mich entschloß meinen dießjährigen Geburtstag, den ich immer gern im Stillen feierte, einsam dort zuzubringen. Ein sehr schöner Tag begünstigte das Unternehmen, aber auch hier bereitete mir die Freundschaft ein unerwartetes Fest. Oberforstmeister *von Fritsch* hatte von Ilmenau her mit meinem Sohne ein frohes Gastmahl veranstaltet, wobei wir jenes von der Schwarzburg-Rudolstädtischen Regierung aufgeräumte alte Bauwerk mit heiterer Muße beschauen konnten. Seine Entstehung fällt in den Anfang des zwölften Jahrhunderts, wo noch die Anwendung der Halbcirkelbogen stattfand. Die Reformation versetzte solches in die Wüste worin es entstanden war; das geistliche Ziel war verschwunden, aber es blieb ein Mittelpunct weltlicher Gerechtsame und Einnahme bis auf den heutigen Tag. Zerstört ward es nie, aber zu ökonomischen Zwecken theils abgetragen, theils entstellt; wie man denn auf dem Brauhause noch von den uralten Colossalziegeln, einige hart gebrannt und glasirt, wahrnehmen kann; ja ich zweifle nicht, daß man in den Amts- und anderen Angebäuden noch einiges von dem uralten Gebälke der flachen Decke und sonstiger ursprünglichen Contignation entdecken würde.

WA I, 36, 130-131.

Tagebuch, 28. August 1817.
Um 8 Uhr morgens kamen Oberforstmeister von Fritsch und mein Sohn (von Ilmenau nach Stadtilm, wo sich Goethe aufhielt). Wir frühstückten zusammen. Um 9 Uhr nach Paulinzelle. Angekommen daselbst um 11 Uhr. Freundlicher Aufenthalt. Wiederholtes Frühstück. Bekanntschaft mit dem Amtmann. Beschauung und Betrachtung. Herr von Fritsch nach Ilmenau zurück ... Mit meinem Sohn ... nach Stadt Ilm zurück.

An Friedrich August von Fritsch Weimar, 29. August 1817.
Meinen verpflichteten Dank, werther, würdiger Freund, für die liebreiche liebenswürdige Feier des gestrigen Tages weiß nicht besser auszudrücken, als wenn ich sogleich ein Gesuch ergehen lasse und dessen baldige Gewährung erbitte.

Ich wünsche nämlich einen Ocularriß der Lage der Kirche von Paulinzelle gegen die anstoßenden Berge und dort zusammenlaufende Thäler. Die Weltgegend ist leicht zu bestimmen, da die Kirche der Länge nach gegen Morgen liegt. Um die gegenwärtig stehenden Gebäude ist es nicht zu thun; wäre muthmaßlich auszumitteln wo das Kloster gestanden, wohin sich dessen Gehöfte erstreckt, so würde mir solches höchst erfreulich seyn.
Mögen Sie Jemand Ihres Generalstabs dazu beordern, so würde demselben sehr gern eine liberale Gebühr entrichten, da mir an einer solchen Einsicht viel gelegen ist.
Denn ich möchte, um es aufrichtig zu sagen, dieser freundlichen Feier ein Denkmal errichten, das demjenigen, der den Ort nach uns besucht, zur Gesellschaft diente und manchem einsamen Wanderer durch das Bild unserer Geselligkeit zum angenehmen Geleitsmann würde, und Ihnen auch dort nach vielen Jahren dankbar begegnete.

Tagebuch, 30. August 1817.
Schema zum Aufsatz von Paulinzelle.

An Ludwig Friedrich Hesse* Weimar, 21. April 1818.
...
mir früher so gefällig mitgetheilte Arbeit mußte bey mir eine dankbare Erinnerung aufregen als ich die merkwürdigen Reste von Paulinzell vorigen Sommer zum erstenmal besuchte. Die Lage ist höchst bedeutend und das Gebäude macht einen freundlichen Eindruck weil es zwar zerstückt aber nicht zerstört ward.

WA IV, 51, 437-438.

* Hesse war der Verfasser einer Geschichte des Klosters Paulinzella.

Pössneck

Herzogtum Sachsen-Coburg-Saalfeld,
1826 Herzogtum Sachsen-Meiningen
Saale-Orla-Kreis

... im goldnen Löwen,
einem wohleingerichteten Gasthofe.

Zwischen 1785 und 1823 verbrachte Goethe oft mehrere Sommermonate in böhmischen Kurorten*. Meist benutzte er für die Fahrt dorthin die Straße, die durch Pößneck führte. Dort legte er in der Regel eine Ruhepause ein. Achtzehnmal kehrte er in Pößneck ein, und neunmal übernachtete er dort. Meist im Gasthof „Zum Goldenen Löwen", dessen schöne, in Kupfer gestochene Rechnungsformulare im Tagebuch erwähnt werden.
Das Reisetagebuch enthält eine Vielfalt an Beobachtungen und Überlegungen; es dokumentiert Goethes Interesse an Land und Leuten, auch an Politik und Zeitgeschehen. Manches Gesehene, Erfahrene und Erlebte ist mit Erinnerungsbildern ins poetische Werk eingeflossen. So könnte eine Tagebucheintragung vom 2. Juli 1795 über das „nahrhafte Städtchen" Pößneck Anlaß sein, den Ort als Urbild für jenes Städtchen anzusehen, das im Epos „Hermann und Dorothea" geschildert wird. Goethes eigene Aussagen relativieren jedoch eine solche direkte Übereinstimmung zwischen lokalen Gegebenheiten und poetischer Gestaltung. Fest steht dagegen, daß Goethe auf seinen Reisen in die böhmischen Bäder und zurück in Pößneck als Dichter produktiv war. Während seiner Aufenthalte beim Löwenwirt arbeitet er an der „Pandora", an „Dichtung und Wahrheit" und an den „Zahmen Xenien". Auf der letzten Heimreise aus Böhmen im Jahre 1823 beschäftigte er sich mit der „Marienbader Elegie", in der das aufwühlende Erlebnis der Zuneigung zu Ulrike von Levetzow seinen befreienden Ausdruck fand.
Ein Jahr vorher hatte Goethe, ebenfalls auf der Heimreise von der Kur, in Pößneck seinen 73. Geburtstag gefeiert. Für diesen Tag suchte er sich gewöhnlich einen Ort aus, an dem er sich besonders wohl fühlte. Das scheint in Pößneck der Fall gewesen zu sein.

* 1785, 1786 und 1795 war er in Böhmen, und ab 1806 fuhr er, mit Ausnahme von 1809 und 1814/17, bis 1823 jährlich dorthin. In Pößneck übernachtete er 1795 zum erstenmal.

⇒ Gefell, Neustadt a. O., Schleiz.

Tagebuch, 2. Juli 1795.
Von Jena. Mittag in Pößneck. Das Städtchen scheint einen guten Stadtrath zu haben, es ist eine Chaussee angelegt, wovon der Stadtrath auch das Chausseegeld einnimmt, sie denken auch das offne Wasser in der Stadt zu überwölben; überhaupt ist es ein nahrhaftes Städtchen, in welchem sich viel Tuchfabriken befinden, auch sind Gerber daselbst, wie in dem

benachbarten Kahla. Ein Fabrikant, der Seige heißt, baut außerhalb der Stadt nach Schleiz zu ein großes Gebäude.
Außer dem bekannten Thon bey Göschwitz ist der Weg bis Pößneck sandig, nach Schleiz zu fängt der Thonschiefer an, der, indem er auf seiner Oberfläche verwittert, sehr guten Feldbau zuläßt.

***Die Pößnecker Schmiedegasse**, Kupferstich (um 1800), ganz rechts der Gasthof „Zum Goldenen Löwen"; am Nachfolgebau (Geschäftshaus) in der heutigen Breite(n) Straße Nr. 18 erinnert eine Gedenktafel an Goethes Aufenthalte.*

Hermann und Dorothea.
Dritter Gesang.

Thalia
Die Bürger

Also entwich der bescheidene Sohn der heftigen Rede;
Aber der Vater fuhr in der Art fort, wie er begonnen:
Was im Menschen nicht ist, kommt auch nicht aus ihm, und schwerlich
Wird mich des herzlichsten Wunsches Erfüllung jemals erfreuen,
Daß der Sohn dem Vater nicht gleich sei, sondern ein Bess'rer.
Denn was wäre das Haus, was wäre die Stadt, wenn nicht immer
Jeder gedächte mit Lust zu erhalten und zu erneuern,
Und zu verbessern auch, wie die Zeit uns lehrt und das Ausland!
Soll doch nicht als ein Pilz der Mensch dem Boden entwachsen,
Und verfaulen geschwind an dem Platze, der ihn erzeugt hat,
Keine Spur nachlassend von seiner lebendigen Wirkung!
Sieht man am Hause doch gleich so deutlich, wes Sinnes der Herr sei,

Wie man, das Städtchen betretend, die Obrigkeiten beurtheilt.
Denn wo die Thürme verfallen und Mauern, wo in den Gräben
Unrath sich häufet, und Unrath auf allen Gassen herumliegt,
Wo der Stein aus der Fuge sich rückt und nicht wieder gesetzt
wird,
Wo der Balken verfault und das Haus vergeblich die neue
Unterstützung erwartet: der Ort ist übel regieret.
Denn wo nicht immer von oben die Ordnung und Reinlichkeit
wirket,
Da gewöhnt sich leicht der Bürger zu schmutzigem Saumsal,
Wie der Bettler sich auch an lumpige Kleider gewöhnet.
Darum hab' ich gewünscht, es solle sich Hermann auf Reisen
Bald begeben, und sehn zum wenigsten Strasburg und Frankfurt.
Und das freundliche Mannheim, das gleich und heiter gebaut ist.
Denn wer die Städte gesehn, die großen und reinlichen, ruht nicht,
Künftig die Vaterstadt selbst, so klein sie auch sei, zu verzieren.
Lobt nicht der Fremde bei uns die ausgebesserten Thore,
Und den geweißten Thurm und die wohlerneuerte Kirche?
Rühmt nicht jeder das Pflaster? die wasserreichen, verdeckten,
Wohlvertheilten Canäle, die Nutzen und Sicherheit bringen,
Daß dem Feuer sogleich bei'm ersten Ausbruch gewehrt sei,
Ist das nicht alles geschehn seit jenem schrecklichen Brande?
Bauherr war ich sechsmal im Rath, und habe mir Beifall,
Habe mir herzlichen Dank von guten Bürgern verdienet,
Was ich angab, emsig betrieben, und so auch die Anstalt
Redlicher Männer vollführt, die sie unvollendet verließen.
So kam endlich die Lust in jedes Mitglied des Rathes.
Alle bestreben sich jetzt, und schon ist der neue Chausseebau
Fest beschlossen, der uns mit der großen Straße verbindet.
Aber ich fürchte nur sehr, so wird die Jugend nicht handeln!
Denn die einen, sie denken aus Lust und vergänglichen Putz nur;
Andere hocken zu Haus' und brüten hinter dem Ofen.
Und das fürcht' ich, ein solcher wird Hermann immer mir bleiben.

WA I, 50, 208-209.

An Johann Heinrich Meyer Weimar, 5. Dezember 1796.
Ich habe (in „Hermann und Dorothea“) das reine menschliche der Existenz einer kleinen deutschen Stadt in dem epischen Tiegel von seinen Schlacken abzuscheiden gesucht, und zugleich die großen Bewegungen und Veränderungen des Welttheaters aus einem kleinen Spiegel zurück zu werfen getrachtet.

Tagebuch, 7. August 1806.
Uneigennütziger Mann der uns von Podelwitz einen schlechten Weg nach Pösneck wies. Kleiner muntrer Betteljunge, der ... uns den Fußpfad nach dem Städtchen führte. Nachtquartier in Pösneck, im goldnen Löwen, einem wohleingerichteten Gasthofe.

Tagebuch, 12. Mai 1808.
Um $^1/_2$ 4 Uhr von Weimar weggefahren ... Gegen $^1/_2$ 5 Uhr (nachmittags) in Pösneck, wo 80 Mann französische reitende Artillerie mit schönen Pferden einquartiert. Im goldenen Löwen logirt. Die Scene zwischen Prometheus und Epimetheus, die Schilderung der Pandora, vollendet und vorgelesen.

Tagebuch, 13. Mai 1808.
Früh von Pösneck weggefahren. Schlechter Weg bis Schleiz.

An Christiane von Goethe Pößneck, 16. Mai 1810.
... kamen bey dem schönsten Wetter und den besten Wegen hier ... an und wurden sogleich mit den trefflichsten Schmerlen (weitverbreitete Karpfenart) bewirthet.

Tagebuch, 16. September 1818.
Früh von Schleiz. Mittag in Pösneck, wo noch die Ehrenbogen der durchgegangenen Herzogin von Coburg standen.

Tagebuch, 26. Juli 1821.
Früh von Weimar 5 $^1/_2$ Uhr ... in Pößneck 4 $^3/_4$ Uhr. Unterwegs zu den zahmen Xenien einiges vorbereitet, im Löwen eingekehrt.

Tagebuch, 27. Juni 1823.
Halb 1 Uhr in Pösneck. Hofrath Rehbein ... Einiges an meiner Biographie. Blieben zusammen im Gasthof.

Tagebuch, 28. Juni 1823.
Um 6 Uhr ab von Pösneck ... Zwischen Pösneck und Volksmannsdorf brach die Waage, wurde jedoch durch eine junge Tanne ersetzt.

Tagebuch, 12. September 1823.
Bey sehr schönem Wetter nach Sonnenuntergang in Pösneck eingetroffen (von Marienbad kommend). Das Gedicht („Marienbader Elegie") abermals unterwegs durchgegangen und Bemerkungen gemacht.

Rudolstadt

Fürstentum Schwarzburg-Rudolstadt (Residenzstadt)
Landkreis Saalfeld-Rudolstadt

Köpfe der römischen Colossen betrachtet.

Die kleine Residenz Rudolstadt lag nur selten am Weg von Goethes Reiserouten durch Thüringen. Die Fürsten von Schwarzburg-Rudolstadt gehörten nicht zu den Nutritoren der Universität Jena, die Beziehungen zwischen den Höfen von Weimar und Rudolstadt waren nicht sehr eng. So gab es für Goethe nur wenig dienstliche Kontakte zu Rudolstadt.

Zum erstenmal kam er während seines Rittes von Ilmenau ins Schwarzatal im Sommer 1781 nach Rudolstadt und übernachtete dort. Ein Jahr später, als Visiten an allen Thüringer Höfen angesagt waren, stattete Goethe auch dem Fürsten auf Schloß Heidecksburg einen Höflichkeitsbesuch ab.

Zu einem ganz anders gearteten Aufenthalt in Rudolstadt kam es am 7. September 1788. An diesem für die Literaturgeschichte denkwürdigen Tag trafen sich im Haus der Familie Lengefeld Goethe und Schiller zum erstenmal.* Bei diesem Treffen gab es zwischen den beiden Dichtern nur ein höfliches Gespräch inmitten zahlreicher anderer Gäste; der eigentliche Arbeits- und Freundschaftsbund wurde erst 1794 in Jena begründet. Dennoch ist bemerkenswert, daß Goethe nur wenige Monate nach dem Rudolstädter Treffen mit Schiller dessen Antrag auf eine Professur an der Jenaer Universität unterstützte.

Als 1793 in Rudolstadt das Theater eröffnet wurde, bot sich für den Intendanten des Weimarer Hoftheaters Goethe die Gelegenheit, dort vertraglich genau festgelegte Gastspiele zu geben. Mit Ausnahme des Sommers von 1795 wurde bis 1813 jährlich aus Anlaß des Vogelschießens in Rudolstadt Theater gespielt, ohne daß dabei Goethe selbst anwesend war.

Persönlich zog es Goethe erst 1817 wieder einmal nach Rudolstadt. Er eilte ganz plötzlich „aus dem Stegreif“ dorthin, um sich die Gipsabdrükke der Kolossalköpfe der Roßbändiger vom Monte Cavallo in Rom anzusehen, die Fürst Friedrich II. vor langer Zeit erworben hatte. Goethe hatte die Originale während seiner Italienreise gesehen und damals angesichts der 5,6 m hohen Marmorfiguren der beiden Roßbändiger festgestellt: „Weder Auge noch Geist sind hinreichend, sie zu fassen“.

Goethe wußte von der Existenz der Kopien dieser antiken Kunstwerke in Rudolstadt. Schon 1805 hatten sie in Gesprächen mit dem Altertumswissenschaftler August Friedrich Wolf aus Halle, der sich die Kopien auf Anregung Goethes ansah, eine Rolle gespielt. Nun, im Jahre 1817, fühlte sich Goethe mit Macht dazu gedrängt, selbst die „erstaunenswürdigen Köpfe“ zu betrachten. Hinterher meinte er, daß er sich durch diesen Anblick wieder „für lange Zeit herstellte“.

Das entsprach seinen Erfahrungen während der Italienreise. Ihm bedeuteten edle Gestalten bedeutender Kunstwerke der Antike „eine Art von heimlichem Gegengift, wenn das Schwache, Falsche, Manierirte“ Macht über ihn zu gewinnen drohte.

* Schiller verbrachte den Sommer 1788 in Rudolstadt. Zwei Jahre später heiratete er Charlotte von Lengefeld.

⇨ Berka, Ilmenau, Jena, Weimar.

***Fürstlich-Schwarzburgische Residenz Rudolstadt**, Holzschnitt aus einem Gesangbuch (um 1786).*

An Vohs und Willms* Weimar, 14. August 1794.

Bey dem Aufenthalte der Gesellschaft in Rudolstadt verspricht man sich von derselben, daß sie sich gegen den Hof sowohl als gegen das Publikum ehrenvoll betragen werde.

In der ersten Woche wird sechs Mal, in den folgenden aber nur vier Mal gespielt, und in der 2ten und den folgenden Wochen werden die Vorstellungen von dem Hofe bestimmt.

Die ersten Vorstellungen sind abgeredter Maßen:
Allzuscharf macht schartig
Die Reise nach der Stadt
Die Entführung aus dem Serail
Dom Carlos
Hieronymus Knicker
Das Mädchen von Marienburg.

Die Zauberflöte wird in der 2ten Woche, nach davor gehaltenen nöthigen Proben gegeben, und dann wiederholt, so oft es verlangt wird.

...

Zur Reise und sonst zur Aufmunterung der Gesellschaft hat die Regie und Casse Administration derselben gegen das Ende der künftigen Woche ein Geschenk von einer wöchentlichen Gage außerordentlich auszuzahlen.

...

Da das Rudolstädter Publikum ein Abonnement wünscht, so kann mit Bemerkung der Nahmen, dergleichen Abonnement zugestanden und zwar für ein Billet auf zwölf Vorstellungen
3 rh. in die Gallerie Loge
2 rh. auf das erste Parterre und
1 rh. auf das zweite
angenommen werden.

* Beide waren Schauspieler in Weimar

An Friedrich Schiller Weimar, 30. Juli 1796.
Da in Rudolstadt Vogelschießen ist, so geht unsere Schauspielergesellschaft den 11ten dahin.

Tagebuch, 10. Oktober 1817.
Nach 9 Uhr auf Berka gefahren; sehr schöner klarer Tag. Gefrühstückt. Mit dem Badeinspector (Schütz) ... nach Rudolstadt. Sogleich auf's Schloß. Durch Gefälligkeit des Baudirectors die Zimmer, die darin befindlichen Kunstwerke, besonders aber auf der Galerie die 2 Köpfe der römischen Colossen betrachtet. In Gasthof zum Adler. Der Badeinspector ging aus, verschiedenes einzukaufen und zu bestellen. Betrachtung über die gesehenen Kunstwerke. Merkwürdige Decorationsbilder von Dietrich im französischen Boucherschen und Watteauschen Geschmack.
11. *(Oktober)* Früh gegen 7 Uhr von Rudolstadt ab. Den gestrigen Weg zurück.

An Sulpiz Boisserée Weimar, 17. Oktober 1817.
Doch hab' ich diese Tage ... ein sehr hohes Anschauen gewonnen. Ich fuhr bey'm heitersten Himmel spazieren und fühlte auf einmal Lust und Muth aus dem Stegreif in die weite Welt hinein zu rücken. Ich eilte nach Rudolstadt um die beiden Köpfe der Colossen von Monte Cavallo zu sehen, die schon seit zwölf Jahren, von mir ungeschaut, in Gypsabgüssen dort aufgestellt sind. Ich mußte freylich erstaunen und leider empfinden daß unser anschauendes Gedächtniß das Erhabene so wenig als das Schöne festzuhalten vermag. Zu diesem Abenteuer drängten mich, um den Anlaß zu bekennen, die Bemühungen, die ich mir um die äginetischen, athenischen und phigalischen Marmore gebe, um sie mir und andern anschaulich zu machen.

An August von Goethe Karlsbad, 16. September 1819.
Gleichfalls lobe ich eure Ausflucht nach Schwarzburg. Man erfährt erst wie viel Gutes nahe liegt, wenn man sich rasch vom Flecke bewegen kann und mag. Dir gönne ich besonders den Anblick der beyden Colossalköpfe (in Rudolstadt). Ich wünschte sie selber wieder einmal zu sehen: denn dadurch wird man auf lange Zeit wieder in allem Guten bestärkt.

Saalfeld

Herzogtum Sachsen-Coburg-Saalfeld (Nebenresidenz),
1826 Herzogtum Sachsen-Meiningen
Landkreis Saalfeld-Rudolstadt (Kreisstadt)

... die Geschichte der Schlacht bey Saalfeld.

Obwohl Goethe auf seinen Reisen durch Thüringen öfter durch Saalfeld kam und im März 1790 auf der Durchfahrt in Richtung Venedig sogar dort übernachtete, gibt es kaum Äußerungen über die Stadt. Allein das Scharmützel bei Saalfeld (im Vorfeld der Schlacht bei Jena vom Oktober 1806) wird im Tagebuch erwähnt.
Interessant war ihm in geologischer Hinsicht die Umgebung des Ortes. Nicht nur die Reisenotizen der Venedig-Reise zeugen davon, auch der ungedruckt gebliebene Aufsatz „Mineralogie von Thüringen und angränzender Länder". Darin ist Saalfeld der Endpunkt einer geologischen Erkundungstour, die 1782 im Rahmen einer diplomatischen Reise an die Südthüringer Höfe unternommen wurde.

⇨ Coburg, Cospeda, Hildburghausen, Meiningen, Rudolstadt.

Blick in den Schloßhof.

Mineralogie von Thüringen und angränzender Länder.
Auf meinem Rückweg* von Sonneberg über Steinach, Reichmannsdorf, Hoheneiche, habe ich bis vor Saalfeld meinen Weg über nichts als Thonschiefer fortgesetzt.

WA II, 10, 137.

* Die Tour vom 9. bis 19. Mai 1782 führte von Weimar über Gotha quer durch den Thüringer Wald bis Coburg und von dort über Sonneberg, Neuhaus a. R., Saalfeld und Großkochberg nach Weimar zurück.

Tagebuch, März 1790.
Reise* von Weimar gut; von Jena nach Uhlstedt desgleichen. Zank daselbst mit der Postmeister. Von da eben gut, die Gegenständen abwechselnd bis Saalfeld, wo der Postmeister besonders artig; seine Frau, eine gebohrne v. Könitzer, der welcher sich auf dem Gut des Herrn v. Grünberg sich aufhält und Stiefsohn von denselben. Der höchste Gebirgs Punct grau verwittert Dachgestein; schöner fetter Boden, guter Frucht- besonders Roggenbau auf dieser Bergspitze, auch Pflanzen und ander Gemüs.

WA III, 2, 13.

* Nach Venedig, um die Herzoginmutter auf der Rückreise aus Italien zu begleiten.

Tagebuch, 3. Oktober 1806.
Visiten Prinz Louis (Ferdinand) ...

Tagebuch, 10. Oktober 1806.
Genauere Nachrichten von der Affaire bey Saalburg Bewegung der Armee lincks Starcker Truppenmarsch durch die Stadt und die Gegend ... Freytag um 9 Uhr früh das Treffen zwischen Saalfeld und Rudolstadt. Prinz Louis kam um.

Tagebuch, 2. Juni 1827.
Abends Herr Landdrost* von Stein. Erzählte die Geschichte der Schlacht bey Saalfeld und wie er in Rudolstadt in die Flucht verwickelt worden.

* Titel einer Verwaltungsfunktion Carl von Steins, des ältesten Sohns von Charlotte von Stein.

Schleiz

Grafschft Reuß-Schleiz
bzw. 1806 Fürstentum Reuß-Schleiz (Residenzstadt)
Saale-Orla-Kreis (Kreisstadt)

... im Gasthof zur Sonne
gutes Essen und guter Wein.

In Schleiz nahm Goethe gern Aufenthalt, wenn er auf seinen Reisen in die böhmischen Bäder und zurück dort vorbeikam. Gutes Essen, schöne Spaziergänge und Mußestunden waren der poetischen Produktion günstig. Nicht nur am „West-östlichen Divan“ und an der „Marienbader Elegie“ wird in Schleiz gearbeitet, im Sommer 1820 wird dort auch eine Novelle niedergeschrieben, die unter dem Titel „Wer ist der Verräter?“ in „Wilhelm Meisters Wanderjahre“ aufgenommen wurde.
Im übrigen hält das Tagebuch, wie so oft auf Reisen, geologische, meteorologische und botanische Beobachtungen fest und berichtet über die landwirtschaftlichen Verhältnisse der Umgebung. Allein die Straßenverhältnisse der Schleizer Gegend geben oft Anlaß zu kritischen Bemerkungen.

⇨ Gefell, Neustadt a. d. Orla, Pößneck.

Tagebuch, 2. Juli 1795.
... nach Schleiz zu fängt der Thonschiefer an, der, indem er auf seiner Oberfläche verwittert, sehr guten Feldbau zuläßt.
In Schleiz im blauen Engel übernacht.
Beym Schloß ist ein schönes Vorwerk, der Graf hat noch zehn andere Güter im Lande, die er durch Voigte bewirthschaften läßt; es scheint eine Administration um so ehr möglich, als die Landesart durchaus überein ist. Die Schäfereyen sind besonders verpachtet nebst den zum Futter nöthigen Wiesen, der Voigt hat eine gewisse Besoldung, von der er das Gesinde mit halten muß, ingleichen gewisse Deputatstücke. Er hat die Kühe im Pacht und giebt von jeher jährlich 7 Rt. Er besorgt den Feldbau, zwey Kornschreiber unter der Aufsicht einiger Räthe besorgen das Übrige, worüber nähere Erkundigung einzuziehen.
Das Feld besteht aus leicht abhängigem Boden, in den Mulden sind die Wiesen, doch sieht man in der Gegend, durch die man fährt, wenig Wasser.
Mühldorf den Grafen Kospoth gehörig, scheint daher seinen Namen, von der in der Gegend sehr nothwendigen Mühle erhalten zu haben.

Tagebuch, 29. Juni 1806.
Morgens zwischen 3 und 4 von Jena abgereist. In Podelwitz zu Mittag gegessen. Schrecklicher Weg einige Stunden vor Schleiz. Abend und Nacht in Schleiz in der Sonne.

Tagebuch, 7. August 1806.
Mittags in Schleiz, im Gasthof zur Sonne gutes Essen und guter Wein. Viele Wappen am Landschaftshause gegenüber, die auf einen sehr ausgebreiteten Lehnhof deuten.
Schrecklicher Weg gleich vor der Stadt, und überhaupt übler Weg auf dieser Station. Nach Sonnenuntergang in Podelwitz. Vorher schöner Regenbogen und besondre strahlende und farbige Phänomene im Westen ... Zwischen Schleiz und Buch (vor Podelwitz) trafen wir im Hohlwege mehrere Bäume mit sonderbaren horizontalen Wurzeln an.

Tagebuch, 25. Mai 1807.
Nach 4 Uhr von Jena ausgefahren ... nach Schleiz, daselbst um 5 Uhr angekommen. Gegessen. Fürst Reuß (von Schleiz-Köstritz) kam zweymal gefahren unter Ankündigung eines Postillions.
Gespräche über mancherley Phänomene der neuren Zeit, was die Deutschen, besonders die nördlichen, waren und hatten; was sie zu verlieren in Gefahr sind ... Betrachtungen über die neuen Staatsformen: Souveränität, Landstände, Conscription u. s. w.

Tagebuch, 9. September 1807.
Um 7 Uhr von Hof abgefahren, über Gefäll nach Schleiz. Merkwürdige Stelle auf der Höhe, etwa eine halbe Stunde von Schleiz gleich an der Chaussee. Urgrünstein Säulen.* Durch die Haupt- und Nebenklüfte des Basaltes zieht sich Asbest, der in Amiant übergeht. Der Basalt geht unmittelbar in den Thonschiefer über und der Asbest setzt durch die Klüfte des Thonschiefers fort. In der Nähe muß auch Serpentin brechen, indem die Chaussee mit dieser Gesteinart überschüttet ist. In Schleiz zu Mittag und Abend gegessen. Disputat mit August und Riemer über die katholische Religion, insonderheit den Bilderdienst und Ohrenbeichte betreffend.

* Bei dem schwarz-grünen Stein handelt es sich um ein Vulkangestein aus dem Paläozoikum; er wurde gebrochen und für die Straßenschotterung verwendet.

Xenien.
162. Mineralogischer Patriotismus.
Jedermann schürfte bei sich auch nach Basalten und Lava,
  Denn es klinget nicht schlecht: hier ist vulcanisch Gebirg!

WA I, 5.1, 228.

Tagebuch, 13. September 1808.
Um 6 Uhr von Hof weggefahren ... gegen 11 Uhr in Schleiz angekommen ... Nach Tische weggefahren, in der Hohle gleich hinter Schleiz umgeworfen.

Tagebuch, 13. Mai 1811.
Um 5 Uhr von Jena ausgefahren. Sehr schöner Tag. Um 11 Uhr in Podelwitz. Um 2 Uhr von da ab, und um 6 Uhr in Schleiz. Daselbst zu Nacht geblieben.

Tagebuch, 30. Juni 1811.
Angekommen gegen 3 Uhr in Schleiz. Kalte Schale und Krebse...

Tagebuch, 14. September 1812.
... in Schleiz angekommen. Nach 2 Uhr zu Mittag gegessen. Halb 5 spatzieren ums Schloß herum. Schöner Abend. Über die katholische Religion.

Tagebuch, 27. September 1819.
Schleiz ... Die Altdorfer Marmorplatte mit Ammonshörnern angekauft. Reichlichste Cartoffel Erndte auf allen Äckern.

Turmruine des Schleizer Residenzschlosses*; mehr ist von diesem prachtvollen Bauwerk nicht erhalten.*

An Carl Friedrich Zelter Jena, 7. Juni 1820.
Vor etwa einem Jahr erzähl ich meiner Schwiegertochter, da wir gerade allein sitzen, ein Geschichtchen („Verräter sein selbst")*, dergleichen du manche kennst und wie ich noch verschiedene im Sinne habe. Sie verlangt es zu lesen, ich muß ihr aber sagen, daß es nur in meiner Einbildungskraft waltet. Die Zeit her hab ich kaum daran gedacht. Jetzt komm ich nach Schleiz (auf der Fahrt nach Karlsbad), etwas früh, und habe

lange Weile, ziehe gerade ein Buch Schreibpapier und einen leicht schreibenden Wiener Schwarzkreide-Stift aus meinem Portefeuille, fange an die Geschichte zu schreiben. Jetzt da ich sie abdictire, wo ich wenig zu verändern weiß, find ich sie ziemlich in der Hälfte, das Weitere wird sich wohl geben.

* Die Novelle wurde mit dem Titel „Wer ist der Verräther?“ in das erste Buch des Romans „Wilhelm Meisters Wanderjahre“ aufgenommen.

Tagebuch, 12. September 1823.
In Schleiz zu Mittag gespeist. Kaufmann Meyer, der mir die Nachricht brachte, meine 5 Kisten Mineralien und Kreuzbrunnen seyen gerettet.* Der Fuhrmann habe aufgepackt gehabt, habe aber, weil die Confusion groß geworden, ohne Frachtbrief fortfahren müssen und werden nun schon längst in Weimar abgegeben worden seyn... Das Gedicht („Marienbader Elegie“) abermals unterwegs durchgegangen und Bemerkungen gemacht.

* Anfang September hatte in Hof ein großer Stadtbrand gewütet. Zu dieser Zeit mußte eine Fuhre mit Goethes Frachtgut aus Böhmen kommend die Stadt passieren.

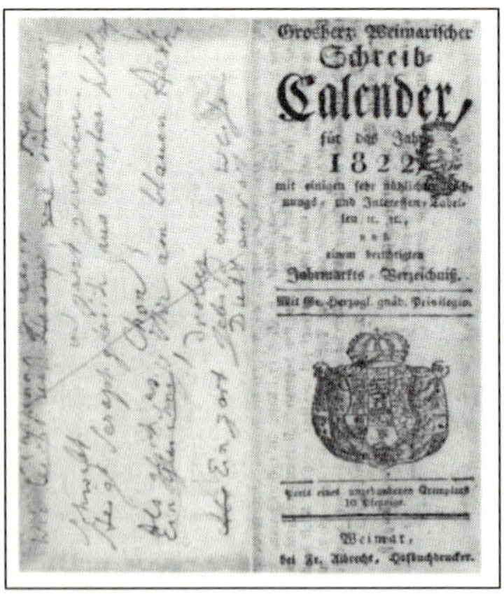

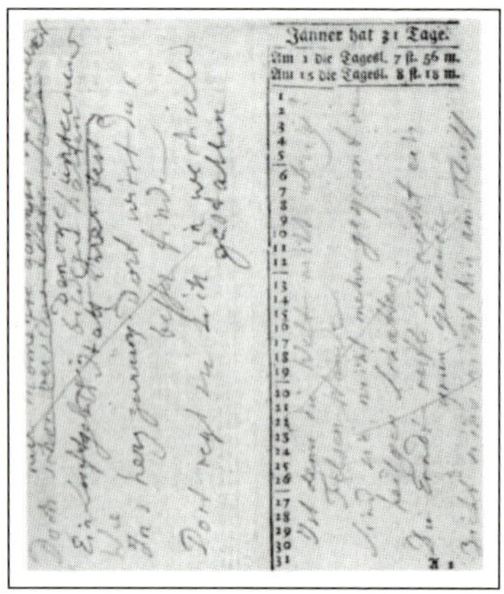

Goethes Schreibkalender *mit der Urschrift der „Marienbader Elegie“. Er schrieb den Text im Wagen und in den Gasthöfen nieder.*

SCHMALKALDEN

Landgrafschaft bzw. 1803 Kurfürstentum Hessen-Kassel,
1807 Königreich Westfalen, 1814 Kurfürstentum Hessen-Kassel
Landkreis Schmalkalden-Meiningen (Kreisstadt)

Wir sind im Stahlberge bey Schmalkalden gewesen.

Im Herbst 1780 besuchte Goethe von Stützerbach aus in Begleitung des Herzogs und seines Oberstallmeisters Schmalkalden und eine Gewehrfabrik. Seine briefliche Schilderung dieses Ausfluges läßt die „Liebhabereyen" der drei Reiter kurz aufleuchten: die eigene Vorliebe für die Natur und für das Nachdenken über alles Gesehene und Erlebte, das Interesse Carl Augusts für „Flinten und Pistolen" und die Liebe Josias von Steins zu Tieren. Alle diese Neigungen wurden an diesem „fröhlige(n) Tag" zufriedengestellt,
Jahrzehnte später kam Goethe auf der Durchreise in die Rhein- Main-Gegend erneut durch den Ort.

An Charlotte von Stein Schmalkalden, 11. September 1780.
Nachts. Heut war ein schöner und fröhliger Tag wir sind von Stüzzerbach herüber geritten, unserm Fuhrwerck nur ist es in den Steinweegen elend gegangen. An allen Felsen ist geklopft worden, Stein entzückt sich über alle Ochsen wie wir über die Granite. Der Herzog ist ziemlich passiv in beyden Liebhabereyen, dagegen hat ihm der Anblick sovieler Gewehre in der Fabrick wieder Lust gemacht. Ich habe ieden Augenblick des Tags genuzt, und mir noch zulezt eine Scene aus einem neuen Trauerspiel vorgesagt, die ich wohl wieder finden mögte.

An Charlotte von Stein Zillbach, 12. September 1780.
Wir sind im Stahlberge bey Schmalkalden gewesen und reichliche Betrachtungen haben wir gemacht. Sie müssen noch eine Erdfreundinn werden es ist gar zu schön, Sie haben Sich ia schon mir zu gefallen über mehreres gefreut.
Wir sind hier spät angekommen, weil Prinzen und Prinzessinnen niemals von einem Ort zur rechten Zeit wegkommen können, wie Stein bemerckte, als ihm die Zeit lang werden wollte, inzwischen dass Serenissimus Flinten und Pistolen probierte. Ich hingegen kriegte meinen Euripides hervor und würzte diese unschmackhaffte Viertelstunde. Dann ist die grösste Gabe für die ich den Göttern dancke dass ich durch die Schnelligkeit und Manigfaltigkeit der Gedancken einen solchen heitern Tag in Millionen Theile spalten, und eine kleine Ewigkeit draus bilden kan.

Tagebuch, 10. Oktober 1815.
Abgefahren halb eilfe (von Meiningen). In Schmalcalden. Vorausgegangen. der Wagen kam 5 Uhr am Berge an. Heller Mond. Beschwerlicher Weg, glückliche Fahrt. Mitternachts Gotha.

Schnepfenthal

Herzogtum Sachsen-Gotha-Altenburg,
1826 Herzogtum Sachsen-Coburg und Gotha
Landkreis Gotha (Waltershausen)

... ergötzte mich an ... dem Erziehungskreis.

Der ehemalige Lehrer am Dessauer Philantropinum Christian Gotthilf Salzmann gründete 1784 auf dem Landgut Schnepfenthal bei Gotha eine Erziehungsanstalt. Während eines längeren Aufenthaltes am Gothaer Hof im Sommer 1801 besuchte Goethe diese neue philantropische Schule und ließ sich in späteren Jahren immer wieder einmal von der Arbeit dort berichten. Über die literarische Produktion Salzmanns – er schrieb u. a. den zwischen 1783 und 1788 in sechs Bänden erschienenen Roman „Carl von Carlsberg" – wird in den Xenien kritisch reflektiert.

» Gotha.

An Georg Sartorius Weimar, 10. Oktober 1801.
In Gotha brachte ich etwa 8 Tage, bey meinen hohen Gönnern und Freunden (gemeint sind Herzog Ernst II. und sein Bruder Prinz August), zu und ergötzte mich an zwey bedeutenden Instituten, der Sternwarte auf dem Seeberge und dem Erziehungskreis in Schnepfenthal.

***Die Salzmannsche Erziehungsanstalt**, Kupferstich (1820).*

Xenien.

148. Karl von Karlsberg.
Was der berühmte Verfasser des menschlichen Elends verdiene?
Sich in der Charité gratis verköstigt zu sehn.

WA I, 5.1, 226.

282. Charade
Nichts als dein Erstes fehlt dir, so wäre dein Zweites genießbar,
Aber dein Ganzes*, mein Freund, ist ohne Salz und Geschmack.

WA I, 5. 1, 246.

* Also: Salz-Mann.

Tagebuch, 11. Mai 1822.
Der in Schnepfenthal angestellte Lehrer Röse dankte für den ihm hiesigen Orts geleisteten Beystand bey seiner Arbeit über die Geschichte des Herzog Bernhards*.

* Goethe hatte sich Jahrzehnte vorher selbst mit der Biografie des herzoglichen Feldherrn beschäftigt.

Tagebuch, 11. Oktober 1823.
Abends Canzler von Müller, die Reise nach Gotha, Schnepfenthal, Reinhardsbrunn ... erzählend.

Schöndorf

Herzogtum bzw. 1815 Großherzogtum Sachsen-Weimar-Eisenach
Stadt Weimar

... nach Schöndorf;
den ... Wetterbeobachtungs-Thurm betrachtet.

Im Jahre 1817 ließ Großherzog Carl August am Hang des Ettersberges in Schöndorf ein meteorologisches Observatorium errichten. Weitere, im ganzen Land verteilte Wetterstationen kamen hinzu. Die Sternwarte in Jena unter ihrem Direktor Prof. Posselt wurde die Zentrale des Wetterdienstes im Großherzogtum. Um die Arbeit der Stationen wissenschaftlich zu fundieren, ließ Goethe in seiner Funktion der „Oberaufsicht über die unmittelbaren Anstalten für Wissenschaften und Kunst" vom Instrukteur der Jenaer Sternwarte Prof. Schrön eine „Instruction für die Beobachter bei den Großherzogl. meteorologischen Anstalten" entwickeln und sah sie mit ihm durch. Sie wurde auch der Schöndorfer Station zur Verfügung gestellt. Das hatte zur Folge, daß regelmäßig Beobachtungstabellen von Schöndorf nach Jena gelangten.
Nach Goethes Verständnis dienten die Beobachtungen der Wetterstationen nicht nur wissenschaftlichen Zwecken, er sah in ihnen auch eine Art „Bildungs-Propaganda", aus der „eine höhere Cultur" der Menschen entstehen könne.
Goethe selbst zeichnete im Alter regelmäßig Wetterbeobachtungen auf und beschäftigte sich intensiv mit Wolkenzug und Wolkenbildung.

» Jena, Weimar.

Tagebuch, 26. September 1802.
Früh spatzieren gefahren bis Schöndorf ...

An Großherzog Carl August Jena, 14. Dezember 1817.
Einige Arbeiten... werden nächstens vor Höchstdenenselben erscheinen. Instrucktion für den Meteorologen des Ettersberg (in Schöndorf) mit bildlicher Darstellung wird so eben in's Reine gebracht und gegen Weynachten aufwarten.

Tagebuch, 27. Mai 1819.
Abends mit Ulriken (von Pogwisch) nach Schöndorf; den Wetterbeobachtungs-Thurm betrachtet; mit Koch über diese Dinge gesprochen.

Tagebuch, 7. November 1820.
Die Schöndorfischen letzten Tabellen *an Prof. Posselt* nach Jena.

Tagebuch, 16. Februar 1821.
Herrn Professor Posselt die letztern Schöndorfer Tabellen.

Schwarzburg

Fürstentum Schwarzburg-Rudolstadt (Nebenresidenz)
Landkreis Saalfeld-Rudolstadt (Sitzendorf)

... von Schwarzburg auf Blanckenburg
... durch ein tiefes Thal zwischen Fels und Wald Wänden.

Im Sommer 1781 hielt sich Goethe, wie so oft, als Leiter der Bergwerkskommission in Ilmenau auf. Von dort aus unternahm er Anfang Juli, von Knebel begleitet, einen Ausflug durch den Thüringer Wald in Richtung Schwarzburg und Blankenburg, um sich, wie er schreibt, „mit den Bergwercken in dieser Gegend bekannt zu machen".
Auf dieser Tour lernte er das Schwarzatal und seine Naturschönheiten kennen, interessierte sich aber auch, wie stets auf seinen Reisen, für alle möglichen Erscheinungen des Alltags der Menschen. So begegnete ihm in Blankenburg ein alter Bergmann, den er dafür gewinnen konnte, seine Erfahrungen den Ilmenauer Bergleuten zur Verfügung zu stellen. Schon wenige Tage später traf dieser in Ilmenau ein.
Am 5. Juli 1781 waren Goethe und Knebel in Schwarzburg, sahen sich das Schloß an und betrachteten das Bildnis König Günthers.

⇒ Ilmenau, Rudolstadt.

An Jakob Friedrich von Fritsch Ilmenau, 30. Juni 1781.
... ich will ... noch eine kleine Exkursion in die Nachbaarschafft thun, um mich mit den Bergwercken in dieser Gegend bekannt zu machen.

An Charlotte von Stein Ilmenau, 5. Juli 1781.
Es ist uns ... wohlgegangen, wir haben sehr manigfaltige Sachen gesehen, schöne Gegenden, und verschiedne Menschenerscheinungen in allerley Styl. Wir sind auf Schwarzburg das sehr interessant liegt, wie du aus einer leider nur umrissnen Zeichnung sehn wirst, gegangen. Von guten Menschen bewirthet worden, haben im Zucht- und Tollhaus merckwürdige Gestalten gesehn. Von da auf Blanckenburg wo Knebel einen Philister gemishandelt hat.
Daselbst haben wir die Bergwercke befahren. N. B. von Schwarzburg auf Blanckenburg ist ein fürtrefflicher Weeg der Schwarze nach, durch ein tiefes Thal zwischen Fels und Wald Wänden.
Dann sind wir auf Rudolstadt, haben da nur geschlafen. Von da nach Teschniz (Döschnitz) den Mamorbruch zu sehn, und wieder hierher. Die Sonne hat uns durchgeglüht und der Mond erquickt wir haben beydes im reichen Maase genossen. So kurz unsre Reise war so unterhaltend und angenehm war sie.

***Schloß Schwarzburg**, sepialavierte Zeichnung (1781) von Goethe, später vom Weimarer Maler Carl Wilhelm Lieber überarbeitet.*

An Herzog Carl August Ilmenau, 5. Juli 1781.

Unsre Reise ist glücklich und gar angenehm bisher vollbracht. Schwarzburg, Blanckenburg, Rudolstadt, Töschnitz (Döschnitz) haben wir besucht, von der Hitze etwas ausgestanden, doch auch ganz köstliche Morgen, Abende und Nächte gehabt. Knebel war sehr gut und munter. Ich hab ihn in die Klüffte der Erde initiirt, er hat Freude dran.

In Blanckenburg hab ich einen alten Bergmeister gefunden, der ehmals auf dem hiesigen Wercke gearbeitet hat. er ist 72 Jahr alt und erinnert sich aller Vornahmen und Zahlen. Dieser kommt Sonntags hierher und ich werde ein gros *Colloquium* anstellen und seine Aussagen protokolliren lassen damit alles klärer werde.

Wir haben sehr schöne Gegenden durchstrichen, auch sind uns menschliche Dinge allerley Art vorgekommen ... Die Welt ist voll Thorheit, Dumpfheit, Inconsequenz und Ungerechtigkeit, es gehört viel Muth dazu diesen nicht das Feld zu räumen, und sich beyseite zu begeben.

Sondershausen

Fürstentum Schwarzburg-Sondershausen (Residenzstadt)
Kyffhäuserkreis (Kreisstadt)

... das sehr angenehm liegt.

Drei Dinge fand Goethe an Sondershausen bemerkenswert: zum einen die schöne Lage der Stadt am Rande des grünen Höhenzuges der Hainleite; zum anderen das Fürstliche Hoforchester, er hatte es 1816 während seiner Kur in Tennstedt gehört; und schließlich die altertümliche Figur des „Püsterich" im Schloß, die als unheimlich wirkender Feuerbläser in Gang zu setzen ist. In den Versen zu „Goethe und Pustkuchen" nutzte der Dichter das Bild dieser heidnischen Kultfigur für die literarische Auseinandersetzung mit Johann Friedrich Pustkuchen, der 1821 eine bösartig verzerrende Darstellung von Goethes Roman „Wilhelm Meisters Wanderjahre" publiziert hatte.
Daß in dem südlich von Sondershausen gelegenen Dorf Berka Vorfahren Goethes zu Hause waren, wußte der Dichter freilich nicht, als er 1777 auf dem Weg in den Harz durch Sondershausen fuhr.

→ Nordhausen, Tennstedt.

***Der Marktplatz zu Sondershausen** (um 1840). – Im Bildhintergrund der Schloßberg mit dem mächtigen, die Stadt beherrschenden Residenzschloß.*

Tagebuch, 30. November 1777.
Sonnt.(ag) früh nach sechsen von Greusen (Greußen) mit einem Boten ab. War scharf gefroren und die Sonne ging mit herrlichsten Farben auf. Ich sah den Ettersberg, den Inselsberg, die Berge des Thüringer Waldes hinter mir. Dann in Wald und im heraustreten, Sondershausen das sehr angenehm liegt. Die Spizze des Brockens einen Augenblick, hinter Sondershausen weg auf Sundhausen. Schöne Aussicht die goldne Aue vom Kyffhäuser bis Northhausen herauf.

An August von Goethe Tennstedt, 30. Juli 1816.
Der Musikdirector Hermstedt, von Sondershausen, bläst die Klarinette sehr vorzüglich. Er hatte die sämmtliche *Harmonie*, das heißt: über ein Dutzend blasende Künstler, mitgebracht, auf die der Fürst (Günther Friedrich Carl I.) viel verwendet, sie machten ihre Sachen sehr gut.

Goethe und Pustkuchen
Berliner Nachrichten, Nr. 149, 1822,

Pusten, grobes deutsches Wort!
Niemand – wohl erzogen -
Wird am reinanständigen Ort
Solchem Wort gewogen.

Pusterich, ein Götzenbild,
Gräßlich anzuschauen,
Pustet über klar Gefild
Wust, Gestank und Grauen.

Will der Pusterich nun gar
Pfaffenkuchen pusten,
Teufelsküchenjungenschaar
Wird den Teig behusten.

WA I, 5.1, 188.

Stadtilm

Fürstentum Schwarzburg-Rudolstadt
Ilmkreis

Gespeist und ausgeruht ...

Am 26. August 1813 begab sich Goethe auf die Reise nach Ilmenau, um nach langer Zeit wieder einmal einige Tage dort zu verbringen. Unterwegs schrieb er das Gedicht „Gefunden“ und schickte es von Stadtilm aus an „Frau von Goethe“ nach Weimar. Dies geschah im Gedenken an die 25. Wiederkehr des ersten Zusammentreffens mit Christiane am 12. Juli. Diesen Tag pflegten beide als den Beginn ihres Lebensbundes zu feiern.
Schon immer war Goethe auf seinen Fahrten in den Thüringer Wald oder nach Großkochberg durch Stadtilm gekommen und hatte auch öfter dort übernachtet. So auch 1817 während der Fahrt zur Geburtstagsfeier in Paulinzella, auf der die abendliche Stille in Stadtilm dazu genutzt wird, „wissenschaftliche Betrachtungen“ anzustellen.

➾ Großkochberg, Ilmenau, Paulinzella, Weimar.

Tagebuch, 26. August 1813.
Entschluß nach Ilmenau zu gehen. Vorbereitung Abreise um 10 Uhr. Kleine Gedichte. Stadt Ilm um 4 Uhr Abwechselnd Regen und Sonnensch.(ein). Illmenau um 8 Uhr ...

Gefunden.*

Ich ging im Walde
So für mich hin,
Um nichts zu suchen
Das war mein Sinn.

Im Schatten sah ich
Ein Blümchen stehn,
Wie Sterne leuchtend.
Wie Äuglein schön.

Ich wollt' es brechen,
Da sagt' es fein:
Soll ich zum Welken
Gebrochen sein?

Ich grub's mit allen
Den Würzlein aus,

Zum Garten trug ich's
Am hübschen Haus.

Und pflanzt' es wieder
Am stillen Ort;
Nun zweigt es immer
Und blüht so fort.

WA I, 1, 25.

* Als Brief ohne Überschrift mit Datum 26. August 1813 aus Stadtilm an „Frau von Goethe".

Tagebuch, 27. August 1817.
Zeitig aufgestanden. Anstalten zur Reise. Halb 8 Uhr früh abgefahren ... Halb 1 in Stadt Ilm ... Früh zu Bette.

Tagebuch, 28. August 1817.
Reine Abschrift des gestrig Entworfenen ... Um 9 Uhr nach Paulinzelle ... Nachmittag 2 Uhr. Mit meinem Sohn ... nach Stadt Ilm zurück. Um 4 Uhr mein Sohn nach Weimar. Ich blieb in Stadt Ilm. Abends wissenschaftliche Betrachtungen.

Tagebuch, 29. August 1817
Früh aufgestanden. Halb 7 Uhr von Stadt Ilm ab. Schöner Morgen. Geologische-ökonomische-landräthliche Betrachtungen. Gerade nach Weimar.

Lesarten
Paulinzella den 28. August 1817.
Stadt Ilm. Benutzung des Aufenthalts.
Zu wissenschaftlichem Nachdenken.
Was am meisten interessirt tritt in der Einsamkeit hervor. Farbenlehre durchgedacht.

WA III, 6, 301.

Tagebuch, 26. August 1831.
Wolkiger regenloser Tag. Früh halb Sieben aus Weimar. Nach 12 Uhr in Stadtilm. Daselbst zu Mittage. Um 3 Uhr ab, nach Sechs in Ilmenau.

Tagebuch, 31. August 1831.
Früh halb 7 Uhr aus Ilmenau. Gegen 11 Uhr in Stadtilm. Gespeist und ausgeruht. Nach 12 Uhr wieder abgefahren ...*

* Dies war die letzte größere Fahrt Goethes überhaupt.

Stedten

Herzogtum Sachsen-Gotha-Altenburg,
1826 Herzogtum Sachsen-Coburg und Gotha
Landeshauptstadt Erfurt

... hier bey liebenden Menschen.

Im Januar 1776 schrieb Christoph Martin Wieland sein Gedicht „An Psychen". Es ist an Julie von Bechtolsheim gerichtet, die Tochter des Gothaer Geheimrates Dietrich von Keller, der mit seiner Familie auf seinem Gut in Stedten bei Erfurt lebte.*

Wieland verkehrte gern im Elternhaus der Julie von Bechtolsheim, die auch nach ihrer Heirat mit dem für den Eisenacher Landesteil zuständigen Weimarer Vizekanzler nach 1774 noch häufig in Stedten weilte.

Zu Jahresbeginn 1776 führte Wieland den Weimarer Neuankömmling Goethe in Stedten ein. Während des Aufenthaltes vom 1. und 2. Januar las Goethe den „liebenden Menschen" Szenen aus dem „Faust" vor. Unter dem Eindruck dieses Erlebnisses schrieb Wieland danach die Verse „An Psychen" nieder und setzt darin dem „Zaubrer" Goethe ein literarisches Denkmal.

Lange Zeit pflegte Goethe enge Verbindung zu den Bechtolsheims, nicht nur, weil er dienstlich mit dem Weimarer Statthalter in Eisenach zu tun hatte. Er unterstützte auch die lyrischen Versuche Julie von Bechtolsheim; noch 1818 ergänzt er eines ihrer Gedichte durch „einige Stanzen" und erinnert sich noch in der „Campagne in Frankreich" gern an „friedliche Momente", die er an ihrer Seite verleben konnte.

* Wolfgang Vulpius (S. 160) weist darauf hin, daß Goethes Gedicht „Dem Durchlauchtigsten Fürsten ..." (⇒ Großkochberg) auch während einer Jagd der Hofgesellschaft bei Erfurt an Herzog Carl August überreicht worden und mit der „guten Fee" Auguste von Keller auf Schloß Stedten (das heute nicht mehr existiert) gemeint sein könnte. Auch in Wielands Gedicht „An Psychen" wird die Wendung „Fee des Orts" verwendet. Gemeint ist Julies Mutter, Auguste von Keller.

⇒ Eisenach, Erfurt, Weimar

***Schloß Stedten**, erbaut 1737, zerstört 1949.*

An Johann Gottfried Herder Stedten, 2. Januar 1776.
Ich bin mit Wielanden hier bey liebenden Menschen* ...

* Gemeint ist die Familie des Gothaer Geheimrats Dietrich von Keller und seine Frau Auguste.

Faust.
Erster Theil.

Nacht.
Ha! Welche Wonne fließt in diesem Blick
Auf einmal mir durch alle meine Sinnen!
Ich fühle junges heil'ges Lebensglück
Neuglühend mir durch Nerv' und *Adern rinnen.**

WA I, 14, 29.

* In Wielands Gedicht „An Psychen" heißt es:
Auf einmal stand in unsrer Mitten
Ein Zaubrer! – Aber denke nicht,
Er kam mit unglücksschwangerm Gesicht
Auf einem Drachen angeritten!
Ein schöner Hexenmeister es war,
Mit einem schwarzen Augenpaar,
Zaubernden Augen voll Götterblicken,
Gleich mächtig, zu töten und zu entzücken.
So trat er unter uns, herrlich und hehr,
Ein echter Geisterkönig, daher!
Und niemand fragte: „Wer ist denn der?"
Wir fühlten beim ersten Blick, 's war er!
Wir fühlten's mit allen unsern Sinnen
Durch alle unsre *Adern rinnen.*
So hat sich nie in Gottes Welt
Ein Menschensohn uns dargestellt,
Der alle Güte und alle Gewalt
Der Menschheit so in sich vereinigt!

(Zit. nach Wielands Werke, Bd. 3, Berlin und Weimar 1984, S. 109.)

An Julie Auguste Christiane von Bechtolsheim
Weimar, 23. Oktober 1784.
Sie werden wohl das Paket erhalten haben, wovon ich neulich schrieb ...
Das letzte Paket enthielt Iphigenia und Tasso ...
Kann ich Reisenden und Schreibenden trauen, so habe ich in kurzer Zeit viele Grüsse von Ihnen empfangen, ich hoffe man wird sie erwidert haben.
Das fünfte Buch von Wilh. Meister wird ehestens anlangen, ich wünsche, daß es den Eindruck der ersten nicht zerstören werde. Diese vier ersten bitte ich mir so bald als möglich zurück.
Wissen Sie schon, daß mir der wackre Kanzler in Eisenach Quartier bey sich angeboten hat, wenn ich wieder hinüber käme, ich werde mich aber wohl hüten es anzunehmen, eh' ich der Zustimmung seiner Gemahlin versichert bin.

WA IV, 30, 33-34.

Tagebuch, 1. März 1818.
Vor der Frau von Bechtolsheim ihre Sonette einige Stanzen geschrieben ... Sendung an *Freyfrau von Bechtolsheim* ...

Zahme Xenien. VIII.
Weimar, 1. März 1818
Der einmal ein Zaubrer hieß,
Eben weil er bezaubert war,
Sich von Seelchen beseelen ließ,
Weil ihm dieß behagte gar,
Jetzt mit Wörtlein eingeschlungen
Steigert er des Liedes Drang,
Zeugniß wie er selbst durchdrungen
Fühlet was man fühlend sang.*

WA I, 5.1, 120.

* Die Verse beziehen sich darauf, daß Goethe ein Gedicht der Julie von Bechtolsheim mit zahlreichen Korrekturen versehen hatte. – „Zaubrer" erinnert an Wielands Gedicht „An Psychen"; „Seelchen" bezieht sich auf Julie von Bechtolsheim.

Tagebuch, 28. März 1818.
Nebenstehende Expeditionen bis zur Absendung eingerichtet: ... *An Frau von Bechtolsheim* nach Stetten wegen ihrer Gedichte.

Campagne in Frankreich 1792.*
Ein sonderbarer Anblick erinnerte mich an andere Zeiten. In dem ersten Gliede der Escadron schwankte die Standarte in den Händen eines schönen Knaben (d. i. Karl Emil von Bechtolsheim) hin und wieder; er hielt sie fest, ward aber vom aufgeregten Pferde widerwärtig geschaukelt; sein anmuthiges Gesicht brachte mir, seltsam genug aber natürlich, in diesem schauerlichen Augenblick, die noch anmuthigere Mutter (Julie von Bechtolsheim) vor die Augen, und ich mußte an die ihr zur Seite verbrachten friedlichen Momente gedenken.

WA I, 33, 69.

* Niedergeschrieben ab 1820, veröffentlicht 1822.

An Frédéric Jacques Soret Weimar, 2. Juli 1828.
Sie haben mir, mein Werthester, durch die Abschrift eines Gedichtes das unläugbarste Zeugniß gegeben, daß Frau v. Bechtolsheim fortfährt, sowohl in geselliger als poetischer Anmuth sich musterhaft zu beweisen. Sagen Sie von mir die freundlichsten Grüße zu Erinnerung schöner jugendlicher Tage.

Stotternheim

Erzbistum/Kurfürstentum Mainz, 1802 Königreich Preußen,
1806 Domaine réservé à l'empereur (Kaiserreich Frankreich),
1815 Königreich Preußen
Landeshauptstadt Erfurt

... einen Menschen, an dem man Freude hat.

Noch im Januar 1832, wenige Wochen vor seinem Tode, empfing Goethe einen „tüchtig, praktische(n) Mensch(en)", an dessen Unternehmungen er seit Jahren regen Anteil nahm, und der ihm auch bei diesem seinem letzten Besuch ausführlich über den Stand seiner Arbeiten informierte. Es war der Direktor der Saline Louisenhall in Stotternheim bei Erfurt, Carl Christian Friedrich Glenck. Er war aus Schwäbisch-Hall gekommen und stellte seit 1823 im Thüringer Raum Bohrversuche an, um auf Steinsalzlager zu stoßen. In Stotternheim hatte er Erfolg. Am 30. Januar 1828 konnte er der Großherzogin Louise zum Geburtstag die erste Probe des wertvollen Bodenschatzes aus einem Muschelkalkflöz überreichen. Aus diesem Anlaß schuf Goethe das Gedicht „Die ersten Erzeugnisse der Stotternheimer Saline".
Das Interesse Goethes an geologischen Erkundungen war in frühen Jahren durch praktische Erfordernisse des Ilmenauer Bergbaues angeregt worden. Auch im Alter war es noch stark von wirtschaftlichen Überlegungen bestimmt. Glenck war für Goethe nicht nur wegen seiner reichen, in übersichtlichen Tabellen dargestellten Kenntnisse ein gefragter Gesprächspartner, Goethe schätzte ihn vor allem wegen seines andauernden Strebens, praktischen Nutzen zu stiften und zu diesem Zweck die verfügbare Technik weiterzuentwickeln. Goethe ließ Glenck von Joseph Schmeller malen und in seine Bildersammlung „werther Mitlebender" aufnehmen.

⇨ Weimar.

1823. Übersicht.
(Vorarbeit für die „Annalen")
Personalien Glencks pp. Im Februar fängt Glenck in Stotternheim zu bohren an.

WA I, 36, 433.

Tagebuch, 4. Januar 1828.
Herr Salinendirector Glenck zum Neuenjahr Sole von Stotternheim bringend, und auf Befragen über alle die neuen Bohrunternehmungen in Thüringen Auskunft gebend; nicht weniger eine geognostische (geologische) Tabelle in Bezug auf die verschiedenen Salzformationen aufzeichnend. Verschiedene ihm vorgewiesene Mineralien geognostisch ordnend und erklärend. Einige Fragen vorlegend, deren Beantwortung überdenkend.

An Friedrich Johannes Frommann Weimar, 3. Februar 1828.
Sodann ... übersende ein Gedicht, ... der Titel spricht die Veranlassung aus: daß nämlich der Salinendirector Glenck die mit einem Bohrloch von 762 Fuß Tiefe gewonnene Soole zu Stotternheim unfern Erfurt, in reines brauchbares Kochsalz verwandelt, in schönen geschliffnen Glasschalen zum Feste dargebracht. Für's Leben so wie für die Wissenschaft ist dieß von großer Bedeutung.

Die ersten Erzeugnisse
der Stotternheimer Saline,
überreicht zum 30. Januar 1828.*

Gnome.
In brauner Kapp' und Kutte tret' ich an,
Wo Prunk im Licht erhellt den weiten Plan,
Unwillig, doch genöthigt, bin ich hier:
Denn das was triumphirt gehörte mir;
Ich barg es tief in schwerer Nächte Schoss,
Nun liegt es klar am hellen Tage bloß,
Und da es mir zu hindern nicht gelingt,
So bin ich einer der es festlich bringt.

(...)

Geognosie.
Hast du auch edle Schätze tief versteckt,
Dem Menschengeist sind sie bereits entdeckt.
Ist doch Natur in ihrem weiten Reich
Sich stets gemäß und folgerecht und gleich;
Und wer des Knäuels zartes Ende hält,
Der schlingt sich wohl durch's Labyrinth der Welt.
So schreit' ich fort durch Feld und Bergeshöhn,
Ich zaudre nicht – auf einmal bleib' ich stehn;
Tief unten fühl' ich das ersehnte Gute,
Erfahrung bleibt die beste Wünschelruthe.
...

Technik.
Nur nicht so rasch und unbedacht gethan! -
Mit Hack' und Spaten kommt ihr kühnlich an;
Wie könnt ihr euch so wunderlich behaben,
Als wolltet ihr des Nachbarn Weinberg graben?
Doch wenn dein Blick in solche Tiefe drang,
So nutzte schnell was unsrer Kunst gelang.

(...)

Geleistet ist's! Du bringst im dritten Jahr
Dem Herrn des Lands willkommne Gabe dar.

Gnome.
Auch ich entsage nun dem alten Trutz,
Was ich verheimlicht sei dem Volk zu Nutz.

Geognosie.
Und wenn ich einsam im Gebirg verweilt,
Hat doch mein Geist den tiefsten Wunsch ereilt.

Technik.
Bethätigt weiter glückliche Bereitung
An dieses Tages günst'ger Vorbedeutung!

WA I, 4, 284-287.

* Geburtstag der Großherzogin Louise

An Carl Friedrich Zelter Weimar, 29. Februar 1828.

Das Beykommende (Gedicht) lies und studire zu guter Stunde und bedenke wohl dabey, daß die Soole, woraus das gefeyerte Festsalz gewonnen und gesotten ward, durch ein Bohrloch von 762 Fuß erreicht und auch durch dasselbe heraufgefördert worden. Die Kenntniß der Gebirgslagen, zu der man sich nach und nach erhob, die Kunstgriffe der Mechanik, die auch immer gescheiter und pfiffiger werden, erreichen das Wundersame in unsern liberalen Tagen, daß man das Salz so wie die Luft allgemein genießbar machen will, da es den guten Menschen fast eben so unentbehrlich ist.

An Carl Christian Friedrich Glenck 23. Dezember 1829.

... empfehle den überbringenden jungen Mann, Herrn Schmeller, einen geschickten Porträt-Zeichner. Gönnen Sie ihm einige Stunden, damit er mir Ihr wohlgetroffenes Bildniß zurückbringe, und solches in die bedeutende Sammlung werther Mitlebenden, die ich mir zu verschaffen gesucht, hinzugefügt werde.

Stützerbach

Kurfürstentum Sachsen bzw. 1806 Königreich Sachsen,
1815 Königreich Preußen und Herzogtum bzw.
1815 Großherzogtum Sachsen-Weimar-Eisenach
Ilmkreis (Schmiedefeld am Rennsteig)

In Stüzzerbach tanzt ich mit allen Bauermädels ...

Von Ilmenau aus ritt oder wanderte Goethe oft nach dem Thüringerwalddorf Stützerbach. Mehr als zehnmal übernachtete er allein oder in Begleitung des Herzogs im Hause des Glashüttenbesitzers und passionierten Auerhahnjägers Johann Daniel Gundelach, das heute Goethe-Museum ist. Von ihm bezog der Weimarer Hof, auch Goethe selbst, seine Glaswaren; auch die Universität Jena wurde von dort mit Präparategläsern versorgt.

Wie für alle Gewerbe, die den Menschen Lohn und Brot brachten, interessierte sich Goethe für die Glasherstellung und versuchte sich in der Stützerbacher Glashütte selbst im Schleifen von Glas. Die Verbindung zur Glashütte wurde lange aufrechterhalten; noch 1817 kamen bei Goethe Gläser aus Stützerbach an.

Die Stützerbacher Aufenthalte der ersten Ilmenauer Jahre waren von innigem Einklang zwischen tiefem Naturempfinden und heftiger Liebe zu Charlotte von Stein geprägt. Der geliebten Frau werden Landschaftszeichnungen zugeeignet, die auf dem Stützerbacher Schloßberg entstanden. Sie erfährt als innig Vertraute aber auch vom ausgelassenen Treiben der Hof- und Jagdgesellschaft, dem sich Goethe kaum entziehen konnte. Das Tagebuch kündet von der Teilnahme am Vogelschießen, vom Tanz mit Bauernmädeln, von wilden Jagden, von zünftigen Nachtlagern und von ausgelassenen Streichen, die man dem Kaufmann Glaser spielt, der besonders unter dem Übermut der jungen Leute zu leiden hat und „sündlich geschunden“ wird.

Schon wenige Jahre später will es Goethe nicht recht „wohl werden“, wenn er an die bewegten Jahre in Stützerbach und Umgebung zurückdenkt.

Während des letzten Besuches in Ilmenau im Jahre 1831 unternimmt Goethe einen längeren Ausflug mit der Kutsche. Er kommt am Gasthof „Auerhahn“ oberhalb von Stützerbach vorbei und blickt ein letztes Mal auf den Ort und seine schöne Umgebung.

⇒ Ilmenau, Manebach, Weimar.

Tagebuch, 25. Juli 1776.
Ich Nachmittags. nach Stüzzerbach mit Einsiedel. Nachts bey Gundlach.

Tagebuch, 26. Juli 1776.
Gezeichnet früh. Der Herzog kam die Gesellsch(aft) auch. Wirthschafft bey Glasern.

Das Gundelachsche Haus *in Stützerbach.*

Tagebuch, 27. Juli 1776.
Treiben im Sächsischen (nahe Stützerbach) ... Hirsch geschossen, gehezt. In der Eile gessen geschossen. Glas geschliffen (in Stützerbach). Zurück nach Ilmenau.

An Charlotte von Stein Ilmenau, 2. August 1776.
Hunderttausendmal bist du um mich gewesen ich hab nur für dich gezeichnet. Zwar wenig, aber mein Herz drinne. Adieu Engel. Ich geh nach Stüzerbach um für dich eine Zeichnung zu endigen.

Tagebuch, 3. August 1776.
Früh aufm Schlossberg gez.(eichnet). Gesang des dumpfen Lebens. Der Herz.(og) auf die Jagd 3 Uhr erst zurück ... ich gez.(eichnet).

An Jacob Friedrich von Fritsch
Stützerbach, 3. August 1776.
Aus dem geliebten Stüzzerbach schick ich Ihnen ... die unterschriebnen und vollzognen Papiere zurück ... wann wir zurückkommen ist ungewiss, wir sind ziemlich eingewildert ... der Stadthalter von Erfurt war einige Tage bey uns und ist auch nicht ohne Erdgeruch entlassen worden.

An Charlotte von Stein
Stützerbach, nachts vom 8. zum 9. August 1776.
Stüzzerbach Nachts bey Tisch. Ich hab heute den ganzen Tag für dich gezeichnet, nicht immer glücklich, aber immer warm. Heut aber sass ich wieder hier auf dem Schloßberg und hatte einen guten Augenblick. Wie erwünscht lag eben der Sonnenblick den Moment da ich aufstieg im Thal wie ich ihn aufs Papier fesseln mögt. – Ich muss nur für dich zeichnen, du thust das dazu was ich nicht machen kann. – ...

***Stützerbacher Grund**, August 1776, tuschlavierte Bleistiftzeichnung von Goethe.*

An Charlotte von Stein Ilmenau, den 10. August 1776.
Liebste Frau. Ich schick Ihnen die Stüzzerbacher Zeichnung unvollendet, denn ich fürcht ich verderb sie. Gestern versuchte mich ein böser Geist, dass ich in liebeleerem Augenblick drüber kam, und um ein Haar war sie verpudelt, und ich wäre rasend geworden. Auch haben Sie da noch ein ander Stück, das ich nur in Ihrer Gegenwart auszeichnen kan. Legen Sie beydes in eine leere Comod Schublade, dass es sich linde von selbst aufrollt, dass es nur keine Brüche kriegt. Adieu Engel ich mag dir nichts weiter sagen, du hast alles was ich gethan habe von dir loszukommen, wieder zu Grunde gerichtet.

An Johann Caspar Lavater Weimar, 30. August 1776.
Hier ein paar Zeilen reinen Gefühls auf dem Thüringer Walde geschrieben d. 3. Aug. Morgends unter dem Zeichnen.

Dem Schicksaal.*
Was weis ich was mir hier gefällt
In dieser engen kleinen Welt
Mit leisem Zauberband mich hält!
Mein Carl und ich vergessen hier
Wie seltsam uns ein tiefes Schicksaal leitet
Und, ach ich fühls, im Stillen werden wir
Zu neuen Scenen vorbereitet.
Du hast uns lieb du gabst uns das Gefühl:
Dass ohne dich wir nur vergebens sinnen,
Durch Ungeduld und glaubenleer Gewühl
Voreilig dir niemals was abgewinnen.
Du hast für uns das rechte Maas getroffen
In reine Dumpfheit uns gehüllt,
Dass wir, von Lebenskrafft erfüllt,
In holder Gegenwart der lieben Zukunft hoffen.

* In veränderter Fassung wurde dieses Gedicht später unter dem Titel „Einschränkung" in die Werkausgabe aufgenommen.

Tagebuch, 1. September 1777.
den Morgen bis Nachm(ittag) 3 auf der Jagd ... nach Tische mit den Bauermaidels getanzt, Glasern sündlich geschunden, ausgelassen toll bis gegen 1 Nachts.

An Charlotte von Stein Eisenach, 6. September 1777.
In Stüzzerbach tanzt ich mit allen Bauermädels im Nebel und trieb eine liederliche Wirthschafft bis Nacht eins.

Tagebuch, 13. April 1778.
früh 6 ... weggeritten ... gegen 1 in Ilmenau ... Zu Fuse nach Stüzzerbach. Hirschhörner und Glaser und leichtfertige Mädels.

Tagebuch, 14. April 1778.
Tags über Tohrheiten (in Stützerbach). Früh in der Glashütte dann Glasern geschunden. Abends nach Ilmenau.

An Charlotte von Stein Stützerbach, 10. September 1780.
Es will mir hier nicht wohl werden, in vorigen Zeiten hat man so manch leidiges hier ausgestanden.

An Charlotte von Stein Ilmenau, 2. Juli 1781.
Noch ein Wort meine liebste Lotte durch einen Boten den der Herzog schickt. Wir steigen zu Pferde und gehn in die Gebürge. Ich sehne mich recht von hier weg, die Geister der alten Zeiten lassen mir hier keine frohe Stunde, ich habe keinen Berg besteigen mögen, die unangenehmen Erinnerungen halten alles befleckt. Wie gut ists daß der Mensch sterbe um nur die Eindrücke auszulöschen und gebadet wieder zu kommen.

Tagebuch, 16. April 1817.
Die von Stützerbach angekommenen (Präparate-)Gläser wurden ausgepackt.

Tagebuch, 30. August 1831.
Ich fuhr allein auf der Chaussée bis gegen Martinroda. Beobachtete noch einmal die dicke Eiche. Fuhr alsdann um die Stadt herum, gegen Langewiesen zu. Ferner die neue Chaussée nach Frauenwalde bis auf den Auerhahn. Die Kinder waren mit mehrgenannten Herrn (Rentamtmann Mahr) nach Stützerbach.

(Bad) Sulza

Stadt-, Dorf- und Bergsulza: Herzogtum bzw.
1815 Großherzogtum Sachsen-Weimar-Eisenach;
Ober- und Unterneusulza: Herzogtum Sachsen-Gotha-Altenburg,
1826 Sachsen-Meiningen.
Landkreis Weimarer Land

... bey Sulza einen neuen Schacht auf Salzquellen abgeteuft.

Zwischen Sulza und Großheringen wurde schon im frühen Mittelalter Salz gewonnen. Im 14. Jahrhundert war die Förderung jedoch fast vollständig zum Erliegen gekommen. Erst 1752, als der Weimarer Beamte Leopold von Beust die Saline erwarb, begann wieder ein Aufschwung. Jahrzehnte später berichtet Goethe in einem Brief an den Heidelberger Geologen Carl Cäsar von Leonhard über Salzbohrungen in der Gegend von Sulza. Während des langen Dornburger Aufenthaltes von 1828 nutzte er die Gelegenheit, die Salinen bei Großheringen und Sulza zu besichtigen.

⇒ Apolda, Camburg, Dornburg, Großheringen.

Tagebuch, 16. Oktober 1776.
Dornburg, Camburg, Naumburg.

Tagebuch, 17. Oktober 1776.
Zurück in Sulza gessen. Abends über Apolda.

An Carl Cäsar von Leonhard Weimar, 28. September 1816.
Ferner hat man bey Sulza einen neuen Schacht auf Salzquellen abgeteuft und 190 Fuß tief ein Flötz, etwa 6 Zoll stark, grauen festen Mergels gefunden, welches durchgängig in seiner Mitte eine Lage Hornstein oder wenn man will Feuerstein mit sich führt. Es ist dieß zwar in Thüringen nichts seltenes, auch in unsern obern Flötzen, aber es ist immer merkwürdig es auch in solcher Tiefe zu erfahren.

Süssenborn

Herzogtum bzw. 1815 Großherzogtum Sachsen-Weimar-Eisenach
Stadt Weimar

Elephanten-Backzähne von der größten Schönheit ...

Ging es um Entdeckungen im Pflanzen- und Tierreich, besonders in bezug auf fossile Funde, konnte noch der greise Goethe sehr emotional reagieren. Als 1831 im eiszeitlichen Ilmkies bei Süßenborn gut erhaltene Backenzähne des ausgestorbenen Steppenelefanten gefunden wurden, zog es ihn in kurzer Zeit gleich mehrere Male an den Ort, der die „Wunder der Vorwelt" freigegeben hatte. In Briefen und Tagebuchaufzeichnungen wird die Schönheit des Fundes gepriesen und zugleich seine Bedeutung für wissenschaftliche Erkenntnisse gewürdigt.

→ Weimar.

Tagebuch, 27. März 1829.
Fuhr allein spazieren. Hielt bey dem neuen Anbau der Süßenborner Schenke, mich nach den Schichten des gegrabenen Brunnens befragend.

Tagebuch, 13. Mai 1831.
... mit Ottilien in den Süßenborner Kiesbruch, wo vor einiger Zeit die Elephantenbackzähne und andere Knochen gefunden wurden.

An Johann Sulpiz Boisserée Weimar, 25. Juli 1831.
Bey einem in unsern Landen sehr activen Chausseebau hab ich aus unsern Kiesbrüchen ungeheure Elephanten-Backenzähne zu erhalten Gelegenheit gehabt, und so vermehren sich die Wunder der Vorwelt um uns her immer mehr.

An Carl Friedrich Zelter Weimar, 13. August 1831.
Aus unsern Kiesbrüchen (bei Süßenborn), die zum Wegbau stark benutzt werden, hab ich neuerlich Elephanten-Backzähne von der größten Schönheit erhalten. Denke dir! die Oberfläche welche kaut hat Wurzeln, die aber auch wieder nachschieben und entweder gleichfalls kauen oder auch wohl ewig ungebraucht bleiben können.
Die Natur thut nichts umsonst, ist ein altes Philister-Wort. Sie wirkt ewig lebendig, überflüssig und verschwenderisch, damit das Unendliche immerfort gegenwärtig sey, weil nichts verharren kann.

Tagebuch, 18. Oktober 1831.
Den Elephantenzahn angesehen und zu dessen Conservation Anstalten gemacht. Es ist das Merkwürdigste was in dieser Größe und so vollständig gefunden worden.

Tannroda

Herzogtum bzw. 1815 Großherzogtum Sachsen-Weimar-Eisenach
Landkreis Weimarer Land (Bad Berka)

In Tannroda ... ausgestiegen. Kaffee getrunken ...

Auf seinen unzähligen Touren nach Ilmenau oder Kochberg kam Goethe in der Regel durch Tannroda. Dort teilte sich der Weg zu diesen beiden, für Goethe so wichtigen Reisezielen. Noch seine letzte Kutschfahrt zur Feier des 82. Geburtstages in Ilmenau führte ihn durch Tannroda. Auf der Rückfahrt stieg er dort aus und kehrte zu einer Kaffeepause ein, wie schon oft auf Spazierfahrten dorthin.
Hin und wieder hatte Goethe auch in amtlicher Funktion in Tannroda zu tun. Ein Brand 1777 rief ihn ebenso dahin wie seine Verpflichtungen als Wegebauinspektor. Noch 1817 erinnert er sich auf der Fahrt nach Paulinzella an den früheren Zustand der Chaussee, den er damals zu begutachten hatte.
Wenig erfreulich war für Goethe als Vertrautem des Herzogs eine Mission, die er 1783 in einer für den Weimarer Hof recht peinlichen Angelegenheit übernehmen mußte und die ihn ebenfalls nach Tannroda kommen ließ. Des Herzogs Bruder Prinz Constantin hatte auf seiner Kavalierstour in Paris eine Liebschaft begonnen, die nicht ohne Folgen geblieben war. Er kehrte mit seiner Geliebten, die ein Kind erwartete, nach Thüringen zurück. Während er selbst zunächst in Eisenach blieb, schickte er seine französische Begleiterin mit einem Empfehlungsschreiben nach Weimar. Der Hof reagierte entsetzt, und Goethe mußte einspringen, um die Situation zu entschärfen.* Beklagt wurde vor allem die mangelnde Aufsicht durch den Prinzenerzieher Johann Carl Albrecht, der im Ausland zurückgeblieben war und daraufhin beim Herzog für alle Zeit in Ungnade fiel. Goethe wünschte, auch ihm „Gerechtigkeit widerfahren zu lassen". Die junge Französin, fast noch ein Kind, wurde nach einem kurzen Aufenthalt in Jena nach Tannroda in die Oberförsterei gebracht. Dort besuchte Goethe sie. Man einigte sich, sie unter der Obhut von Goethes Diener Philipp Seidel nach Paris zurückzubringen.

* Herzog Carl August schrieb am 28. Februar 1783 an Albrecht:
„Wir schickten Göthen an sie, ihr auf das Glimpflichste begreiflich zu machen, dass wir sie nicht sehen könnten, noch würden, und dass wir wünschten, sie möchte sich an einen andern Ort begeben ..." (WA IV, 6, 439.) – Albrecht war Mathematiker und weltferner Gelehrter, der auf Wunsch Prinz Constantins als Reisebegleiter eingesetzt worden war und nicht Knebel, der Erzieher des Prinzen, wie es zu erwarten gewesen wäre.

→ Weimar.

Tagebuch, 6. April 1777.
Tanröder Brand. = Schwere Hand der Götter.

An Jakob Friedrich von Fritsch Februar 1783.

Ew. Exzell.(enz)
nehme mir die Freyheit zu vermelden, daß Mad.(emoiselle) D.(arsaincourt) einpackt um durch ihre Gegenwart noch vor Abend Paulsen* zu beglükken.
Die Geschichte ist ... schon auf der breiten Strase in's Publikum, doch wird man es wohl müssen gehn lassen.

* Paulsen war Bürgermeister in Jena.

An Carl Ludwig von Knebel 3. März 1783.

Die Sache des Prinzen (Constantin) ist so eingeleitet daß ich hoffe er soll zurückkommen. Die Frau ist zu aller Menschen Verwunderung angekommen. Ich habe den angenehmen Auftrag gehabt sie zu bedeuten. Unter uns, man kann sich nicht kindischer, kleinlicher, alberner aufführen als der Prinz bey dieser Gelegenheit. Du wirst den Ausgang erfahren. Verzeih mir, ich habe weder Zeit noch Lust dir das Facktum zu erzählen.

An Charlotte von Stein 4. Mai 1783.

Ich reite zu der Unglücklichen (Mademoiselle Darsaincourt) nach Tannroda, sie schrieb mir gestern beyliegenden Brief. Das arme Geschöpf wußte nicht was es für eine mächtige Anrufung ist, mich im Nahmen *de tout ce que j'ai de plus cher* (von allem, was mir am liebsten ist) zu bitten.

An Johann Jakob Riese* Weimar, 14. Juli 1783.

Seitdem ich durch die Staffette Ihre Antwort mein lieber Riese erhalten, daß Sie die Gefälligkeit haben wollen Sich einer kleinen, artigen traurigen Person (Mademoiselle Darsaincourt)** anzunehmen, habe ich nichts weiter über diese Sache schreiben können.
Melden Sie mir doch ob Sie etwa indessen ein Quartier besprochen haben? Am Besten wäre es, wenn man sie bei guten Leuten unterbringen könnte wo sie ihre Versorgung und Bedienung fände daß man diejenigen die gegenwärtig um sie sind gleich abdancken könnte. Es wäre zur Ersparniß und wegen anderer Ursachen gut. Leben Sie wohl und nehmen Sie meinen besten Danck für Ihre freundschaftliche Willfährigkeit.

* Riese war ein Jugendfreund Goethes, an den er sich mit der Bitte um Hilfe gewandt hatte. Später war Riese Verwalter der Armenkasse in Frankfurt am Main.
** Mademoiselle Darsaincourt hatte inzwischen ein Kind zur Welt gebracht.

An Johann Carl Albrecht Weimar, 30. Juli 1783.

Das leidige Ende einer mit sovielen Hoffnungen angefangnen Reise hat mir persönlich soviele Kränckungen, Verdruß und Mühe verursacht, daß ich ohnmöglich unparteiisch seyn kann.
Das geschehene ist vorbey, der Prinz, wieder in dem Kreise seiner Familie, scheint sich selbst und die Maasstäbe wieder zu finden die er in dem

Strudel der Fremden Welt, seiner eignen Führung überlassen, nothwendig verlieren musste.
Inwiefern sein Geist, seine Gesundheit, seine Casse wieder herzustellen sind, wird die Zeit lehren, und mit Geduld zu erwarten seyn. Dazu sind die dringendsten Anstalten soviel möglich war gemacht, und man wird ihm alles zu erleichtern suchen.
Übrigens bin ich fest entschlossen über die Sache nichts mehr zu hören, noch zu reden. Ich mag nicht gerne iemanden Unrecht thun, ich wünschte auch Ihnen Gerechtigkeit widerfahren zu lassen; aber ich gestehe es, ich kann meine Empfindlichkeit gegenwärtig nicht weiter bringen als daß sie sich leidend verhalte.
Erlauben Sie mir also daß ich alles was einer Erklärung ähnlich sieht verbitte. Vielleicht weist mir die Zeit diese Vorgänge in einem andern Gesichtspunckte und ich werde alsdenn mit gleicher Offenherzigkeit handeln und meine Gesinnungen bekennen.

Tagebuch, 28. November 1818.
Spazierengefahren gegen Tannrode.

Tagebuch, 21. Oktober 1829.
Fuhr ich mit Wölfchen (Enkelsohn) um halb 11 Uhr ab; und wir waren um 1 Uhr in Tannroda, woselbst wir speisten und den Ober-Landjägermeister von Fritsch begrüßten, auch mit Forstmeister Schnell in seine Wohnung gingen, die neue wohlgebaute Kirche beschauten, um 4 Uhr wieder wegfuhren und um 6 Uhr in Weimar eintrafen.

Tagebuch, 31. August 1831.
Früh halb 7 Uhr aus Ilmenau. Gegen 11 Uhr in Stadtilm. Gespeist und ausgeruht. Nach 12 Uhr wieder abgefahren. In Tannroda bey Herrn Schnell ausgestiegen. Kaffee getrunken und mancherley artige Erinnerungen voriger Zeiten; bildliche ältere Abenteuer, besonders ein hübsches Festgeschenk von Schwerdgeburth gesehen. Nach 6 Uhr in Weimar angekommen.

TAUBACH

Herzogtum bzw. 1815 Großherzogtum Sachsen-Weimar-Eisenach
Stadt Weimar

... geritten bis Tobach.

Nicht nur Spazierritte führten Goethe in den ersten Weimarer Jahren nach Taubach südlich von Weimar, auch Hochwasser und Brand waren Anlässe, sich dorthin zu begeben. Viele Jahre später stellte Goethe einen Gärtner aus Taubach ein, der fünfzehn Jahre lang zu seiner Zufriedenheit bei ihm tätig war.

» Weimar.

Tagebuch, 28. September 1776.
Mit ♃ (Herzog Carl August) nach Belweder über Tobach. Ehringsdorf ...

Tagebuch, 18. Mai 1777.
Die Wiese unter Wasser. Ging herum die Überschw.(emmung) zu sehn. zu ♃ (Herzog Carl August) ... wir ritten bis Tobach durchs Wasser.

Tagebuch, 19. Juli 1777.
Auf den Feuer lärm geritten bis Tobach.

Attestat.
Der Gärtner Andreas Köhler von Taubach hat meine beiden Gärten, den sowohl am Hause, als am Stern, seit vielleicht 15 Jahren zu meiner Zufriedenheit besorgt und es in seinem Geschäft an keinem Fleiße fehlen lassen. Da aber gegenwärtig die Umstände eine neue Einrichtung erfordern, so hab ich ihm zum Abschiede gegenwärtiges Zeugniß seiner Thätigkeit und seines Wohlverhaltens hiemit ausstellen wollen.
Weimar den 23. Januar 1831.

WA IV, 48, 308.

(Bad) Tennstedt

Kurfürstentum bzw. 1806 Königreich Sachsen, 1815 Königreich Preußen.
Unstrut-Hainich-Kreis

... bey schönem Wetter
wirklich ein thüringisches Paradies.

In sanfter Hügellandschaft mitten im Thüringer Becken wurde bei Tennstedt 1811 eine heilkräftige Schwefelquelle entdeckt. Schon im darauffolgenden Jahr wurde sie dank des verdienstvollen Wirkens von Carl August Schmidt, dem damaligen Stadtphysikus und späteren Badearzt, für medizinische Zwecke genutzt. Schmidt hatte auch das Vergnügen, wenige Jahre später Goethe für sieben Wochen als Badegast in seinem Haus zu beherbergen.
Nach dem Tode seiner Frau im Juni 1816 beabsichtigte Goethe die Sommermonate wie in den vorhergehenden zwei Jahren in der Rhein-Main-Gegend zu verleben. Bald nach der Abreise von Weimar brach die Achse der Kutsche. Goethes Begleiter Johann Heinrich Meyer wurde verletzt, man mußte umkehren. Daraufhin entschloß sich Goethe, die notwendige Kur in Tennstedt zu absolvieren, und begab sich wenige Tage später auf die Reise dorthin.
Nach einer wiederum aufregenden Fahrt auf schlechten Straßen verlebte Goethe vom 24. Juli bis 10. September 1816 eine geruhsame und gleichzeitig produktive Zeit in Tennstedt, das bei besserem Wetter ein „thüringisches Paradies" hätte sein können.
Mit den gesundheitlichen Auswirkungen der Quelle war Goethe zufrieden, auch mit den Ergebnissen seiner vielfältigen Beschäftigungen, zu denen die ländliche Abgeschiedenheit genügend Raum ließ. Neben der Arbeit am „Sanct Rochus-Fest zu Bingen" wurden vor allem historische Studien betrieben. Die zahlreichen Spaziergänge in alle Richtungen der Umgebung nutzte Goethe, wie gewohnt, zu geologischen und kulturgeschichtlichen Überlegungen.
Auch das gesellige Leben kam nicht zu kurz. Manche Besucher aus der Umgegend nutzten die Gelegenheit, den berühmten Badegast zu treffen. Dankbar genoß Goethe auch die musikalischen Darbietungen der Hofkapelle aus Sondershausen.

⇒ Sondershausen.

Tag- und Jahreshefte 1816.
Bei herannahender guter Witterung gedachte ich nach Wunsch und Neigung die schönen Tage des vorigen Jahrs im Mutterland (in der Rhein-Maingegend) abermals zu genießen. Freund Meyer wollte mich begleiten; Natur und Kunst sollten uns mit ihren Schätzen überfüllen. Vorarbei-

ten waren gemacht, Plane entworfen wie alles zu genießen und zu nutzen wäre; und so saßen wir wohlgepackt und eingerichtet in einem bequemen Wagen; aber die Hälfte des Erfurter Weges war noch nicht erreicht, als wir umgeworfen wurden, die Achse brach, der Freund sich an der Stirne beschädigte und wir umzukehren genöthigt wurden. Aus Unmuth und Aberglaube ward die vorgesetzte Reise vielleicht übereilt aufgegeben, und wir verfügten uns ohne langes Besinnen nach Tennstädt, wo ein thüringer Schwefelwasser gute Wirkung versprach. Dort interessirte mich nach meiner Gewohnheit Localität und Geschichte: denn eigentlich bewegt sich die thüringer Vorwelt viel an der Unstrut. Ich las daher die Thüringische Chronik, die an Ort und Stelle gar manches in deutlicher Localität erscheinen ließ. Die Lage der Stadt an ihrem Platz und in der Umgegend ward beachtet, und man konnte wohl begreifen, wie hier in der frühsten Zeit sich Wohnungen gesammelt hatten. Wir besuchten Herbsleben an der Unstrut, Kleinballhausen und andere nahegelegene Orte, und so fanden wir in der Ebene ausgetrocknete Seen, Tuffsteinbrüche und Konchylien (Muscheln) des süßen Wassers in Menge. Fast bei allen Excursionen hatten wir die Rückseite des Ettersberges vor Augen und konnten uns leicht nach Hause denken. Die Menge versammelte sich bei einem Vogelschießen, nicht weniger bei einem Brunnenfest, welches durch einen Kinderaufzug recht gemüthlich wurde…
Zufällig jedoch verließen mich beide Freunde (Meyer und Wolf) am 27. August, und so hatte ich Zeit meinen Geburtstag abermals in stiller Sammlung zu feiern, und den Werth der Kränze zu bedenken, womit ich mein Zimmer von der wohlwollenden Wirthin aufgeschmückt sah.

WA I, 36, 112-114.

Blick zu der aus dem 14. Jahrhundert stammenden **Tennstedter Pfarrkirche** und zum **Turm** des 1377 erbauten stattlichen Rathauses.

Tagebuch, 20. Juli 1816.
Früh um 7 Uhr mit Hofr.(at) Meyer abgefahren. Um 9 Uhr kurz vor Münchenholzen (Mönchenholzhausen) umgeworfen. Hofr. Meyer an der Stirn beschädigt. Die hintere Achse des Wagens zerbrochen. Gegen 1 Uhr wieder in Weimar.

An Großherzogin Louise Weimar, 22. Juli 1816.
... früh 7 Uhr fuhr ich von hier ab, um 9 Uhr, kurz vor Münchenholzen, warf der ungeschickteste aller Fuhrknechte den Wagen um, die Achse brach und der gute Meyer wurde an der Stirne beschädigt. Das heftige Bluten der Wunde schien mir bedenklich, wir rafften uns so gut wir konnten aus dem Wagen. Hier war nichts zu thun als Succurs (den eigenen Kutscher) von Weimar zu berufen, welcher denn auch nach einigen Stunden ankam, die wir glücklicher Weise bey heiterem Himmel im Freien zubrachten.
Meyers Wunde hat nur die Haut gespalten und ist nicht gefährlich, doch unter vierzehn Tagen an keine vollendete Heilung zu denken, dadurch würde eine ohnehin weit ausgreifende Reise verspätet, und ich habe mich daher, um den besten Monat nicht zu verlieren, ganz kurz entschlossen nach Tennstedt zu gehen. Hofmedicus Rehbein, der diese Wasser genau kennt, bestärkte mich darin und verspricht mir die beste Wirkung. Hatte man mir doch vor einigen Jahren ähnliche Quellen angerathen. Was mir den Gedanken sehr annehmlich machte war die Nähe von Weimar.

An Carl Friedrich Zelter Tennstedt, 22. Juli 1816.
... dieses Tennstedt liegt nicht außerhalb der Welt; du findest es auf jeder Postcharte, zwischen Langensalze und Weißensee ... Ich sehne mich unsäglich in's Wasser, und zwar dießmal in Schwefelwasser, denn weder Gelenke noch Haut wollen mehr dem Willen gehorchen und spielen ihr eignes unbequemes Spiel.
Antworte mir sogleich nach genanntem Ort, wohin von Erfurt aus schnelle Spedition ist.

Tagebuch, 24. Juli 1816
$^1/_4$ auf 7 Ausgefahren. Lützendorf, Hottelstedt, Eckstedt, Kleinrudstädt, Schwansee um eilf Uhr gefüttert. Rinckleben, Gebsee, Herbstleben, Tenstedt. Schröcklicher Weg die meiste Zeit. Bey Rinckleben, bis Gebsee der Damm höchst gefährl. Vor sechs in Tenstedt bey Dr. Schmidt (Badearzt). Schöne Wohnung. Artige Leute.

An Johann Heinrich Meyer Tennstedt, 29. Juli 1816.
Daß Sie nicht mit reisten war für uns beyde ein Glück, denn ich habe niemals so viel Noth und Qual auf einem Wege von acht Stunden erlebt. Daß Sie nicht hier sind* darüber tröste ich mich auch, denn diese Witterung macht den Ort zu einem leidigen Aufenthalt, wo bey schönem Wetter wirklich ein thüringisches Paradies möchte gefunden werden.

Ich habe angefangen die Lage des Orts zu beschreiben, sie ist sehr merkwürdig und hat vielleicht nicht ihres gleichen.
... Gestern, ... sahe ich, vom Thurm, den Ettersberg als wenn man ihn mit der Hand fassen sollte; da betrübte mich erst recht der unwegsame Zwischenraum, der mich weiter von Weimar entfernt als dreißig Meilen Chaussee.

* Meyer kam am nächsten Tag doch noch zur Kur nach Tennstedt.

Goethes Tennstedter „Wohnhaus" *mit Gedenktafel am heutigen Steinweg Nr. 47.*

An August von Goethe
Auszug aus dem Tagebuche.

Tennstedt, 28. Juli 1816.

Versuch die untere Vorstadt zu durchwandern. Durch den Koth gehindert ... Nachricht von einem Concert welches der vorzügliche Hautboist

*Hermstedt**, Musikdirector in Sondershausen ... hier geben wird. Wahrscheinlich kommt der Herzog von Gotha von Gräfentonna herüber. Mit Dr. Schmidt auf den Thurm. Begriff von der Lage der Stadt. Nichts fehlt als gutes Wetter um höchst angenehm hier zu leben.

* Hermstedt war Leiter der Hofkapelle von Sondershausen.

Tennstedt, 29. Juli 1816.

Mit Carl (Diener)* um die Stadt, entsetzlicher Koth, schöne An- und Aussicht. Im Osten immer der Ettersberg und in der Nähe manches Interesse.

* Goethe nannte seinen neuen Diener Ferdinand Schreiber kurzerhand „Karl".

Tennstedt, 30, Juli 1816.

Der Musikdirector Hermstedt, von Sondershausen, bläst die Klarinette sehr vorzüglich. Er hatte die sämmtliche *Harmonie*, das heißt: über ein Dutzend blasende Künstler, mitgebracht ...

Tennstedt, 1. August 1816.

Mit thüringischen Chroniken, sehr angenehm und belehrend, beschäftigt. Abends besuchten wir die Tuffsteinbrüche und sammelten viele Schnecken. Dann zu den Sandsteinbrüchen, von da auf den Hügel, wo die Aussicht sehr angenehm ist. Der Ettersberg spielt überall eine Hauptrolle.

Tennstedt, 2. August 1816.

An St. Rochus gearbeitet. Von Hardenbergs, genannt *Novalis*, Necrolog. Er hat hier beym Amte drey Jahre practizirt.* Seine kranke Geliebte war aus der Gegend.

... Zu den Tuffsteinbrüchen. Sie liegen unterhalb der Stadt, in der Fläche. Größere und kleinere, unveränderte Muscheln gesammelt. Es sind eigentlich nur zweierley Arten ... Abends thüringische Chronik, bis zur Regierung Heinrich des ersten

WA IV, 27, 131.

* Goethe verkehrte in Tennstedt häufig beim Kreisamtmann August Just, in dessen Justizbereich Novalis von 1794 bis 1796 tätig gewesen war.

Tennstedt, 4. August 1816.

Lage und Geschichte von Tennstedt, giebt ein hübsches Tableau. Spaziergang, den Grund gegen Urleben hinauf, der auch noch zur Tennstedter Flur gehört. Diese enthält neun Tausend Acker. Was sagest du zu einer solchen Stadt-Flur? Laß doch von einem Ökonomen ausrechnen wieviel zweyspännige Fuhren Mist jährlich gefahren werden müssen, um das Drittheil zu düngen. Der Dünger kommt alle aus der Stadt, durch eine lange Straße, entweder das obere, oder das untere Thor hinaus. Dencke dir den Zustand des schlecht unterhaltnen Pflasters.

Tennstedt, 5. August 1816.

Das Frisel am rechten Arm, das mich schon über ein viertel Jahr quält, ist so gut wie weggezehrt. Auch in Gliedern und Gelenken fühl ich mich freyer. Doch muß man erst die zwey und zwanzig Bäder abwarten und sehen was hernach zu thun ist ... St. Rochus ist schon sehr weit gediehen. Wir sind an der dritten Abschrift. Da sich denn die Ausführung jedesmal verbessert und erweitert.

Die große Ruhe und Abgeschiedenheit, in der man hier lebt, ist solchen Arbeiten sehr günstig. Ich denke noch manches zu leisten eh ich von hier abgehe ...

In die Nachbarschaft zu den wohlhabenden und sonst interessanten Gutsbesitzern Ausflüge zu machen hindert der schreckliche Weg.

An Johann Sulpiz Boisserée Tennstedt, 7. August 1816.

... so hoffe ich noch gar viel zu fördern in diesem, zwar heerdereichen aber menschenstillen Aufenthalt, da ich den August-Monat noch hier zu bleiben gedenke. Jeden Abend wandle im Angesichte des Ettersbergs, denn der Ort liegt nur acht Stunden von Weimar, und sieht gegen die Westseite des genannten Gebirgsrücken. Auf eure herrlichen Gegenden habe für dießmal Verzicht gethan. Schreiben Sie mir nur gerade hierher, so erhalte ich die Briefe sehr bald, es ist eine belebte Poststation, zwischen Leipzig und Langensalza ....

Die thüringischen alten Chroniken liest man hier recht an der Stelle; obgleich es immer schmerzhaft genug ist zu sehen wie das so schöne, über die Maßen frucht- und bewohnbare Land, mehrere Jahrhunderte

***Im ehemaligen Badehaus** (im Kurpark) befindet sich heute „Goethes Rosencafé“.*

durch, von Rohheit, Unverstand, Unzulänglichkeit und Verirrung auf das schrecklichste leiden mußte. Freylich giebt die übrige Welt in diesen Epochen auch keinen tröstlichen Anblick.
Hier aber ist der eigentlichste classische Boden grenzenloser Absurditäten jeder Art. Religiöse, revolutionäre, fürstliche, städtische, edelmännische; dahingegen hört man von tüchtigen Menschen meist nur insofern sie zu Grunde gehen.

An Carl Friedrich Zelter Tennstedt, 9. August 1816.
Das Bad bekommt mir sehr wohl, es ist ein Schwefelwasser… Es wird gebadet und getruncken. Der Ort ein heitres Landstädtchen, nach sächsischer Art. Sehr anmutig gelegen. Auf den nächsten Höhen sieht man den Ettersberg und Inselsberg, man findet sich recht mitten in Thüringen.

Tagebuch, 13. August 1816.
Über Tennstedter Zustände. Einsichtige Wasservertheilung. Zierliche Zöpfe und andrer Kopfputz der Mädchen. Keine Kaffee Mühlen; der Kaffee wird im Mörsel gestosen ... Vogelschießen zweyter Tag ...

Tagebuch, 10. September 1816.
Um 7 $^1/_2$ von Tennstädt abgefahren, um 11 Uhr in Schwansee, 4 $^1/_2$ in Weimar.

Paralipomena 324.
Fascikel Tennstädt
(während Goethes Badeaufenthalt in Tennnstädt angelegt.)
Tennstädt muß man vom Thurme überschauen, um zu wissen, daß man in einem höchst angenehmen Orte des mittelländischen Thüringens sich befindet. Auf die Fläche eines alten Sees, oder Teiches ist die Stadt gebaut, beynahe ringsum von sanft aufgehenden Hügeln umgeben. Der Raum elliptisch, der größte Durchmesser eine starke viertel Stunde.
Hier hat die Natur früher bey schicklichem Gefälle das gethan, was später zu Weißensee und in unseren Tagen zu Schwansee durch Menschenwillen und Hände geschehen, sie hat das Wasser gelind von dem fruchtbaren und bewohnbaren Boden abgeführt und einen Raum frey gelassen, der vielleicht in unseren Gegenden nicht seines gleichen hat.
Nehme man an: die ersten Anwohner haben diesen Raum schon trocken gefunden, die Quellen jedoch, wodurch er ehemals mit süßem Wasser belebt wurde, noch in völliger Energie, dabey das Erdreich so abhängig, daß die Bäche schnell ablaufen konnten und mußten.
Hier ist also eine der ältesten Ansiedelungen zu vermuthen, denn die Austrocknung dieses hypothetischen Sees geht über unsere Epochen hinaus.
Und so findet man die Anlage der Stadt, wie die Vorstädte, zuerst dem Wasser nach, welches rasch niederfließt. Hiervon müßte nun zuerst eine Darstellung gegeben werden.

WA II, 13, 355-356.

Tiefurt

Herzogtum bzw. 1815 Großherzogtum Sachsen-Weimar-Eisenach
Stadt Weimar

Für Tiefurt hab ich eine Operette gemacht ...

Tiefurt, nur wenige Kilometer von Weimar entfernt, war oft das Ziel von Goethes Spazierritten, Ausfahrten, Wanderungen oder Schlittenfahrten. In den ersten Jahren seiner Weimarer Zeit war er regelmäßiger Gast der kleinen Hofhaltung, die der Bruder des Herzogs, Prinz Constantin, unter Betreuung seines Erziehers Carl Ludwig von Knebel dort führte. Ab dem Sommer 1781 nutzte die Herzoginmutter Anna Amalia das Tiefurter Schlößchen als Sommersitz. Ähnlich wie in Weimar bildete sich um die Fürstin eine Tafelrunde heraus, an deren geselligem Leben Goethe neben Wieland, Herder und manch anderem Gast regen Anteil nahm. Durch künstlerische und wissenschaftliche Interessen verbunden, pflegte man freundschaftliche Kontakte und genoß die Schönheit der anmutigen Landschaft.

Von Anfang an fühlte sich Goethe in „Tiefurts Zauberhainen“ wohl. Dort las er am 29. März 1779 aus der „Iphigenie“ vor, und dort wurde am 23. August 1781 aus dem „Tasso“ und aus Lessings „Nathan der Weise“ vorgetragen.

Einen Höhepunkt erlebte Anna Amalias Musenhof mit der Aufführung von Goethes Singspiel „Die Fischerin“ am 22. Juli 1782 durch das Weimarer Liebhabertheater auf einem natürlichen Schauplatz im Tiefurter Park an der Ilm. Dieses „Wald und Wasser Drama“ hatte Goethe eigens für eine natürliche Kulisse in Tiefurt geschrieben; die Titelrolle besetzte er mit Corona Schröter. In seine „Operette“ hatte Goethe Volkslieder eingefügt; gleich zu Beginn den „Erlkönig“, nach der Übertragung von Herder aus dem Dänischen kunstvoll umgestaltet und von Corona Schröter vertont. Dieser talentierten Sängerin und Schauspielerin ist im Tiefurter Park mit der Skulptur „Amor als Nachtigallenfütterer“ – nach Entwürfen von Oeser durch Klauer gefertigt – ein Denkmal gesetzt. Mit Versen von Goethe versehen, ist es eines von mehreren Erinnerungsmalen im Tiefurter Park, die unter Goethes Einfluß entstanden.

Ein literarisches Zeugnis des Tiefurter Kreises stellt „Das Journal von Tiefurt“ dar, das zwischen 1781 und 1784 erschien – in 49 einzelnen Nummern von Anna Amalia herausgegeben. Für das handgeschriebene Journal, das nur in elf Exemplaren existiert, konnte und sollte jedes Mitglied nach seinen Möglichkeiten Beträge liefern. Eine der Bedingungen für die Mitarbeit war Anonymität. Goethe stellte mehrere Beiträge zur Verfügung, darunter das große Gedicht „Auf Miedings Tod“, dessen literarische Qualität sofort auf Goethe als Verfasser schließen ließ.

Auch als der Höhepunkt des geselligen Treibens in „Tiefurts Thal“ überschritten war, zog es Goethe immer wieder einmal dorthin. 1804 war er mit Schiller dort, später kam er mit Riemer, Meyer oder Gästen seines

besucherfreundlichen Hauses. Auch mit der Familie unternahm er gern Ausfahrten nach Tiefurt, das in der Erinnerung stets eng mit dem Gedenken an die hochgeschätzte Herzoginmutter Anna Amalia verbunden blieb, die 1807 verstorben war.
Wie Eckermann in seinen „Gesprächen mit Goethe“ berichtet, machte ihm der greise Dichter den Vorschlag, den Ort und seine Geschichte zum Gegenstand literarischer Gestaltung zu machen, weil er es verdiene.*

* Johann Peter Eckermann läßt Goethe sagen: „Sie sind dieser Tage in Tiefurt gewesen, das möchte ich Ihnen zunächst zu einer solchen Aufgabe (der literarischen Darstellung) machen. Sie können vielleicht noch drei- bis viermal hingehen und Tiefurt betrachten, ehe Sie ihm die charakteristische Seite abgewinnen und alle Motive beisammen haben; doch scheuen Sie die Mühe nicht, studieren Sie alles wohl und stellen Sie es dar; der Gegenstand verdient es. Ich selbst hätte es längst gemacht, allein ich kann es nicht, ich habe jene bedeutenden Zustände selbst mit durchlebt, ich bin zu sehr darin befangen, so daß die Einzelheiten sich mir in zu großer Fülle aufdrängen ...“ Gespräche, S. 53.

» Kunitz, Weimar.

***Schloß Tiefurt**, Anna Amalias Sommerwohnung*

An Auguste Gräfin zu Stolberg Weimar, 20. Mai 1776.
Bei der Herzoginn Mutter gessen. Nach Tische ging alles nach Tiefurt wo der Prinz sich hat ein Pachtgut artig zurecht machen lassen. Die Bauern empfingen ihn mit Musick, Böllern, ländlichen Ehrenpforten, Kränzlein, Kuchen, Tanz, Feuerwerkspuffen, Serenade und s. w. Wir waren vergnügt ich hatte das Glück alles sehr schön zu sehen.

Tagebuch, 21. Mai 1776.
In Tiefurt mit den beyden Herzoginnen ... draus geschlafen.

Tagebuch, 5. November 1776.
... nach Tiefurt auf die Kirchweih Nachts zurück mit den Damen.

An Charlotte von Stein Weimar, 14. Juni 1778.
Gestern wollt ich noch zu Ihnen und ritt um neun von Tiefurt, es ward aber doch späte und ich fürchtete Sie schon zu Bett zu finden.
Von Tiefurt bring ich Ihnen das Myrtenreis und die Orange, denn mehr mogt ich nicht von fremdem Tische Ihnen geben. Knebel schickt Ihnen die duncklen Levkoyen, und der Straus ist wieder von mir.

***Herzogin Anna Amalia**, Öl auf Leinwand von Georg Ziesenis (um 1770).*

Tagebuch, 29. März 1779.
... in Tief.(urt) Iph.(igenie) vorgelesen.

Tagebuch, 18. Januar 1780.
Abends Tiefurt war vergnügt mit den Misels.

Tagebuch, 23. August 1781
Abends Tiefurt Nathan und Tasso gegen einander gelesen.

Ländliches Glück.*
Seid, o Geister des Hains, o seid, ihr Nymphen des Flusses,
Eurer Entfernten gedenk, eueren Nahen zur Lust!
Weihend feierten sie im Stillen die ländlichen Feste;
Wir dem gebahnten Pfad folgend beschleichen das Glück.
Amor wohne mit uns, es macht der himmlische Knabe
Gegenwärtige lieb, und die Entfernten euch nah.
WA I, 2, 127.

* Mai 1782.

An Carl Ludwig von Knebel 27. Juli 1782.

Für Tiefurt hab ich eine Operette gemacht, die sehr gut und glücklich aufgeführt worden. Da du das lokale so genau kennst, wirst du dir beym Lesen den schönen Effeckt dencken können. Die Zuschauer sasen in der Mooshütte wovon die Wand gegen das Wasser ausgehoben war. Der Kahn kam von unten herauf pp. Besonders war auf den Augenblick gerechnet wo in dem Chor die ganze Gegend von vielen Feuern erleuchtet und lebendig von Menschen wird.

Die Fischerin

Ein Singspiel.
Auf dem natürlichen Schauplatz zu Tiefurth an der Ilm vorgestellt.

Personen.
Dortchen.
Ihr Vater.
Niklas, ihr Bräutigam.
Nachbarn.

Unter hohen Erlen am Flusse stehen zerstreute Fischerhütten. Es ist Nacht und stille. An einem kleinen Feuer sind Töpfe gesetzt, Netze und Fischergeräthe rings umher aufgestellt.

Dortchen (beschäftigt, singt).
Wer reitet so spät durch Nacht und Wind?
Es ist der Vater mit seinem Kind;
Er hat den Knaben wohl in dem Arm,
Er faßt ihn sicher, er hält ihn warm.
...

Nun hätt' ich vor Ungeduld alle meine Lieder zweimal durchgesungen, und es thäte Noth, ich singe sie zum drittenmal an. Sie kommen noch nicht! kommen nicht! und bleiben wieder wie gewöhnlich unerträglich außen, so heilig sie versprochen haben heute recht bei Zeiten wieder da zu sein. Die Erdäpfel sind zu Mulm verkocht, die Suppe ist angebrannt, mich hungert, und ich schiebe von jedem Augenblick zum andern auf, meinen Theil allein zu essen, weil ich immer denke, sie kommen, sie müssen kommen. Bei den Mannsleuten ist alle Mühe verloren, sie sind doch nicht zu bessern. Ich habe gedroht, gemurrt, Gesichter gechnitten, das Essen verdorben, und wenn das alles nicht helfen wollte, recht schön gebeten; und sie machen's einen Tag wie den andern nach ihrer Weise.
...

Wenn ich nur was anstellen könnte was sie recht verdrösse!
...

Ich könnte sie schon strafen, daß sie mich so oft in Sorgen lassen für nichts und wieder nichts, und wenn ich denke es ist einem ein Unglück geschehen, so lassn sie sich's bei'm Branntewein wohl schmekken. – - Ja das will ich thun! Es soll aussehen als wenn ich in's Wasser gefallen wäre.

...

VATER.
Helft! helft sie retten!
Sie ist ertrunken!
Ist unvorsichtig
In Fluß versunken;
Um Gottes willen,
Was stehst du da?

ALLE.
Eilt nur geschwinde!
Lauft nach den Reusen!
Wohl blieb sie hangen:
Und zündet Schleisen,
Und brennet Fackeln
Und Feuer an!*
Geschwind zu Schiffe!
Herbei die Stangen!
Sie aufzusuchen!
Sie aufzufangen!
Den Strom hinunter!
Habt Acht! Habt Acht!

...

* (Regieanweisung) Auf diesen Moment war eigentlich die Wirkung des ganzen Stücks berechnet. Die Zuschauer saßen, ohne es zu vermuthen, dergestalt, daß sie den ganzen schlängelnden Fluß hinunterwärts vor sich hatten. In dem gegenwärtigen Augenblick sah man erst Fackeln sich in der Nähe bewegen. Auf mehreres Rufen erschienen sie auch in der Ferne; dann loderten auf den ausspringenden Erdzungen flackernde Feuer auf, welche mit ihrem Schein und Widerschein den nächsten Gegenständen die größte Deutlichkeit gaben, indessen die entferntere Gegend rings umher in tiefer Nacht lag. Selten hat man eine schönere Wirkung gesehen.

WA I, 12, 87ff.

Szene aus dem Singspiel „Die Fischerin" *im Park von Tiefurt.*

An Caroline Herder Weimar, 17. Juli 1782.

Dies kleine Stük* gehört, so klein es ist,
Zur Helfte dein, wie du bey'm ersten Blik
Erkennen wirst, gehört Euch beyden zu
Die Ihr schon lang für eines geltet. Drum
Verzeih' wenn ich so kühn und ohngefragt,
Und noch dazu vielleicht nicht ganz geschikt,
Was er dem Volke nahm dem Volk zurük
Gegeben habe. Denn wir andern, die
Wir ieden Tag berupft zu Bette gehn,
Und dennoch kleine, ausgestopfte, bunte,
Erlogen-wahre Vögel auf den Markt
Zu bringen, von den Kunden solcher Lust
Gefordert werden, können's warlich nicht
Aus eignen Mitteln immer, müßen still
Was da ein Pfau, ein Rabe dort, und was
Ein andrer hier verlohren, sammlend schleichen.
Und wenn du nun, wie man durch einen Blik
Zum Händedruk, durch den zu einem Kuß
Gelokt wird, es durch diese Blätter wirst,
Zu sehn was man gedrukt nicht lesen kann,
Weil es gespielt und nicht gesprochen wird,
Auch wohl gesprochen wird doch schlecht, geschrieben
Sich ausnimmt, o so komm, ich lade dich
In deren Nahmen ein, die unserm Spiele
Den Raum giebt, und die Nacht um uns erhellt.
Doch darfst du Müttergen dem feuchten Reich
Des Erlenkönigs dich bey kühler Nacht
Nicht anvertrauen, so entschäd'ge dich
Ein Zauberschatten, zeige dir im Bild
Den schönen Blik, wie Wald und Fluß im Thal
Auf einmal rege wird, und wie die Nacht
Von Feuern leuchtet um ein loses Kind.

* Gemeint ist das von Corona Schröter vertonte Gedicht vom „Erlkönig", das am Anfang des Singspieles „Die Fischerin" von Dortchen gesungen wird. Goethe hatte es Herders Liedersammlung entnommen. Siehe S. 268.

An Catharina Elisabeth Goethe Weimar, 7. Dezember 1783.

Hier schicke ich eine Partie *Tiefurter Journale* es ward als ein Wochenblat zum Scherze angefangen als die Herzoginn Mutter vorm Jahre in Tiefurt wohnte und wird seit der Zeit fortgesetzt. Es sind recht artige Sachen drinne und wohl werth daß Sie es durchblättern.

Tag- und Jahreshefte 1802.

Corona Schröter starb*, und da ich mich gerade nicht in der Verfassung fühlte ihr ein wohlverdientes Denkmal zu widmen, so schien es mir angenehm wunderbar, daß ich ihr vor so viel Jahren ein Andenken stiftete, das ich jetzt charakteristischer nicht zu errichten gewußt hätte. Es war ebenmäßig bei einem Todesfalle, bei dem Abscheiden *Miedings* des Theaterdecorateurs, daß in ernster Heiterkeit der schönen Freundin gedacht wurde. Gar wohl erinnere ich mich des Trauergedichts, auf schwarz gerändertem Papier für das Tiefurter Journal reinlichst abgeschrieben.

WA I, 35, 129.

* Corona Schröter starb in Ilmenau; dort ist sie auch begraben.

Corona Schröter.
Ölgemälde von A. Graff (um 1785).

Auf Miedings Tod.*

Ihr Freunde, Platz! Weicht einen kleinen Schritt!
Seht, wer da kommt und festlich näher tritt!
Sie ist es selbst; die Gute fehlt uns nie;
Wir sind erhört, die Musen senden sie.
Ihr kennt sie wohl; sie ist's, die stets gefällt;
Als eine Blume zeigt sie sich der Welt:
Zum Muster wuchs das schöne Bild empor,
Vollendet nun, sie ist's und stellt es vor.
Es gönnten ihr die Musen jede Gunst,
Und die Natur erschuf in ihr die Kunst.
So häuft sie willig jeden Reiz auf sich,
Und selbst dein Name ziert, *Corona*, dich.

WA I, 16, 139.

* Der Theatermeister Johann Martin Mieding, unentbehrlicher Helfer des Liebhabertheaters, war am 27. Januar 1782 verstorben. Goethe widmete ihm ein großes Gedicht und rühmt darin auch Corona Schröter, die Darstellerin der „Fischerin".

Philomele.

Dich hat Amor gewiß, o Sängerin, fütternd erzogen;
Kindisch reichte der Gott dir mit dem Pfeile die Kost.
So, durchdrungen von Gift die harmlosathmende Kehle,
Trifft mit der Liebe Gewalt nun Philomele das Herz.*

WA I, 2, 128.

* Inschrift am Erinnerungsmal für Corona Schröter im Tiefurter Park. – Als Beilage zum Brief an Charlotte von Stein vom 26. Mai 1782 unter dem Titel: „Der Nachtigall" in leicht veränderter Form.

Tagebuch, 16. Juli 1804.
Abends mit Schiller in Tifurt.

Zum Andenken Anna Amalia's. 1807.
Das ruhige Bewußtsein ihre Pflicht gethan, das was ihr oblag, geleistet zu haben, begleitete sie zu einem stillen, mit Neigung gewählten Privatleben, wo sie sich, von Kunst und Wissenschaft, so wie von der schönen Natur ihres ländlichen Aufenthalts (in Tiefurt) umgeben, glücklich fühlte. Sie gefiel sich im Umgang geistreicher Personen, und freute sich Verhältnisse dieser Art anzuknüpfen, zu erhalten und nützlich zu machen: ja es ist kein bedeutender Name von Weimar ausgegangen, der nicht in ihrem Kreise früher oder später gewirkt hätte.

WA I, 36, 306-307.

Viel Geduldetes, Genoss'nes,
Halbverschwiegnes, laut Ergoss'nes,
Ward in ferner Welt verthan;
Aber jene guten Zeiten,
Tiefurts Thal, ätherische Weiten,
Gehen dich besonders an.*

WA I, 4, 49.

* Handschriftlich mit der Überschrift: „Frau Oberkammerherinn Caroline von Egloffstein" und mit der Unterschrift: „Weimar 25. Dec. 1816. Freundlichem Andencken Goethe".

WA I, 5.2, 31.

Tagebuch, 11. Oktober 1823.
Mit Ottilien und Walther nach Tiefurth. Die Wiederherstellung der Vergangenheit daselbst betrachtet.

Tagebuch, 12. September 1827.
Fuhr mit Eckermann zum Jakobsthore hinaus über Tiefurt zurück.

An Friedrich von Müller Dornburg, 24. Juli 1828.
Als ich vernahm, daß unser Höchstseliger Herr Ihnen angetragen habe, die hinterlassenen Briefschaften unsrer unvergeßlichen Herzogin Amalia durchzusehen, zu ordnen und zu katalogiren, war es mir höchst erfreulich, dieses Geschäft in Ihren Händen zu wissen ... Auf diesem Wege werden sonderbare Documente gerettet; nicht in politischer, sondern in menschlicher Hinsicht unschätzbar, weil man sich nur aus diesen Papieren die damaligen Zustände wird vergegenwärtigen können, wie auf hohem Standort ein reines Wohlwollen, gebührende Anerkennung, ernstliche Studien und heiterste Mittheilung in einem Kreise sich bethätigten, der schon gegenwärtig demjenigen, der es mit erlebt hat, mythologisch zu erscheinen anfängt.

Des neuen Alcinous
*erster Theil.**
Auch aus Tiefurts Zauberhainen
Seh' ich manches Reis mit Freuden;
Doch um einen Lilienstengel
Will man mich besonders neiden.

WA I, 5.1, 166.

* Aus dem Nachlaß.

***Der Musentempel im Tiefurter Park**, mit der Kalliope von Martin Gottlieb Klauer.*

Tonndorf

Erzbistum/Kurfürstentum Mainz, 1802 Königreich Preußen,
1806 französische Besetzung, 1813 Königreich Preußen,
1815 Großherzogtum Sachsen-Weimar-Eisenach
Landkreis Weimarer Land (Kranichfeld)

*... andern und sich selbst angenehm
und nützlich zu wirken.*

Talentierte junge Menschen zu unterstützen und ihrer Entwicklung dienlich zu sein, war lebenslanges Anliegen Goethes. So auch im Falle der schauspielerisch begabten Judith Weber aus Tonndorf, für die er sich als Intendant des Weimarer Hoftheaters einsetzte.
Überhaupt pflegte Goethe gern Beziehungen zu tüchtigen Menschen, die in ihrer Arbeit umsichtig und ideenreich tätig waren, wie z. B. August Friedrich Dreyssig, Besitzer einer Spielkartenfabrik in Tonndorf. Dieser beschäftigte sich etwa ab 1790 mit Blumenzucht und richtete eine Gartenanlage ein, in welcher zunächst Levkojen gezüchtet wurden. Nach der Zerstörung seiner Fabrik in den Kriegswirren von 1806 wandte sich Dreyssig ganz und gar der Gärtnerei zu und verband damit ein Handelsgeschäft. Um 1810 war der „Blumist" Dreyssig weithin als erfolgreicher Blumenzüchter bekannt, der sich besonders um die Kultur einzigartig gefärbter Hortensien verdient machte.
Goethe lernte Dreyssig 1814 während seiner Badekur in Berka kennen. Auf die ausgeprägte Liebe des Gärtners zu Blumen wird im Gedicht „Pfingsten" angespielt, das sich zugleich auf die zögerliche Werbung des Freundes Riemer um Caroline Ulrich, dessen spätere Frau, bezieht.
Im Gespräch Goethes mit Dreyssig über Blumenzucht könnte es um Georginen (Dahlien) gegangen sein, die Dreyssig als erster deutscher Gärtner veredelte und verbreitete. Die Georgina war erst wenige Jahre vorher von Alexander von Humboldt nach Deutschland gebracht worden. 1825 veröffentlichte Dreyssig ein Verzeichnis von 44 verschiedenen Sorten Georginen, von denen eine Goethes Namen trug.*
Nach dem Tode Dreyssigs führte seine Frau dessen Lebenswerk sachkundig weiter und pflegte auch weiterhin Kontakte zu Goethe. 1827 sandte sie ihm ein Exemplar der himmelblauen Hortensie, eine Spezialität der Dreyssiger Gärtnerei, als Geburtstagsgeschenk.

* Aus Dreyssigs Georginen-Verzeichnis (1820/25): No. 4 Dreyssigs Göthe. Georgina superba multiflora plena fl. atropurpureo. Stolze, gefüllte, vielblumige purpurfarbige Georgine. Diese prachtvolle Georgine liefert ihre Blumen mit und ohne gelbem Auge, in großer Menge, unter denen auch einige einfach erscheinen. Vgl. Goethe, NF des Jahrbuches der Goethe-Gesellschaft, Weimar 16 (1954) S. 322-330.

⇨ Berka, Weimar.

Tagebuch, 14. Dezember 1810.
Dem.(oiselle Judith Weber aus Tonndorf) als angehende Schauspielerin.

An Franz Kirms Weimar, 14. Dezember 1810.

Die geborne Actrice* geht so eben von mir und hat mich in Verwunderung gesetzt. Wäre sie einen Kopf größer, so wäre sie unschätzbar. Wächst sie, so ist viel gewonnen ... Sollte man nicht etwa die Auskunft treffen, ... daß man verspräche, ein Jahr eine billige Pension zu bezahlen.

... wir müßten, wenigstens, während der Probezeit, ganz und gar Elternstelle bey ihr vetreten.

... wenn man das außerordentliche Talent bedenkt, das in diesem Kinde steckt, das Gedächtniß, die Gabe, sich in verschiedene Rollen zu versetzen, und daß sie noch unverdorben und ohne falsche Manier ist: so sollte man wohl etwas wagen, aber die Sache abthun, ehe Gegenwirkungen entspringen können. Man ließe sie nachher nicht eher auftreten, als bis man ihr ein paar schickliche Rollen recht eingelernt hätte.

* Judith Weber aus Tonndorf; später war sie für ein Jahr Schauspielerin an der Weimarer Bühne.

Tagebuch, 21. Mai 1814.

In Tonndorf Dreysings Garten.

Pfingsten*

Unter halb verwelkten Maien
Schläft der liebe Freund so still;
O! wie soll es ihn erfreuen
Was ich ihm vertrauen will:
Ohne Wurzeln dieses Reissig,
Es verdorrt das junge Blut;
Aber Liebe, wie Herr Dreyßig,
Nähret ihre Pflanzen gut.

WA I, 3, 51.

* Enstanden am 24. Juni 1814 während der Kur in Berka, an der auch der „liebe Freund" Riemer, Goethes vertrauter Mitarbeiter und Hauslehrer des Sohnes August, teilnahm.

Tagebuch, 7. September 1817.

Um 1 Uhr nach Berka gefahren ... Mit Dreißig über Blumenzucht.

An Auguste Friedericke Dreyssig Weimar, 23. September 1827.

Sie haben, meine Wertheste, durch Übersendung eines schönen Blumenstockes zu meinem dießmaligen Geburtstage mir ein besonderes Vergnügen gemacht, und nachdem ich mich daran mit mehreren Freunden diese Zeit her ergötzt, so sende den verblühenden nunmehro dankbar zurück. Es geschieht deshalb, weil ich nur Ihnen die fernere Pflege desselben anvertrauen möchte. Habe ich das Glück, jene Epoche im nächsten Jahre wieder zu erleben, so erbitte mir solchen abermals als Zeichen Ihres geneigten Andenkens. Bewahren Sie indessen beykommende Medaille zu meinem Gedächtniß und fahren in Ihrem lebhaften Geschäfte fort, andern und sich selbst angenehm und nützlich zu wirken.

***Goethe** auf einem Relief von Johann Gottfried Schadow (1816).*

Tagebuch, 24. September 1827.
... mit Dr. Eckermann nach Berka, Inspector Schütz am Badeplatz getroffen ... Um 11 Uhr mit demselben nach Tonndorf gefahren. Madame Dreyßig war nicht gegenwärtig. Besuchten ihren Garten, geführt von ihrem Factor und dem jungen geschickten Gärtner. Georginen und Astern waren noch immer vorzüglich, ob sie gleich durch die letzten Nachtfröste gelitten hatten.

An Auguste Friedericke Dreyssig Weimar, 29. März 1828.
Indem ich, meine wertheste Madame Dreyßig, für die übersendeten Georginen danke und die dafür schuldigen 6 rh, 4 gr. sächs. beylege, entsag ich nicht der Hoffnung, bey schöner Sommerzeit Sie in Ihrem so wohl versehenen und besorgten Garten gesund und thätig zu finden und Sie freundlichst zu begrüßen.

Troistedt

Herzogtum bzw. Großherzogtum Sachsen-Weimar-Eisenach
Landkreis Weimarer Land (Isseroda)

Holzbirnen sind an vielen Orten bestellt ...

Nicht selten bedeutete ein Wunsch des Fürsten Carl August für dessen Freund und Berater Goethe letztlich ein Befehl. So als der Großherzog im Herbst 1820 die Idee hatte, eine Hecke aus Holzbirnen wachsen zu lassen. Dafür mußte Samen beschafft werden, und Staatsminister Goethe hatte sich um diese Angelegenheit zu kümmern. Der Auftrag war nicht leicht zu erledigen, da „solche Bäume nach und nach verschwunden“ sind. Dank Goethes Umsicht wurde das Gesuchte schließlich in der Flur von Troistedt ausfindig gemacht. Auf diese Weise ist der Name des Ortes Troistedt nicht nur mit Goethe als herzoglichem Jagdbegleiter verbunden und auch nicht nur mit einem wohlwollenden Dienstzeugnis für einen Kutscher aus dem Dörfchen, der von 1816 bis 1822 im Dienste Goethes gestanden hatte. Er ist auch mit der kuriosen Geschichte von der Suche nach Fruchtkernen der Holzbirne verknüpft.

⇨ Weimar.

Tagebuch, 13. März 1776.
Morgens 7. mit dem Herz. nach Troistedt auf die Jagd.

Tagebuch, 29. April 1776.
Hezze bey Troistedt (als Begleiter des Herzogs).

Tagebuch, 22. Juni 1814.
Abends gegen Troistedt ...

Tagebuch, 16. November 1820.
Brannte die Kirche von Troistedt ab.

An Großherzog Carl August Jena, 29. September 1820.
Holzbirnen sind an vielen Orten bestellt, möchte das Versprechen überall erfüllt werden! Bey der hiesigen Cultur sind solche Bäume nach und nach verschwunden und stehen sehr einzeln.
Bey dieser Gelegenheit wurde mir bemerklich gemacht, daß in Troistedt und dem dortigen Revier dergleichen viel sich finden; da denn die Forstleute auf höchsten Befehl sie gar leicht einsammeln lassen.

An Großherzog Carl August Jena, 8. Oktober 1820.
Auf Ew. Königlichen Hoheit gnädigste Anfrage nach Birnkernen ist sogleich manches geschehen. Heydenreich hat eine Aufforderung im Wochenblatt ergehen lassen, ich weiß nicht, mit welchem Erfolg. Meiner

Emissarien Bemühung jedoch, auf dem angedeuteten Wege Holzbirnkerne zu erhalten, hat nicht glücken wollen.
Alle Keltern sind, bey dem großen Überflusse von Äpfeln, beschäftigt, diesen edlern Saft zu gewinnen; die Haupt-Birnernte war nicht reichlich, und was die Holzbirnen betrifft, so consumiren sie die Bauersleute selbst auf allerley Weise.

Attestat.
Johann Georg Barth, von Troistedt gebürtig, hat bey Unterzeichnetem als Kutscher und in seinem Hauptgeschäft zum Wohlgefallen der Herrschaft gedient, die Pferde sorgfältig gepflegt, Geschirr und Wagen in gutem Stande gehalten, auch mit sonstigen Dienstleistungen sich thätig erwiesen und an seiner Treue durchaus nicht zweifeln lassen. Daher würde man ihn wohl auch für die Zukunft beybehalten haben, wenn sich nicht während dem Lauf der Jahre unzubeseitigende persönliche Mißverhältnisse unter den Mitdienenden hervorgethan.
In solchem Betracht also kann man ihn jeder Herrschaft und wohl auch den angesehenen Hof- und Stall-Vorgesetzten Herren als einen brauchbaren Menschen empfehlen.
Weimar, den 1. Januar 1823.

WA IV, 36, 432.

UDESTEDT

Erzbistum/Kurfürstentum Mainz, 1802 Königreich Preußen,
1806 französische Besetzung, 1813 Königreich Preußen,
1815 Großherzogtum Sachsen-Weimar-Eisenach
Landkreis Sömmerda (Großrudestedt)

... zur Auferbauung
des abgebrannten Dorfes Udestedt.

Zur Zeit Goethes kam es in der Umgebung Weimars immer wieder zu verheerenden Bränden. Im Herbst 1819 war das kleine Dorf Udestedt betroffen; es brannte nahezu vollständig ab. In mehreren Unterredungen mit Oberbaudirektor Coudray besprach Goethe die Pläne für den Wiederaufbau des Ortes. Zwei Jahre vorher war er auf die Gemeinde aufmerksam geworden, als der Weimarer Ferdinand Jagemann aus Anlaß des 300. Jubiläums der Reformation ein Lutherbild für die Kirche in Udestedt gemalt hatte.

» Weimar.

Tagebuch, 5. Dezember 1819.
Abends Hofrath Meyer und Oberbaudirector Coudray. Neuer Plan zur Aufbauung von Udestedt.

Tagebuch, 7. Februar 1820.
Coudray zeigte die Risse zur Auferbauung des abgebrannten Dorfes Udestedt vor.

Biographien zur Trauerloge: Ferdinand Jagemann.*
Das dritte Jubiläum protestantischer Glaubensfreiheit bewog die Gemeinde zu Udestedt, dem Begründer derselben, dem heldenmüthigen Luther, ein Denkmal zu stiften, und Jagemann bekam den Auftrag, einen bedeutenden Moment aus Luthers Leben zu mahlen; er wählte den Wendepunct des ganzen großen Ereignisses, wo Luther vor Kaiser und Reich seine Lehre vertheidigt. Das Bild wurde mit großer Feierlichkeit in des Künstlers Gegenwart in der Kirche genannten Ortes aufgestellt.

WA I, 36, 358.

* Aus Anlaß der Totenfeier in der Freimaurer-Loge „Anna Amalia" am 15. Juni (richtig Juli) 1821 entworfen.

UMPFERSTEDT

Herzogtum bzw. 1815 Großherzogtum Sachsen-Weimar-Eisenach
Landkreis Weimarer Land (Mellingen)

Ausgrabungen bei Umpferstedt ...

Bis ins hohe Alter hinein war Umpferstedt zwischen Weimar und Jena ein beliebtes Ziel von Goethes Ausfahrten mit der Kutsche. Im Sommer 1817 trat der Ort verstärkt in sein Blickfeld, als man nach den erfolgreichen Ausgrabungen bei Großromstedt auch in der Nähe von Umpferstedt frühgeschichtliche Funde machte. Sie waren „von keiner großen Bedeutung", gaben aber dennoch Veranlassung genug, eine Tour nach den Grabhügeln zu unternehmen und über historische Zusammenhänge in bezug auf das Gefundene nachzudenken.

⇨ Großromstedt, Süßenborn, Weimar.

An Christian August Vulpius Jena, 27. Juli 1817.
So eben vernehme ich, mein werthester Herr Rath, daß hinter dem Wirtshause bey Umpferstedt beim Grundgraben Körper und verschiedene Zuthaten sind gefunden worden. Ist Ihnen noch nichts davon bekannt und wäre noch nichts geschehen so nehmen Sie sogleich einen Wagen und fahren hinaus und nehmen die Antiquitäten in Anspruch, besonders auch Schedel und was sonst von Knochen noch bedeutend wäre. Nehmen Sie vielleicht Kasten und Schachtel, etwas Heu und Werk mit, geben Sie ein Trinkgeld und versprechen noch für die Zukunft eine Belohnung.

WA IV, 51, 420.

An Christian August Vulpius Jena, 29. Juli 1817.
Wenn auch die Ausgrabungen bei Umpferstedt von keiner großen Bedeutung scheinen, so haben Sie doch sehr wohl gethan, Sich thätig und aufmerksam zu erweisen.
Die Perlen scheinen mir von vieler Wichtigkeit, sie deuten auf entfernte Zeiten und einen ausgebreiteten Welthandel, deswegen ich meine Meinung immer fest halte: daß diese Völker von der Ostsee herkamen, wo durch Schiffahrt dergleichen höchst künstliche Dinge, wie z. B. die große bunte Glasperle ist, bis zu uns hereindringen konnten.
Fahren Sie fort auf solche Dinge aufmerksam zu seyn, es kommt doch zuletzt mancherley zusammen, wo immer eins aufs andere hindeutet und für jede Meinung finden sich Argumente.

WA IV, 51, 420-421.

Tagebuch, 17. Juni 1819.
Abends bis Umpferstedt gefahren.

Tagebuch, 23. Dezember 1826.
Früh dem Herrn von Humboldt entgegen gefahren bis Umpferstedt.

Waldeck

Herzogtum bzw. 1815 Großherzogtum Sachsen-Weimar-Eisenach
Saale-Holzland-Kreis (Bad Klosterlausnitz)

Morgen geh ich ... nach Waldeck,
wilde Gegenden und einfache Menschen aufzusuchen.

Noch bevor Goethe seine erste Fahrt ins Thüringer Land antrat, hatte er bereits die schöne „Wald- und Berg-Gegend um Bürgel" in den Zeichnungen des Frankfurter Malers Georg Melchior Kraus kennengelernt. Wenig später, an den Weihnachtstagen 1775, kam er, nun schon in Weimar lebend, selbst dorthin, um „wilde Gegenden und einfache Menschen aufzusuchen". Geimansam mit den Kammerherren von Kalb und Einsiedel sowie mit des Herzogs Schatullen-Verwalter Friedrich Justin Bertuch verbrachte er einige Tage im Forsthaus von Waldeck bei Bürgel. Dort lebte Bertuchs Verlobte, die älteste Tochter des Forstmeisters Slevoigt. Der Herzog hielt sich zur gleichen Zeit am Gothaer Hof auf. Dahin schrieb ihm Goethe Briefe, die als eindrucksvolles Zeugnis des vertraulichen Umgangs mit Carl August erhalten sind.
Im darauffolgenden Jahr hielt sich Goethe noch einmal für zwei Tage im Waldecker Forsthaus auf, diesmal in Begleitung des Herzogs und seiner Jagdgesellschaft.
In späteren Jahren hatte Goethe hin und wieder Kontakt zu Slevoigts Nachfolger, dem Oberförster Sckell. Bei ihm erkundigte er sich noch 1831 nach Spuren der „ästhetischen Anlagen", die er vor mehr als 55 Jahren am Anfang der Felsenschlucht vorgefunden hatte.
Während eines Waldecker Aufenthaltes schrieb Goethe Verse nieder, die der Herzog am 3. September 1825 im Römischen Haus in Weimar zitierte, als ihm Goethe zum 50jährigen Regierungsjubiläum gratulierte: „Nur Luft und Licht und Freundeslieb'/ Ermüde nicht, wem dies noch blieb."*
Goethe soll darauf geantwortet haben: „Dies Dreifache gab mir, was ich gegeben."

* „Die von Goethe mit Bleistift auf eine Forsttafel beim Förster Slevoigt in Waldeck niedergeschriebenen Verse sind in ihrem Originalwortlaut mit der Tafel selbst zu Grunde gegangen." (WA I, 5.2, 360.)

Aus meinem Leben. Dichtung und Wahrheit.
Vierter Teil. Zwanzigstes Buch.
Bei'm Durchblättern und Durchschauen der reichlichen Portefeuilles, welche der gute Kraus von seinen Reisen (nach Thüringen) mitgebracht hatte, war die liebste Unterhaltung, wenn er landschaftliche oder persönliche Darstellungen vorlegte, der Weimarische Kreis und dessen Umgebung. Auch ich verweilte sehr gerne dabei ... Unter seinen Zeichnungen fanden sich mehrere bezüglich auf die Wald- und Berg-Gegend um Bürgel. Ein wackerer Forstmann (Slevoigt) hatte daselbst (in Waldeck),

vielleicht mehr seinen anmuthigen Töchtern als sich selbst zu Liebe, rauhgestaltete Felspartien, Gebüsch und Waldstrecken durch Brücken, Geländer und sanfte Pfade gesellig wandelbar gemacht; man sah die Frauenzimmer in weißen Kleidern auf anmuthigen Wegen, nicht ohne Begleitung. An dem einen jungen Manne sollte man Bertuch erkennen, dessen ernste Absichten auf die Älteste nicht geläugnet wurden, und Kraus nahm nicht übel, wenn man einen zweiten jungen Mann auf ihn und seine aufkeimende Neigung für die Schwester zu beziehen wagte.

WA I, 29, 170-171.

An Johann Caspar Lavater Weimar, 21. (22.) Dezember 1775.

Ich bin hier wie unter den meinigen, und der Herzog wird mir täglich werther, und wir einander täglich verbundener ...
Morgen geh ich über Jena nach Waldeck, wilde Gegenden und einfache Menschen aufzusuchen.

An Herzog Carl August Waldeck, 23.-26. Dezember 1775.

Dass mir in diesem Winckel der Welt, Nachts, in dieser Jahrszeit, mein alt Zigeunerlied (aus dem „Götz von Berlichingen) wieder einfällt, ist eben so natürlich lieber gnädiger Herr, als dass ich mich gleich hinsezze es Ihnen aufzuschreiben, und hinter drein einen Brief zu sudeln, denn ich vermisse Sie warrlich schon, ob wir gleich nicht zwölf Stunden aus einander sind.
Drunten sizzen sie noch, nach aufgehobnem Tische, und schmauchen, und schwazzen dass ich's durch den Boden höre, ... es ist halb neune. Wind und Wetter hat uns hergetrieben, auch Regen und was dran hängt ... Hier liegen wir recht in den Fichten drein. Bey natürlich guten Menschen. Ich hab Sie etliche mal auf dem Ritt gewünscht, auch hier, es würde Ihnen wohl seyn ...

Das Forsthaus in Waldeck. *– An Goethes dortigen Aufenthalt erinnert eine Gedenktafel an der weinumrankten Vorderseite des mitten im Ort gelegenen Gebäudes.*

Gehab dich wohl bey den hundert Lichtern
Die dich umglänzen
Und all den Gesichtern
Die dich umschwänzen
Und umkredenzen.
Findst doch nur wahre Freud und Ruh
Bey Seelen grad und treu wie du.

Sontags 24. Dez. früh bey Tags Anbruch.

Fatales Tauwetter und so der ganze Ton des Tags verstimmt, wollen sehn wie wir ihn wieder aufbringen ...
Die Kirche geht an, in die wir nicht gehen werden, aber den Pfarrer lass ich fragen ob er die Odyssee nicht hat, und hat er sie nicht schick ich nach Jena. Denn unmöglich ist die zu entbehren hier in der homerisch einfachen Welt.
Besonders fielen mir einige Verse ein, und recht auf, da ich heut früh lang ausgeschlafen hatte und es nicht Tag werden wollte, was ohngefähr heisst: Und in ihre Felle gehüllt lagen sie am glimmenden Heerde, über ihnen wehte der nasse Sturm durch die unendliche Nacht und lagen und schliefen den erquicklichen Schlaf biss zum spät dämmernden Morgen.
Ich muss nach Bürgel zum Recktor schicken um den Homer, hab indess in der Bibel gelesen ...
Sontags früh eilfe.
... wir sind in der Gegend herumgekrochen und geschlichen. Gleich hinter dem Hausgarten führt ein wilder Pfad nach einem Felsen, worauf ein altes Schloß der Grafen von Gleichen stund, mitten im Fichtenthal, Bertuch hat mit seinem Mägdlein Rasen und Moos Bänke und Hüttchen und Plätzchen angelegt, die sehr romantisch sind, die Felsen hinab sind wilde Blicke, und ein offener, freundlicher über die Fichtentiefen nach Bürgel hin. Die Morgensonne war lieb. Ich stieg mit Bertuch seitwärts eine Felsenstiege ab zu einem Brunnen und Fischkasten, die Eiszapfen die Felsen herab! – ...

Zigeunerlied.

Im Nebelgeriesel, im tiefen Schnee,
Im wilden Wald, in der Winternacht,
Ich hörte der Wölfe Hungergeheul,
Ich hörte der Eulen Geschrei:
Wille wau wau wau!
Wille wo wo wo!
Wito hu!

WA I, 1, 156.

Tagebuch, 24. Oktober 1776.
Nach Jena. mit ☾ (Anna Amalia) ♃ (Carl August) Pr.(inz) Const.(antin) Knebel Wedel Einsiedel bey Paulsen gessen ... auf den Weinberg. Nachts nach Bürgel.

Tagebuch, 25. Oktober 1776.
Jagd. Nach Waldeck. die Herz.(ogin) Abends fort.

An Johann Friedrich Carl Albrecht von Lyncker*

Weimar, 14. November 1820.

... wegen einem kleinen Geschäft anzugehen nehme ich mir die Freyheit. In dem Waldecker Reviere findet sich eine Holzerde, zu botanischem Gebrauche höchst schätzbar, wovon der dortige Förster Sckell so viel als nöthig abzugeben geneigt ist, sobald er von seinem Vorgesetzten (Lyncker) dazu autorisirt worden. Deshalb denn Ew. Hochwohlgeboren hiermit ergebenst ersuche: eine solche Autorisation gefälligts zu ertheilen, daß der, bey'm großherzoglichen botanischen Institute zu Jena angestellte, Gärtner Baumann sein Bedürfniß dorther nehmen könne, wofür die Anstalt Ew. Hochwohlgeboren fortwährenden Dank abstatten wird.

* Lyncker war Oberforstmeister in Weimar und Landrat in Jena.

Tagebuch, 30. März 1829.
Oberförster Sckell von Waldeck, ein alter Kriegskamerad (als Gast Goethes im Haus am Frauenplan) ...

Tagebuch, 19. Februar 1831.
... Oberförster Sckell von Waldeck mich zu meiner Genesung begrüßend. Er hatte die Campagne in der Champagne mitgemacht, auch die Belagerung von Maynz abgewartet, deren Einzelheiten er sich mit seinem und meinem Vergnügen erinnerte. Er ist seit dreyßig Jahren in Waldeck angestellt, und auf mein besonderes Befragen erfuhr ich, daß daselbst auf waldigen Felsen noch von denen ästhetischen Anlagen Spuren geblieben seyen, welche Bertuch und Kraus im damaligen idyllischen Zustand als Verehrer und Werber der Töchter von Schlevoigt (Slevoigt) angelegt hatten. Das sind nun reine sechzig Jahre, daß dies dauert, und niemand weiß, woher ein oder der andere Fleck bedeutender oder anmuthiger ist.

Tagebuch, 11. Februar 1832.
Oberförster Sckell von Waldeck brachte Forellenbrut und erzählte, wie es sich damit verhalte.

Herzog Carl August,
Ölbild von unbek. Hand (70er Jahre).

Weimar

Herzogtum bzw. 1815 Großherzogtum Sachsen-Weimar-Eisenach (Residenzstadt)
Kreisfreie Stadt

Hofleben

Ich dancke Gott daß er mich bey meiner Natur in eine so eng-weite Situation gesezt hat ...

Auch der „vorzüglichste Mensch" muß in die Fülle der Welt greifen, um „Nahrung für sein Wachsthum" zu finden. Dieser Maxime, in „Dichtung und Wahrheit" ausgesprochen*, folgte Goethe selbst, als er sich als 26jähriger für ein Leben in Weimar entschied. Die kleine Residenz inmitten Thüringens kam seinem Wunsch nach Teilnahme an den Weltgeschäften entgegen; der junge, aufstrebende Herzog Carl August eröffnete dem Verlangen nach tätigem Eingreifen ins wirkliche Leben genügend Spielraum.

Goethes Aufgabenfelder als Staatsbeamter in Weimar waren weit gespannt. Sie reichten von der Mitarbeit im Geheimen Consilium über die Leitung verschiedener Kommissionen bis zur „Oberaufsicht" über alle Institutionen von Wissenschaft und Kunst im Herzog- und späteren Großherzogtum. Diese Wirkungsbereiche gaben Goethes Leben nach frustrierenden Erfahrungen gehemmter Tätigkeit in den vorausgegangenen Jahren eine völlig neue, aufs Lebenspraktische orientierte Richtung. Dennoch war sich Goethe sehr bald des „Scheisige(n) dieser zeitlichen Herrlichkeit" bewußt. Von Anfang an distanzierte er sich innerlich vom Hof, bei aller notwendigen Einordnung in dessen festgefügte Strukturen. Deren lähmendes und zeitraubendes Zeremoniell forderte zu viele Zugeständnisse und legte einengende Verpflichtungen auf, die von selbstgestellten Zielen ablenkten. Goethes erzieherische Aufgabe am jungen, überschäumenden Herzog war oft entsagungsvolle Pflicht; sein reformerisches Wirken im ersten Weimarer Jahrzehnt war äußerst kräftezehrend und behinderte die poetische Produktivität, wenngleich Charlotte von Steins Einfluß gerade in dieser Hinsicht oft ausgleichend wirken konnte. Auch in späteren Jahren, als es möglich geworden war, sich weitgehend von höfischen Verpflichtungen fernzuhalten, fühlte sich Goethe oft noch zu sehr vom Hof in Anspruch genommen und in der notwendigen, schöpferischen Einsamkeit gestört, wenngleich ihm die Wünsche seines Gebieters Carl August stets Befehle waren, die er gewissenhaft befolgte.

Dennoch konnte Goethe die Spannung zwischen Weltrolle und kreativer Existenz in Weimar immer wieder fruchtbar machen. Möglich war dies in erster Linie wegen des guten Verhältnisses zum Herzog und späteren Großherzog Carl August, bei dem Goethe in der Regel auf Verständnis für seine Wünsche hoffen konnte. Es war durchaus nicht immer ungetrübt, ließ aber zu, daß Goethe als genialer Dichter und ständig forschender Geist immer wieder Lebens- und Entfaltungsmöglichkeiten finden und nutzen konnte. Carl August war für Goethe nicht nur der anerkannte Repräsentant von Recht und Ordnung, er war ihm vor allem der große Ermöglicher, der trotz aller höfischen Bindungen dem Genie genügend Raum ließ, seinen Neigungen nachzugehen. Ihm verdankte Goethe „alle Bedingungen eines thätigen und frohen Lebens", nicht zuletzt, weil beider Interessen in bezug auf Wissenschaften und Kunst oft übereinstimmten. So akzeptierte Carl August 1786 die Reise nach Italien, die aus tiefer Lebenskrise befreite und die Lösung von manchen Verwaltungsaufgaben möglich machte. Er tolerierte Goethes verstärkte Hinwendung zu den Wissenschaften und Künsten, zu denen sich Goethe doch eigentlich „gebohren" fühlte. Der Fürst ließ es geschehen, daß Goethe ab 1805 nur noch selten bei Hofe erschien und gewissermaßen in seinem Haus am Frauenplan als Dichterfürst residierte. Auch für Goethes ganz privates Leben zeigte Carl August immer wieder Verständnis. Obwohl das Zusammenleben und gar die 1806 geschlossene Ehe mit der bürgerlichen Christiane Vulpius alle Grenzen des Höfischen überschritt, wurde sie letztlich doch hingenommen.

Eine besonders gut geeignete Möglichkeit, höfische Enge und geistige Weite miteinander zu verbinden, bot die künstlerische Leitung des Hoftheaters, die Goethe 1791 übernahm. Im Bund mit Schiller gelang es Goethe, der kleinen Residenz Weimar große Theaterereignisse zu verschaffen.

In den Jahren 1798/99 wurden alle drei Teile des „Wallenstein" uraufgeführt und in den folgenden Jahren weitere Dramen Schillers – auch Stükke Goethes – gespielt. In gemeinsamer Arbeit mit Schiller, der nach Weimar übergesiedelt war, um dem Theater näher zu sein, gelang es Goethe, in Weimar einen ganz eigenen, klassizistischen Theaterstil zu entwickeln, der dem deutschen Theater insgesamt Impulse verlieh.

Fast 26 Jahre lang war Goethe künstlerischer Leiter des Weimarer Hoftheaters, immer bestrebt, im Geiste klassisch-antiker Vorbilder hohe ästhetische Ansprüche durchzusetzen.

Er lenkte die Aufmerksamkeit auf anspruchsvolle Texte, spielte aber auch aus wirtschaftlichen Gründen sehr oft zeitgenössische Erfolgsautoren.**
Mit diesem Konzept stieß Goethe nicht nur auf Verständnis; in seiner Theaterarbeit mußte Goethe manchen Verdruß hinnehmen. Die Disziplinierung des Publikums, vor allem der Jenenser Studenten, mit Rücksicht auf die höfischen Theaterbesucher unternommen, bereitete Sorgen. Vor allem aber gab es laufend Auseinandersetzungen mit der Schauspielerin Caroline Jagemann, ab 1800 als Frau von Heygendorf offiziell als Nebenfrau des Herzogs anerkannt, die sich gegen Goethe gerichtete Befugnisse in bezug auf die Leitung der Theaterarbeit herausnahm. Diese Querelen erschwerten nicht nur die Arbeit, sie führten schließlich im Jahre 1817 zur Entlassung Goethes als künstlerischer Leiter des Hoftheaters.

Die notwendige Vermittlung zwischen Weite des Anspruches und Enge der Realisierung prägte nicht nur Goethes Theaterarbeit, sie bestimmte sein gesamtes Wirken in Weimar. Oft mußte äußerst diplomatisch um vernünftigen Ausgleich zwischen Ideal und Wirklichkeit gerungen werden. Gerade in der Fremde wurde Goethe sich dieser Situation bewußt; dennoch kehrte er immer wieder gern nach Weimar zurück.*** Diese Stadt ermöglichte ihm trotz aller Einschränkungen das Wachstum eines gewaltigen Lebenswerkes, das nicht nur in die Tiefe geistiger Welten eindrang, sondern auch weit ausgreifend mitten hinein in die Fülle lebendiger Lebenspraxis führte – trotz oder vielleicht gerade wegen der Bindung an den Weimarer Hof.

* „... wenn man sich ... belehrt hat, daß der vorzüglichste Mensch auch nur vom Tage lebt und nur kümmerlichen Unterhalt genießt, wenn er sich zu sehr auf sich selbst zurückwirft und in die Fülle der äußeren Welt zu greifen versäumt, wo er allein Nahrung für sein Wachsthum und zugleich einen Maßstab desselben finden kann." WA I, 27, 301.

** Unter Goethes Leitung wurde an 4136 Tagen Theater gespielt; an 638 Abenden gab es Aufführungen des populären Erfolgsautors Kotzebue.

*** Goethe zu Eckermann am 15. 9. 1823: „... wählen Sie Weimar zu Ihrem Wohnort. Es gehen von dort die Tore und Straßen nach allen Enden der Welt ... Ich bin seit funfzig Jahren dort, und wo bin ich nicht überall gewesen! – Aber ich bin immer gerne nach Weimar zurückgekehrt ..." Gespräche, S. 39.

Weimar von der Abendseite um 1785, *Zeichnung von Ludwig Bartning.*

Tag- und Jahreshefte 1769-1775.
... der Besuch in Weimar* umschlang mich mit schönen Verhältnissen, und drängte mich unversehens auf einen neuen glücklichen Lebensgang.

WA I, 35, 5.

* Goethe war auf Einladung Herzog Carl Augusts am 7. 11. 1775 zu einem Besuch in Weimar angekommen.

An Johann Heinrich Merck Weimar, 22. Januar 1776.
Ich bin nun ganz in alle Hof- und politische Händel verwickelt und werde fast nicht wieder weg können. Meine Lage ist vortheilhaft genug,

und die Herzogthümer Weimar und Eisenach immer ein Schauplatz, um zu versuchen, wie einem die Weltrolle zu Gesichte stünde. Ich übereile mich drum nicht, und Freiheit und Gnüge werden die Hauptconditionen der neuen Einrichtung seyn, ob ich gleich mehr als jemals am Platz bin, das durchaus Scheisige dieser zeitlichen Herrlichkeit zu erkennen.

Das niedergebrannte Weimarer Residenzschloß *nach dem 6. Mai 1774. – Als Goethe nach Weimar kam, residierte der Herzog im neuerbauten Fürstenhaus, dem späteren Landtag und heutigen Hauptgebäude der Musikhochschule.*

An Johanna Fahlmer Weimar, 14. Februar 1776.

Ich richte mich hier in's Leben, und das Leben in mich ...
Ich werde auch wohl dableiben und meine Rolle so gut spielen als ich kann und so lang als mir's und dem Schicksaal beliebt. Wär's auch nur auf ein paar Jahre, ist doch immer besser als das untätige Leben zu Hause wo ich mit der grössten Lust nichts thun kann. Hier hab ich doch ein paar Herzogthümer vor mir. Jezt bin ich dran das Land nun kennen zu lernen, und das macht mir schon viel spaas. Und der Herzog kriegt auch dadurch Liebe zur Arbeit.
Sie sollten nicht glauben wie viel gute Jungens und gute Köpfe beysammen sind, wir halten zusammen, sind herrlich untereins und dramatisiren einander, und halten den Hof uns vom Leibe...

An Johann Caspar Lavater Weimar, 6. März 1776.

Ich bin nun ganz eingeschifft auf der Woge der Welt – voll entschlossen: zu entdecken, gewinnen, streiten, scheitern oder mich mit aller Ladung in die Lufft zu sprengen.

An Johann Heinrich Merck Weimar, 8. März 1776.

Den Hof hab ich nun probirt nun will ich auch das Regiment probiren, und so immer fort. Ich bin gesund, biß auf'n Einfluss des fatalen Wetters, streiche was ehrlichs in Thüringen herum und kenne schon ein brav Fleck davon. Das macht mir auch spaas ein Land so auswendig zu kennen.

An Johann Christian und Charlotte Kestner Weimar, 9. Juli 1776.

Liebe Kinder. Ich hab so vielerley von Stund zu Stund das mich herumwirft, ehemals warens meine eigne Gefühle, iezt sind neben denen, noch die Verworrenheiten andrer Menschen die ich tragen und zurecht legen muss. So viel nur: ich bleibe hier, und kann da wo ich, und wie ich bin meines Lebens geniessen, und einem der edelsten Menschen (Carl August), in mancherley Zuständen förderlich und dienstlich seyn. Der Herzog mit dem ich nun schon an die 9 Monate in der wahrsten und innigsten Seelen Verbindung stehe, hat mich endlich auch an seine Geschäffte gebunden, aus unsrer Liebschafft ist eine Ehe entstanden, die Gott seegne. Er hat mir Siz und Stimme in seinem Geheimen Rath, und den Titel als Geheimer Legationsrath geben, und wir hoffen das beste.

An Johann Heinrich Merck Weimar, 22. November 1776.

Dein Schicksaal drückt mich, da ich so rein glücklich bin, Ich wohne noch im Garten und balge mich mit der Jahrszeit herum und die Abwechslungen der Witterung und der Welthändel um mich, frischen mich immer wieder neu an, ich bin weder Geschäftsmann, noch Hofdame und komm in beyden fort. Der Herzog und ich kriegen uns täglich lieber, werden täglich ganzer zusammen, ihm wirds immer wohler und ist eben eine Creatur wie's keine wieder giebt. Übrigens ist eine tolle Compagnie von Volk hier beysammen, auf so einem kleinen Fleck, wie in Einer Famielie findet sich's nicht wieder so.

Goethe
Mitte der siebziger Jahre, *Schattenriß.*

Tagebuch, 8. Oktober 1777.
♃(Herzog Carl August) wird mir immer näher und näher u Regen und rauher wind rückt die Schaafe zusammen. — *Regieren!!*

Tagebuch, 13. Januar 1779.
Die Kriegs Commiss. übernommen Erste Session. Fest und ruhig in meinen Sinnen, und scharf. Allein dies Geschäffte diese Tage her. Mich drinn gebadet. und gute Hoffnung, in Gewissheit des Ausharrens. Der Druck der Geschäffte ist sehr schön der Seele, wenn sie entladen ist spielt sie freyer und geniest des Lebens. Elender ist nichts als der behagliche Mensch ohne Arbeit, das schönste der Graben wird ihm eckel.

An Catharina Elisabeth Goethe Weimar, 9. August 1779.
... ich habe alles was ein Mensch verlangen kan, ein Leben in dem ich mich täglich übe und täglich wachse, und komme diesmal gesund*, ohne Leidenschafft, ohne Verworrenheit, ohne dumpfes Treiben, sondern wie ein von Gott geliebter, der die Hälfte seines Lebens hingebracht hat, und aus Vergangnem Leide manches Gute für die Zukunft hofft, und auch für künftiges Leiden die Brust bewährt hat, wenn ich euch vergnügt finde, werd ich mit Lust zurück kehren an die Arbeit und die Mühe des Tags die mich erwartet.

* Auf der Reise in die Schweiz in Begleitung des Herzogs ist ein Besuch bei der Mutter in Frankfurt vorgesehen. Goethe spielt hier auf das Jahr 1768 an, als er nach dem Studium in Leipzig krank ins Elternhaus zurückkehrte.

Tagebuch, 15. April 1780.
... gewinne täglich mehr in Blick und Geschick zum thätigen Leben. Doch ist mirs wie einem Vogel der sich in Zwirn verwickelt hat ich fühle, dass ich Flügel habe und sie sind nicht zu brauchen. Es wird auch werden, in dess erhol ich mich in der Geschichte, und tändle an einem Dram oder Roman.* der ♃(Herzog) wird täglich besser, nur ists ein Übel dass ein Prinz der etwas angreifen will nie in die Gelegenheit kommt die Dinge im Alle tags gang von unten auf zu sehen. Er kommt manchmal dazu sucht wohl wos fehlt aber wie ihm zu helfen?

* Goethe hatte die Absicht, das Leben Herzog Bernhards von Sachsen (1604-1639) literarisch zu gestalten. Nach aufwendigen Vorarbeiten gab er den Plan jedoch wieder auf

An Johann Christian Kestner 14. Mai 1780.
Ausser meiner Geheimraths Stelle, hab ich noch die Direcktion des Kriegs Departemens und des Wegebaus mit denen dazu bestimmten Kassen. Ordnung, Präzision, Geschwindigkeit sind Eigenschafften von denen ich täglich etwas zu erwerben suche. Übrigens steh ich sehr gut mit den Menschen hier, gewinne täglich mehr Liebe und Zutrauen, und es wird nur von mir abhängen zu nuzzen und glücklich zu seyn ...
Meine Schriftstellerey subordinirt sich dem Leben, doch erlaub ich mir, nach dem Beyspiel des grosen Königs (Friedrich II. von Preußen) der täglich einige Stunden auf die Flöte wandte, auch manchmal eine Übung in dem Talente das mir eigen ist. Geschrieben liegt noch viel, fast noch

einmal so viel als gedruckt, Plane hab ich auch genug, zur Ausführung aber fehlt mir Sammlung und lange Weile.
Verschiednes hab ich für's hiesige Liebhaber Theater, freylich meist Conventionsmäsig ausgemünzt.

An Johann Caspar Lavater Weimar, 19. Februar 1781.
Ich lade fast zu viel auf mich, und wieder kan ich nicht anders. Staatssachen sollte der Mensch der drein versetzt ist, sich ganz wiedmen, und ich mögte doch soviel anders auch nicht fallen lassen ...
Die lezten Tage der vorigen Woche hab ich im Dienste der Eitelkeit zugebracht. Man übertäubt mit Maskeraden und glänzenden Erfindungen offt eigne und fremde Noth. Ich tracktire diese Sachen als Künstler und so gehts noch.

Goethes Mutter, *Handzeichnung in einer Porträt-Sammlung Johann Caspar Lavaters.*

An Catharina Elisabeth Goethe Weimar 11. August 1781.
Ich bitte Sie, um meinetwillen unbesorgt zu seyn ... Was meine Lage ... betrift, so hat sie, ohnerachtet großer Beschweernisse, auch sehr viel erwünschtes für mich, wovon der beste Beweiß ist, daß ich mir keine andere mögliche denken kann, in die ich gegenwärtig hinüber gehen mögte ...
Merk und mehrere beurtheilen meinen Zustand ganz falsch, sie sehen das nur was ich aufopfre, und nicht was ich gewinne, und sie können nicht begreifen, daß ich täglich reicher werde, indem ich täglich so viel hingebe. Sie erinnern sich, der lezten Zeiten die ich bey Ihnen, eh ich

hierhergieng, zubrachte, unter solchen fortwährenden Umständen würde ich gewiß zu Grunde gegangen seyn. Das Unverhältniß des engen und langsam bewegten bürgerlichen Kreyses, zu der Weite und Geschwindigkeit meines Wesens hätte mich rasend gemacht. Bey der lebhaften Einbildung und Ahndung menschlicher Dinge, wäre ich doch immer unbekannt mit der Welt, und in einer ewigen Kindheit geblieben ...
Wie viel glüklicher war es, mich in ein Verhältniß gesezt zu sehen, dem ich von keiner Seite gewachsen war, wo ich durch manche Fehler des Unbegrifs und der Übereilung mich und andere kennen zu lernen, Gelegenheit genug hatte, wo ich, mir selbst und dem Schicksaal überlaßen, durch so viele Prüfungen ging die vielen hundert Menschen nicht nöthig seyn mögen, deren ich aber zu meiner Ausbildung äußerst bedürftig war. Und noch ietz, wie könnte ich mir, nach meiner Art zu seyn, einen glüklichern Zustand wünschen, als einen der für mich etwas unendliches hat. Denn wenn sich auch in mir täglich neue Fähigkeiten entwikelten, meine Begriffe sich immer aufhellten, meine Kraft sich vermehrte, meine Kenntniße sich erweiterten, meine Unterscheidung sich berichtigte und mein Muth lebhaffter würde, so fände ich doch täglich Gelegenheit, alle diese Eigenschaften, bald im großen, bald im kleinen, anzuwenden ...
Indeß glauben Sie mir daß ein großer Theil des guten Muths, womit ich trage und würke aus dem Gedanken quillt, daß alle diese Aufopferungen freywillig sind und daß ich nur dürfte Postpferde anspannen laßen, um das nothdürftige und Angenehme des Lebens, mit einer unbedingten Ruhe, bey Ihnen wieder zu finden.

Goethe Anfang der achtziger Jahre,
Schattenriß.

An Johann Heinrich Merck 14. November 1781.
Mein Wesen treibe ich, wie du dir allenfalls denken kannst, und schicke mich nach und nach immer beßer in das beschwerliche meiner Ämter, schnalle mir die Rüstung nach dem Leibe zurecht, und schleife die Waffen auf meine eigene Weise. Meine übrigen Liebhabereyen gehen nebenher ... Diesen Winter habe ich mir vorgenommen mit den Lehrern und Schülern unserer Zeichenakademie den Knochenbau des menschlichen Körpers durchzugehen, sowohl, um ihnen als mir zu nutzen ... und habe dabey den Vortheil, zweimal die Woche öffentlich zu reden, um mich über Dinge, die mir werth sind, mit aufmerksamen Menschen zu unterhalten, ein Vergnügen, welchem man in unserm gewöhnlichen Welt-Geschäfts- und Hofleben gänzlich entsagen muß ...
Ich richte mich ein in dieser Welt, ohne ein Haar breit von dem Wesen nachzugeben was mich innerlich erhält und glücklich macht.

An Carl Ludwig von Knebel Weimar, 3. Dezember 1781.
Das Bedürfniß meiner Natur zwingt mich zu einer vermanichfaltigen Thätigkeit, und ich würde in dem geringsten Dorfe und auf einer wüsten Insel eben so betriebsam seyn müßen um nur zu leben.

An Charlotte von Stein 14. Januar 1782.
Die viele Zerstreuung und das Vertrödeln der Zeit ist mir unangenehm, und doch seh ich daß es höchst nothwendig ist, mich mit diesen Sachen abzugeben, und daß man Gelegenheit gewinnt das Gute zu thun indem man zu scherzen scheint.

Auf Miedings Tod.*

...
O Weimar! dir fiel ein besonder Loos!
Wie Bethlehem in Juda, klein und groß.
Bald wegen Geist und Witz beruft dich weit
Europens Mund, bald wegen Albernheit.
Der stille Weise schaut und sieht geschwind,
Wie zwei Extreme nah verschwistert sind.
...

WA I, 16, 134.

* Entstanden nach dem Tode des Theatermeisters Johann Martin Mieding im Februar/März 1782.

An Carl Ludwig von Knebel 3. Februar 1782.
... da es mir gelingt mich täglich mehr einzurichten und zu schicken, so werd ich auch täglich zufriedner in mir selbst. Ich dancke Gott daß er mich bey meiner Natur in eine so eng-weite Situation gesezt hat, wo die manigfaltigen Fasern meiner Existenz alle durchgebeizt werden können und müssen. Die Stein hält mich wie ein Korckwamms über dem Wasser, dass ich mich auch mit Willen nicht ersäufen könnte.

An Charlotte von Stein 4. Juni 1782.

Hier schick ich dir das Diplom* damit du nur auch weissest wie es aussieht. Ich bin so wunderbar gebaut daß ich mir gar nichts dabey dencken kan.

Wieviel wohler wäre mir's wenn ich von dem Streit der politischen Elemente abgesondert, in deiner Nähe meine Liebste, den Wissenschafften und Künsten wozu ich gebohren bin, meinen Geist zuwenden könnte.

* Goethe erhielt am 3. Juni das von Kaiser Joseph II. ausgestellte Adelsdiplom. Im Alter, am 27. 9. 1827, äußert er sich gegenüber Eckermann dazu: „Als man mir das Adelsdiplom gab, glaubten viele, wie ich mich dadurch möchte erhoben fühlen. Allein, unter uns, es war mir nichts, gar nichts! Wir Frankfurter Patrizier hielten uns immer dem Adel gleich, und als ich das Diplom in Händen hielt, hatte ich in meinen Gedanken eben nichts weiter, als was ich längst besessen." Gespräche, S. 557.

***Charlotte von Stein um 1778**, Schattenriß.*

An Carl Ludwig von Knebel 21. November 1782.

Seit einiger Zeit lebe ich sehr glücklich. Ich komme fast nicht aus dem Hause, versehe meine Arbeiten und schreibe in guten Stunden die Mährgen auf die ich mir selbst zu erzählen von ieher gewohnt bin ...

Ich sehe fast niemand, ausser wer mich in Geschäfften zu sprechen hat, ich habe mein politisches und gesellschafftliches Leben ganz von meinem moralischen und poetischen getrennt (äusserlich versteht sich) und so befinde ich mich am besten. Alle Woche gebe ich einen grosen Thee

wovon niemand ausgeschlossen ist, und entledige mich dadurch meiner Pflichten gegen die Sozietät auf's wohlfeilste ...
Und so fange ich an mir selber wieder zu leben, und mich wieder zu erkennen. Der Wahn, die schönen Körner die in meinem und meiner Freunde daseyn reifen, müssten auf diesen Boden gesät, und iene himmlische Juwelen könnten in die irdischen Kronen dieser Fürsten gefaßt werden, hat mich ganz verlassen und ich finde mein iugendliches Glück wiederhergestellt. Wie ich mir in meinem Väterlichen Hause nicht einfallen lies die Erscheinungen der Geister und die iuristische Praxin zu verbinden eben so getrennt laß ich iezt den Geheimderath und mein andres selbst, ohne das ein Geh.R. sehr gut bestehen kann.
Nur im innersten meiner Plane und Vorsäze, und Unternehmungen bleib ich mir geheimnißvoll selbst getreu und knüpfe so wieder mein gesellschafftliches, politisches, moralisches und poetisches Leben in einen verborgenen Knoten zusammen.*

* Im frühesten biographischen Schema von 1809 heißt es: „Mein Leben ein einzig Abentheuer. Keine Abentheuer durch Streben nach Ausbildung dessen was die Natur in mich gelegt hatte. Streben nach Erwerb dessen was sie nicht in mich gelegt hat. Eben soviel wahre als falsche Tendenz. Deßhalb ewige Mar(ter) ohne eigentl. Genuß." WA I, 26, 364.

An Charlotte von Stein 20. April 1783.
Wie lieblich wär' es wenn du heute bey mir essen und bleiben könntest. Der Hof nimmt alle Freude weg und giebt nie Freude.

An Charlotte von Stein 5. September 1785.
Der Herzog ist in seiner Meute (von Hunden) glücklich. Ich gönn es ihm. Er schafft die Hofleute ab und die Hunde an, es ist immer dasselbe, viel Lärms um einen Hasen todt zu iagen. Adieu. Und ich brauche beynah soviel Umstände um einen Hasen zu erhalten.

Herzog Carl August
als Ascherslebener Kürassier,
Stich (1793) von J. Ch. E. Müller.

Epigramme.
Venedig 1790.
34 b.

Klein ist unter den Fürsten Germaniens freilich der meine;
Kurz und schmal ist sein Land, mäßig nur, was er vermag.
Aber so wende nach innen, so wende nach außen die Kräfte
Jeder; da wär's ein Fest, Deutscher mit Deutschen zu sein.
Doch was priesest du Ihn, den Thaten und Werke verkünden?
Und bestochen erschien' deine Verehrung vielleicht;
Denn mir hat er gegeben, was Große selten gewähren,
Neigung, Muße, Vertraun, Felder und Garten und Haus.
Niemand braucht' ich zu danken als Ihm, und manches bedurft' ich,
Der ich mich auf den Erwerb schlecht, als ein Dichter, verstand.
Hat mich Europa gelobt, was hat mir Europa gegeben?
Nichts! Ich habe, wie schwer! meine Gedichte bezahlt.
Deutschland ahmte mich nach, und Frankreich mochte mich lesen.
England! freundlich empfingst du den zerrütteten Gast.
Doch was fördert es mich, daß auch sogar der Chinese
Mahlet, mit ängstlicher Hand, Werthern und Lotten auf Glas?
Niemals frug ein Kaiser nach mir, es hat sich kein König
Um mich bekümmert, und Er war mir August und Mäcen.

WA I, 1, 315-316.

Farbenlehre.
Confession des Verfassers.
Höchst undankbar würde ich hingegen sein, wenn ich hier nicht diejenigen nennen wollte, die mich durch Neigung und Zutrauen förderten. Der Herzog von Weimar, dem ich von jeher alle Bedingungen eines thätigen und frohen Lebens schuldig geworden, vergönnte mir auch dießmal den Raum, die Muße, die Bequemlichkeit zu diesem neuen Vorhaben (der Farbenlehre)

WA II, 4, 301.

Tag- und Jahreshefte 1791.
Damit ich aber doch von dichterischer und ästhetischer Seite nicht allzukurz käme, übernahm ich mit Vergnügen die Leitung des *Hoftheaters*. Eine solche neue Einrichtung ward veranlaßt durch den Abzug der Gesellschaft Bellomo's*, welche seit 1784 in Weimar gespielt und angenehme Unterhaltung gegeben hatte.

WA I, 35, 17.

* Die „Teutsche Schauspieler-Gesellschaft des Directeurs J. Bellomo" hatte das Liebhabertheater abgelöst, in dem auch Goethe als Schauspieler, Regisseur und Autor tätig gewesen war.

***Das Weimarer Hoftheater**, erbaut 1779, abgebrannt 1825, nach einer Federzeichnung von „S. W.“.*

An Friedrich Heinrich Jacobi Weimar, 20. März 1791.

... steht mir jetzt eine Beschäftigung vor die ... mehr nach aussen gerichtet ist und nur den Schein zur Absicht hat. Es ist die Oberdirecktion des Theaters das hier errichtet wird. Ich gehe sehr *piano* zu Wercke, vielleicht kommt doch fürs Publikum und für mich etwas heraus. Wenigstens wird mirs Pflicht diesen Theil näher zu studiren, alle Jahre ein Paar spielbare Stücke zu schreiben. Das Übrige mag sich finden.

Prolog.
Gesprochen den 7. Mai 1791.*

Der Anfang ist an allen Sachen schwer;
Bei vielen Werken fällt er nicht in's Auge.
Der Landmann deckt den Samen mit der Egge,
Und nur ein guter Sommer reift die Frucht;
Der Meister eines Baues gräbt den Grund
Nur desto tiefer, als er hoch und höher
Die Mauern führen will; der Mahler gründet
Sein aufgespanntes Tuch mit vieler Sorgfalt,
Eh' er sein Bild gedankenvoll entwirft,
Und langsam nur entsteht was jeder wollte.

Nun, dächten *wir*, die wir versammelt sind,
Euch manches Werk der Schauspielkunst zu zeigen,
Nur an uns selbst; so träten wir vielleicht
Getrost hervor und jeder könnte hoffen
Sein weniges Talent euch zu empfehlen.
Allein bedenken wir, daß Harmonie
Des ganzen Spiels allein verdienen kann
Von euch gelobt zu werden, daß ein jeder

Mit jedem stimmen, alle mit einander
Ein schönes Ganzes vor euch stellen sollen:
So reget sich die Furcht in unsrer Brust.

Von allen Enden Deutschlands kommen wir
Erst jetzt zusammen; sind einander fremd,
Und fangen erst nach jenem schönen Ziel
Vereint zu wandeln an, und jeder wünscht
Mit seinem Nebenmann, es zu erreichen;
Denn hier gilt nicht daß einer athemlos
Dem andern heftig vorzueilen strebt,
Um einen Kranz für sich hinweg zu haschen.
Wir treten vor euch auf, und jeder bringt
Bescheiden seine Blume, daß nur bald
Ein schöner Kranz der Kunst vollendet werde,
Den wir zu eurer Freude knüpfen möchten.

Und so empfehlen wir, mit bestem Willen,
Uns eurer Billigkeit und eurer Strenge.

WA I, 13.1, 155-156.

* Zur Eröffnung des Weimarer Hoftheaters.

An Johann Friedrich Reichardt Weimar, 30. Mai 1791.

Im Ganzen, macht mir unser Theater Vergnügen, es ist schon um Vieles besser, als das vorige, und es kommt nur darauf an, daß sie sich zusammen spielen, auf gewisse mechanische Vortheile aufmerksam werden und nach und nach aus dem abscheulichen Schlendrian in dem die mehrsten deutschen Schauspieler bequem hinleiern, nach und nach herausgebracht werden. Ich werde selbst einige Stücke schreiben, mich darinne einigermaßen dem Geschmack des Augenblicks nähern und sehen, ob man sie nach und nach an ein gebundenes, kunstreicheres Spiel gewöhnen kann.

An Friedrich Heinrich Jacobi Frankfurt, 18. August 1792.

Meine alten Freunde und meine zunehmende Vaterstadt habe ich mit Freuden gesehen*, nur kann es nicht fehlen daß man nicht in allen Gesellschaften lange Weile habe, denn wo zwey oder drey zusammenkommen, hört man gleich das vierjährige Lied *pro* und *contra* wieder herab orgeln und nicht einmal mit Variationen sondern das *crude* Thema.** Deßwegen wünschte ich mich wieder zwischen die Thüringer Hügel wo ich doch Hauß und Garten zuschließen kann.

* Goethe hatte im Gefolge des Herzogs an der Kampagne in Frankreich teilgenommen und bei dieser Gelegenheit Friedrich Heinrich Jacobi in Düsseldorf besucht.
** Die Kriege der europäischen Mächte gegen das revolutionäre Frankreich.

Campagne in Frankreich 1792.*
Seit zwölf Jahren genoß ich eines seltenen Glückes, des Vertrauens wie der Nachsicht des Herzogs von Weimar. Dieser von der Natur höchst begünstigte, glücklich ausgebildete Fürst ließ sich meine wohlgemeinten, oft unzulänglichen Dienste gefallen und gab mir Gelegenheit mich zu entwickeln, welches unter keiner andern vaterländischen Bedingung möglich gewesen wäre; meine Dankbarkeit war ohne Gränzen.

WA I, 33, 161.

* Goethe begann 1820 mit der Arbeit an der „Campagne in Frankreich 1792". Im Druck erschien sie 1822.

An Franz Kirms 9. Juni 1797.
Wenn man die Menge (im Theater) in Ruhe halten will, so muß man die erste Unart nicht leiden. Gleich beym Eintritt in den Saal sollte jeder genöthigt werden, den Hut abzuziehen, damit er erinnert würde, daß er dem Orte Achtung schuldig sey. Ich habe bey übervollem Hause, als Iffland's Spiel in den Räubern erwartet wurde, mit ein paar ernsten und derben Worten den Tumult im ersten Augenblick zum Schweigen gebracht, hätte ich nicht den Entschluß gefaßt, damals gleich bey der mindesten Bewegung dreinzufahren, so würde jene Aufführung gewiß eine der unruhigsten gewesen seyn.

An das fürstliche Hofmarschallamt Jena, 9. Juni 1797.
Ungern habe ich vernommen, daß bey einigen Vorstellungen sich die jenaischen Studirenden unanständig betragen haben.
Nach allen meinen Erfahrungen wird ein solches Tumultuiren nur von Wenigen erregt und theilt sich erst nach und nach mit; man versucht erst ob es gehe? und wird das Geringe nachgesehen, so ist das Heftigste zu erwarten. Diesmal scheinen nur neue Studirende ihr Probestück gemacht zu haben.
Ich kann, zur Verhütung aller ähnlichen Unannehmlichkeiten, für morgen und künftig nur folgenden Rath geben:
Man stelle auch auf die rechte Seite (der Zuschauer) die bisher gar keine Wache gehabt hat, Einen, und wenn man es für nöthig hält, Zwey Husaren, man befehlige diese, so wie die, die an der Thüre stehen, daß sie keinen Hut auf dem Kopf, selbst vor Anfang des Stücks, leiden. Sollte irgend einer anfangen Lärm zu machen, so muß er gewarnt und, wenn er fortfahren sollte, hinausgeschleppt werden.

An Friedrich Schiller Weimar, 9. Dezember 1797.
Die Nachricht, daß Sie diesen Winter nicht zu uns kommen würden, hat unsere Schauspieler betrübt. Es scheint daß sie sich vorgesetzt hatten sich vor Ihnen Ehre zu machen, ich habe sie mit der Hoffnung getröstet daß Sie uns auf's Frühjahr wohl besuchen würden. Sehr nöthig thut unserm Theater ein solcher neuer Anstoß, den ich gewissermaßen selbst nicht geben kann. Zwischen dem der zu befehlen hat und dem der einem solchen Institute eine ästhetische Leitung geben soll, ist ein gar zu großer Unterschied.

An Prinz August von Sachsen-Gotha 3. Januar 1800.
Zu dem, vielleicht manchem sonderbar scheinenden Unternehmen, den Voltairischen Mahomet zu übersetzen, hat mich der Wunsch meines Fürsten gleichsam hingedrängt.* Ich bin ihm so unendlich viel schuldig, indem ich ihm eine Existenz verdanke, ganz nach meinen Wünschen, ja über meine Wünsche, welches bey einer wunderlichen Natur wie die meinige nicht wenig sagen will, daß ich es für Pflicht hielt so gut ich konnte sein Verlangen zu erfüllen.

* Voltaires „Mahomet" wurde in der Übersetzung Goethes am 30. 1. 1800 im Weimarer Hoftheater aufgeführt.

Tag- und Jahreshefte 1809.
Das Theater ging, nach überstandenen leichten Stürmen*, ruhig seinen Gang. Bei dergleichen Erregungen ist niemals die Frage wer etwas leisten, sondern wer einwirken und befehlen soll; sind die Mißverhältnisse ausgeglichen, so bleibt alles wie vorher und ist nicht besser wo nicht schlimmer.

WA I, 36, 48.

* Caroline Jagemann alias Frau von Heygendorf versuchte ständig, Einfluß auf Goethes künstlerische Leitung des Hoftheaters zu nehmen. Goethe verbat sich Eingriffe in seine Direktion und wollte von seiner Funktion zurücktreten. Es folgten lange Verhandlungen, in denen Goethe vor allen von Großherzogin Luise unterstützt wurde. Erst 1817 hatten Frau von Heygendorfs Bestrebungen Erfolg, Goethe aus der Leitung des Theaters zu entfernen.

Caroline von Heygendorf geb. Jagemann, *Ölbild (um 1810) von Louise Seidler.*

Tag- und Jahreshefte 1815.
In dieser Epoche durfte man wohl sagen, daß sich das Weimarische Theater, in Absicht auf reine Recitation, kräftige Declamation, natürliches zugleich und kunstreiches Darstellen auf einen bedeutenden Gipfel des inneren Werths erhoben hatte ...
Und so kann man sagen, das Weimarische Theater war auf seinen höchsten ihm erreichbaren Punct zu dieser Epoche gelangt, der man eine erwünschte Dauer auch für die nächste und folgende Zeit versprechen durfte.

WA I, 36, 100-101.

Über das deutsche Theater. (1815)
Zu einer Zeit, wo das deutsche Theater als eine der schönsten Nationalthätigkeiten aus trauriger Beschränkung und Verkümmerung wieder zu Freiheit und Leben hervorwächs't, beeifern sich wohldenkende Directoren, nicht allein einer einzelnen Anstalt im Stillen ernstlich vorzustehen, sondern auch durch öffentliche *Mittheilungen* in's Ganze zu wirken ...
Möge Nachstehendes eine günstige Aufnahme erfahren und so des Verfassers Muth belebt werden, mit ähnlichen Äußerungen nach und nach hervorzutreten ...
Als der verewigte *Schiller* durch die Gnade des Hofs, die Gunst der Gesellschaft, die Neigung der Freunde bewogen ward, seinen Jenaischen Aufenthalt mit dem Weimarischen zu vertauschen und der Eingezogenheit zu entsagen, der er sich bisher ausschließlich gewidmet hatte, da war ihm besonders die Weimarische Bühne vor Augen, und er beschloß, seine Aufmerksamkeit auf die Vorstellungen derselben scharf und entschieden zu richten.
... Er pflog hierüber mit sich selbst in langen schlaflosen Nächten, dann aber auch an heitern Abenden mit Freunden einen liberalen und umständlichen Rath.
Hätte jene Berathungen ein Geschwindschreiber aufbewahrt, so würde man ein merkwürdiges Beispiel productiver Kritik besitzen ...
Schiller hatte nicht lange in so reifen Jahren einer Reihe von theatralischen Vorstellungen beigewohnt, als sein thätiger, die Umstände erwägender Geist, in's Ganze arbeitend, den Gedanken faßte, daß man dasjenige, was man an eignen Werken gethan, wohl auch an fremden thun könne ... Aus diesen Betrachtungen entstand in ihm der Vorsatz, Ausruhestunden, die ihm von eignen Arbeiten übrig blieben, in Gesellschaft übereindenkender Freunde planmäßig anzuwenden, daß vorhandene bedeutende Stücke bearbeitet und ein *Deutsches Theater* herausgegeben würde, sowohl für den Leser, welcher bekannte Stücke von einer neuen Seite sollte kennen lernen, als auch für die zahlreichen Bühnen Deutschlands, die dadurch in den Stand gesetzt würden, den oft leichten Erzeugnissen des Tags einen festen alterthümlichen Grund ohne große Anstrengung unterlegen zu könen.

WA I, 40, 86-90.

Biographische Einzelnheiten.
Zum Jahre 1815.
Theater.
Daß ich immerfort, besonders durch Schillers Einwirkung, unsere Bühne im Ganzen und in den Theilen nach Kräften, Verhältnissen und Möglichkeit zu heben gesucht hatte, davon war das Resultat, daß sie seit mehreren Jahren für eine der vorzüglichsten Deutschlands geachtet wurde.

WA I, 36, 279.

An Wilhelm Christoph Leonhard Gerhard

Weimar, 27. Februar 1815.

Schon seit beynahe vierzig Jahren, als so lang ich mich in Weimar aufhalte, suchen wir die Maskenbälle, welche gar bald in ein wildes, geistloses Wesen ausarten, durch dichterische Darstellungen zu veredeln, und es ist uns bis auf die letzte Zeit mehr oder minder geglückt.

An Christian Gottlob von Voigt (?) Jena, 26. März 1817.

Die ruhigen Stunden meines hiesigen Aufenthaltes benutzte vor allen Dingen um die künftige Gestalt meines Verhältnisses zum Theater durchzudenken. Hier das Resultat.

In allem was eigentlich die Kunst betrifft, es sey Vorbereitung oder Ausführung, werde nach wie vor eifrig mitwircken; alles Übrige hingegen muß ich ablehnen. Will man meine Meynung, meinen Rath vernehmen; auch da werde ich aufrichtig zu Handen seyn; mein Votum aber zählt nicht bey der Entscheidung, deswegen enthalte mich aller Signatur und Unterschrift, und entbinde mich dadurch aller Verantwortung.*

* Im April 1817 stimmte der Großherzog Goethes Bitte um Entlassung von der Theaterdirektion zu.

Biographische Einzelnheiten. Kotzebue.*

Mich meines biographischen Rechtes bedienend erwähne ich hier zum Beispiel, daß, nebst gar manchem andern, die meiner Wirksamkeit widerstrebten, sich Einer (Kotzebue) besonders zum Geschäft macht, auf jede Art und Weise meinem Talent, meiner Thätigkeit, meinem Glück entgegenzutreten; dagegen würde ich mich, nach meiner Sinnesart ganz wehrlos und in einem unangenehmen Zustande finden, wenn ich nicht jenes ...Hausmittel seit geraumer Zeit gegen diese Zudringlichkeit angewendet und mich gewöhnt hätte, die Existenz desjenigen, der mich mit Abneigung und Haß verfolgt, als ein nothwendiges und zwar günstiges Ingrediens zu der meinigen zu betrachten.

...

Betrachte ich mich nun gar als Vorsteher eines Theaters und bedenke, wie viele Mittel er uns in die Hand gegeben hat die Zuschauer zu unterhalten und der Casse zu nutzen, so wüßte ich nicht wie ich es anfangen sollte, um den Einfluß den er auf mein Wesen und Vornehmen ausgeübt zu verachten, zu schelten oder gar zu läugnen; vielmehr glaube ich alle Ursache zu haben, mich seiner Wirkungen zu freuen und zu wünschen, daß er sie noch lange fortsetzen möge.

...

Und warum sollte ich hier nicht gestehen, daß mir bei jener großen Forderung: *man solle seine Feinde lieben*, das Wort *lieben* gemißbraucht oder wenigstens in sehr uneigentlichem Sinne gebraucht scheine, wogegen ich mit viel Überzeugung gern jenen weisen Spruch wiederhole: daß man einen guten Haushälter hauptsächlich daran erkenne, wenn er sich auch des Widerwärtigen vortheilhaft zu bedienen wisse.

WA I, 36, 281-283.

* Wohl um 1825 entstanden.

Gartenhaus an der Ilm

... diese Wohnung des Friedens

Es gab mehrere Gründe für den jungen Goethe, sich im Frühjahr 1776 für das Verbleiben in Weimar zu entscheiden. Zum einen war es die freundschaftliche Beziehung zu Herzog Carl August mit den Möglichkeiten zum Tätigsein, die sich daraus ergaben, zum anderen die liebevolle Bindung an Charlotte von Stein, die ein Leben in ungewohnter Nähe zum Hof möglich scheinen ließ.

Ein dritter, nicht weniger bedeutender Grund für die Entscheidung war die Freude am Gartenhaus an der Ilm, das Goethe im April 1776 als Geschenk des Herzogs in Besitz nahm und das ihm die Bürgerrechte in Weimar sicherte.

Das kleine Anwesen mit seinem alten, schindelgedeckten Häuschen, abseits von der Stadt eingebettet ins Grün des Ilmtales, lockte den Zögernden in besonderer Weise; diese „Wiesen- Wälder- und Buscheinsamkeit" kam seinem Drang nach engster Berührung mit der Natur entgegen. Später schrieb Goethe einmal, daß das „Häusgen"... ein „Faden (war), der mich hielt".

Reichlich sechs Jahre nutzte er es als hauptsächlichen Wohnsitz, erst 1782 zog er ganz in die Stadt, wenngleich es ihm schwer wurde, sein „liebes Thal" zu verlassen. Denn in seiner „absoluten Einsamkeit" konnte er ein unkonventionelles Leben führen, abseits vom Hofzeremoniell, das ihm innerlich stets fremd blieb. Die Ungebundenheit des Lebens im Gartenhaus half dem vielgeplagten Staatsbeamten über manche Spannung hinweg, die sich aus dem Konflikt zwischen literarischer Berufung und amtlichen Pflichten ergab.

Goethe ließ das verfallene Häuschen in Ordnung bringen und arbeitete selbst beim Um- und Ausbau nach eigenen Vorstellungen mit. Es entstand der Anbau eines Altans, der als Schlafplatz unter freiem Himmel diente, heute aber nicht mehr existiert.*

Auch der Garten wurde völlig neu gestaltet. Terrassen entstanden, Bäume und Sträucher wurden gepflanzt und Beete angelegt. Manche selbstgezogene Rose, auch Spargel und Erdbeeren aus eigenem Anbau gingen als Geschenk hinüber in die Stadt – sehr oft an Charlotte von Stein adressiert. Hin und wieder wurde die Weimarer Gesellschaft ins Gartenleben einbezogen. Es gab kleine Feste im Grünen, und die Kinder der Familien Wieland, Herder und von Stein, oft die „Grasaffen" genannt, wurden zum Ostereiersuchen oder Eierkuchenbacken eingeladen.

Auch höfische Feste erhielten durch Goethes Mitwirken ein besonderes Gepräge. Aus Anlaß des Namenstages von Herzogin Louise entstand im Sommer 1778 ein Borkenhäuschen an der alten Schießmauer nahe der Ilm, von dem aus Goethe eine ganz eigene Feier arrangierte. Die dazu entstandenen Anlagen waren der Beginn einer Parkgestaltung im Stil englischer Landschaftsgärten, die in der Folgezeit vom Herzog nach dem Vorbild des Wörlitzer Parkes weitergeführt wurde.

In den Jahren des naturverbundenen Lebens im Gartenhaus entstanden zahlreiche Gedichte, die meist an Charlotte von Stein gerichtet waren. Ihr sind auch die Verse gewidmet, die Goethe 1782 an ihrem Lieblingsplatz im Garten an der Ilm in Stein meißeln ließ, mit dem Anfang: „Hier im Stillen gedachte der Liebende seiner Geliebten ..."
Nach dem Umzug in die Stadt kehrte Goethe immer wieder gern in seinem „untern Garten" ein, – so nannte er ihn im Gegensatz zum Hausgarten am Frauenplan. Er war und blieb dem Dichter, Naturwissenschaftler und Hausvater zeitlebens ein Zufluchtsort, ein Ort der Stille und des Friedens, der produktives Schaffen möglich machte. Nach der Rückkehr aus Italien entstanden dort vom Herbst 1788 bis zum Frühjahr 1790 die „Römischen Elegien", Ausdruck des Antike-Erlebens im Einklang mit der glücklichen Zeit erster Liebe zu Christiane Vulpius. Ihr war Goethe im Juli 1788 im Park an der Ilm begegnet und hatte sie zu sich ins Gartenhaus genommen, lange Zeit unbemerkt von der Weimarer Gesellschaft. Noch der 78jährige Dichter gedenkt ihrer, die er „nicht vergessen mag / Am wenigsten im Freien", als er 1827 mehrere Wochen im Gartenhaus lebt und die besonders naturverbundenen Gedichte der „Chinesisch-deutschen Jahres- und Tageszeiten" schreibt.
Wenn im „Maskenzug" von 1818 die Ilm personifiziert auftritt und die dichterischen Landesprodukte vorgestellt werden, wird deutlich, wie wichtig dem Dichter sein Garten für die Entstehung seiner Werke war. Noch in den letzten Lebensjahren, als erneut am „Faust" gearbeitet wird und die „Wanderjahre" zum Abschluß gebracht werden, fühlt sich Goethe dort wieder besonders wohl. Bis an sein Lebensende empfand er diesen Ort inmitten der Natur als eine wunderbare Gabe. Der „Stein des guten Glücks", schon 1777 am Ende der Malvenallee des Gartens aufgestellt, mag dafür als Symbol und Zeugnis gelten.
Im Frühjahr des Jahres 1830 wurde noch einmal Gleichnishaftes im „untern Garten" gestaltet. In diesen Wochen ließ Goethe am Eingang zum Häuschen ein Mosaik aus Saale-Kieselsteinen nach pompejanischem Muster anlegen und die Gartentore im klassizistischen Stil nach Entwürfen des Oberbaudirektors Coudray umgestalten.
Damit schloß sich der Kreis, wie Goethe selbst in einem Gespräch mit Holtei rückblickend feststellt: „Wir haben in diesem Gartenhaus tüchtige Jahre verlebt, und weil es denn mit uns sich dem Abschlusse nähert, so mag sich die Schlange in den Schwanz beißen, damit es ende, wo es begann."**
Am 20. Februar 1832, wenige Wochen vor seinem Tod, fuhr Goethe ein letztes Mal für einige Stunden in seinen „untern Garten". Es war der letzte Aufenthalt im „Gärtgen vorm Thore".

* Der Altan mußte schon 1797 wegen Baufälligkeit abgerissen werden.
** Holtei, Carl Eduard von: Goethe-Gespräche 1827-1830.-Nr. 5980. – Holtei, Schauspieler und Schriftsteller in Berlin, besuchte Goethe in Weimar. Zwischen beiden entwickelte sich ein freundschaftliches Verhältnis.

Das Gartenhaus.

Tagebuch, 21. April 1776.
den Garten in Besiz genommen.

An Auguste Gräfin zu Stolberg Weimar, 17.-24. Mai 1776.
d. 17. May ...
In meinem Garten Gustgen gegen 10. Hab ein liebes Gärtgen vorm Thore an der Ilm schönen Wiesen in einem Thale. ist ein altes Hausgen drinne, das ich mir repariren lasse. Alles blüht alle Vögel singen ...
d. 18. May ...
12 Uhr in meinem Garten. Da lass ich mir von den Vögeln was vorsingen, und zeichne Rasenbäncke die ich will anlegen lassen, damit Ruhe über meine Seele komme, und ich wieder von vorne mög anfangen zu tragen und zu leiden ...
Sonnabends Nachts 10 in meinem Garten. Ich habe meinen Philipp nach Hause geschickt und will allein hier zum erstenmal schlafen ... Es geht gegen eilf ich hab noch gesessen und einen englischen Garten gezeichnet. Es ist eine herrliche Empfindung dahausen im Feld allein zu sizzen. Morgen frühe wie schön. Alles ist so still. Ich höre nur meine Uhr tackcken, und den Wind und das Wehr von ferne. gute Nacht. – Sonntag früh d. 19. Guten Morgen! ein trüber aber herrlicher Tag. Ich habe lange geschlafen, wachte aber gegen vier auf, wie schön war das grün dem Auge das sich halbtruncken aufthat. Da schlief ich wieder ein.
...

Montag d. 20. Süsser Morgen. Arbeiter in meinem Garten. Allerley Beschäfftigungen! —

...

Dienstag d. 21. früh 6 aufgestanden herrlicher kühler Sonnenmorgen. Arbeiter im Garten. Ein Jäger bringt mir einen iungen Fuchs.

An Charlotte von Stein Weimar, 19. Mai 1776.
Zum erstenmal im Garten geschlafen, und nun Erdtulin* für ewig. Da sind Spargel, erst iezt gestochen ... Die Ruhe hierhaussen ist unendlich.

* Nach einem elsässischen Märchen ein freundliches Fabelwesen, unter Baumwurzeln lebend.

Tagebuch, 20. Mai 1776.
Angefangen die untere Anlage (im Garten).

Hoffnung*

Schaff', das Tagwerk meiner Hände,
Hohes Glück, daß ich's vollende!
Laß, o laß mich nicht ermatten!
Nein, es sind nicht leere Träume:
Jetzt nur Stangen, diese Bäume
Geben einst noch Frucht und Schatten.

WA I, 1, 102.

* Vermutlich 1776 zu der Zeit entstanden, als Goethe mit der Gestaltung seines Gartens begann.

An Charlotte von Stein 2. Juli 1776.
Nachts halb eilf. der Mondschein war so göttlich ich lief noch ins Wasser. Auf der Wiese und Mond.

An Auguste Gräfin zu Stolberg Weimar, 28. August 1776.
Guten Morgen, Gustgen! Wie ich aus dem Bette steige guten Morgen. Ein herrlich schöner Tag aber kühl. Die Sonne liegt schon auf meinen Wiesen! Der Thau schwebt noch über dem Fluss. Lieber Engel warum müssen wir so fern von einander seyn. Ich will hinüber ans Wasser gehn und sehn ob ich ein Paar Enten schiesen kann.

An Johann Caspar Lavater Weimar, 4. März 1777.
Ich lebe in groser Verwirrung, indes giebt mir der Himmel dass ich pflanzen und bauen kann.

Tagebuch, 17. März 1777.
Zu Hause, den Grundstein gelegt zum Angebäude (Altan). Abend Zu Nachbaar Schmidten.

Tagebuch, 26. März 1777.
Die Kinder alle im Garten. Eyer suchen usw.

Tagebuch, 3. April 1777.
Die Hecken gepflanzt. Den ganzen Tag mit Bau und Garten Arbeit zugebr.(acht).

Tagebuch, 5. April 1777.
agathé týche gegründet!*

* Stein des guten Glücks. Agatho (griech.) – guter Geist; Tycho (griech.) – Göttin des Glücks, meist auf einer Kugel stehend dargestellt.

Der Stein des guten Glücks *in Goethes Garten.*

Tagebuch, 6. April 1777.
Gebaut und gepflanzt. Die Weymuthsfichten

An Charlotte von Stein Weimar, 19. Mai 1777.
Dancke für das Frühstück hier schick ich etwas dagegen. Heut Nacht hab ich auf meinem Altan unterm blauen Mantel geschlafen, bin dreymal aufgewacht um 12, 2 und 4 und iedesmal neue Herrlichkeit des Himmels um mich.

Tagebuch, 24. Juli 1777.
Im Garten geschlafen in herrlichem Mondschein aufgewacht. Herrliche Mischung des Mondlichts und anbrechenden Tags.

An Auguste Gräfin zu Stolberg Weimar, 17. Juli 1777.
Danck Gustgen dass du aus deiner Ruhe mir in die Unruhe des Lebens einen Laut herüber gegeben hast.

Alles geben Götter die unendlichen
Ihren Lieblingen ganz
Alle Freuden die unendlichen
Alle Schmerzen die unendlichen ganz.

So sang ich neulich als ich tief in einer herrlichen Mondnacht aus dem Flusse stieg der vor meinem Garten durch die Wiesen fliest*; und das bewahrheitet sich täglich an mir.

* Goethe pflegte, in der Ilm zu baden.

Tagebuch, 26. Juli 1777.
Wieder in Garten gezogen. Die Natur unendlich schön gesehn.

An Frau von Stein.*

Und ich geh' meinen alten Gang
Meine liebe Wiese lang.
Tauche mich in die Sonne früh,
Bad' ab im Monde des Tages Müh,
Leb' in Liebes-Klarheit und -Kraft,
Thut mir wohl des Herren Nachbarschaft,
Der in Liebes-Dumpfheit und -Kraft hinlebt
Und sich durch seltnes Wesen webt.

WA I, 4, 210.

* In den Briefen an Charlotte von Stein, vermutlich August 1777.

Tagebuch, 8. Oktober 1777.
Gern kehr ich doch zurück in mein enges Nest, nun bald in Sturm gewikkelt, in Schnee verweht. Und wills Gott in Ruhe vor den Menschen mit denen ich doch nichts zu theilen habe.*

* In Eisenach geschrieben.

An Joahnn Heinrich Merck 11. Januar 1778.
Die Gegend um meinen Garten wird aufs Frühjahr unendlich schön, ich hab einige seltsam romantische Fleckchen ge- und erfunden. Möchtest du kommen können.

An den Mond.*

Füllest wieder's liebe Thal
Still mit Nebelglanz,
Lösest endlich auch einmal
Meine Seele ganz

Breitest über mein Gefild
Lindernd deinen Blick
Wie der Liebsten Auge, mild
Über mein Geschick.

Das du so beweglich kennst
Dieses Herz im Brand
Haltet ihr wie ein Gespenst
An den Fluß gebannt

Wenn in öder Winternacht
Er vom Todte schwillt
Und bei Frühlingslebens Pracht
An den Knospen quillt.

Seelig wer sich vor der Welt
Ohne Haß verschließt
Einen Mann am Busen hält
Und mit dem geniest,

Was dem Menschen unbewust
Oder wohl veracht
Durch das Labyrinth der Brust
Wandelt in der Nacht.

WA I, 1, 393.

* Erste Fassung als Beilage des Briefes vom 19. 2. 1778 an Charlotte von Stein. In den „Schriften" von 1789 in veränderter und erweiterter Fassung publiziert.

. ***Winterliche Mondnacht***
am Schwansee bei Weimar,
Kreidezeichnung
(1777/78) von Goethe

An Frau von Stein.*

Aus dem Zauberthal dortnieden
Das der Regen still umtrübt,
Aus dem Taumel der Gewässer
Sendet Blume, Gruß und Frieden,
Der dich immer treu und besser
Als du glauben magst geliebt.

Die Blume die ich pflücke,
Neben mir vom Thau genährt,
Läßt die Mutter still zurücke,
Die sich in sich selbst vermehrt.
Lang entblättert und verborgen,
Mit den Kindern an der Brust,
Wird am neuen Frühlingsmorgen
Vielfach sie des Gärtners Lust.

WA I, 4, 211.

* In den Briefen an Charlotte von Stein überschrieben „Mit einer Hiazynthe", unterzeichnet „G. d. 25. Apr. 78".

Aus: Biographische Einzelnheiten. Das Louisenfest gefeiert Weimar am 9. Juli 1778.

Das genannte ... Fest ... bleibt ... merkwürdig, als von dieser Epoche sich die sämmtlichen Anlagen auf dem linken Ufer der Ilm, wie sie auch heißen mögen, datiren und herschreiben.
Die Neigung der damaligen Zeit zum Leben, Verweilen und Genießen in freier Luft ist bekannt und wie die sich daraus entwickelnde Leidenschaft eine Gegend zu verschönern und als eine Folge von ästhetischen Bildern darzustellen ... sich nach und nach zu verbreiten angefangen habe. In der Nähe von Weimar war damals nur der mit Bäumen und Büschen wohl ausgestattete Raum, der *Stern* genannt, das Einzige was man jenen Forderungen analog nennen und wegen Nähe der herrschaftlichen Wohnung als angenehm geachtetes Local schätzen konnte. Es fanden sich daselbst uralte gradlinige Gänge und Anlagen, hoch in die Luft sich erhebende stämmige Bäume, daher entspringende mannichfaltige Alleen, breite Plätze zu Versammlung und Unterhaltung.
Begünstigt nun durch heitere trockne Witterung beschloß man hier zum Namenstag der regierenden Frau Herzogin ein heiter geschmücktes Fest, welches an die ältern italiänischen Wald und Buschfabeln ... geistreich erinnern sollte ...
Unglücklicherweise trat, nach gewaltsamen Ungewitter, eine Wasserfluth ein, Wiesen und Stern überschwemmend, wodurch denn jene Anstalten völlig vereitelt wurden ... um jene Absicht nicht völlig aufzugeben, mußte man auf etwas anders denken.
Damals führte schon, von dem Fürstenhause her, ein etwas erhöhter Weg, den die Fluth nicht erreichte, an dem linken Ufer der Ilm unter der

Höhe weg; man bediente sich aber desselben nur um ... in den Stern zu gelangen.
An dem diesseitigen Ufer stand ... eine von dem Fluß an bis an die Schießhausmauer vorgezogene Wand ... Davor lag ein wüster, nie betretener Platz, welcher um so weniger besucht ward, als hier ein Thürmchen sich an die Mauer lehnte, welches, jetzt zwar leer und unbenutzt, doch immer noch einige Apprehension (Abneigung) gab, weil es früher dem Militär zu Aufbewahrung des Pulvers gedient hatte.
Diesen Platz jedoch erreichte das Wasser nicht; der bisherige Zustand erlaubte hier etwas ganz Unerwartetes zu veranstalten, man faßte den Gedanken die Festlichkeit auf die unmittelbar anstoßende Höhe zu verlegen, dahin wo hinter jener Mauer eine Gruppe alter Eschen sich erhob, welche noch jetzt Bewunderung erregt. Man ebnete unter denselben ... einen anständigen Platz und baute gleich davor ... eine sogenannte Einsiedelei, ein Zimmerchen mäßiger Größe, welches man eilig mit Stroh überdeckte und mit Moos bekleidete ...
Ein über Felsen herabstürzender Wasserfall, welcher durch einen kräftigen Zubringer unablässig unterhalten wurde und malerisch genug angelegt war, ertheilte dem Ganzen ein frisches romantisches Wesen, welches besonders dadurch erhöht wurde, daß man eine Scene der Art, in solcher Nähe, an so wüster Stelle keineswegs hatte vermuthen können ... Genug der Zustand that eine durchaus glückliche Wirkung, welche folgenreich ward. Man liebte an den Ort wiederzukehren, der junge Fürst mochte sogar daselbst übernachten, für dessen Bequemlichkeit man die scheinbare Ruine und das simulirte Glockenthürmchen einrichtete. Ferner und schließlich aber verdient dieser Lebenspunct unsre fortdauernde Aufmerksamkeit, indem die sämmtlichen Wege, an dem Abhange nach Ober-Weimar zu, von hier aus ihren Fortgang gewannen; wobei man die Epoche der übrigen Parkanlagen, auf der obern Fläche bis zur Belvederischen Chaussee, von diesem glücklich bestandenen Feste an zu rechnen billig befugt ist.

WA I, 36, 233-242.

An Charlotte von Stein Weimar, 2. Juni 1778.

... in meinem Thal ist mirs lieber und wohler als in der weiten Welt. Gestern Abend dacht ich dass mich die Götter wohl für ein schön Gemähld halten mögen weil sie so eine überkostbaare Rahm drum machen wollten. Dass sie mich lieb haben glaub ich und fühls. Sie und der Herzog wohnen über mir wie Nagel und Schleife daran Rahm und Gemählde hängt.

An Charlotte von Stein 2. Februar 1779.

Die Wittrung von Frühlingsluft hat mich heut früh recht lebendig gemacht, ich bin im Garten herumgesprungen, meine Bäume besehen, habe mich der Zeiten erinnert da ich sie pflanzte und wie nun die gewünschten und gehofften Zeiten da sind, wo sie gedeyen, gefühlt. Gebe uns der Himel den Genuss davon, und stäube allen Ackten und Hofstaub um uns weg.

An Charlotte von Stein.*

Sag' ich's euch, geliebte Bäume,
Die ich ahndevoll gepflanzt,
Als die wunderbarsten Träume
Morgenröthlich mich umtanzt.
Ach, ihr wißt es wie ich liebe
Die so schön mich wieder liebt,
Die den reinsten meiner Triebe
Mir noch reiner wiedergibt.

Wachset wie aus meinem Herzen,
Treibet in die Luft hinein!
Denn ich grub viel Freud- und Schmerzen
Unter eure Wurzeln ein.
Bringet Schatten, traget Früchte,
Neue Freude jeden Tag.
Nur daß ich sie dichte, dichte,
Dicht bei ihr genießen mag! WA I, 4, 101.

* In Briefen an Charlotte von Stein datiert 10. 12. 1780.

An Johann Caspar Lavater Etwa 9. April 1781.

Die Nächste Wochen des Frühlings sind mir sehr geseegnet ieden Morgen empfängt mich eine neue Blume und Knospe. Die stille, reine, immer wiederkehrende, Leidenlose Vegetation, tröstet mich offt über der Menschen Noth, ihre moralischen und noch mehr phisischen Übel.

An Carl Ludwig von Knebel Coburg, 13. Mai 1782.

... ich habe noch ein Gedicht im Sinne, einen Abschied an meinen Garten da ich eben zur schönsten Zeit genötigt bin hereinzuziehen ...
... Sonst dacht ich es mir ärger als den Todt aus meinem Garten zu gehn, iezt aber da bey verwickelten Verhältnissen eine unerträgliche Unbequemlichkeit, Versäumniß für mich und andre daraus entsteht, so ist mirs eine rechte Wohlthat, daß ich mich ausbreiten, und meine Sachen beysammen haben kann und gewiss am Ende geniess ich den Garten, mit meinen Freunden doch noch besser.

Erwählter Fels.*

Hier im Stillen gedachte der Liebende seiner Geliebten;
Heiter sprach er zu mir: Werde mir Zeuge, du Stein!
Doch erhebe dich nicht, du hast noch viele Gesellen;
Jedem Felsen der Flur, die mich, den Glücklichen, nährt,
Jedem Baume des Walds, um den ich wandernd mich schlinge:
Denkmal bleibe des Glücks! ruf' ich ihm weihend und froh.
Doch die Stimme verleih' ich nur dir, wie unter der Menge
Einen die Muse sich wählt, freundlich die Lippen ihm küßt.

* Im Frühjahr 1782 entstanden. Goethe ließ die Verse im Garten an der Ilm am Lieblingsplatz Charlotte von Steins in Stein meißeln. WA I, 2, 127.

An Herzog Carl August Weimar, 16. Juni 1782.
Gestern hab ich einen herrlichen Morgen genossen. Ich stand um halb viere auf. Seit dem mein Garten mir ist was er soll, Zufluchtsort; so hat er für mich einen unaussprechlichen Reitz.

An Charlotte von Stein 8. September 1782.
... da ich nicht bey dir seyn konnte ging ich nach meinem Garten, und iede Rose sagte zu mir: und du willst uns weggeben. In dem Augenblikke fühlt ich daß ich diese Wohnung des Friedens nicht entbehren könnte.*

* Geschrieben zur Zeit des Umzuges in die Stadt.

An Charlotte von Stein Weimar, 17. November 1782.
Ich strich um mein verlassen Häusgen*, wie Melusine um das ihrige wohin sie nicht zurückehren sollte, und dachte an die Vergangenheit von der ich nichts verstehe, und an die Zukunft von der ich nichts weis. Wie viel hab ich verlohren da ich ienen stillen Aufenthalt verlassen muste! Es war der zweyte Faden der mich hielt, ietzt hänge ich ganz allein an dir, und Gott sey Danck ist dies der stärckste. Seit einigen Tagen seh ich die Briefe durch die an mich seit zehen Jahren geschrieben worden, und begreife immer weniger was ich bin und was ich soll.
Bleibe mir l.(iebe) Lotte du bist mein Ancker zwischen diesen Klippen. Was es auch sey, so fühl ich ein unendliches Bedürfniß einsam zu seyn. Unter einem Vorwande daß ich nicht wohl sey will ich mich vom Hof und Conseil entschuldigen, zu Hause bleiben, alte Schulden abthun und mein Haus bestellen.

* Auf einem morgendlichen Spaziergang vom Haus am Frauenplan zum Gartenhaus an der Ilm.

Einsamkeit.*

Die ihr Felsen und Bäume bewohnt, o heilsame Nymphen,
Gebet jeglichem gern, was er im Stillen begehrt!
Schaffet dem Traurigen Trost, dem Zweifelhaften Belehrung,
Und dem Liebenden gönnt, daß ihm begegne sein Glück.
Denn euch gaben die Götter, was sie den Menschen versagten,
Jeglichem, der euch vertraut, tröstlich und hülflich zu sein.

WA I, 2, 126 u. 326.

* Erster Druck dieses Epigramms in: „Litteratur- und Theater-Zeitung“, Nr. 29. Berlin, 19. 7. 1783, mit dem Vermerk: „Verse von Göthe, in einer Felsenwand im Park bei Weimar in Marmor eingegraben.“ – Die Tafel mit dem Epigramm befindet sich unterhalb des Römischen Hauses im Park an der Ilm.

Die Weimarer Sternbrücke *(Schloßbrücke) von Osten, tuschlavierte Federzeichnung (1783) von Goethe.*

Felsenwand im Park an der Ilm *mit Goethe-Versen.*

Römische Elegien.*

V.

Froh empfind' ich mich nun auf klassischem Boden begeistert;
Vor- und Mitwelt spricht lauter und reizender mir.
Hier befolg' ich den Rath, durchblättre die Werke der Alten
Mit geschäftiger Hand, täglich mit neuem Genuß.
Aber die Nächte hindurch hält Amor mich anders beschäftigt;
Werd' ich auch halb nur gelehrt, bin ich doch doppelt beglückt.
Und belehr' ich mich nicht, indem ich des lieblichen Busens
Formen spähe, die Hand leite die Hüften hinab?
Dann versteh' ich den Marmor erst recht; ich denk' und vergleiche,
Sehe mit fühlendem Aug', fühle mit sehender Hand.
Raubt die Liebste denn gleich mir einige Stunden des Tages,
Gibt sie Stunden der Nacht mir zur Entschädigung hin.
Wird doch nicht immer geküßt, es wird vernünftig gesprochen;
Überfällt sie der Schlaf, lieg' ich und denke mir viel.
Oftmals hab' ich auch schon in ihren Armen gedichtet,
Und des Hexameters Maß leise mit fingernder Hand
Ihr auf dem Rücken gezählt. Sie athmet in lieblichem Schlummer,
Und es durchglühet ihr Hauch mir bis in's Tiefste die Brust.
Amor schüret die Lamp' indeß und denket der Zeiten,
Da er den nämlichen Dienst seinen Triumvirn gethan.

WA I, 1, 239.

* Die „Römischen Elegien" entstanden vom Herbst 1788 bis Frühjahr 1790.

An Caroline Herder Venedig, 4. Mai 1790.*

Meine Gesinnungen sind häuslicher, als Sie denken.
Weit und schön ist die Welt, doch o! wie dank' ich dem Himmel,
Daß ein Gärtchen beschränkt zierlich mir eigen gehört.
Bringet mich wieder nach Hause! Was hat ein Gärtner zu reisen?
Ehre bringt's ihm und Glück, wenn er sein Gärtchen besorgt.

* Goethe mußte in Venedig auf die Herzoginmutter Anna Amalia warten, um sie von ihrer Italien-Reise nach Hause zu geleiten.

Tag- und Jahreshefte 1799.

Im August und September bezog ich meinen Garten am Stern, um einen ganzen Mondswechsel durch ein gutes Spiegel-Teleskop zu beobachten, und so ward ich denn mit diesem, so lange geliebten und bewunderten Nachbar endlich näher bekannt. Bei allem diesem lag ein großes Naturgedicht, das mir vor der Seele schwebte, durchaus im Hintergrund. Während meines Gartenaufenthalts las ich Herders Fragmente, ingleichen

Winckelmanns Briefe und erste Schriften, ferner Miltons verlornes Paradies, um die mannichfaltigsten Zustände, Denk- und Dichtweisen mir zu vergegenwärtigen.

WA I, 35, 84.

An Friedrich Schiller Weimar, 31. Juli 1799.
Um meiner von allen Seiten geräuschvollen Nachbarschaft zu entgehen, habe ich mich entschlossen in den Garten zu ziehen* ...
Ob die Einsamkeit des Ilmthals zu dem Einzigen was Noth ist viel helfen wird, muß die Zeit lehren.

* Im Sommer 1799 verbrachte Goethe 6 Wochen im Gartenhaus.

An Friedrich Schiller Weimar, 7. August 1799.
In meiner Garteneinsamkeit fahre ich an meiner Arbeit recht eifrig fort ... Lassen Sie August (Goethes Sohn) manchmal bey sich gut aufgenommen seyn; da ich nicht nach Jena entweichen konnte, so mußten die Meinigen weichen, denn dabey bleibt es nun einmal: daß ich ohne absolute Einsamkeit nicht das mindeste hervorbringen kann. Die Stille des Gartens ist mir auch daher vorzüglich schätzbar.

An Friedrich Schiller Weimar, 10. August 1799.
Durch das Steinische Spiegelteleskop (im Gartenhaus) habe ich einen Besuch im Mond gemacht. Die Klarheit mit welcher man die Theile sieht ist unglaublich; man muß ihn im wachsen und abnehmen beobachten, wodurch das Relief sehr deutlich wird. Sonst habe ich noch mancherley gelesen und getrieben. Denn in einer so absoluten Einsamkeit, wo man durch gar nichts zerstreut und auf sich selbst gestellt ist, fühlt man erst recht und lernt begreifen wie lang ein Tag sey.

An Friedrich Schiller Weimar, 21. August 1799.
Mein stilles Leben im Garten trägt immerfort wo nicht viele doch gute Früchte.
... Die große nächtliche Stille hier außen im Garten hat auch viel Reiz, besonders da man Morgens durch kein Geräusch geweckt wird.

An Carl Ludwig von Knebel Jena, 17. September 1799.
Ich habe sechs Wochen in meinem alten Garten zugebracht, der jetzt, bey einer Veränderung die mit dem sogenannten Stern vorgenommen worden*, viel gewonnen hat und angenehm zu bewohnen ist. Ich muß nur erst das nächste Frühjahr die Wildniß ein wenig bändigen, denn die Bäume und Sträuche, die vor 20 Jahren gesetzt worden, haben dem Boden und dem Hause Licht und Luft fast weggenommen. So kommt es wohl manchmal daß uns unsere eigne Wünsche über den Kopf wachsen.
In der ziemlichen Abgesondertheit, in der ich daselbst lebte, nahm ich meine kleinern Gedichte vor, die etwa seit 10 Jahren das Licht der Welt erblickten. Ich stelle sie zusammen und suchte ihnen sowohl an Gehalt

als Form was fehlen mochte zu geben und ich werde noch eine Zeit lang zu arbeiten haben, wenn ich mir genug thun will.

* Der Herzog war damals dabei, die Ilmtallandschaft im Stil eines englischen Landschaftsparkes umzugestalten.

Tagebuch, 16. März 1801.
Nachmittag im alten Garten.

An Friedrich Schiller Lauchstädt, 28. Juni 1802.
Sie werden einen Schlüssel zu meinem Garten und Gartenhaus erhalten, machen Sie sich den Aufenthalt einigermaßen leidlich und genießen der Ruhe die in dem Thale herrscht.

***Friedrich Schiller**, Pastellzeichnung (1793) von Ludowike Simanowicz.*

Tag- und Jahreshefte 1809.
Von Naturereignissen erwähne ich des gewaltsamen Sturms in der Nacht vom 30. auf den 31. Januar, welcher weit und breit wüthete, und auch mir einen empfindlichen Schaden brachte, indem er einen alten ehrwürdigen Wachholderbaum in meinem Garten am Sterne niederwarf und so einen treuen Zeugen glücklicher Tage von meiner Seite riß. Dieser Baum, der einzige in der ganzen Gegend, wo der Wachholder fast nur als Gestrüppe vorkommt, hatte sich wahrscheinlich aus jenen Zeiten erhalten wo hier noch keine Gartencultur gewesen. Es hatten sich allerlei Fabeln von ihm verbreitet: ein ehemaliger Besitzer, ein Schulmann, sollte darunter begraben sein, zwischen ihm und dem alten Hause, in dessen Nähe er stand, wollte man gespensterhafte Mädchen, die den Platz reine kehrten, gesehen haben; genug er gehörte zu dem abenteuerlichen Complex jenes Aufenthalts, in welchem so manche Jahre meines Lebens hingeflossen, und der mir und andern durch Neigung und Gewohnheit, durch Dichtung und Wahn so herzlich lieb geworden.
Den umgestürzten Baum ließ ich durch einen jungen Künstler zeichnen, wie er noch auf Herzoglicher Bibliothek zu sehen ist; die Unterschrift sagt von ihm Folgendes:
„Oben gezeichneter *Wachholderbaum* stand in dem Garten des Herrn Geheimraths von Goethe, am Stern. Die Höhe vom Boden bis dahin, wo er sich in zwei Äste theilte, war zwölf hiesige Fuß, die ganze Höhe 43 Fuß. Unten an der Erde hielt er 17 Zoll im Durchmesser, da wo er sich in die beiden Äste theilte, 15 Zoll. Jeder Ast 11 Zoll, und nachher fiel es ab, bis sich die Spitzen ganz zart verzweigten.
Von seinem äußerst hohen Alter wagt man nichts zu sagen. Der Stamm war inwendig vertrocknet, das Holz desselben mit horizontalen Rissen durchschnitten, wie man sie an den Kohlen zu sehen pflegt, von gelblicher Farbe und von Würmern zerfressen.
Der große Sturm, welcher in der Nacht vom 30. zum 31. Januar wüthete im Jahr 1809, riß ihn um; ohne dieses außerordentliche Ereigniß hätte er noch lange stehen können. Die Gipfel der Äste so wie die Enden der Zweige waren durchaus grün und lebendig.“

WA I, 36, 53-54.

An Johann Heinrich Meyer Weimar, 28. April 1809.

Da ich morgen früh nach Jena gehe, so wollte ich ... noch einiges übersenden.

(U.a.)

Die Zeichnung des alten Wachholderbaums mit Bitte sie auf ein weißes steifes Papier auftragen zu lassen, damit man dessen Maß und Geschichte dazu schreiben könne.*

* Zehn Jahre später, am 29. 3. 1819 vermeldet das Tagebuch: „Die Explication unter die Abbildung des vormals im untern Garten gestandenen großen Wachholderbaums gesetzt ... Sie lautet: Dieser alte Weidenbaum / Steht und wächs't als wie ein Traum, / Sah des Fürstendaches Gluthen+, / Sieht der Ilme leises Fluthen. WA I, 4, 142.
\+ Damit ist der Brand des Schlosses im Jahre 1774 gemeint.

An Carl Friedrich Zelter Weimar, 29. Mai 1817.

Da ich nun eine schöne heitere Gartenwohnung bezogen, so soll der zweyte Theil meiner Italiänischen Reise auch an die Reihe, freilich mit dem alten Motto *auch Ich in Arkadien.*

Dieses sind meine Thätigkeiten, ob ich gleich zu Ende May in der lieblichsten Gartenwohnung unbehaglich umnebelt friere.

Maskenzug 1818.*

Die Ilme tritt auf.

Wenn die Ilme, still im Thale,
Manchen goldnen Traum gegängelt;
So erlaubt, daß hoch im Saale
Sie den Feierzug durchschlängelt.
...

Droben hoch an meiner Quelle
Ist so manches Lied entstanden,
Das ich mit bedächt'ger Schnelle
Hingeflößt nach allen Landen.
...

WA I, 16, 264.

Die Ilme

Da bin ich wieder, lasse mir nicht nehmen
den anzukünd'gen der nun folgen soll.**
Er muß sich jetzt zur Einsamkeit bequemen;
Doch ist sein Herz Euch treu und liebevoll.
Er dankt mir viel, ich weiß daß er nicht wanket,
Ich will ihm wohl, weil er mir's treu verdanket.

Die Bäume sämmtlich, die mich hoch umschatten,
Die Felsen rauh und seltsam angegraut,
Der Hügel Grün, das Grünere der Matten,
Sie haben ihm ein Paradies gebaut;
Doch heute ließ er gern den Kreis der Erden,
Nur um das Glück vor Euch genannt zu werden.
...

WA I, 16, 277.

* Im Dezember 1818 besuchte die Mutter der Weimarer Erbgroßherzogin Maria Pawlowna und des russischen Zaren Alexander I., Maria Feodorowna, Weimar. Aus diesem Anlaß erhielt Goethe den Auftrag, einen Festzug zu gestalten; in ihm werden die „einheimischen Erzeugnisse der Einbildungskraft" vorgeführt.
** In der Folge werden Werke Goethes vorgestellt.

Tagebuch, 16. März 1824.
Fuhr in den untern Garten mit Walter. Ließ das Haus öffnen, lüften und reinigen.

Goethe's Gartenhaus
am untern Park bei Weimar.*
1. Mai 1827.

Übermüthig sieht's nicht aus,
Hohes Dach und niedres Haus;
Allen die daselbst verkehrt
Ward ein guter Muth bescheert.
Schlanker Bäume grüner Flor,
Selbstgepflanzter, wuchs empor.
Geistig ging zugleich alldort
Schaffen, Hegen, Wachsen fort.

WA I, 4, 142.

* Verse unter einer kolorierten Ansicht des Gartenhauses nach einer Zeichnung von Otto Wagner, 1827.

Chinesisch-Deutsche Jahres- und Tageszeiten
VII.

War schöner als der schönste Tag,
Drum muß man mir verzeihen,
Daß ich sie nicht vergessen mag,
Am wenigsten im Freien.
Im Garten war's, sie kam heran,
Mir ihre Gunst zu zeigen;
Das fühl' ich noch und denke dran,
Und bleib' ihr ganz zu eigen.
(1827)

WA I, 4, 113.

An Henriette von Pogwisch 14. Mai 1827.
... um nur einigermaßen was mir obliegt zu beseitigen, mußte ich mich in meinem untern Garten flüchten, dessen Aufenthalt eine widerwärtige Witterung keineswegs erfreulich macht.

An Carl Friedrich Zelter Weimar, 24. Mai 1827.
Kund und zu wissen sey hiermit dem theuersten Freunde, daß ich Sonnabend den 12. May ganz unschuldigerweise in meinen untern Garten fuhr, ohne auch nur irgend einen Gedanken als daselbst eine freundliche Stunde zu verweilen. Nun gefiel es mir aber daselbst so wohl, die Frühlingsumgebung war so unvergleichlich, daß ich blieb ohne bleiben zu wollen und heute am Himmelfahrtsfeste mich noch hier befinde, diese Tage her immer thätig und ich hoffe andern wie mir erfreulich. Der zweyte Theil der Wanderjahre ist abgeschlossen; nur weniger Binsen bedarf es um den Straußkranz völlig zusammenzuheften ...
Nun aber soll das Bekenntniß im Stillen zu dir gelangen, daß ich, durch guter Geister fördernde Theilnahme, mich wieder an Faust begeben habe, und zwar gerade dahin, wo er, aus der antiken Wolke sich niederlassend, wieder seinem bösen Genius begegnet. Sage das niemanden; dieß aber vertrau ich dir, daß ich von diesem Punct an weiter fortzuschreiten und die Lücke auszufüllen gedenke zwischen dem völligen Schluß, der schon längst fertig ist.

An Carl Friedrich Zelter Weimar, 17. Juli 1827.
Dein Freund ist aus dem Garten wieder heraufgezogen, indem er allzusehr abhängt von literarisch-artistischer Umgebung, die ihm hier oben (im Haus am Frauenplan) allzeit zur Hand ist, anstatt daß er sie unten nur theilweise heranfordern kann. Es war wirklich komisch zu sehen wieviel und was alles in den vier Wochen des dortigen Aufenthalts hinabgeschleppt worden. – Der größte Gewinn den ich jedoch von diesem Versuche davongetragen, ist, daß mir jener Garten, der mir fast gänzlich entfremdet war, wieder lieb ja nothwendig geworden ist.
Die Vegetation daselbst wie in der Umgegend hat sich dieses Jahr vorzüglich auch an alten Bäumen bemerklich gemacht, und so erfreu ich mich des lange Versäumten und Vernachlässigten noch mehr als eines Vermißten und Ersehnten. Ich fühle mich genöthigt jeden Tag wenigstens einige Stunden daselbst zuzubringen.

Tagebuch, 19. Oktober 1827.
Im unteren Garten am Hauptgeschäft (Faust) ...

An Carl Friedrich Zelter Weimar, 22. April 1828.
Dagegen lockt mein Garten am Stern zu jeder freundlichen Stunde mich an; dort gelingt mir's, mich zu sammeln und zu manchem guten Hervorbringen mich zu einigen und zu innigen.

Tagebuch, 27. April 1828.
Früh 8 Uhr in den untersten Garten gegangen. Manches bearbeitet und

vorbereitet. Nach 12 Uhr von da mit Herrn Hofrath Meyer spazieren gefahren.

Tagebuch, 12. Juli 1829.
... in den untern Garten, wo ich das Vorliegende bedachte und einiges vorbereitete. Blieb allein bis gegen Abend. Besuchte einige Stellen des Parks und erinnerte mich, was Baumgruppen betrifft sowie die Beleuchtung der großen Massen, der allerbesten Arbeiten in diesem Fache. Merkwürdig waren mir einige auffallende, einzige, sogar malerische, aber nicht zu malende Effecte.

Tagebuch, 13. Juli 1829.
In den unteren Garten, daselbst zu verweilen Anstalt gemacht und die nöthigen Einrichtungen getroffen.

An Carl Friedrich Zelter Weimar, 19. Juli 1829.
Ich habe mir hier in meinem Erdsälchen (im Gartenhaus) das alte und neue Rom in weitschichtigen Bildern, nicht weniger das alte Italien und Latium vor Augen gehängt und gestellt; viele Bücher dieses Inhalts und Sinnes um mich versammelt und belebe so möglichst die Erinnerungen an meinen zweyten Aufenthalt in Rom.

An Johann Jacob von Willemer
Weimar, im Garten am Park, 28. Juli 1829.
Ich bin in meinen Garten am Park gezogen, und lebe da in continentaler, durch die schmächtige Ilm ruhig bewässerter, Wiesen-Wälder- und Buscheinsamkeit.

Tagebuch, 2. März 1830.
Oberbaudirector Coudray ... Beredung wegen einer Thüre, auch neuen Stufen in den untern Garten.

An Johann Georg Paul Götze Weimar, 29. April 1830.
Mein werther vortrefflicher Wege Bauinspector* habe die Freundlichkeit baldigst nachstehendes zu besorgen: Ich wünsche einen einspännigen Karren, nicht gerade ganz voll gefüllt, aber doch hinreichend, von kohlschwarzen und schneeweißen Saalkieseln, mittlerer Größe, eher klein als groß, baldigst zu erhalten; indem ich eine neue Gartenthüre errichten muß und bey'm Eintritte sogleich ein hübsches Mosaik möchte pflastern lassen. Der Fuhrmann könnte von Jena gleich an meinen Garten am Stern anfahren. Wüßte ich wenn er kommt, so würde ich ihn dort empfangen lassen, sonst aber kann er immer nur gleich vor der Thüre abladen. Auslagen für Einsammlung der Steine und die Fuhre ersetze dankbar und hoffe du werdest auch diese neugelegten Schwellen gelegentlich einmal freundlich betreten wollen.

* Götze stand von 1777 bis 1794 in Goethes Diensten; anschließend war er Kondukteur, später Inspektor der Wegebaukommission in Jena.

Tagebuch, 30. April 1830.
Abends in den untern Garten gefahren ... Auch war Herr Oberbaudirector Coudray unten, wegen der neuen Stufen und Thüre. Fortgesetzte pompejanische Betrachtung.

Tagebuch, 5. Mai 1830.
Vorbereitungen den Tag im unteren Garten zuzubringen ... Zeitig in den Garten. Die Collectanea über die Spiraltendenz der Pflanzen separirt und einigermaßen geordnet. Das neue Gartenplätzchen ward eingeleitet ... Ließ in der kleinen Anlage fortfahren. Kehrte spät nach Hause zurück.

An August von Goethe Weimar, 11. Mai 1830.
Die neue Gartenthüre stolzirt unten auf der Wiese gar architektonisch ansehnlich; zur Mosaik des Eingangs hat mir Wege-Bau-Inspector Götze frische schwarz und weiße Kiesel geschickt. Ober-Bau-Director Coudray wird mir bey der Zeichnung beystehen.

Die „neue Gartenthüre".

An Johann Georg Paul Götze Weimar, 12. Mai 1830.
Du hättest, mein guter alter Inspector, die übersendeten Kiesel nicht schelten sollen, denn sie sind mir wirklich nach Wunsch ausgefallen. Die weißen Quarzkiesel verstehen sich von selbst, die schwarzen sind alles Kiesel-Schiefer, welche, genetzt, sich sehr gut ausnehmen. Habe deshalb den schönsten Dank und laß es jenen Leuten, die dabey beschäftigt waren, an einem Trinkgeld nicht fehlen, welches auf gefällige Meldung gern erstatte.

Tagebuch, 28. Juli 1830.
Abends in den Garten mit Walter. Die Pflasterung angesehen. Wunderschöne Beleuchtung bey großer Stille des Grüns.

Tagebuch, 16. November 1830.
... spazieren gefahren in den unteren Garten. Daselbst bey sehr schönem Sonnenschein und milder Luft einige Zeit verweilt.

Tagebuch, 1. August 1831.
Abends mit Ottilien in den untern Garten gefahren, wo die Malvenallee sich sehr blühend ausnahm.

Tagebuch, 9. August 1831.
Nach Tische in den untern Garten, blieb daselbst bis Abends nach 7 Uhr. Große Theegesellschaft.

Tagebuch, 10. Aug. 1831.
...Fuhren in den untern Garten, um der bunten Malven und der ruhigen Umgebung gewahr zu werden...

Tagebuch, 14. August 1831.
Mit Ottilien in den untern Garten, die Malvenallee in ihrer vollen Blüthe zu sehen.

Tagebuch, 20. Februar 1832.
In den untern Garten gefahren. Einige Stunden daselbst geblieben.

Xenien.
103.
Ilm
Meine Ufer sind arm, doch höret die leisere Welle,
Führt der Strom sie vorbei, manches unsterbliche Lied.

WA I, 5.1, 219.

Haus am Frauenplan

... daß ich es nicht zum Wohlleben,
sondern zu möglicher Verbreitung von Kunst
und Wissenschaft einrichtete und benutzte.

Im nachgelassenen Text „Epochen geselliger Bildung" beschreibt Goethe verschiedene Stufen des geistig-geselligen Austausches zwischen Menschen und stellt fest, daß er sie alle im Lauf seines Lebens „treulich durchgefördert" habe. Sie reichen vom engsten Zirkel im familiären Bereich bis zur umfassenden Vereinigung aller gebildeter Kreise, die im großen Weltenlauf zu gemeinsamem Streben miteinander in Verbindung treten.*

Alle diese Stufen sind im Haus am Frauenplan gepflegt oder von dort aus angeregt worden. Das Ziel des Hausherrn, die „Gewalt des Geistes"** zu festigen und auszubreiten, machte ständigen Kontakt mit gleichgesinnten Menschen notwendig. Er blieb neben dem Drang nach schöpferischer Einsamkeit ein maßgebliches Prinzip Goethescher Lebensgestaltung. Dieses Anliegen war einer der Gründe, die Idylle des Gartenhauses an der Ilm 1782 als hauptsächlichen Wohnsitz aufzugeben, obwohl diese Entscheidung nicht leichtfiel. Die Wohnung im Haus am Frauenplan hatte nicht nur den Vorteil größerer Nähe zu Frau von Stein, sie konnte auch den Umgang mit Besuchern und Freunden erleichtern und intensivieren, zudem bot sie den sich ständig vergrößernden Sammlungen ausreichend Raum. Später äußerte Goethe einmal gegenüber dem Herzog, daß er das Haus nicht zum „Wohlleben, sondern zu möglicher Verbreitung von Kunst und Wissenschaft" einrichtete und nutzte.

Bis 1789 bewohnte Goethe das Haus als Mieter; nachdem Christiane Vulpius in sein Leben getreten und 1789 Sohn August geboren worden war, wurde das Haus am Frauenplan ab 1792 zum Lebensraum der kleinen Familie, „welches nicht eben eine heilige Familie ist"; 1794 gelangte es durch eine herzogliche Schenkungsurkunde in Goethes Besitz.

Das Gedicht „Die Lustigen von Weimar" vermittelt den Eindruck ausgelassener Fröhlichkeit, die von dem von Goethe tolerierten geselligen Kreis um Christiane Vulpius ausging. Die Theaterleidenschaft der „kleinen Freundin" führte manchen Besucher ins Haus und vermittelte zwischen den Schauspielern und Goethe als ihrem künstlerischen Leiter. Auch am kleinen Singekreis, 1807 ins Leben gerufen, beteiligten sich Sänger des Hoftheaters. Man traf sich in Christianes Stuben im Hinterhaus zum Üben, wobei Goethe selbst mit seiner Baßstimme teilnahm. Am Sonntagvormittag gab es dann vor einem Kreis geladener Gäste ein Konzert in den Räumen des Vorderhauses.

Goethes Haus eignete sich durch seine besondere innere Struktur vorzüglich für die Trennung von intimer Lebensform und erweiterter Geselligkeit. Das Hinterhaus bot nicht zuletzt wegen der Verbindung zum Hausgarten eine Sphäre behaglicher Stille und konzentrierten Arbeitens, um deren Fortbestand sich Goethe angesichts geräuschvoller Nachbarn ständig sorgte. Im Alter lebte Goethe, vor allem im Winterhalbjahr, fast ausschließlich in zwei schlichten Räumen des Hinterhauses. Die Kontakte zur Außenwelt wurden zum großen Teil schriftlich gepflegt. Kamen Besucher, oft hochrangige Gäste, zum Dichterfürsten, der zu einer geistigen Großmacht nicht nur in Deutschland geworden war, wurden sie in den repräsentativen Zimmern des Vorderhauses empfangen.

Auf dem Weg zum Ziel, in Verbindung mit Jena ein Zentrum geistig-kultureller Ausstrahlung zu schaffen, gab Goethe verschiedene Anstöße zu „geselliger Bildung". Nicht jeder Versuch gelang. Die „edle Gesellschaft" des Mittwochkränzchens „Cour d'amour", die durch Musik und Gesang gehobene Geselligkeit unabhängig vom Hof in Goethes Haus zu etablieren versuchte, bestand nur kurze Zeit. Man traf sich im Winter 1801/02 nur wenige Monate lang wöchentlich jeweils am Abend nach dem Theater in Goethes Haus zu heiterer Geselligkeit. Zu diesem Zweck gruppierte Goethe seine Gäste paarweise. Schiller gehörte dazu; ihm war Caroline von Wolzogen als Partnerin zugeordnet. Goethe selbst hatte sich mit der Hofdame Henriette von Egloffstein zusammengetan. Die Damen mußten für die Speisen sorgen, die Herren für den Wein. Ein anstrengendes, etwas steifes Reglement des Hausherrn mag die baldige Auflösung dieses Zirkels verursacht haben. Geblieben sind gesellige Lieder, wie das „Trinklied", das Goethe eigens für diese Zusammenkünfte schuf.

Von längerer Dauer war eine andere „edle Gesellschaft", die 1791 auf Goethes Vorschlag gegründet wurde und bis 1797 bestand – die „Freitagsgesellschaft". Durch sie sollte „das Licht der Kenntnisse, das übrigens ziemlich unter dem Scheffel steht, wenigstens einmal die Woche in meinem Haus" leuchten. Als „Reunionspunckt" wissenschaftlich strebender Männer von Weimar und Jena gegründet, verfolgte man das Ziel, sich gegenseitig über neueste Erkenntnisse in Wissenschaft und Kunst zu informieren und Ideen aus den verschiedensten Wissenschaftsbereichen auszutauschen. Die Zusammenkünfte der „Freitagsgesellschaft" kamen Goethes Bedürfnis entgegen, die Ergebnisse eigener Überlegungen und Forschungen zunächst in Gesellschaft vorzutragen. Er referierte über geologische Themen, sprach über Aspekte seiner „Farbenlehre" oder kommentierte die „Ilias".

Zum Kreis der Mitglieder gesellte sich ab und zu auch der Herzog, so daß die Möglichkeit bestand, fähige Fachleute für geeignete Positionen zu empfehlen. So geschah es im Falle Christoph Wilhelm Hufelands, der sich in der Gesellschaft mit einem Vortrag vorgestellt hatte und daraufhin eine Professur an der Universität Jena erhielt.

Eine weitere „edle Gesellschaft", die etwa von 1805 bis 1820 bestand, zeugt von Goethes unermüdlichem Bestreben, wissenschaftliche und künstlerische Bildung auszubreiten. Es war die „Mittwochsgesellschaft", die Goethe speziell für die Herzogin Louise und Damen der Hofgesellschaft eingerichtet hatte; auch weitere Damen aus der Stadt waren willkommen. Gelegentlich nahmen Knebel, Wieland oder Hufeland an den Zusammenkünften teil. Auch in diesem Rahmen stellte Goethe eigene wis-

senschaftliche Arbeiten vor; so die „Farbenlehre", deren erster Band bei seinem Erscheinen 1808 der Herzogin gewidmet wurde.
Dank der Ausstrahlungskraft seines Hausherrn entwickelte sich das Haus am Frauenplan zu einem Ort „geselliger Bildung", der schließlich durch den Freundschafts- und Arbeitsbund mit Schiller weit über das geistig-kulturelle Zentrum Weimar-Jena hinausstrahlte und viele Besucher nach Weimar zog. Die kunsttheoretischen und kunstpraktischen Bemühungen Goethes, außer von Schiller durch Hausfreund und Mitstreiter Meyer unterstützt und im Begriff der „Weimarischen Kunstfreunde" weithin bekannt, wirkten durch Preisausschreiben und Ausstellungen über Weimar hinaus auf den gesamtdeutschen Raum und trugen das Gedankengut der Weimarer Klassik in alle Welt, ganz im Sinne von Goethes letzter Stufe der „Epochen geselliger Bildung", *universell* wirken zu wollen.
Schon 1815, als Goethes zahlreiche Verantwortungsbereiche in der „Oberaufsicht über die unmittelbaren Anstalten für Wissenschaft und Kunst in Weimar und Jena" zusammengefaßt worden waren, konnte er feststellen: „Weimar hat den Ruhm einer wissenschaftlichen und kunstreichen Bildung über Deutschland ja über Europa verbreitet".

* „Epochen geselliger Bildung". WA I, 41.2, 361-362.
** An Charlotte von Stein am 17. Juni 1784: „Uns andern die zum Erbtheil keine politische Macht erhalten haben, die nicht geschaffen sind um Reichthümer zu erwerben, ist nichts willkommner als was die Gewalt des Geistes ausbreitet und befestigt."

***Das Haus am Frauenplan**, Zeichnung von Otto Rasch.*

An Charlotte von Stein 14. November 1781.
Der Ausgang durch den Garten ist nicht das geringste von den Annehmlichkeiten dieser Wohnung (am Frauenplan).

An Charlotte von Stein 2. Juni 1782.

Zum erstenmale aus dem neuen Quartier* schreib ich und schick ich dir was du aus dem alten so offt erhieltest, einen Morgengrus und die Versicherung meiner Liebe. Es ist mir ganz einerley wo ich bin wenn ich dir nur nahe wohne. Zugleich folgt ein Bund Spargel den ich diesen Mittag mit dir zu verzehren hoffe.

* Goethe war am 1. Juni aus dem Gartenhaus an der Ilm in die Stadt gezogen.

An Charlotte von Stein 3. Juni 1782.

Guten Morgen meine liebste Nachbarinn. Eine Kutsche die Wielanden nach hause brachte und das Rufen der Wache hat mich schon fühlen lassen daß ich von meiner schönen Einsamkeit getrennt bin. Bin ich es doch nicht von dir vielmehr dir immer näher.

An Herzog Carl August Weimar, 16. Juni 1782.

In meinem neuen Hause breite ich mich aus und alles kommt in die schönste Ordnung ... Wie viel mir die neue Einrichtung an Arbeit erleichtert, ist kaum zu sagen, ich kann in eben der Zeit und mit gleicher Mühe noch einmal so viel thun.

Wilhelm Meisters Lehrjahre.

Zweites Buch. Viertes Capitel.

Sie haben Recht, versetzte er (Wilhelm) mit einiger Verlegenheit, der Mensch ist dem Menschen das Interessanteste, und sollte ihn vielleicht ganz allein interessiren. Alles andere, was uns umgibt, ist entweder nur Element, in dem wir leben, oder Werkzeug, dessen wir uns bedienen. Jemehr wir uns dabei aufhalten, jemehr wir darauf merken und Theil daran nehmen, desto schwächer wird das Gefühl unsers eignen Werthes und das Gefühl der Gesellschaft. Die Menschen, die einen großen Werth auf Gärten, Gebäude, Kleider, Schmuck oder irgend ein Besitzthum legen, sind weniger gesellig und gefällig; sie verlieren die Menschen aus den Augen, welche zu erfreuen und zu versammeln nur sehr wenigen glückt.*

WA I, 21, 158.

* „Wilhelm Meisters theatralische Sendung" wurde 1785 abgeschlossen.

An Herzog Carl August 5. Juli 1789.

Ich dencke immer mehr auf die Haus Existenz, das sich denn auch ganz gut für mich ziemt.*

* Zu dieser Zeit wohnte Goethe allein als Mieter im Haus am Frauenplan. Christiane erwartete ihr erstes Kind. Im November 1789 zogen beide in zwei Quartiere im Jägerhaus an der Chaussee nach Belvedere, dort wurde im Dezember der gemeinsame Sohn August geboren. Erst ab Spätsommer 1792 wohnte die „kleine Familie" im Haus am Frauenplan, das 1794 per Schenkungsurkunde an Goethe übertragen wurde.

***Christiane Vulpius**,*
Bleistiftzeichnung
(1788/89) von Goethe.

An Johann Gottfried Herder Ruhla, 10. August 1789.
Hier sind wir in dem Lande der berühmten Bergnymphen und doch kann ich dir versichern, daß ich mich herzlich nach Hause sehne, meine Freunde und ein gewisses kleines Eroticon (Christiane)* wieder zu finden, dessen Existenz die Frau dir wohl wird vertraut haben.

* Nach seiner Rückkehr aus Italien war Goethe im Juli 1788 Christiane Vulpius begegnet und hatte sie bald in seinem Gartenhaus an der Ilm aufgenommen.

Tag- und Jahreshefte 1791.
Ein ruhiges, innerhalb des Hauses und der Stadt zugebrachtes Jahr! Die freigelegenste Wohnung, in welcher eine geräumige dunkle Kammer einzurichten war, auch die anstoßenden Gärten, woselbst im Freien Versuche jeder Art angestellt werden konnten, veranlaßten mich den chromatischen Untersuchungen ernstlich nachzuhängen.* Ich bearbeitete vorzüglich die prismatischen Erscheinungen, und indem ich die subjectiven derselben in's Unendliche vermannichfaltigte, ward ich fähig, das erste Stück *optischer Beiträge* herauszugeben, die mit schlechtem Dank und hohlen Redensarten der Schule bei Seite geschoben wurden.

WA I, 35, 17.

* Zu dieser Zeit wohnte Goethe gemeinsam mit Christiane Vulpius im Jägerhaus an der Chaussee nach Belvedere.

An Herzog Carl August Weimar, 1. Juli 1791.

... hat sich eine alte Idee: hier eine gelehrte Gesellschaft zu errichten* ... in mir wieder erneuert. Wir könnten wircklich mit unsern eignen Kräften, verbunden mit Jena viel thun wenn nur manchmal ein Reunionspunckt wäre. Biß Sie wiederkommen soll das Projeckt reifer seyn.

* Die „Freitagsgesellschaft" versammelte sich im September 1791 zum erstenmal.

Rede bei der Eröffnung der Freitagsgesellschaft.

Gehalten am 9. September 1791.

Es ist keinem Zweifel ausgesetzt, daß derjenige, der in Geschäften arbeitet und um der Menschen willen manches unternimmt, auch mit Menschen umgehen, Gleichgesinnte aufsuchen und sich, indem er ihnen nutzt, auch ihrer zu seinen Zwecken bedienen müsse.

Bei Künsten und Wissenschaften hingegen fällt es nicht so sehr in die Augen, daß auch diese der Geselligkeit nicht entbehren können. Es scheint, als bedürfe der Dichter nur sein selbst und horche am sichersten in der Einsamkeit auf die Eingebung der Musen; man überredet sich manchmal, als seien die trefflichsten Werke dieser Art von einsamen Menschen hervorgebracht worden. Man hört oft, daß ein bildender Künstler, in seine Werkstatt geschlossen, gleich einem andern *Prometheus* oder *Pygmalion* von seiner angebornen Kraft getrieben, unsterbliche Werke hervorbringe und keinen Rathgeber brauche außer seinen Genius.

Es möchte dieses alles aber wohl nur Selbstbetrug sein: denn was wären Dichter und bildende Künstler, wenn sie nicht die Werke aller Jahrhunderte und aller Nationen vor sich hätten, unter welchen sie wie in der auserlesensten Gesellschaft ihr Leben hinbringen und sich bemühen, dieses Kreises würdig zu werden? Was kommen für Werke zum Vorschein, wenn der Künstler nicht das edelste Publicum kennt und immer vor Augen hat? Und jene so verdient gepriesenen Alten, haben sie sich nicht eben auch darum auf den Gipfeln der Kunst gesetzt, weil an ihrem Bestreben ganze Nationen Theil nahmen, weil sie Gelegenheit hatten, sich nach und mit ihres Gleichen zu bilden, weil ein edler Wetteifer einen jeden nöthigte, mit der äußersten Anstrengung dasjenige zu leisten, dessen unsre Natur fähig ist?

Die Freunde der Wissenschaften stehen auch oft sehr einzeln und allein, obgleich der ausgebreitete Bücherdruck und die schnelle Circulation aller Kenntnisse ihnen den Mangel von Geselligkeit unmerklich macht. Auch in diesem Felde, wo das Gefühl der größten Allgemeinheit eintreten sollte, tritt gar zu oft der beschränkte Begriff seines eigenen Selbst, seiner Schule hervor und verdunkelt das Übrige. Streitigkeiten zerstören die gesellige Wirksamkeit, und wechselseitige Entfernung ist gewöhnlich die Folge von gemeinsamen Studien. Glücklich, daß die Wissenschaft wie alles, was ein echtes reines Fundament hat, eben so viel durch Streit als durch Einigkeit, ja oft mehr gewinnen! Aber auch der Streit ist Gemeinschaft, nicht Einsamkeit, und so werden wir selbst durch den Gegensatz hier auf den rechten Weg geführt.

Wir verdanken daher dem Bücherdruck und der Freiheit desselben undenkbares Gutes und einen unübersehbaren Nutzen; aber noch einen

schönern Nutzen, der zugleich mit der größten Zufriedenheit verknüpft ist, danken wir dem lebendigen Umgang mit unterrichteten Menschen und der Freimüthigkeit dieses Umgangs. Oft ist ein Wink, ein Wort, eine Warnung, ein Beifall, ein Widerspruch zur rechten Zeit fähig, Epoche in uns zu machen, und wenn wir oft solche heilsame Einflüsse durch den Zufall einem längst abgeschiedenen Schriftsteller zu danken haben, so ist es doch zehnfach angenehm, einem lebenden gefühlvollen, vernünftigen Freunde dafür Dank abstatten zu können.
Man gibt nicht mit Unrecht großen Städten deßhalb den Vorzug, weil sie so vieles Nothwendiges versammeln und einem jeden die Auswahl für sein Bedürfniß oder seine Liebhaberei überlassen. Aber auch ein kleiner Ort kann in gewissem Sinne dergestalt begünstigt sein, daß er wenig zu wünschen übrig läßt.
Wo in mehreren Menschen ein natürlicher unüberwindlicher Trieb zu Bearbeitung gewisser Fächer sich regt, wo dieser Trieb durch die Lage und äußere Verhältnisse immer auf's neue angefeuert wird, wo an dem Platze selbst so viel Gelegenheit, Aufmunterung und Unterstützung statt findet, so daß alles gleichsam von selbst geräth, wo so manche Schätze der echten Kunst aufbewahret, so manche Kenntnisse von Reisenden zusammengebracht werden, wo die Nachbarschaft thätige Männer in allen Fächern versammelt, wo neue Bücher sowohl als Privatcorrespondenz den Gedankenkreis immer in einer frischen Bewegung erhalten, an einem solchen Orte scheint es natürlich, daß man gewisse festliche Tage auszeichne, um sich gemeinschaftlich des Guten zu erfreuen, das man so bequem findet und genießt.
Der Gewinnst der Gesellschaft, die sich heute zum erstenmal versammelt, wird die Mittheilung desjenigen sein, was man von Zeit zu Zeit hier erfährt, denkt und hervorbringt. Jede Bemühung wird lebhafter, wenn eine Zeit bestimmt ist, wo man mitten unter den Zertsreuungen des Lebens sich des Antheils geschätzter Menschen an dem, was man unternimmt, zum Voraus versprechen kann.
Der Ort*, an dem wir zusammen kommen, die Zeit, in der wir uns zum erstenmal versammeln, die aufmerksame Gegenwart derjenigen (der herzoglichen Familie) denen wir im Einzelnen und im Ganzen so vieles schuldig sind, alle vereinigten Umstände lassen uns hoffen, daß diese nur auf eine Zeitlang verbundene Gesellschaft ihre Dauer auf mehrere Jahre nützlich erstrecken werde.

WA I, 42.2, 13-16.

* Zum erstenmal traf sich die „Freitagsgesellschaft" im Wittumspalais; die größte Anzahl der weiteren Zusammenkünfte fand wohl im Haus am Frauenplan statt.

Aus den „Noten" zum „Briefwechsel zwischen Schiller und Goethe".

Von den erwähnten Vorlesungen (der „Freitagsgesellschaft") wäre wohl das nöthige zu erwähnen, da ihre Wirkung zur Zeit bedeutend war.
Es versammelten sich etwa zwölf Personen wöchentlich Abends in meinem Hause, deren Namen schon von der Unterhaltungsweise genugsames Verständniß giebt.

Geh.(eimer) Rath v. Voigt, ein allseitig gebildeter Geschäftsmann, der in meiner Abwesenheit die Zusammenkunft fortführte und einleitete.
v. Fritsch, jung, gebildet, bildungslustig, aufmerksam, durchaus theilnehmend.
Wieland, Herder, Buchholz, Hufeland, Bertuch, Meyer, Krause*; Männer von verschiedensten Interesse, ein jeder in seinem Fach ernstlich beschäftig, vorschreitend im Neuen, nachdenkend über das Alte; keiner der nicht in der Folge des Lebens sich bedeutend erwiesen hätte.
Als Gäste fanden sich ein verschiedene Lehrer von Jena, Voigt von Ilmenau bey jedesmaligem Hierseyn, und so ward auch jeder bedeutende Fremdling eingeladen und wohl aufgenommen, so wie das was er mitzutheilen hatte. Die Anmuth, so wie die Wirksamkeit einer solchen Unterhaltung wird sich jeder Denkende gern vergegenwärtigen.
Höchst bedeutend war hiebey daß Durchl.(aucht) Herzog (Carl August) öfters Theil nahm und dabey mit besonderem Scharfsinn die Verdienste des Inhalts so wie des Vortrags beurtheilend, jüngere Männer kennen lernte, die ihm sonst schwerlich von dieser Seite so nahe getreten wären.
Weimar und Jena haben diesen Abenden manche wichtige Anstellung und Auszeichnung zu verdanken.
Da nun bey solchen Zusammenkünften mit Maas und Bescheidenheit alles zur Sprache kam, was empfunden, gedacht und gewußt zu werden verdiente, so war auch Poesie höchst willkommen.
Weimar den 30. Decbr. 1824.

WA I, 42.2, 454-456.

* Auch Wilhelm von Humboldt nahm teil.

An Christiane Vulpius Im Lager bey Verdün, 10. September 1792.
Du erfährst wieder daß ich mich wohl befinde, du weißt daß ich dich herzlich lieb habe. Wärst du nur jetzt bey mir! Es sind überall große breite Betten und du solltest dich nicht beklagen wie es manchmal zu Hauße geschieht. Ach! mein Liebchen! Es ist nichts besser als beysammen zu seyn. Wir wollen es uns immer sagen wenn wir uns wieder haben. Dencke nur! Wir sind so nah an Champagne und finden kein gut Glas Wein. Auf dem Frauenplan solls besser werden, wenn nur erst mein Liebchen Küche und Keller besorgt.
Sey ja ein guter Hausschatz und bereite mir eine hübsche Wohnung. Sorge für das Bübchen (der knapp dreijährige August) und behalte mich lieb.
Behalte mich ja lieb! denn ich bin manchmal in Gedancken eifersüchtig und stelle mir vor: daß dir ein andrer besser gefallen könnte, weil ich viele Männer hübscher und angenehmer finde als mich selbst. Das mußt du aber nicht sehen, sondern du mußt mich für den besten halten weil ich dich ganz entsetzlich lieb habe und mir ausser dir nichts gefällt. Ich träume oft von dir, allerley konfuses Zeug, doch immer daß wir uns lieb haben. Und dabey mag es bleiben.
Bey meiner Mutter hab ich zwey Unterbetten und Küssen von Federn bestellt und noch allerley gute Sachen. Mache nur daß unser Häußchen recht ordentlich wird, für das andre soll schon gesorgt werden. In Paris

wirds allerley geben, in Franckfurt giebts noch ein zweytes Judenkrämchen. Heute ist ein Körbchen mit Liqueur abgegangen und ein Päcktchen mit Zuckerwerck. Es soll immer was in die Haußhaltung kommen. Behalte mich nur lieb und sey ein treues Kind, das andre giebt sich. Solange ich dein Herz nicht hatte was half mir das übrige, jetzt da ichs habe möcht ichs gern behalten. Dafür bin ich auch dein. Küsse das Kind, Grüße Meyern und liebe mich.

Christiane Vulpius mit Sohn August, *Aquarell (1792/93) von Heinrich Meyer.*

Campagne in Frankreich 1792.
Und so will ich denn hier auch noch anführen, daß ich in diesem Elend das neckische Gelübde getan: man solle, wenn man uns erlös't und mich wieder zu Hause sähe, von mir niemals wieder einen Klagelaut verneh-

men über den meine freiere Zimmeraussicht beschränkenden Nachbargiebel, den ich vielmehr jetzt recht sehnlich zu erblicken wünsche.

WA I, 33, 100.

Campagne in Frankreich 1792.

Die Umzingelung war vollbracht, die Belagerung konnte nicht ausbleiben; wie ungern ich mich dem Kriegstheater abermals näherte, überzeuge sich wer etwa die zweite nach meinen Skizzen radirte Tafel („Hausgarten") in die Hand nimmt. Sie ist einem sehr genauen Federumriß nachgebildet, den ich wenige Tage vor meiner Abreise sorgfältig auf Papier gebracht hatte. Mit welchem Gefühl, sagen die wenigen dazu gedichteten Reimzeilen:

Hier sind wir denn vorerst ganz still zu Haus,
Von Thür' zu Thüre sieht es lieblich aus;
Der Künstler froh die stillen Blicke hegt,
Wo Leben sich zum Leben freundlich regt.
Und wie wir auch durch ferne Lande ziehn,
Da kommt es her, da kehrt es wieder hin;
Wir wenden uns, wie auch die Welt entzücke,
Der Enge zu, die uns allein beglücke.*

WA I, 33, 271.

* Die Verse wurden 1821 der Radierung „Hausgarten" von K. W. Lieber nach Goethes Handzeichnung beigefügt

Campagne in Frankreich 1792.

Meine Ankunft in Weimar sollte auch nicht ohne Abenteuer bleiben; sie ereignete sich nach Mitternacht und gab Anlaß zu einer Familienscene, welche wohl in irgend einem Roman die tiefste Finsterniß erhellen und erheitern würde.

Nun fand ich das von meinem Fürsten mir bestimmte, erneuerte, wohleingerichtete Haus schon meistens wohnbar, ohne daß mir die Freude ganz versagt gewesen wäre, bei dem Ausbau mit- und einzuwirken ...

Unser stiller häuslicher Kreis war nun um so reicher und froher abgeschlossen, indem Heinrich Meyer* zugleich als Hausgenosse, Künstler, Kunstfreund und Mitarbeiter zu den Unsrigen gehörte, und an allem Belehrenden so wie an allem Wirksamen kräftigen Antheil nahm.

WA I, 33, 248-249.

* Den Schweizer Maler und Kunsttheoretiker Johann Heinrich Meyer hatte Goethe in Italien kennen- und schätzengelernt; er holte ihn 1791 nach Weimar und nahm ihn in seinem Haus auf. Meyer wurde Goethes Berater in allen Fragen der Kunst. In den „Tag- und Jahresheften 1794" heißt es: „Als Hausgenossen besaß ich nunmehr meinen ältesten römischen Freund *Heinrich Meyer*. Erinnerung und Fortbildung italiänischer Studien blieb tägliche Unterhaltung ..." (WA I, 35, 40-41.)

An Friedrich Heinrich Jacobi Frankfurt, 19. August 1793.

Mein herumschweifendes Leben und die politische Stimmung aller Menschen treibt mich nach Hause, wo ich einen Kreis um mich ziehen kann, in welchen ausser Lieb und Freundschaft, Kunst und Wissenschaft nichts herein kann.

An Friedrich Schiller Weimar, 4. September 1794.
Dabey hätte ich Ihnen einen Vorschlag zu thun: Nächste Woche geht der Hof nach Eisenach, und ich werde vierzehn Tage so allein und unabhängig seyn, als ich sobald nicht wieder vor mir sehe. Wollten Sie mich nicht in dieser Zeit besuchen? bey mir wohnen und bleiben? Sie würden jede Art von Arbeit ruhig vornehmen können. Wir besprächen uns in bequemen Stunden, sähen Freunde die uns am ähnlichsten gesinnt wären und würden nicht ohne Nutzen scheiden. Sie sollten ganz nach Ihrer Art und Weise leben und Sich wie zu Hause möglichst einrichten. Dadurch würde ich in den Stand gesetzt Ihnen von meinen Sammlungen das wichtigste zu zeigen, und mehrere Fäden würden sich zwischen uns anknüpfen.*

* Schillers erster Besuch in Goethes Haus am Frauenplan dauerte vom 14. bis 27. September 1794.

An Wilhelm von Humboldt 3. Dezember 1795.
Die Freitagsgesellschaft hat wieder angefangen, sodaß also das Licht der Kenntnisse, das übrigens ziemlich unter dem Scheffel steht, wenigstens einmal die Woche in meinem Haus leuchtet.
Ich habe den Gedanken gehabt, die vielerlei Zweige der Thätigkeit in unserm kleinen Kreise in ein Schema zu bringen*, und will die Gesellschaft bewegen, die einzelnen Notizen auszuarbeiten. Diese Kunst- und wissenschaftliche Republik sieht bunt genug aus und besteht, wie die deutsche Reichsverfassung, nicht durch Zusammenhang, sondern durch Nebeneinandersein.

* Es entstand der Aufsatz: „Über die verschiedenen Zweige der hiesigen Thätigkeit." (WA I, 53, 175-192.) Ob er als Vortrag in der „Freitagsgesellschaft" gehalten wurde, steht nicht genau fest.

Tag- und Jahreshefte 1796.
...
Auch die Naturwissenschaften gingen nicht leer aus. Den Sommer über fand ich die schönste Gelegenheit Pflanzen unter farbigen Gläsern und ganz im Finstern zu erziehen, so wie die Metamorphose der Insecten in ihren Einzelnheiten zu verfolgen.
Galvanismus und Chemismus drängten sich auf; die Chromatik ward zwischen allem durch getrieben; und um mir den großen Vortheil der Vergegenwärtigung zu gewähren, fand sich eine edle Gesellschaft, welche Vorträge dieser Art gern anhören mochte.
...
Eine Gesellschaft hochgebildeter Männer, welche sich jeden Freitag bei mir versammelten, bestätigte sich mehr und mehr. Ich las einen Gesang der Ilias von Voß, erwarb mir Beifall, dem Gedicht hohen Antheil, rühmliches Anerkennen dem Übersetzer. Ein jedes Mitglied gab von seinen Geschäften, Arbeiten, Liebhabereien, beliebige Kenntniß, mit freimüthigem Antheil aufgenommen. *Dr. Bucholz** fuhr fort die neusten physisch-chemischen Erfahrungen mit Gewandtheit und Glück vorzulegen. Nichts

war ausgeschlossen, und das Gefühl der Theilhaber, welches Fremde sogar in sich aufnahmen, hielt von selbst alles ab, was einigermaßen hätte lästig sein können. Akademische Lehrer gesellten sich hinzu, und wie fruchtbar diese Anstalt selbst für die Universität geworden, geht aus dem einzigen Beispiel schon genugsam hervor, daß der Herzog, der in einer solchen Sitzung eine Vorlesung des Doctor Christian Wilhelm Hufeland angehört, sogleich beschloß ihm eine Professur in Jena zu ertheilen, wo derselbe sich durch mannichfache Thätigkeit zu einem immer zunehmenden Wirkungskreise vorzubereiten wußte.**
Diese Societät war in einem Grade regulirt, daß meine Abwesenheit zu keiner Störung Anlaß gab, vielmehr übernahm Geh.Rath Voigt die Leitung, und wir hatten uns mehrere Jahre der Folgen einer gemeinsam geregelten Thätigkeit zu erfreuen.

WA I, 35, 66-69.

* Buchholz war sehr experimentierfreudig; im Sommer 1784 hatte er z. B. einen „Ballon auf Montgolfierische Art steigen lassen". (Goethe an Sömmering, 6. Juni 1784.)
** Hufeland siedelte 1793 nach Jena über. 1762 in Langensalza geboren, war er 1765 nach Weimar gekommen, weil sein Vater Johann Friedrich Hufeland als Hofmedikus in Weimar tätig war. – Vater und Sohn Hufeland könnten das reale Vorbild gewesen sein, nach dem das „Arzt Vater" – „Arzt Sohn" -Motiv im ersten Teil des „Faust" in der Szene „Vor dem Thor" gestaltet wurde. Im Eingangsdialog der Szene „Hexenküche" wird offenbar auf Hufelands Lehre von der Verlängerung des Lebens durch naturverbundene Lebensweise angespielt.

Christoph Wilhelm Hufeland.

Faust. Erster Theil.
Vor dem Thor.

Das Volk sammelt sich im Kreis umher.

Alter Bauer:
Fürwahr es ist sehr wohl gethan,
Daß ihr am frohen Tag erscheint;
Habt ihr es vormals doch mit uns
An bösen Tagen gut gemeint!
Gar mancher steht lebendig hier,
Den euer Vater noch zuletzt
Der heißen Fieberwuth entriß,
Als er der Seuche Ziel gesetzt.
Auch damals ihr, ein junger Mann,
Ihr gingt in jedes Krankenhaus,
Gar manche Leiche trug man fort,
Ihr aber kamt gesund heraus;
Bestandet manche harte Proben;
Dem Helfer half der Helfer droben.
Alle:
Gesundheit dem bewährten Mann,
Daß er noch lange helfen kann!

WA I, 14, 53.

Faust. Erster Theil.
Hexenküche.

Faust. Mephistopheles.

Faust:
Mir widersteht das tolle Zauberwesen;
Versprichst du mir, ich soll genesen,
In diesem Wust von Raserei?
Verlang' ich Rath von einem alten Weibe?
Und schafft die Sudelköcherei
Wohl dreißig Jahre mir vom Leibe?
Weh mir, wenn du nichts Bessers weißt!
Schon ist die Hoffnung mir verschwunden.
Hat die Natur und hat ein edler Geist
Nicht irgend einen Balsam ausgefunden?
Mephistopheles:
Mein Freund, nun sprichst du wieder klug!
Dich zu verjüngen gibt's auch ein natürlich Mittel;
Allein es steht in einem andern Buch,*
Und ist ein wunderlich Capitel.
Faust:
Ich will es wissen.

MEPHISTOPHELES:
Gut! Ein Mittel, ohne Geld
Und Arzt und Zauberei zu haben:
Begib dich gleich hinaus auf's Feld,
Fang' an zu hacken und zu graben,
Erhalte dich und deinen Sinn
In einem ganz beschränkten Kreise,
Ernähre dich mit ungemischter Speise,
Leb' mit dem Vieh als Vieh, und acht' es nicht für Raub,
den Acker, den du erntest, selbst zu düngen;
Das ist das beste Mittel, glaub',
Auf achtzig Jahr dich zu verjüngen!

WA I, 14, 114-115.

* Anspielung auf Hufelands Buch „Makrobiotik" oder „Die Kunst, das menschliche Leben zu verlängern" von 1796.

An Friedrich von Schiller Weimar, 9. Juli 1796.

Grüßen Sie Ihre liebe Frau. Wollten Sie uns in dem Falle daß sich die Familie vermehrt, für die erste Zeit, Carln (Sohn Schillers) herüber schikken, so würde er Augusten (Sohn Goethes) sehr willkommen seyn und, in Gesellschaft der vielen Kinder, die sich in meinem Hause und Garten versammeln, sich recht wohl befinden.

An Friedrich von Schiller 13. Juli 1796.

Heute erlebe ich auch eine eigne Epoche, mein Ehstand ist eben 8 Jahre ... alt.*

* Den 12. Juli feierten Goethe und Christiane Vulpius als Tag der Erinnerung an ihr erstes Zusammentreffen. Ihre Partnerschaft faßten sie als eheliche Verbindung auf. Schon 1792 hatte Goethe gegenüber dem Herzog von seiner „Familie" gesprochen.
In einem Brief vom 18. April an Carl August heißt es: „Meyer (der Hausgenosse und Maler) ist fleißig, er hat meine kleine Familie (welches nicht eben eine heilige Familie ist) portraitirt um sich auch hierin zu prüfen." – Christiane hatte außer Sohn August noch vier Kinder, die alle kurz nach der Geburt wieder starben.

An Christiane Vulpius Jena, 5. März 1797.

Ich kann mir denken wie du über das Feuer erschrocken bist*, und bedaure dich herzlich; doch kann es, bey unsern guten Anstalten, nicht schaden, wenn manchmal ein kleines Unglück begegnet, damit nur die Aufmerksamkeit nicht einschläft. Ich will aber doch, sobald ich hinüber komme, die Treppe an deiner Seite hinaufwärts machen lassen und Hornyen (Conrad Horny)**, auf einen solchen Fall, die Sorge für das Museum übertragen, dadurch wärest du schon einer großen Sorge überhoben.

* Am Abend des 2. März war in gefährlicher Nähe zum Haus am Frauenplan ein Feuer ausgebrochen.
** Conrad Horny war Kupferstecher, Kunsthändler und Lehrer am Freien Zeicheninstitut in Weimar. Er sollte sich bei Goethes Abwesenheit im Notfall um die Sammlungen im Haus am Frauenplan kümmern.

An Siegmund August Wolfgang Herder Dezember 1797.
Das sicherste Mittel ein freundschaftliches Verhältniß zu hegen und zu erhalten, finde ich darin, daß man sich wechselsweise mittheile, was man thut. Denn die Menschen treffen viel mehr zusammen in dem, was sie thun, als in dem, was sie denken. WA IV, 13, 367.

An Johann Georg Schlosser Weimar, 30. August 1799.
Wie sehr du in dem großen Frankfurt allein seyn magst, kann ich mir recht gut vorstellen, unser kleiner Kreis, wenn ich besonders Jena mit dazu nehme, ist dagegen ein wahres Feenmärchen. Die Masse von interessanten Menschen, die hier einander so nahe sind, ... ist, wie du dir leicht denken kannst, in einer immerwährenden Gährung und in einem Conflict dem man gerne zusieht und worin man allenfalls, entweder vernünftig oder leidenschaftlich, gern auch einmal mitspielt.

An Prinz August von Gotha 3. Januar 1800.
Die vielen Fäden der Wissenschaften, Künste und Geschäfte, die ich in meinen frühern Zeiten angeknüpft habe, laufen nun immer enger zusammen, kreuzen und drängen sich, so daß es meiner ganzen Ordnungsgewohnheit bedarf, damit kein Gewirre entstehe.

Xenien.
Aus dem Nachlaß.

W** und J**.*
Deine Größe, Berlin, pflegt jeder Fremde zu rühmen;
Führt der Weg ihn zu uns, stutzt er so klein uns zu sehn.
WA I, 5.1, 292.

* W = Weimar; J = Jena.

Der Marktplatz von Weimar *zur Goethe-Zeit, Zeichnung von Ludwig Bartning.*

Tag- und Jahreshefte 1802.
Schon im Lauf des vergangenen Winters hielt sich, ganz ohne speculative Zwecke, eine edle Gesellschaft* zu uns, an unserm Umgang und sonstigen Leistungen sich erfreuend. Bei Gelegenheit der Pikniks dieser geschlossenen Vereinigung, die in meinem Hause, unter meiner Besorgung, von Zeit zu Zeit gefeiert wurden, entstanden mehrere nachher in's Allgemein verbreitete Gesänge. So war das bekannte: „Mich ergreift ich weiß nicht wie," zu dem 22. Februar gedichtet, wo der durchlauchtigste Erbprinz, nach Paris reisend, zum letztenmal bei uns einkehrte, worauf denn die dritte Strophe des Liedes zu deuten ist. Eben so hatten wir schon das neue Jahr begrüßt und im Stiftungsliede: „Was gehst du schöne Nachbarin" konnten sich die Glieder der Gesellschaft, als unter leichte Masken verhüllt, gar wohl erkennen. Ferner ward ich noch andere durch Naivetät vorzüglich ansprechende Gesänge dieser Vereinigung schuldig, wo Neigung ohne Leidenschaft, Wetteifer ohne Neid, Geschmack ohne Anmaßung, Gefälligkeit ohne Ziererei und, zu all dem, Natürlichkeit ohne Rohheit, wechselseitig in einander wirkten.

WA I, 35, 126.

* „Mittwochskränzchen" – „Cour d'amour"

Tischlied.

Mich ergreift, ich weiß nicht wie,
Himmlisches Behagen.
Will mich's etwa gar hinauf
Zu den Sternen tragen?
Doch ich bleibe lieber hier,
Kann ich redlich sagen,
Beim Gesang und Glase Wein
Auf den Tisch zu schlagen.

...

Da wir aber allzumal
So beisammen weilen,
Dächt' ich, klänge der Pokal
Zu des Dichters Zeilen.
Gute Freunde ziehen fort,
Wohl ein hundert Meilen,
Darum soll man hier am Ort
Anzustoßen eilen.

WA I, 1, 121.

Stiftungslied.

Was gehst du, schöne Nachbarin,
Im Garten so allein?
Und wenn du Haus und Felder pflegst,
Will ich dein Diener sein.

...

Gesellig feiert fort und fort
Das ungestörte Mahl,
Und eins im andern freue sich
der heil'gen Doppelzahl.*

WA I, 1, 109-110.

* Im Gedicht wurden sieben Paare des „Cour d'amour" einzeln kurz vorgestellt.

Tag- und Jahreshefte 1803.
Dr. *Riemer*, der mit Herrn von Humboldt nach Italien gegangen war, und dort einige Zeit in dessen Familienkreis mitgewirkt hatte, war... als gewandter Kenner der alten Sprachen uns gleichfalls höchlich willkommen. Er gesellte sich zu meiner Familie, nahm Wohnung bei mir und wendete seine Sorgfalt meinem Sohne zu.
Auch mit *Zelter* ergab sich ein näheres Verhältniß; bei seinem vierzehntägigen Aufenthalt war man wechselseitig in künstlerischem und sittlichem Sinne um vieles näher gekommen.

WA I, 35, 156.

Friedrich Wilhelm Riemer.

Carl Friedrich Zelter.

An Carl Friedrich Zelter Weimar, 16. Dezember 1804.
Daß ich nicht an Ihren Vorlesungen Theil zu nehmen im Stande bin, thut mir sehr leid. Zwar ist es meiner Natur gemäß an einem kleinen Orte zu leben; aber das schlimmste ist, daß man da fast nichts zu genießen hat, als was man sich selbst auftischt, da man an großen Orten oft und bequem zu Gaste gehn kann.

An Carl Friedrich Zelter Weimar, 18. November 1805.
Wie geht es Ihnen mit Ihren musikalischen Lehrstunden? Ich habe auch wöchentlich (am Mittwoch) einen Morgen eingerichtet, an dem ich einer kleinen Societät (sechs bis acht Damen) meine Erfahrungen und Überzeugungen, natürliche Gegenstände betreffend, vortrage.* Ich werde bey dieser Gelegenheit erst selbst gewahr, was ich besitze und nicht besitze.

* „Mittwochsgesellschaft". Themen von Vorträgen u. a.: 31. 1. 1806: Vortrag der Galvanischen Experimente; 8. 4. 1807: Anfang der Geologie, nachher die erste Lection Pflanzen von Jena; 6. 5. 1807: Bezügl. auf Pflanzen, besonders aufs Keimen; 13. 5. 1807: Fortgesetzte botanische Vorträge.

An Wilhelm Christian Günther* Weimar, 17. Oktober 1806.
Dieser Tage und Nächte ist ein alter Vorsatz bey mir zur Reife gekommen; ich will meine kleine Freundinn (Christiane), die so viel an mir gethan und auch diese Stunden der Prüfung (Einquartierung französischer Truppen) mit mir durchlebte völlig und bürgerlich anerkennen, als die Meine.
Sagen Sie mir würdiger geistlicher Herr und Vater wie es anzufangen ist, daß wir, sobald möglich, Sonntag, oder vorher getraut werden. Was sind deßhalb für Schritte zu thun?
Könnten Sie die Handlung nicht selbst verrichten, ich wünschte daß sie in der Sakristey der StadtKirche geschähe.
Geben Sie dem Boten, wenn er Sie trifft gleich Antwort. Bitte!

* Oberkonsistorialrat, Hofprediger. Er vollzog am 19. 10. 1806 Goethes kirchliche Trauung mit Christiane Vulpius.

***Napoleon vor dem Weimarer Schloß**, nach einem Aquarell von Theodor Götze.*

An Friedrich August Wolf Weimar, 3. November 1806.

Wir haben die ersten Stunden und Tage (der Besetzung durch französische Truppen) in einem Taumel verlebt, so daß wir die Gefahr selbst beynahe da erst gewahr wurden, als sie fast schon vorübergegangen war. Ich habe erst den General *Victor*, dann die Marschälle *Lannes* und *Augereaux* im Hause gehabt, mit Adjutantur und Gefolge. Für 40 Personen Betten mußten in einer Nacht bereitet seyn und unser Tischzeug ward als Leinlaken aufgedeckt. Was daran alles hängt, können Sie sich vielleicht denken. Indessen ist unser Haus dadurch erhalten worden, und ob wir gleich manches gespendet und ausgetheilt haben; so können wir wohl von Verlust, aber nicht von Schaden sprechen.

***Die Marschälle Charles Augereau und Jacques Lannes**, die im Haus am Frauenplan einquartiert waren.*

An Christian Gottlob Voigt Weimar, 2. Dezember 1806.

Ew. Excell. ist nicht unbekannt daß Serenissimus mir im Jahre 1794 das ehmalige Helmershausische, von mir seit jener Zeit bewohnte Haus auf dem Frauenplane durch eine eigenhändige Schenckungs Urkunde zugeeignet, nachher aber im Jahre 1801 deshalb in ein förmlicheres Document aufgesetzt worin die Ursachen jener gnädigsten Gesinnungen auf eine für mich ehrenvolle Weise articuliert worden ...

Seit jener Zeit habe ich das Haus durch ansehnliche Baulichkeiten verbessert, die Reparaturen besorgt; sowie auch die Einquartierungs Lasten getragen. Fürstliche Cammer hingegen hat die Steuern gezahlt wofür sie jedoch durch den Genuß des auf dem Hause haftenden Brauloses entschädigt worden.

Da nun aber gegenwärtig 12 Kriegssteuern von den Grundstücken abzutragen sind; so finde mich bewogen mich zu Zahlungen derselben, so wie künftig zu Berichtigung der gewöhnlichen Steuern und andrer Lasten hiermit zu offeriren und mir dagegen den Genuß des Brauloses gehorsamst zu erbitten.

An Herzog Carl August Weimar, Mitte Dezember 1806.
Um jene Wesen die mir so angelegen sind im Augenblicke auf irgend etwas anzuweisen hab ich nichts als das *Haus* das ich früher Ihrer vorsorglichen Güte verdancke und zu dessen Besitz mir im besorglichen Falle nur noch ein Letztes fehlt.* Damals walteten Bedencklichkeiten ob, mir es eigenthümlich zuzuschreiben, sie sind schon durch die Zeit selbst ausgelöscht. Jedermann hält mich für den Eigenthümer, ich habe in glücklichen (jetzt möchte man beynahe sagen in Schlaraffen-)Zeiten, mehr als billig hinein verwendet, ich hab mich ihrer Gabe würdig bewiesen daß ich es nicht zum Wohlleben, sondern zu möglicher Verbreitung von Kunst und Wissenschaft einrichtete und benutzte ... Dies ist also meine Bitte daß Sie mir das Gegebene geben, wofür ich mich doppelt und dreyfach danckbar zu erweisen hoffe. Es wird ein Fest für mich und die Meinigen seyn wenn die Base des entschiedenen Eigenthums sich unter unsern Füßen befestigt, nachdem es so manchen Tag über unserm Haupte geschwanckt und einzustürzen gedroht hat.

* Die Übernahme der steuerlichen Verpflichtungen.

Tag- und Jahreshefte 1807.
Bei meiner Rückkunft von Karlsbad brachten mir die Sänger ein Ständchen, woraus ich zugleich Neigung, guten Willen, Fortschreiten in der Kunst und manch anderes Erfreuliche gewahr werden konnte. Ich vergnügte mich nunmehr bekannten Melodien neue aus der Gegenwart geschöpfte Lieder zu heiterer Geselligkeit unterzulegen; Demoiselle *Engels** trug sie mit Geist und Leben vor, und so eigneten wir uns die beliebtesten Sangweisen nach und nach dergestalt an, als wenn sie für unsern Kreis wären gedichtet worden. Musikalische, mehrstimmige Vorübungen fanden fleißig statt und am dreißigsten December konnte der erste Sonntag vor großer Gesellschaft gefeiert werden.

WA I, 36, 25.

* Demoiselle Engels war Sängerin am Hoftheater und wirkte in Goethes Sängerkreis mit.

Tag- und Jahreshefte 1807.
Ein anderes Interesse that sich im letzten Viertel des Jahres hervor; ich wendete mich an die Nibelungen, wovon wohl manches zu sagen wäre. Ich kannte längst das Dasein dieses Gedichts ...
Nun aber ward, wie alles seine Reife haben will ... die Theilnahme an diesem wichtigen Alterthum allgemeiner und der Zugang bequemer. Die Damen, denen ich das Glück hatte noch immer am Mittwoche Vorträge zu thun, erkundigten sich darnach, und ich säumte nicht ihnen davon gewünschte Kenntniß zu geben. Unmittelbar ergriff ich das Original und arbeitete mich bald dermaßen hinein, daß ich, den Text vor mir habend, Zeile für Zeile eine verständliche Übersetzung vorlesen konnte. Es blieb der Ton, der Gang und vom Inhalt ging auch nichts verloren ...
Doch indem ich das Ganze des poetischen Werks auf diese Weise einzudringen dachte, so versäumte ich nicht mich auch dergestalt vorzubereiten, daß ich auf Befragen über das Einzelne einigermaßen Rechenschaft zu geben im Stande wäre. Ich verfertigte mir ein Verzeichniß der Perso-

nen und Charaktere, flüchtige Aufsätze über Localität und Geschichtliches, Sitten und Leidenschaften, Harmonie und Incongruitäten, und entwarf zugleich zum ersten Theil eine hypothetische Karte. Hierdurch gewann ich viel für den Augenblick, mehr für die Folge, indem ich nachher die ernsten anhaltenden Bemühungen deutscher Sprach- und Alterthums-Freunde besser zu beurtheilen, zu genießen und zu benutzen wußte.

WA I, 36, 28-30.

An Alexander von Humboldt Weimar, 3. April 1807.
... die durch den Krieg unterbrochnen Unterhaltungen am Mittwoch, bey welchen ich unserer verehrten regierenden Herzogin (Louise), der Prinzeßin und einigen Damen bedeutende Gegenstände der Natur und Kunst vorzulegen pflege, haben wieder ihren Anfang genommen, und ich finde nichts interessanteres und bequemeres, als Ihre Arbeiten dabey zum Grunde zu legen und das Allgemeinere, wie Sie es ja schon selbst thun, anzuknüpfen.

An Carl Friedrich Zelter Weimar, 28. September 1807.
An den überschickten vierstimmigen Gesängen wird schon fleißig studirt. Alle Sonntag früh kommt man bey mir zusammen. Die angezeigten Haydnschen Dinge habe ich von Leipzig kommen lassen. Können Sie mir nach und nach noch etwas weiteres verschaffen, so erzeigen Sie mir eine besondere Gefälligkeit.

An Carl Friedrich Zelter Weimar, 20. April 1808.
Ich schicke ihn (Eberwein) vielleicht auf Michaelis, weil er wohl künftigen Winter der Anführer meines kleinen Hausgesanges werden möchte. Das es mein Geschick nicht war an der reichen Tafel einer großen Stadt bequemlich mitzuschwelgen, so muß ich im Kleinen bauen und pflanzen, hervorbringen und geschehen lassen was dem Tag und Umständen nach möglich ist.

An Carl Ludwig von Knebel Weimar, 25. November 1808.
Die Mittwoche (Mittwochsgesellschaft) sind wieder im Gang. Ich lese die Nibelungen vor; allein dabey geht es mir auch wie einem jungen Professor, oder wie einem Koch, der sein Leben zubringt um einige Stunden etwas Genießbares aufzutischen. Indessen ist es mir selbst von großem Werth und Nutzen: denn ich hätte das Gedicht für mich vielleicht niemals durchgelesen, und noch viel weniger soviel darüber nachgedacht, als ich gegenwärtig thun muß, um durch Reflexionen und Parallelen die Sache anschaulicher und erfreulicher zu machen ... so hab' ich ... eine Karte zu den Nibelungen gezeichnet, die auf sehr hübsche Reflexionen führt.

Tag- und Jahreshefte 1809.
In geselliger Unterhaltung wandte sich das Interesse fast ausschließlich gegen nordische und überhaupt romantische Vorzeit. Die, nach dem Original, aus dem Stegreif vorgetragene, und immer besser gelingende

Übersetzung der Nibelungen hielt durchaus die Aufmerksamkeit einer edeln Gesellschaft fest, die sich fortwährend Mittwochs in meiner Wohnung versammelte. Fierabras und andere ähnliche Heldensagen und Gedichte, König Rother, Tristan und Isalde folgten und begünstigten einander; besonders aber wurde die Aufmerksamkeit auf Wilkina-Saga und sonstige nordische Verhältnisse und Productionen gelenkt, als der wunderliche Fußreisende Runen-Antiquar *Arendt* bei uns einkehrte, durch persönliche Mittheilungen und Vorträge die Gesellschaft wo nicht für sich einnahm, doch sich ihr verträglich zu machen suchte...

WA I, 36, 45.

Tag- und Jahreshefte 1809.

Die häuslichen musikalischen Unterhaltungen gewannen durch ernstere Einrichtungen immer mehr an Werth. Das Sängerchor unter Anleitung Eberweins leistete immer mehr. Donnerstag Abends war Probe, nach der man meistens zu einem fröhlichen Mahl zusammenblieb. Sonntags Aufführung vor großer guter Gesellschaft, begleitet von irgend einem Frühstück.

WA I, 36, 49.

Tag- und Jahreshefte 1810.

...

Was für Musik im Theater ... geschah, vermeldete kürzlich: die Übungen der freiwilligen Hauscapelle* wurden regelmäßig fortgesetzt, Donnerstags Abends Probe vor einigen Freunden gehalten, Sonntags früh Aufführung vor großer Gesellschaft. Ältere und jüngere Theatersänger, Choristen und Liebhaber nahmen Theil; *Eberwein* dirigirte meisterhaft. Mehrstimmige Sachen von Zelter und andern italiänischen Großen wurden in's Leben geführt und ihr Andenken gegründet, Vergnügen und Nutzen, Anwendung und Fortschreiten in Eins verbunden.

Dadurch daß die Probe von der Ausführung vollkommen getrennt blieb, ward das dilettantische Pfuschen völlig entfernt, das gewöhnlich erst im Augenblick der Aufführung noch probirt, ja bis den letzten Augenblick unausgemacht läßt, was denn eigentlich aufgeführt werden kann und soll.

Die Donnerstage waren kritisch und didaktisch, die Sonntage für jeden empfänglich und genußreich.

Gegen Ende des Jahrs konnten von dieser Gesellschaft öffentliche Unterhaltungen im Theater gegeben werden; man führte solche Musikstücke auf, welche zu hören das Publicum sonst keine Gegelenheit findet, und woran jeder Gebildete sich wenigstens einmal im Leben sollte erqiuckt und erfreut haben.

Als Beispiel nenne ich hier *Johanna Sebus*, componirt von *Zelter*, die einen unauslöschlichen Eindruck in allen Gemüthern zurück ließ.

WA I, 36, 57-58.

* Gemeint ist der kleine gemischte Kammerchor.

An Carl Wilhelm von Fritsch Weimar, 5. März 1810.
Die Nähe der Haufischen Wirthschaft ist für sämmtliche Umwohnende von jeher eine große Unbequemlichkeit gewesen, und von Jahr zu Jahr hat sich die Sache verschlimmert. Aus Einer Kegelbahn sind zwey geworden, und anstatt, daß sonst wenigstens der Morgen ruhig war, und daß auch selbst Nachmittags- und Abendstunden Einschränkung erlitten; so ward zuletzt von Morgen bis in die Nacht gekegelt, wobey es denn an Geschrey, Lärm, Streit und andern Unarten nicht gebrach.
Daß man in Kriegszeiten, wo manches gute Gesetz schweigen muß, sich mehr gefallen läßt, als zu Zeiten der Ruhe, daß ich auch mehrere Sommer auswärts gelebt, ist Ursache daß ich nicht früher mich hierüber geäußert.
Nun höre ich aber, daß ein neuer Wirth einzieht, und zwar einer der bisher in Belvedere gesessen, welcher denn diese städtische Anstalt wahrscheinlich, nach Weise eines Landwirthshauses noch zu erweitern und unruhiger zu machen trachten wird.
Darf ich anfragen, ob man bey Ertheilung einer neuen Concession vielleicht schon darauf gedacht hat, eine solche Vergünstigung, wie es früher Sitte gewesen, einzuschränken? ...
Ich läugne nicht, daß mir die Sache sehr angelegen ist: denn eine Hauptursachen, warum ich den Sommer auswärts zubrachte, war eben diese unruhige Nachbarschaft, die mir den ganzen Tag und weit in die Nacht hinein, mein Hinterhaus und meinen Garten unbrauchbar machte.

WA IV, 30, 136-137.

Johann Wolfgang von Goethe, *Kreidezeichnung (1811) von Karl Joseph Raabe.*

An Carl Friedrich Zelter Weimar, 18. November 1810.
Die wöchentliche musicalische Zusammenkunft, so gering die Anstalt auch seyn mag, verschafft mir doch das unschätzbare Vergnügen, das ich sonst ganz entbehren müßte, Ihre trefflichen Arbeiten wiederholt zu vernehmen und damit bekannt zu werden. Johanna Sebus, und die Gunst des Augenblicks werden heute aufgeführt und ich freue mich schon im voraus darauf.

Tag- und Jahreshefte 1811.
Mit der Musik gelang es mir nicht so glücklich; was ich vor einem Jahre meine Hauscapelle zu nennen wagte, fühlte ich im Innersten bedroht. Niemand merkte einige Veränderung, aber es hatten sich gewisse Wahlverwandtschaften eingefunden, die mir sogleich gefährlich schienen, ohne daß ich ihren Einfluß hätte hindern können. Noch zu Anfang des Jahres ward nach herkömmlicher Weise verfahren, doch schon nicht mehr in so regelmäßiger wöchentlicher Folge ... ich aber hatte mich schon in diesen Verlust ergeben, und als bei meiner bevortehenden Sommerreise zu Ende Aprils eine Pause eintreten mußte, so war schon mein Entschluß gefaßt nie wieder zu beginnen; ich verlor dabei sehr viel.

WA I, 36, 64.

An Carl Wilhelm von Fritsch Weimar, 27. August 1811.
Ew. Hochwohlgeboren
haben mich vor einem Jahr von der großen Unbequemlichkeit gefälligst befreyt, welche mir die Kegelbahnen in der Nachbarschaft gegeben, und ich habe meinen aufrichtigsten Dank nicht besser ausdrücken können, als daß ich dieses Jahr früher zurückgekommen bin, um... mich meines stillen und heimlichen Gartens zu erfreuen. Aber unglücklicherweise habe ich schon wieder eine Kegeley zu denunciren, welche an derselben Stelle errichtet worden. Es scheint zwar nur ein Schub zu seyn, wie man solche auf Tischen veranstaltet, aber der Lärm ist, wo nicht so stark, doch eben so widrig, und dann hat diese Art noch das Übel, daß, wenn keine Gäste da sind, sich wahrscheinlich die Kinder und Knaben aus der Nachbarschaft damit ergetzen; denn es ist den ganzen Tag über wenig Ruhe. Ich bin ohnehin hier außen in der Vorstadt zwischen manche Handwerker eingeklemmt, zwischen Grob- und Nagelschmiede, Tischer und Zimmerleute, und sodann ist mir ein Leinweber der unangenehmste Wandnachbar. Doch macht man sich über solche nothwendige Dinge noch Raison, indem man zugeben muß, daß ein Gewerbe nicht geräuschlos seyn könne. Wenn aber an Feyerabenden und an Sonn- und Festtagen der Müßiggang mehr Getöse macht, als die sämmtlichen thätigen Leute zusammen in ihren Arbeitsstunden, so wird man um so ungeduldiger, als den Liebhabern solcher nutzlosen Übungen außer der Stadt die herrlichsten Bahnen reichlich eröffnet sind ...
... nun aber lege ich zuversichtlich diese kleine, mir jedoch wichtige Angelegenheit in Ihre Oberrichter- und Freundeshände.

Die Lustigen von Weimar.*

Donnerstag nach Belvedere,
Freitag geht's nach Jena fort:
Denn das ist, bei meiner Ehre,
Doch ein allerliebster Ort!
Samstag ist's worauf wir zielen,
Sonntag rutscht man auf das Land;
Zwäzen, Burgau, Schneidemühlen
Sind uns alle wohlbekannt.

Montag reizet uns die Bühne;
Dinstag schleicht dann auch herbei,
Doch er bringt zu stiller Sühne
Ein Rapuschchen frank und frei.
Mittwoch fehlt es nicht an Rührung:
Denn es gibt ein gutes Stück;
Donnerstag lenkt die Verführung
Uns nach Belveder' zurück.

Und es schlingt ununterbrochen
Immer sich der Freundeskreis
Durch die zweiundfunfzig Wochen,
Wenn man's recht zu führen weiß.
Spiel und Tanz, Gespräch, Theater,
Sie erfrischen unser Blut;
Laßt den Wienern ihren Prater;
Weimar, Jena, da ist's gut!

WA I, 1, 151.

* Das heitere, gesellige Lied entstand am 15. Januar 1813; es beschreibt die Vergnügungen der lebenslustigen Christiane und ihrer Gesellschaft.

An Christian Gottlob von Voigt Weimar, 18. Dezember 1815.

Möge es nun schließlich nicht als Anmaßung erscheinen, wenn ich zu Unterstützung des vorstehenden geziemenden Gesuchs* bescheidentlich anführe, daß ich zu einer sehr lebhaften Wirkung nach außen seit vielen Jahren genöthigt bin. Weimar hat den Ruhm einer wissenschaftlichen und kunstreichen Bildung über Deutschland, ja über Europa verbreitet; dadurch ward herkömmlich sich in zweifelhaften literarischen und artistischen Fällen hier guten Raths zu erholen ...
... Ich darf kaum hinzusetzen, daß ich durch die Kunstaufgaben und Ausstellungen, durch die Beurtheilungen der eingesendeten Stücke, Vertheilung der Preise und sonstige Wirkungen, gemeinschaftlich mit den theilnehmenden Weimarischen Kunstfreunden, den meisten deutschen Künstlern und Kennern dergestalt bekannt und verwandt geworden bin, daß die Chiffer W.K.F.** in der Jenaischen Literaturzeitung als

ein Zeichen unserer fortdauernden Bemühungen überall sich einer freundlichen Aufnahme zu erfreuen hat.
Ferner habe ich durch meinen früheren Antheil an gedachter Literaturzeitung mit vielen Gelehrten, besonders auch durch naturwissenschaftliche Bemühung mit einer Anzahl Physikern, Chemikern, Mineralogen und sonstigen Freunden dieser Wissenschaften mich in Berührung gesetzt. Das Theater lockte eine Unzahl dramatischer Schriftsteller heran, durch ästhetische Arbeiten kam ich mit Dichtern und leider auch mit Dichterlingen in Verhältniß, so daß ich nun von allen diesen Geistern keine posttägliche Ruhe habe und viele Zeit wo nicht auf unentgeltliche *responsa* (Antworten), doch wenigstens auf ein freundliches Ablehnen verwenden muß.

* Erlaubnis zur Unterstützung durch Sohn August bei der „Oberaufsicht über die unmittelbaren Anstalten für Wissenschaft und Kunst".
** W. K. F. = Weimarische Kunstfreunde

Tagebuch, 6. Juni 1816.
Nahes Ende meiner Frau. Letzter fürchterlicher Kampf ihrer Natur. Sie verschied gegen Mittag. Leere und Todtenstille in und außer mir.

Christiane von Goethe, *aquarellierte Bleistiftzeichnung (um 1812) von Johann Friedrich August Tischbein.*

Den 6. Juni 1816.

Du versuchst, o Sonne, vergebens
Durch die düstren Wolken zu scheinen!
Der ganze Gewinn meines Lebens
Ist ihren Verlust zu beweinen.

WA I, 4, 61.

An das Großherzogliche Stadtgericht zu Weimar

Weimar, 3. März 1818.

Der neue Besitzer (in der Nachbarschaft) ... gedenkt, ... den an meinen Garten stoßenden Theil seines Gebäudes zu verändern. Aus dem eingereichten anliegenden Risse geht hervor daß man eine niedrige Wand über Gebühr erhöhen, nicht weniger mehrere in meinen Garten schauende Fenster anbringen wollen...
Da ich nun hieraus manche Unannehmlichkeit und Verdruß zu befürchten habe, und keineswegs zu leiden verbunden noch gesonnen bin daß meine natürliche Freyheit von dergleichen lästigen in mein Garten-Eigenthum gehenden Fenstern willkürlich beeinträchtigt werde; so ersuche hiedurch Hochlöbliches Stadtgericht, gedachten Bau zu sistiren und denen Unternehmern deutlichen Grund- und Aufriß anzubefehlen.

An Carl Friedrich Zelter 29. Mai 1819.

Mir will nun nicht mehr wohl werden als in meinem Hause, das besonders den Sommer alle Vortheile genießt, und wo mir so vieljährig zusammengetragene Besitzthümer zu Gebote stehen, die mir Freude und Nutzen bringen.

An Joseph Carl Mellish Weimar, 16. Juni 1819.

Meine Kinder machen eine Reise und haben mir einen mehr als (ein)jährigen Enkel zurückgelassen, den ich mit großväterlicher Affenliebe, die größer als der Eltern seyn soll, für das allerliebste Geschöpf von der Welt halte und wirklich durch seine Gegenwart den leeren weitschichtigen Haus- und Gartenraum für völlig ausgefüllt halte. Die sämmtlichen Beeren reifen für ihn und meine Rückahnung, daß sie mir auch einmal schmeckten, verwandelt sich, wenn ich ihn kosten sehe, in das entschiedene Gefühl, als schmeckten sie mir noch.

Tag- und Jahreshefte 1821.

Die Musik versprach gleichfalls in meinem häuslichen Kreise sich wieder zu heben ... Director Eberweins und seiner Gattin musikalisch-productive und ausführende Talente wirkten zu wiederholtem Genuß ... Recitation und rhythmischen Vortrag zu vernehmen und anzuleiten, war eine alte nie ganz erstorbene Leidenschaft. Zwei entschiedene Talente dieses Faches, Gräfin Julie Egloffstein und Fräulein Adele Schopenhauer, ergötzten sich den Berliner Prolog vorzutragen ... Durch die kenntnißreiche Sorgfalt eines längst bewährten Freundes, Hofrath *Rochlitz*, kam ein bedachtsam geprüfter Streicherischer Flügel von Leipzig an; glücklicherweise: denn bald darauf brachte uns Zelter einen höchste Verwunderung erregenden Zögling, Felix Mendelssohn, dessen unglaubliches Talent wir ohne eine solche vermittelnde Mechanik niemals hätten gewahr werden können. Und so kam denn auch ein großes bedeutendes Concert zu Stande, wobei unser nicht genug zu preisende Capellmeister Hummel sich gleichfalls hören ließ, der sodann auch von Zeit zu Zeit durch die merkwürdigsten Ausübungen den Besitz des vorzüglichen Instrumentes in's Unschätzbare zu erheben verstand. WA I, 36, 205.

Tag- und Jahreshefte 1822.
Was gesellige Mittheilungen betrifft, war dieses Jahr unserem Kreise gar wohl gerathen; zwei Tage der Woche waren bestimmt unsern gnädigsten Herrschaften bei mir einiges Bedeutende vorzulegen und darüber die nöthigen Aufklärungen zu geben. Hiezu fand sich denn jederzeit neuer Anlaß, und die Mannichfaltigkeit war groß, indem Altes und Neues, Kunstreiches und Wissenschaftliches jederzeit wohl aufgenommen wurde. Jeden Abend fand sich ein engerer Kreis bei mir zusammen, unterrichtete Personen beiderlei Geschlechts; damit aber auch der Antheil sich erweiterte, setzte man den Dienstag fest, wo man sicher war eine gute Gesellschaft an dem Theetisch zusammen zu sehen; auch vorzügliche, Geist und Herz erquickende Musik ward von Zeit zu Zeit vernommen. Gebildete Engländer nahmen an diesen Unterhaltungen Theil, und da ich außerdem gegen Mittag gewöhnlich Fremde auf kurze Zeit gern annahm, so blieb ich zwar auf mein Haus eingeschränkt, doch immer mit der Außenwelt in Berührung; vielleicht inniger und gründlicher, als wenn ich mich nach außen bewegt und zerstreut hätte.

WA I, 36, 218-219.

An Carl Friedrich von Reinhard Weimar, 6. Januar 1823.
Seit Monaten komm ich nicht aus dem Hause, kaum aus der Stube; nur bedeutende Gönner und Freunde besuchen mich; und so bin ich von der Welt abgesondert, ohne von ihr getrennt zu seyn.

An Carl Friedrich von Reinhard Weimar, 2. Januar 1824.
Der damals schon lebhafte und nachher so viele Jahre sich immer gleich gebliebene Trieb, von Weimar aus alles Löbliche und Gute zu fördern.*

* Im Zusammenhang mit der Subskription auf die Werke von Gottfried August Bürger im Jahre 1776.

An Sulpiz Boisserée Weimar, 30. Dezember 1826.
Angenehme Besuche sind mir diese Zeit her geworden: erst Alexander v. Humboldt, dann der ältere Bruder, welcher noch gegenwärtig ist. In solchen Unterhaltungen finde ich die erfreuliche Sicherheit, daß ich in meiner abgesonderten Lebensweise doch mit dem Gange der Welt und der Wissenschaft und was noch sonst am Tage etwas werth ist, in reinem Verhältniß bleibe.

Zahme Xenien.
V.

Ihr seht uns an mit scheelem Blick,
Ihr schwanket vor, ihr schwankt zurück;
Und häufet Zeil' auf Zeile.
So zerret Lesers dürftig Ohr
Mit viel gequirltem Phrasen-Flor;
Und habt ihr nicht am Seile!
Die W.K.Fs,*
Mit ihren Treffs,
Sie wirken noch eine Weile.**

WA I, 3, 326.

* W.K.F. = Weimarische Kunstfreunde
** Erster Druck 1827.

***Goethes Haus am Frauenplan**, nach einer Zeichnung von Otto Wagner (1827), gestochen (1828) von Ludwig Schütze, mit den von Goethe daruntergesetzten Versen.*

Goethe's Wohnhaus in Weimar.

Warum stehen sie davor?
Ist nicht Thüre da und Thor?
Kämen sie getrost herein,
Würden wohl empfangen sein.

Jan. 1828. WA I, 4, 141.

An Christoph Ludwig Friedrich Schultz 18. September 1831.

Auf dem freyen Platze meinem Hause gegenüber steht ein großes anständiges Wasserbecken*, welches von einer stark fließenden Röhre hinreichend genährt wird. Dahin kommen, besonders Morgens und Abends, Frauen, Töchter, Mägde, Gesellen, Kinder, das nothwendige Ingredienz ihres Daseyns abzuholen.

Hier ist das Geschäft einfach und doch mannichfaltig: aus dem Becken wird geschöpft, in Butten gegossen, zum Reinigkeitsgebrauche auf dem Rücken fortgetragen. Zum Trinken werden Krüge unter die Röhre gestellt, zu Koch- und feinerem Bedürfniß Eimer untergeschoben. Dabey ist nun die Haltung der Handelnden und Abwartenden nie dieselbe; die Mannichfaltigkeit der Gebärden ist unendlich, die Stellung derjenigen sowohl, die im Besitz des Empfangens ist, als der andern, die auf den Augenblick paßt, bis die Reihe an sie kommen soll, zeigt keine Spur von Ungeduld, alles geht im Tact, und doch ist ein feiner Unterschied zwischen einer und der andern zu bemerken. Salat an Ort und Stelle zu waschen, ist jetzt streng polizeylich verboten. Schade! das gab recht artige häusliche Stellungen, und doch bleibt noch genug übrig, von der früh Ankommenden, Einsamen bis zum Gedränge der höhern Tagesstunden, bis zuletzt die ganze Anstalt wieder verlassen dasteht, und doch endlich noch ein Knabe auf den Rand des Beckens bis zu dem Pfeiler hinaufsteigt, um sich, über die Röhre gebückt, unmittelbar aus derselben zu erquicken.

Hier wäre nun Gelegenheit, wo der bildende Künstler beweisen könnte, was er zu sehen, zu fassen, zu wählen und nachzubilden im Stande sey...

* Bezieht sich auf einen gußeisernen Brunnen, von Oberlandesbaudirektor Coudray entworfen und mit der Jahreszahl 1822 versehen.

An Louise Adele Schopenhauer Weimar, 19. September 1831.

... die vielen Fremden, die bey mir vorbeygehen, machen mir den umgekehrten optischen Betrug, als wenn ich mich selbst vom Platz bewegte.

Aus: Der Verfasser theilt die Geschichte seiner botanischen Studien mit. 1817. Neufassung 1831.

In einer ansehnlichen Stadt geboren und erzogen, gewann ich meine erste Bildung in der Bemühung um alte und neuere Sprachen, woran sich früh rhetorische und poetische Übungen anschlossen. Hiezu gesellte sich übrigens alles was in sittlicher und religiöser Hinsicht den Menschen auf sich selbst hinweis't ...

In das thätige Leben jedoch sowohl als in die Sphäre der Wissenschaft trat ich eigentlich zuerst als der edle Weimarische Kreis mich günstig aufnahm; wo außer andern unschätzbaren Vortheilen mich der Gewinn beglückte, Stuben- und Stadtluft mit Land-, Wald- und Garten-Atmosphäre zu vertauschen ...

Hier aber habe ich vielleicht einem zu erwartenden Vorwurfe zu begegnen, daß ich nämlich fremde Beziehungen in meinen Vortrag mit einmische. Sei mir darauf zu erwidern erlaubt, daß ich von meiner Bildung im Zusammenhange nicht sprechen könnte, wenn ich nicht der frühen Vorzüge des Weimarischen, für jene Zeiten hochgebildeten Kreises dankbar gedächte, wo Geschmack und Kenntniß, Wissen und Dichten gesellig zu wirken sich bestrebten, ernste gründliche Studien und frohe rasche Thätigkeit unablässig miteinander wetteiferten.

WA II, 6, 98 + 99 + 103.

Zahme Xenien.
V.

Gott grüß' euch, Brüder,
Sämmtliche Oner und Aner!
Ich bin Weltbewohner,
Bin Weimaraner,
Ich habe diesem edlen Kreis
Durch Bildung mich empfohlen,
Und wer es etwa besser weiß,
Der mag's wo anders holen.*

WA I, 3, 314.

* Erster Druck 1827.

Zahme Xenien.
VI.

Wie fruchtbar ist der kleinste Kreis,
Wenn man ihn wohl zu pflegen weiß.*

WA I, 3, 365.

* Erster Druck 1827.

***Goethes Haus am Frauenplan** anläßlich der Feier zum 150. Geburtstag des ehemaligen Hausherrn, Fotografie (1899) von Louis Held.*

WEISSENBURG

Herzogtum bzw. 1815 Großherzogtum Sachsen-Weimar-Eisenach
Landkreis Saalfeld-Rudolstadt (Uhlstädt)

... ganz herrliche Gegend.

Auf einem Felssporn oberhalb des Saaleufers zwischen Rudolstadt und Orlamünde erhebt sich Schloß Weißenburg; von den Grafen von Orlamünde im 13. Jahrhundert erbaut, von 1707 bis 1761 im Besitz der Familie von Lengefeld, der Schillers Ehefrau Charlotte entstammt, 1792 durch einen Großbrand weithin zerstört und später wieder aufgebaut und mehrfach umgestaltet. Vom Plateau neben dem Schloß aus genießt man einen herrlichen Blick über das Saaletal und die angrenzenden Höhen- und Waldgebiete.
Als Goethe in den Sommerwochen 1777 von Schloß Kochberg aus Wanderungen nach Weißenburg (heute ein Ortsteil von Weißen) unternahm, gemeinsam mit den Söhnen Charlotte von Steins und deren Erzieher Kästner, hielt er seine Eindrücke von der anmutigen Landschaft in Zeichnungen fest. Es drängte ihn, die Schönheit der Natur für Charlotte, die zur Kur in Pyrmont weilte, im Bild festzuhalten.
Fast 300 Zeichnungen hat Goethe in seinem ersten Weimarer Jahrzehnt, der Zeit inniger Verbundenheit mit Charlotte von Stein, der geliebten Frau geschenkt; viele davon sind nicht erhalten geblieben.

⇨ Großkochberg.

Tagebuch, 5. Juli 1777.
... nach Kochberg geritten (von Dornburg kommend) fand die Kleinen beym Essen.

Tagebuch, 6. Juli 1777.
Glücklich gezeichnet früh, nach Tische über Kuhfras, Mezelbach, Ezelbach, Weisse nach Weisenburg an der Saale. Viel geschwäzt mit Kästnern, gezeichnet ... auf dem Rückweege verirrt, über Neusis spät nach Hause.

An Charlotte von Stein Kochberg, 6. Juli 1777.
Nach Tisch gingen wir Kästner und die zwey nach Weissenburg wo ganz herrliche Gegend und einzelne vollkommen schöne Pläzze sind. Kästner und ich zeichneten liessen die andern vorausgehn mit dem Boten, und verirrten uns von Mezelbach auf Kuhfras und von Kuhfras auch wieder dass wir über Neusis erst um 10 nach Kochberg kamen gute Nacht Engel es ist ietzt mein einziges dass ich Sie noch liebe wie immer.

Tagebuch, 12. Juli 1777.
Früh im Gartn gezeichnet. Nach Tisch den alten Weeg auf Weisenburg. in der höhle gezeichnet.

An Charlotte von Stein Weißenburg, 12. Juli 1777.
Abends 9. Weissenburg wir sind wieder herüber marschirt und werden beym Pachter schlafen! nun ich habe heut den Göttern sey danck von 8 Uhr früh bis Abends 8 gezeichnet, in Kochberg und hier immer mit gleicher Freude, und gleicher Hoffnung dass es Ihnen auch Freude machen soll, so wenig Hoffnung dazu ist! denn wenn die Natur Sie nicht mehr freut wie soll Sie mein stammeln dran vergnügen. Gnug auf dem Papier sind allerley treue gute Augenblicke befestigt, Augenblicke in denen immer der Gedancke an Sie über der schönen gegend schwebte. die Nacht ist ganz herrlich durch das weite Thal. die Jungens sehr lustig und vergnügt ihrer Wandrung, sie wickeln sich auf und bereiten sich zu Bette. Gute Nacht Beste.
Sonntag früh 10. In der Höhle von Weissenburg. Wir haben uns herausgesezt und gezeichnet, es fängt ein Regen an und ich sezze mich unter einen Busch Ihnen guten Morgen zu sagen. Der Tag ist grau aber schön! wie schön die Nacht war und der Mond auf der Saale im Thal lässt sich nicht sagen.

Tagebuch, 13. Juli 1777.
Wieder in der höhle. dann Nach Tisch unten am Wasser gez. Abends über Kirch Haseln Ober Haseln die Grundmühle nach Hause.

An Charlotte von Stein Weimar, 17. Juli 1777.
Der erste schöne Tag seit ich von Kochberg zurück bin ... dieses schreib ich unter den Bäumen in meinem Garten ... Hier kan ich auch nicht zeichnen. Neulich dacht ich so auf der Weissenburg da ich mir's so angelegen seyn lies und so viel Freude dran hatte: Wenn sie nun wieder kommt und sie nichts freut wozu solls alles! – Adieu.

Wenigenjena

Herzogtum bzw. 1815 Großherzogtum Sachsen-Weimar-Eisenach
Stadt Jena

... auf meiner Zinne
über dem rauschenden Brückenbogen.

Vom November 1817 bis Juli 1818 lebte Goethe fast ausschließlich in Jena; nur kurze Aufenthalte in Weimar unterbrachen eine schaffensreiche Phase. In diesen Monaten blickte er oft vom Erker des Gasthofes „Grüne Tanne" auf Jena, „das liebe närrische Nest". In Camsdorf*, jenseits der Saale, hatte er in der „Tanne" eine Mansarde gemietet und konnte darin „bey einer in Großherzoglichen Landen vielleicht einzigen An- und Aussicht" in völliger Abgeschiedenheit seinen Arbeiten nachgehen. Zu dieser Zeit betrieb er, außer der üblichen Oberaufsicht über die verschiedenen Anstalten der Universität, vorwiegend naturwissenschaftliche Studien. Anfangs hielt er sich nur tagsüber auf seiner „Zinne" auf, später schlief er auch dort.

* Die benachbarten Dörfer Camsdorf und Wenigenjena wurden 1909 der Stadt Jena eingemeindet. Heute nennt sich der Stadtteil Wenigenjena

⇒ Drackendorf, Jena, Wöllnitz.

Die „Grüne Tanne" *nach der Rekonstruktion 1994.*

Tag- und Jahreshefte 1818.
Mein Aufenthalt in Jena war dießmal auf mehr als Eine Weise fruchtbar. Ich hatte mich im Erker der Tanne zu Camsdorf einquartiert und genoß mit Bequemlichkeit, bei freier und schöner Aus- und Umsicht, besonders der charakteristischen Wolkenerscheinungen. Ich beachtete sie, nach Howard, in Bezug auf den Barometer, und gewann mancherlei Einsicht.

WA I, 36, 137-138.

An Christian Gottlob von Voigt Jena, 6. Februar 1818.
Gegenwärtiges erlasse ich vom rechten Saalufer aus. Ich habe mich eingerichtet in dem Erker der *Tanne*, unmittelbar an der Camsdorfer Brükke, die sonnigen Stunden des Tags zuzubringen. Erst Nässe, dann Schnee hinderte die Fußbewegung, nun ein halblahmes Pferd auch die im Wagen. Um nun nicht gar Licht und Luft zu entbehren lasse ich mich täglich, zur guten Stunde, auf diese Zinne bringen welche mit allen schönen Aussichten um Jena wetteifert.

An Louise Seidler Jena, 12. Februar 1818.
Auf dem rechten Ufer der Saale, im Erker der Tanne, wo es wirklich schöner ist, als man es sich denken darf ... Die hellen, mitunter sonnenreichen Stunden des Tages verbringe ich auf dieser Zinne, wo des letzten Camsdorfer Bogens Wasser immer lebhaft unten rauscht. Nur die Nacht über wohne ich in der alten Nachbarschaft (im Inspektorhaus des Botanischen Gartens).* Gleich jetzt erlebe ich den schönsten Sonnenuntergang.

* In der Nähe des Frommannschen Hauses, wo auch Louise Seidler verkehrte.

An Carl Friedrich Zelter Jena, 16. Februar 1818.
Du kennst Jena zu wenig als daß es dir etwas heißen sollte wenn ich sage: daß ich auf dem rechten Saalufer, unmittelbar an der Camsdorfer Brücke, über dem durch die Bogen gewaltsam strömenden, eisbelasteten Wasser, eine *Zinne* (vulgo Erker) in Besitz genommen habe, die schon seit so vielen Jahren mich, meine Freunde und Nachkommenschaft gereizt hat daselbst zu wohnen, ohne daß nur Jemand sich die Mühe gegeben hätte die Treppe hinauf zu steigen. Hier verweile ich nun die schönsten Stunden des Tags, den Fluß, die Brücke, Kies, Anger und Gärten und sodann das liebe närrische Nest, dahinter Hügel und Berge und die famosesten Schluchten und Schlachthöhen (von 1806) vor mir. Sehe bey heiterm Himmel die Sonne täglich etwas später und weiter nordwärts untergehen, wornach meine Rückkehr zur Stadt regulirt wird ...
In dieser, nahezu absoluten, Einsamkeit ist das dritte Heft von *Kunst* und *Alterthum* dem Druck zugefertigt. Das zweyte zur *Morphologie* bewegt sich auch. Die Darstellung der *entoptischen Farben*, im Zusammenhang mit meiner Farbenlehre, denke ich vor Ostern auch noch zu gewältigen.

***Blick aus der „Grünen Tanne“**, Federzeichnung (1818) von Goethe im Skizzenbuch Julie von Egloffsteins.*

An Georg Sartorius Jena, 23. Februar 1818.

In Jena hab' ich mir ein freundliches Quartier ausgesucht; unmittelbar über der Camsdorfer Brücke, in dem Erker eines hohen Gebäudes, wo ich denn ein bewegtes Hin- und Herwandern der beiderseitigen Uferbewohner täglich vor Augen habe, bald schleichenden, bald rauschenden Fluß, ruhende Stadt, in einem Thale, das täglich anmuthiger zu werden verspricht.

In diesem Jena selbst, das gegenwärtig so viel Lärm in die Welt sendet*, ist es jetzt so still als niemals, weil Jeder in seinem eignen Laboratorium die Raketen und Feuerkugeln verfertigt, womit er die Welt in Staunen setzen und womöglich entzünden möchte. Bey diesen Eruptionen sitz ich ruhig wie der Einsiedler auf der Somma. Und hiermit allen guten Geistern empfohlen.

* Goethe meint die Burschenschaftsbewegung, die am 12. Juni 1815 in der „Grünen Tanne“ ihren Ausgang genommen hat.

An Carl Friedrich Zelter Jena, 19. März 1818.

Ich stehe wieder auf meiner Zinne über dem rauschenden Brückenbogen, die tüchtigen Holzflöße, Stamm an Stamm, in zwey Gelenken, fahren mit Besonnenheit durch und glücklich hinab, Ein Mann versieht das Amt hinreichend, der zweyte ist nur wie zur Gesellschaft.

Die Scheite Brennholz dilettantisiren hinterdrein, einige kommen auch hinab wo Gott will, andere werden in Wirbel umgetrieben, andere interimistisch auf Kies und Sandbank aufgeschoben. Morgen wächst vielleicht das Wasser, hebt sie alle und führt sie Meilen weit zu ihrer Bestimmung, zum Feuerheerd. Du siehst daß ich nicht nöthig habe mich mit den Tagesblättern abzugeben, da die vollkommensten Symbole vor meinen eigenen Augen sich eräugnen.

An Christian Gottlob von Voigt Jena, 29. März 1818.
Was mich auf der Zinne, bey einer in Großherzoglichen Landen vielleicht einzigen An- und Aussicht, dennoch betrübt ist das Gefühl der Einsamkeit und Überzeugung daß ich die werthesten und würdigsten Freunde dieses obgleich sehr bedingten doch immer hübschen Genusses nicht theilhaft machen kann.

An Christian Gottlob von Voigt Jena, 8. Mai 1818.
Auf der Tanne lebe ich wie im Lande Gosen, heiter und klar.

Tagebuch, 9. Mai 1818.
Die gewöhnlichen Arbeiten gefördert. Mittag bey den Prinzessinnen.* Bey Knebel ... Zu Frommanns, wo Madame Schopenhauer mit Tochter sich befanden. Herr Frommann war von Leipzig zurückgekommen. Erzählung von dortiger Messe. Auf der Tanne, zum ersten mal daselbst geschlafen.

* Die Großherzogin Maria Pawlowna hatte 1818 das Griesbachsche Gartenhaus für den Weimarer Hof erworben. Das Grundstück schloß sich unmittelbar an den Botanischen Garten an, in dessen Inspektorhaus Goethe wohnte. Die Prinzessinnen Marie und Augusta verlebten dort die Sommerwochen und Goethe widmete ihnen manche Stunde seiner Tage. – Im Tagebuch heißt es u. a.: „2. April: Der Prinzessinnen Unterricht in der römischen Geschichte ... 18. April: Schema für die Jenaischen Stunden der Prinzessinnen.“

Am Flusse.*

Wenn du am breiten Flusse wohnst,
Seicht stockt er manchmal auch vorbei;
Dann wenn du deine Wiesen schonst,
Herüber schlemmt er, es ist ein Brei.

Am klaren Tag hinab die Schiffe,
Der Fischer weislich streicht hinan;
Nun starret Eis am Kies und Riffe,
Das Knabenvolk ist Herr der Bahn.

Das mußt du sehn und unterweilen
Doch immer was du willst vollziehn!
Nicht stocken darfst du, vor nicht eilen;
Die Zeit sie geht gemessen hin.

WA I, 3, 177.

* Dieser Titel wurde erst 1840 dem Gedicht in den Ausgaben hinzugefügt. Der erste Druck des Gedichtes erfolgte 1821. In der WA werden die Verse auf „Camsdorf“ bezogen.

Wilhelmsthal

Herzogtum bzw. 1815 Großherzogtum Sachsen-Weimar-Eisenach
Wartburgkreis (Marksuhl)

In Wilhelmsthal ist mirs zu tief und zu eng ...

Wilhelmsthal, ehemals Sommerresidenz und Jagdrevier der Herzöge von Eisenach, fiel nach dem Aussterben der Eisenacher Linie 1741 an Weimar. Nach dem Tode Herzog Ernst Augusts, der die Schloßanlage im Stil des Rokoko hatte umbauen lassen, verfiel sie zusehends. Erst Herzog Carl August, wie sein Großvater Ernst August leidenschaftlicher Jäger, nutzte wieder das Wildgehege jenseits des Rennsteiges. Er ließ die barocke Parkanlage zu einem Landschaftsgarten umgestalten und Wald, Wiese und See in die Umgebung einbeziehen. Wilhelmsthal wurde zum beliebten Sommeraufenthalt der herzoglichen Familie.
Goethe weilte einige Male im Gefolge des Herzogs in Wilhelmsthal, fühlte sich aber im beengten, feuchten Waldwinkel nicht so wohl wie auf der frei gelegenen Wartburg. Das aufwendige und kostspielige Jagdtreiben des Herzogs nahm er zunehmend kritisch wahr und zog aus seinen Beobachtungen Gewinn für seine „politisch moralisch dramatische Tasche“.

⇨ Eisenach.

***Wilhelmsthal**, nach einer Zeichnung aus der ersten Hälfte des 19. Jahrhunderts.*

Tagebuch, 4. September 1777.
früh 4 über (Elgers)Burg ... Georgenthal, bey der Kirche zwischen Katerfeld (Catterfeld) und Altenberge vorbey: die Kirche bleibt rechts: auf Fridrichrode ... Ruhl, Wilhelmsthal.

An Jakob Friedrich von Fritsch Wilhelmsthal, 4. September 1777.
So eben sind wir, zwar durchaus nass, aber glücklich übrigens, in Wilhelmsthal angelangt, haben alles in guter Ordnung, nur nicht gefunden wo wir unser Haupt hinlegen. Durchl.(aucht) wollen morgen hier bleiben.

An Charlotte von Stein Wartburg, 13.-17. September 1777.
In Wilhelmsthal ist mirs zu tief und zu eng, und ich darf doch noch in der Kühle und Nässe nicht in die Wälder die ersten Tage*.

* Wegen einer Kieferentzündung.

An Charlotte von Stein Eisenach, 10. Dezember 1781.
Der Herzog ist vergnügt und gut, nur find ich den Spas zu theuer, er füttert 80 Menschen in der Wildniss und dem Frost, hat noch kein Schwein, weil er im freyen hetzen will, das nicht geht, plagt und ennuirt die seinigen, und unterhält ein Paar schmarutzende Edelleute aus der Nachbaarschafft die es ihm nicht dancken. Und das alles mit dem besten Willen sich und andre zu vergnügen. Gott weis ob er lernen wird, daß ein Feuerwerck um Mittag keinen Effeckt thut. Ich mag nicht immer der Popanz seyn, und die andern frägt er weder um Rath noch spricht er mit ihnen was er thun will. Ich hab ihn auch nur Augenblicke gesehen.
Ich bitte Gott, daß er mich täglich haushälterischer werden lasse um freygebig seyn zu können es sey mit Geld oder Gut, Leben oder Todt.

An Charlotte von Stein Wilhelmsthal, 12./13. Dezember 1781.
Ich bin nun hier in Wilhelmsthal und will und muss abwarten was geschieht. Heute früh wollt ich fort, dann aber gings nicht, und es wäre eine Unschicklichkeit geworden wenn ich gegangen wäre. Wie du alles erfahren sollst liebe Beichtigerinn.
Liebe Lotte ich habe einen rechten Arm voll moralischer und politischer Geheimnisse dir mit zu bringen. Denn ich unterstehe mich nicht zu schreiben weil es zu viel ist.
Der Herzog thut was unschickliches mit dieser Jagd, und doch bin ich nach seiner Herzoglichkeit mit ihm zufrieden. Die andern spielen alle ihre Rollen. Ach Lotte wie lieb ist mirs daß ich keine spiele. Ich lasse mich als Gast tracktiren und lasse mir als einem Fremden klagen, es geht nichts besser und nichts schlimmer als sonst, ausser daß der Herzog weit mehr weis was er will, wenn er nur was bessers wollte.
...
Nun sind die acht Tage um, und ich sehne mich eifrig nach Hause, nicht nach Hause, nur zu dir, denn es geht mir wohl, ich mag die Menschen leiden, und sie mich, ich bekümmre mich um nichts und schreibe Dramas. Mein Egmont ist bald fertig und wenn der fatale vierte Ackt nicht

wäre den ich hasse und nothwendig umschreiben muß, würde ich mit diesem Jahr auch dieses lang vertrödelte Stück beschliesen.
Heut kommt der Herzog v. Gotha. Morgen gehts auf die Jagd und ich hoffe loszukommen. Auf den Sonntag giebt der Herzog ein Gastmal, um dem Vater im Himmel auch einmal gleich zu werden, nur mit dem Unterschied daß die Gäste von den Zäunen gleich Anfangs mit auf dem Fourier Zettel stehn. Des hin und wieder fahrens, schleppens reitens, laufens ist keine Rast. Der Hofmarschall flucht, der Oberstallmeister murrt, und am Ende geschieht alles. Wenn diese Hast und Hatze vorbey ist und wir wären um eine Provinz reicher so wollt ich's loben, da es aber nur auf ein Paar zerbrochne Rippen, verschlagne Pferde und einen leeren Beutel angesehn ist, so hab ich nichts damit zu schaffen. Ausser daß ich von dem Aufwand nebenher etwas in meine politisch moralisch dramatische Tasche stecke.

An Charlotte von Stein Wilhelmsthal, 18. Juni 1783.
Der Aufenthalt hier ist nicht angenehm. Nebel und Feuchtigkeit dringen durch Berge Wälder und Wohnung.

Wilhelmsthal (1828.)*
... einem nahe bei Eisenach gelegenen großherzoglichen Lustort, ... in ... romantischen Berggründen ... wo auch die Frau Großherzogin ihren Sommeraufenthalt zu nehmen pflegt.

WA I, 41.2, 331.

* Aus: „Zum nähern Verständniß des Gedichtes Dem König die Muse, gewidmet dem 28. August 1827". Verfasser des Gedichtes ist Kanzler Friedrich von Müller. Er verherrlicht darin den Besuch Ludwigs von Bayern im Großherzogtum Sachsen-Weimar-Eisenach.

WINZERLA

Herzogtum bzw. 1815 Großherzogtum Sachsen-Weimar-Eisenach
Stadt Jena

... einen Karp(f)en von Winzerle
für mein Geld kommen lassen.

Wie zahlreiche Dörfer in Jenas nächster Umgebung war auch das alte Weinbauerndorf Winzerla mit seiner südlich anschließenden Waldflur der Trießnitz oft Ziel von Goethes ausgedehnten Spazierwegen, wenn er sich in Jena aufhielt.
In den Jahren zwischen 1817 und 1819 vermerkt das Tagebuch mitunter tägliche Spaziergänge dorthin; oft in Begleitung des Freundes Knebel oder des Chemikers Döbereiner, mit dem er gern wissenschaftlich diskutierte. Manchmal wurde in Winzerla eingekehrt und gespeist; Karpfen aus Winzerla bereicherten sogar den Speiseplan im Jenaer Quartier.
Auf dem Weg nach Winzerla gab es reizvolle Ausblicke über das Saaletal hinweg auf die gegenüberliegenden Muschelkalkhänge der Kernberge und des Hausberges zu genießen. Dort wurden um den 24. Juni die Johannisfeuer gezündet, „die Lustflammen auf den Bergen", die sich „überraschend freundlich" ausnahmen, und die Goethe gern beobachtete.

⇨ Berka, Jena.

Tagebuch, 27. Mai 1796.
Mit der Gesellschaft in der Driesnitz.

Tagebuch, 23. September 1798.
Nachmittags mit Loder auf der Triesnitz, Abends bey Schiller.

Tagebuch, 25. Februar 1799.
Mittags in Winzerla gegessen.

Tagebuch, 10. August 1802.
Mit Hrn. Geh. Hofr.(at) Loder spatzieren. In der Triesniz wo Fr. v. Zigesar mit Familie ... war.

Tagebuch, 15. September 1812.
Um 6 in Winzerla (von Karlsbad kommend), daselbst von (Sohn) August und Bergrath Voigt empfangen. Gegen halb 7 mit den Schimmelchen nach Hause gefahren.

An Christiane von Goethe Jena, 6. November 1812.
Um nicht aus dem Gleise zu kommen, habe ich einen Karpen (Karpfen) von Winzerle für mein Geld kommen lassen.

Tagebuch, 23. März 1817.
Bergrath Döbereiner fuhr mit mir bis Winzerle, Gespräch über die neusten Chemica. Angewandte Chemie.

Tagebuch, 10. April 1817.
Mit Bergrath Döbereiner spazieren gefahren nach Winzerla. Schneegestöber. Discours über entoptische Farben und über Geologie, besonders wie dieser letzten durch Stöchiometrie* möchte beyzukommen seyn?

* Die Stöchiometrie ist ein Zweig der Chemie, der chemische Reaktionen und ihre Massenverhältnisse rechnerisch erfaßt. Schon in den „Tag- und Jahresheften 1815“ wird die Stöchiometrie erwähnt: „Bei dem nächsten Aufenthalte in Jena leitete mich Professor *Döbereiner* zuerst in die Geheimnisse der Stöchiometrie; auch machte er zu gleicher Zeit wiederholte Versuche mit dem Weißfeuer, welches von dem Landgrafen herunter das Jenaische Thal erhellend einen magisch überraschenden Augenblick gewährte.“

WA I, 36, 99.

Tagebuch, 11. April 1817.
Mit Schütz (Badeinspektor aus Berka) nach Winzerla gefahren, bis auf die Höhe über die Triesnitz. Sodann zu Fuße bis über den Steinbrüchen bey Göschwitz, zu Fuße zurück auf Winzerla, hereingefahren.

Tagebuch, 21. Juni 1817.
Abends mit Knebel gegen Winzerle gefahren, bey ihm zu Tisch. Halbzehn Uhr nach Hause zurück. Die Johannisfeuer gesehen.

Tagebuch, 26. Juni 1819.
Nachts mit Zelter auf Winzerla; auf dem Wege die Johannisfeuer betrachtet.

Tag- und Jahreshefte 1804.
Gegen Ende Juni begab ich mich nach Jena und ward gleich an demselbigen Abend durch lebhafte Johannisfeuer munter genug empfangen. Es ist keine Frage: daß sich diese Lustflammen auf den Bergen, sowohl in der Nähe der Stadt, als wenn man das Thal auf- und abwärts fährt, überraschend freundlich ausnehmen.
Nach Verschiedenheit der vorhandenen Materialien, ihrer Menge, mehr oder weniger Schnelligkeit der Verwendung, züngeln sie bald obeliskenbald pyramidenartig in die Höhe, scheinen glühend zu verlöschen und leben auf einmal ermuntert wieder auf. Und so sieht man ein solches feuriges Wechselspiel thalauf thalab, auf die mannichfaltigste Weise belebend fortsetzen.
Unter allen diesen Erscheinungen that sich eine zwar nur auf kürzere Zeit, aber bedeutend und auffallend hervor. Auf der Spitze des Hausberges, welcher, von seiner Vorderseite angesehen, kegelartig in die Höhe steigt, flammte gleichmäßig ein bedeutendes Feuer empor, doch hatte es einen beweglichern und unruhigern Charakter; auch verlief nur kurze Zeit, als es sich in zwei Bächen an den Seiten des Kegels herunterfließend sehen ließ; diese in der Mitte durch eine feurige Querlinie verbunden zeigten ein colossales leuchtendes A, auf dessen Gipfel eine

starke Flamme gleichsam als Krone sich hervorthat und auf den Namen unserer verehrten Herzogin Mutter hindeutete. Diese Erscheinung ward mit allegemeinem Beifall aufgenommen; fremde Gäste fragten verwundert über die Mittel, wodurch ein so bedeutendes und Festlichkeit krönendes Feuergebilde habe veranstaltet werden können.

Sie erfuhren jedoch gar bald, daß dieses das Werk einer vereinigten Menge war und einer solchen, von der man es am wenigsten erwartet hätte. Die Universitätsstadt Jena, deren unterste ärmste Classe sich so fruchtbar erweis't, wie es in den größten Städten sich zu ereignen pflegt, wimmelt von Knaben verschiedenen Alters, welche man gar füglich den Lazzaroni's vergleichen kann. Ohne eigentlich zu betteln, nehmen sie durch Vielthätigkeit das Wohlthun der Einwohner, besonders aber der Studirenden in Anspruch. Bei vorzüglicher Frequenz der Akademie hatte sich diese Erwerbsclasse besonders vermehrt: sie standen am Markte und an den Straßenecken überall bereit, trugen Botschaften hin und wieder, bestellten Pferde und Wagen, trugen die Stammbücher hin und her und sollicitirten das Einschreiben, alles gegen geringe Retributionen, welche denn doch ihnen und ihren Familien bedeutend zu Gute kamen. Man nannte sie Mohren, wahrscheinlich weil sie von der Sonne verbrannt, sich durch eine dunklere Gesichtsfarbe auszeichneten.

Diese hatten sich schon lange her das Recht angemaßt, das Feuer auf der Spitze des Hausbergs anzuzünden und zu unterhalten, welches anzufachen und zu ernähren sie sich folgender Mittel bedienten. Eben so den weiblichen Dienstboten der bürgerlichen Häuser als den Studirenden willfährig, wußten sie jene durch manche Gefälligkeit zu verpflichten, dergestalt daß ihnen die Besenstumpfen das Jahr über aufbewahrt und zu dieser Festlichkeit abgeliefert wurden. Um diese regelmäßig in Empfang zu nehmen, theilten sie sich in die Quartiere der Stadt und gelangten am Abend des Johannistags schaarenweis zusammen auf der Spitze des Hausberges an, wo sie dann ihre Reisfackeln so schnell als möglich entzündeten, und sodann mit ihnen mancherlei Bewegungen machten, welche sich dießmal zu einem großen A gestalteten, da sie denn still hielten und jeder an seinem Platze die Flamme so lange als möglich zu erhalten suchten.

Diese lebhafte Erscheinung, bei einem heitern Abendgelag von versammelten Freunden gewahrt und bewundert, eignete sich auf alle Fälle, einigen Enthusiasmus zu erregen. Man stieß auf das Wohl der verehrten Fürstin an, und, da schon seit einiger Zeit eine immer ernstere Polizei dergleichen feurige Lustbarkeiten zu verbieten Anstalten machte, so bedauerte man, daß eine solche Seelenfreude künftig nicht mehr genossen werden sollte, und äußerte den Wunsch für die Dauer einer solchen Gewohnheit in dem heitern Toast:

Johannisfeuer sei unverwehrt,
Die Freude nie verloren!
Besen werden immer stumpf gekehrt
Und Jungens immer geboren.

WA I, 35, 174-177.

Wöllnitz

Herzogtum bzw. 1815 Großherzogtum Sachsen-Weimar-Eisenach
Stadt Jena

An dem großen Flusse ...

In den Sommer- und Herbstwochen des Jahres 1795 entstand Goethes „Mährchen". Seine Deutung bereitete schon den Zeitgenossen einiges Kopfzerbrechen; noch heute gibt es vielfältige Deutungsversuche für die wundersamen Geschehnisse des Erzählten. In der Regel wird das „Mährchen", zumindest topographisch, mit Jena, seiner parkähnlichen Landschaft des „Paradieses" entlang der Saale, und den Gipshöhlen der „Teufelslöcher" am alten Weg nach Wöllnitz in Zusammenhang gebracht. Als der Dichter am „Mährchen" arbeitete, hielt er sich oft in Jena auf. Das „Paradies" war ihm nicht nur in dieser Zeit ein beliebter Ort für Promenaden. Es war zu Fuß schnell erreichbar, machte schon in der Frühe oder auch nach Tisch und noch am späten Abend kurze Spaziergänge möglich, sehr häufig in Begleitung des Urfreundes Knebel, der am Rande des „Paradieses" wohnte. Beim bequemen Gehen konnte das geliebte Pyrmonter-Wasser getrunken werden, zudem waren die Studenten bei ihren Vergnügungen zu beobachten. Mehr als 40 Spaziergänge sind in den Jahren zwischen 1796 und 1818 im Tagebuch erwähnt.
Das „unterirdische Gewölbe" des „Mährchens" erinnert an die „Teufelslöcher", die oft lohnendes Ziel für Ausflüge waren. Goethe besuchte die schon 1319 urkundlich erwähnten und vermutlich in prähistorischer Zeit bewohnten Höhlen meist aus geologischem Interesse.*
Bei einem längeren Jena-Aufenthalt von 1818 nutzte er die Höhlen dazu, den Enkelinnen des Herzogs einen „kleinen Spaß" zu bereiten. Zu diesem Zweck ließ er vorher Grabungen vornehmen, damit die Höhleneingänge für die geladenen Gäste und für spätere Besucher begehbar waren.

* Der Fasergips oder Alabaster der „Teufelslöcher", als „Jenaer Marmor" bekannt, fand bei der Innenausstattung im Hausbau Verwendung, u. a. auch beim Jenaer Schloß.

» Jena.

***Gegend bei Unterwöllnitz**, Radierung (1806) von Jacob Roux.*

An Friedrich Schiller Weimar, 26. September 1795.

Wie ich in dieser letzten unruhigen Zeit meine Tonne gewälzt habe wird Ihnen, werther Mann, aus beyliegendem bekannt werden.* Selig sind die da Mährchen schreiben, denn Mährchen sind *a l'ordre du jour* (an der Tagesordnung) ...

Ich wünsche indeßen, weil wir doch immer Menschen und Autoren bleiben, daß Ihnen meine Producktion nicht mißfallen möge, wie ernsthaft jede Kleinigkeit wird sobald man sie kunstmäßig behandelt hab ich auch diesmal wieder erfahren. Ich hoffe die 18 Figuren dieses Dramatis sollen, als soviel Räzel, dem Räzelliebenden willkommen seyn.

* Goethe schickt das gerade fertiggestellte „Mährchen".

Das Mährchen.

An dem grossen Flusse, der eben von einem starken Regen geschwollen und übergetreten war, lag in seiner kleinen Hütte, müde von der Anstrengung des Tages, der alte Fährmann und schlief. Mitten in der Nacht weckten ihn einige laute Stimmen; er hörte, daß Reisende übergesetzt sein wollten.

Als er vor die Thüre hinaus trat, sah er zwei große Irrlichter über dem angebundenen Kahne schweben, die ihm versicherten, daß sie große Eile hätten und schon an jenem Ufer zu sein wünschten. Der Alte säumte nicht, stieß ab und fuhr, mit seiner gewöhnlichen Geschicklichkeit, quer über den Strom, indeß die Fremden in einer unbekannten sehr behenden Sprache gegen einander zischten und mitunter in ein lautes Gelächter ausbrachen, indem sie bald auf den Rändern und Bänken, bald auf dem Boden des Kahns hin- und wiederhüpften.

Der Kahn schwankt! rief der Alte, und wenn ihr so unruhig seid, kann er umschlagen; setzt euch, ihr Lichter!

Sie brachen über diese Zumuthung in ein großes Gelächter aus, verspotteten den Alten und waren noch unruhiger als vorher. Er trug ihre Unarten mit Geduld, und stieß bald am jenseitigen Ufer an.

Hier ist für Eure Mühe! riefen die Reisenden, und es fielen, indem sie sich schüttelten, viele glänzende Goldstücke in den feuchten Kahn. – Um's Himmels willen, was macht ihr! rief der Alte, ihr bringt mich in's größte Unglück! wäre ein Goldstück ins Wasser gefallen, so würde der Strom, der dieß Metall nicht leiden kann, sich in entsetzlichen Wellen erhoben, das Schiff und mich verschlungen haben, und wer weiß, wie es euch gegangen sein würde; nehmt euer Geld wieder zu euch!

...

In den Felsklüften, in denen sie (die Schlange) oft hin- und wiederkroch, hatte sie an einem Orte eine seltsame Entdeckung gemacht. Denn ob sie gleich durch diese Abgründe ohne ein Licht zu kriechen genöthigt war, so konnte sie doch durch's Gefühl die Gegenstände recht wohl unterscheiden. Nur unregelmäßige Naturproducte war sie gewohnt überall zu finden; bald schlang sie sich zwischen den Zacken großer Krystalle hindurch, bald fühlte sie die Haken und Haare des gediegenen Silbers, und brachte ein- und den andern Edelstein mit sich an's Licht hervor.

Doch hatte sie zu ihrer großen Verwunderung in einem ringsum verschlossenen Felsen Gegenstände gefühlt, welche die bildende Hand des Menschen verriethen. Glatte Wände, an denen sie nicht aufsteigen konnte, scharfe regelmäßige Kanten, wohlgebildete Säulen, und, was ihr am sonderbarsten vorkam, menschliche Figuren um die sie sich mehrmals geschlungen hatte, und die sie für Erz oder äußerst polirten Marmor halten mußte. Alle diese Erfahrungen wünschte sie noch zuletzt durch den Sinn des Auges zusammen zu fassen und das, was sie nur muthmaßte, zu bestätigen. Sie glaubte sich nun fähig durch ihr eignes Licht dieses wunderbare unterirdische Gewölbe zu erleuchten, und hoffte auf einmal mit diesen sonderbaren Gegenständen völlig bekannt zu werden. Sie eilte und fand auf dem gewohnten Wege bald die Ritze, durch die sie in das Heiligthum zu schleichen pflegte.

WA I, 18, 225-226 + 232-233.

***Die Saale bei Wöllnitz**, Fotografie aus den 60er Jahren, bevor die Schnellstraße nach Lobeda gebaut und das Flußbett um einige Meter verlegt wurde.*

Tagebuch, 30. Mai 1796.
... mit Gustel (Sohn August) im Paradiese. Frösche fangen.

Tagebuch, 31. Mai 1796.
Früh in den Teufelslöchern.

An Christian Gottlob Voigt Jena, 27. Mai 1798.
Es ist Ihnen wahrscheinlich auch die vielleicht voreilige Anzeige eines neugefundenen krystallisirten Erdpechs bekannt geworden. Man hat zwar, und vielleicht nicht ganz mit Unrecht, gegen die vierseitige Säulenform dieses Minerals einige Zweifel erregt, demohngeachtet wäre es wol in doppelter Rücksicht der Mühe werth, daß man diesem Funde etwas weiter nachforschte, theils wegen seiner mineralogischen Wichtigkeit, theils weil wir Anlaß und Ursache haben, jede noch so entfernte Spur auf Brennmaterial zu verfolgen.
Gedachtes Mineral hat sich in einem lettenartigen Trumm (Mineral- bzw. Erzgang), welcher durch den Gips des rechten Ufers der Saale streicht, gefunden und zwar in der Wöllnitzer Flur an einem Felsen, der mit Akker und Wiesen nur in entfernter Gemeinschaft steht. Meo voto nehme man aus den Weimarischen Steinbrüchen ... ein Paar geschickte Arbeiter herüber und ließe ein Paar tüchtige Stücke vom Felsen herunter sprengen, um das Trumm zu entblößen. Der Erfolg würde lehren, was allenfalls weiter zu thun wäre.
Ganz vergebens wäre die wenige Arbeit niemals; denn entweder man bestätigte oder zerstörte eine bedeutende mineralogische Behauptung. Ferner zeigte sich, was für einen Werth solche Spuren brennbaren Fossils, das im Gipse vorkömmt, haben könnten, und in unserer Lage ist auch ein mißlungener Versuch im Zusammenhange nicht zu verachten.

Tagebuch, 29. Januar 1818.
Spazieren gegangen. Im Paradies fuhren die Studenten auf den Laufrädern.

Tagebuch, 7. Mai 1818.
Bey den Arbeitern an den Gipshöhlen.

Tagebuch, 8. Mai 1818.
... nachher an die Gipshöhlen. Die letzten Vorrichtungen angeordnet.

An Christian Gottlob von Voigt Jena, 8. Mai 1818.
Heute drängt mich's zu schließen, denn ich habe den lieben Fürstlichen Kindern* einen kleinen Spaß bereitet, der mich gerade vor Abend beschäftigt.

* Marie und Augusta, die Enkelinnen Großherzogs Carl August.

An Christian Gottlob von Voigt 13. Mai 1818.
Die fürstlichen Kinder sind froh und genießen der freien Welt. Ich hatte ihnen in den sogenannten Teufels-Löchern einen kleinen Scherz bereitet, der wohl ablief und Vergnügen machte.

An Großherzog Carl August Jena, 15. Mai 1818.
Da die Anwesenheit der lieben fürstlichen Kinder zu allerley Unterhaltungen auffordert, so habe einen Versuch gemacht denen sogenannten Teufelslöchern eine gewisse Zu- und Ausgänglichkeit, letztere nach der

Höhe zu verschaffen, wo man einer sehr angenehmen Aussicht genießt. Statt der vielen wundersamen Geschöpfe, die das Mährchen dämonisch dort walten läßt, hatten wir freylich nur ausgestopfte Thierchen und Vögel, sie thaten aber doch auf die kleinen Gemüther gute Wirkung, besonders da zuletzt, anstatt des großen unterirdischen magischen Teiches, sich wenigstens in einer Gelte (kleines, hölzernes Gefäß) kleine lebendige Fische merken ließen. Die Witterung begünstigte den Scherz, und wenn man von Zeit zu Zeit dieser extemporirten Anlage nachhilft, so kann eine Erfreulichkeit mehr in der ohnehin so sehr begünstigten Gegend gar wohl entstehen.

Tagebuch, 27. Mai 1818.
Mit Knebel ... zu den Gipshöhlen.

Tagebuch, 9. Juni 1818.
Fuhr ... spazieren gegen Wöllnitz.

ZIEGENHAIN

Herzogtum bzw. 1815 Großherzogtum Sachsen-Weimar-Eisenach
Stadt Jena

... der alte Pflanzen- und Kräutermann von Ziegenhayn.

Auf einem Spaziergang in der Jenaer Flur sprach Goethe im Sommer 1785 einen jungen Mann an, der sich durch seine umgehängte Blechtrommel als Pflanzensammler auswies. Es war Friedrich Gottlieb Dietrich, der Enkelsohn des Stammvaters einer bäuerlichen Botaniker-Familie aus Ziegenhain. Die Dietrichs waren als Pflanzenkenner und Kräutersammler dafür bekannt, nicht nur Händler und Liebhaber mit Pflanzen aller Art zu versorgen, sondern auch der Universität in Jena pflanzliches Übungsmaterial für medizinische und botanische Vorlesungen zu liefern. Goethe bat den jungen Dietrich, ihn auf seiner bevorstehenden Reise quer durch das Fichtelgebirge in die böhmischen Bäder zu begleiten; Dietrich folgte der Aufforderung. Er beschaffte und benannte Goethe auf der Reise und auch späterhin zahlreiche Pflanzen und wurde so zum Helfer bei dessen botanischen Studien.

***Friedrich Gottlieb Dietrich**, Zeichnung (1810) von Ludwig Buchhorn.*

Später verhalf Goethe dem Botaniker zu einer Anstellung als fürstlicher Hofgärtner in Weimar. Ab 1794 übernahm Dietrich, neben der Verantwortung für die herzoglichen Baumschulen, auch die Aufsicht über Goethes Hausgärten. 1801 wurde Dietrich in den Eisenacher Hofgärten angestellt. Damit war der Auftrag verbunden, in Eisenach einen botanischen Garten anzulegen. Bis zu seinem 80. Lebensjahr im Jahre 1845 war Dietrich dessen Direktor. Er erhielt die Doktorwürde und einen Professorentitel und verfaßte eine Reihe botanischer Schriften, darunter ein 30bändiges „Lexikon der Gärtnerei und Botanik“.
Bei einem Gespräch mit dem greisen Goethe 1825 datiert Dietrich den 20. Juni 1785, den Tag seiner ersten Begegnung mit Goethe, als den Beginn seiner wissenschaftlichen Laufbahn.

⇒ Eisenach, Jena, Wilhelmsthal.

Tagebuch, 29. November 1799.
Dann mit August auf Jenaprießnitz und über Ziegenhayn wieder zurück.

Tagebuch, 30. Juni 1804.
Nachmittag mit Aug.(ust) und dem Hrn. Maj.(or) (Knebel) nach Ziegenhayn.

Tagebuch, 14. Mai 1809.
Botanische Lection von Ziegenhayn.

Tagebuch, 21. März 1810.
Nach Tische mit August nach Ziegenhain. Der alte Richter im Hinaufgehen, der Botanikus (Dietrich) im Heruntergehen.

An Christiane von Goethe Jena, 10. Januar 1811.
Der Ziegenhainer Botanikus (Dietrich) geht nach Weimar und überbringt dieses Päcktchen früher als es durch die Boten gekommen wäre. Thut ihm etwas zu gute, erwärmt und erquickt ihn...

Tagebuch, 12. November 1812.
Über die Camsdorfer Brücke den Weg nach Ziegenhayn, links nach Walchs zerrüttetem Gartenhaus. Bis zum letzten Stieg des Hausbergs. Den Fußpfad herunter...

Tagebuch, 13. Juni 1817.
Gesellschaft nach Ziegenhayn und auf den Fuchsthurm gefolgt. Verweilt vor dem Gasthofe. Zu Fuß nach Hause.

***Der „Fuchsturm"**, die einzige Erinnerung an die einst mächtige Burg Kirchberg. – Den heutigen Weg von Ziegenhain dorthin ließ Knebels Adoptivsohn Carl Wilhelm von Knebel 1842 anlegen.*

Tagebuch, 2. Mai 1825.
Abends Gesellschaft in Tiefurth. Professor Dietrich von Eisenach, alter Zeiten sich erinnernd, wie er im Jahre 1785 mit mir als Ziegenhainer Bauerbursche auf dem Fichtelgebirge, sodann in Carlsbad gewesen und wie er von da an seinen Eintritt in die höhere Kultur zu rechnen habe.

An Ernst Heinrich Friedrich Meyer 23. April 1829.
Zugleich kommt der alte Pflanzen- und Kräutermann von Ziegenhayn und bringt die Rediten der *Flora Jenensis*..., welche mich noch jedes Frühjahr seit mehr als 50 Jahren heimsuchen. Zum scherzhaften Zeugniß der heutigen Lection lege seine Zettelchen bey; sie mögen zum Beweis dienen, daß die Pflanzenlust noch immer um mich her lebendig ist.

An Johann Michael Färber Weimar, 10. Oktober 1829.
Da ich, mein guter Färber*, den Auftrag habe, für einen fremden Naturfreund eine Sammlung inländischer Käfer anzuschaffen und ich verneh-me daß der Botanikus Dieterich in Ziegenhayn dergl. vorräthig hat und abläßt; so wollt' ich Sie durch gegenwärtiges ersuchen, sich hiernach zu erkundigen, und mir von dem etwa Vorhandenen, auch allenfalls von den Preisen einige baldige Nachricht zu geben. Allenfalls könnte Dieterich etwas zur Probe herüberbringen, da wir denn wohl eine billige Abkunft treffen würden.

WA IV, 51, 562.

* Färber war im Jenaer Schloß als Bibliotheks- und Museumsdiener beschäftigt und für Verwaltungsaufgaben zuständig.

Der Verfasser theilt die Geschichte seiner botanischen Studien mit.
1817. Neufassung 1831.
Besonderen Vortheil aber brachte mir, wie in allem Wissenschaftlichen, die Nähe der Akademie Jena, wo die Wartung officineller Pflanzen seit geraumer Zeit mit Ernst und Fleiß behandelt wurde ... Epoche machte ... *Ruppe's* Flora Jenensis, welche 1718 erschien; hiernach wurde der bis jetzt auf einen engen klösterlichen Garten eingeschränkten, bloß zu ärztlichem Zwecke dienenden Pflanzenbetrachtung die ganze reiche Gegend eröffnet und ein freies frohes Naturstudium eingeleitet.
Hieran von ihrer Seite Antheil zu nehmen beeiferten sich aufgeweckte Landleute aus der Gegend, welche schon für den Apotheker und Kräuter-Händler bisher sich thätig erwiesen hatten, und eine nunmehr neueingeführte Terminolgie nach und nach einzulernen wußten. In Ziegenhayn hatte sich besonders eine Familie *Dietrich* hervorgethan; der Stammvater derselben, sogar von Linné bemerkt, hatte von diesem hochverehrten Mann ein eigenhändiges Schreiben aufzuweisen, durch welches Diplom er sich wie billig in den botanischen Adelsstand erhoben fühlte. Nach seinem Ableben setzte der Sohn die Geschäfte fort, welche hauptsächlich darin bestanden, daß die sogenannten Lectionen, nämlich Bündel der jede Woche blühenden Gewächse, Lehrenden und Lernenden von allen Seiten herangeschafft wurden. Die joviale Wirksamkeit

des Mannes verbreitete sich bis nach Weimar, und so ward ich nach und nach mit der Jenaischen reichen Flora bekannt.
Noch einen größeren Einfluß aber auf meine Belehrung hatte der Enkel *Friedrich Gottlieb Dietrich*. Als wohlgebauter Jüngling, von regelmäßig angenehmer Gesichtsbildung, schritt er vor, mit frischer Jugendkraft und Lust sich der Pflanzenwelt zu bemeistern; sein glückliches Gedächtniß hielt alle die seltsamen Benennungen fest, und reichte sie ihm jeden Augenblick zum Gebrauche dar; seine Gegenwart sagte mir zu, da ein offner freier Charakter aus Wesen und Thun hervorleuchtete, und so ward ich bewogen auf einer Reise nach Karlsbad ihn mit mir zu nehmen. In gebirgigen Gegenden immer zu Fuße brachte er mit eifrigem Spürsinn alles Blühende zusammen, und reichte mir die Ausbeute wo möglich an Ort und Stelle sogleich in den Wagen herein, und rief dabei nach Art eines Herolds die Linnéischen Bezeichnungen, Geschlecht und Art, mit froher Überzeugung aus, manchmal wohl mit falscher Betonung. Hiedurch ward mir ein neues Verhältniß zur freien herrlichen Natur, indem mein Auge ihrer Wunder genoß und mir zugleich wissenschaftliche Bezeichnungen des Einzelnen, gleichsam aus einer fernen Studirstube, in das Ohr drangen.
In Karlsbad selbst war der junge rüstige Mann mit Sonnenaufgang im Gebirge, reichliche Lectionen brachte er mir sodann an den Brunnen, ehe ich noch meine Becher geleert hatte; alle Mitgäste nahmen Theil, die welche sich dieser schönen Wissenschaft befleißigten besonders. Sie sahen ihre Kenntnisse auf das anmuthigste angeregt, wenn ein schmucker Landknabe, im kurzen Westchen daher lief, große Bündel von Kräutern und Blumen vorweisend, sie alle mit Namen, griechischen, lateinischen, barbarischen Ursprungs, bezeichnend; ein Phänomen, das bei Männern, auch wohl bei Frauen, vielen Antheil erregte.

WA II, 6, 104-107.

Zwätzen

Herzogtum bzw. 1815 Großherzogtum Sachsen-Weimar-Eisenach
Stadt Jena

... vorsätzliche Feuer- und Gluthversuche

In das alte Weinbauerndorf Zwätzen nördlich von Jena kam Goethe nicht nur auf den üblichen Spazierfahrten, dort interessierte ihn vor allem ab Sommer 1820 die wenige Jahre vorher eingerichtete Töpferei. Sie wurde von Goethe in enger Zusammenarbeit mit dem Jenenser Chemiker Döbereiner dazu genutzt, Schmelzversuche an verschiedenen Gesteinsarten durchführen zu lassen. Man wollte „parallele Erscheinungen“ zu vulkanischen Vorgängen schaffen und die eintretenden Veränderungen an den Mineralien studieren. Mit Döbereiner arbeitete Goethe über Jahre hin gern zusammen; er schätzte dessen praktisch orientiertes Experimentieren. Als im darauffolgenden Jahr ein Gewölbe der Brennerei einstürzte, ließ sich Goethe ausführlich darüber berichten.

» Jena.

Tagebuch, 1. Oktober 1819.
Mit Knebel gegen Zwätzen. Herrlichster klarer und warmer Tag und Abend.

Tag- und Jahreshefte 1820.
Auf den Jenaischen Museen revidire ich die Karslbader Suite (Gesteinsfolge) mit neuer Übersicht, und da man denn doch immer vorsätzliche Feuer- und Gluthversuche anstellt, um zu den Naturbränden parallele Erscheinungen zu gewinnen, so hatte ich in der Flaschenfabrik zu Zwätzen dergleichen anstellen lassen, und es betrübt mich die chemischen Erfolge nicht in der eingeleiteten Ordnung des Katalogs aufbewahrt zu haben, besonders da einige Gebirgsarten nach dem heftigsten Brande sich äußerst regelmäßig gestalteten.

WA I, 36, 158.

Tagebuch, 2. Juli 1820.
Nach Zwätzen gefahren, den Rentamtmann Lange und seine Topf- und Röhrenfabrik zu besuchen.

Tagebuch, 3. Juli 1820.
Nach Tische war Hofrath Döbereiner dagewesen und hatte wegen künftiger Feuerversuche in Zwätzen das Nöthige besprochen. Diese wurden auf Sonntag den 9. festgesetzt.

An Johann Wolfgang Döbereiner Jena, 9. Juli 1820.
Wenn es Ew. Wohlgeboren noch gefällig wäre, nach Zwätzen zu fahren, würd ich um 3 Uhr meinen Wagen schicken, und Sie ersuchen, was Sie

zu den Schmelzungsexperimenten zubereitet haben, mitzubringen. Von meiner Seite sind die Gebirgsarten zu eben dem Zwecke in Bereitschaft.

Tagebuch, 9. Juli 1820.
Nach Tische mit Hofrath Döbereiner nach Zwätzen. Die Coblenzer Thonart und Gebirgsarten an Rentamtmann Lange übergeben; Unterhaltung mit ihm und mit dem Factor der Fabrik. Wieder hereingefahren.

Topographische Geologie.
Brandschiefer.
Im Töpferfeuer* verliert er (der Brandschiefer) seine Biegsamkeit, schwillt wellenförmig auf, und ob er gleich theilweise zusammensintert, kommt doch hier seine gränzenlose Theilbarkeit erst recht zum Vorschein.

WA II, 10, 159.

* In Zwätzen angestellter Versuch mit Schiefer.

An Großherzog Carl August Jena, 13. Juli 1820.
Von dem Zwätzner gewaltsamen Feuer stehen uns nun auch die Resultate bevor. Vergangnen Sonntag war ich unten mit Döbereiner; er deponirte die Ziegelerde, die sich in Säulen bilden soll, in die Hände des Werkmeisters, ich aber mehrere Gebirgsarten.
Zufällig ist dem Rentamtmann Lange eine Erscheinung gelungen, die wir sehr gerne wiederholen möchten: ein Kieselschiefer hat sich, im Glühfeuer, in die allerschönsten Tafeln gesondert, welche einen Vulkanisten höchlich entzücken müssen. Von solchen Phänomenen, die mich schon längst im Stillen interessiren, und von denen ich schöne Exemplare zusammengebracht, denke nun, bey diesen neueren Anregungen, eine eigene Sammlung zu veranstalten, welche man aber keinem Neptunisten in Verwahrung geben darf.*

* Goethe weist hier auf die zeitgenössische Auseinandersetzung in bezug auf die Entstehung der Erdoberfläche hin. Im Streit zwischen Vulkanisten und Neptunisten stand er auf der Seite der letzteren; er gab generell der langsamen, kontinuierlichen Entwicklung allen Geschehens in Natur und Gesellschaft den Vorrang.

Tagebuch, 24. Juli 1820.
Die in Zwätzen durch's Feuer gegangenen Steinarten mit ihren Originalen zusammen gelegt und verglichen ... Abends spazieren gefahren gegen Zwätzen.

Tagebuch, 29. Juli 1820.
Hofrath Döbereiner; mit demselben die Producte des Zwätzener Töpferofens durchgegangen und wegen der nächst zu bearbeitenden Steinarten das Weitere besprochen.

An Großherzog Carl August Jena, 13. August 1820.
Ein neuer vielfältiger Schmelzungsversuch kommt so eben aus dem Ofen von Zwätzen, funfzig Gebirgsarten waren abermals der Feuerqual ausge-

setzt, davon die meisten refractär bewiesen und wenige, indem sie sich blätterten oder verschlackten, auf weitere Wege deuteten.

Tagebuch, 25. August 1820.
Vorgenannte Freunde (hohe Offiziere) überraschten mich ... Ich führte sie in der Troschke nach Zwätzen.

Tagebuch, 17. September 1820.
Spazieren gefahren nach Zwätzen, die dem Feuer auszusetzenden Mineralien gebracht.

Tagebuch, 29. September 1821.
Nach Tisch Rentamtmann Lange, ... die Geschichte des eingestürzten Gewölbes in Zwätzen erzählend.

***Goethe-Büste**, von Christian Daniel Rauch (1820).*

Ausgewählte Daten zu Leben und Wirken Johann Wolfgang von Goethes im mitteldeutschen Raum

* 28. 8. 1749 in Frankfurt am Main, † 22. 3. 1832 in Weimar

1775
Ankunft in Weimar (7. 11.)

1776
Entschluß, in Weimar zu bleiben (Jan./Febr.)
Inbesitznahme des Gartenhauses an der Ilm als Geschenk Herzog Carl Augusts (April); damit Erwerb der Weimarer Bürgerrechte.
Ernennung zum Geheimen Legationsrat und Eintritt in den Staatsdienst (Juni).
Herder kommt auf Vorschlag Goethes als Generalsuperintendent nach Weimar (Oktober).

1777
Mitglied der Ilmenauer Bergwerkskommission.
Beteiligung an den Aufführungen des Liebhabertheaters in Weimar, Ettersburg und Tiefurt.
Sept./Okt. Teilnahme an der Tagung der Landstände in Eisenach; Wohnen auf der Wartburg.
Nov./Dez. Erste Harzreise.

1779
Leitung der Kriegs- und Wegebaukommission, verbunden mit Reisen durch das Herzogtum und durch weitere Teile Thüringens.

1780
Reisen durch Südthüringen; mineralogisch-geologische Studien.

1781
Beschäftigung mit vergleichender Anatomie in Jena und Weimar.

1782
Reisen an alle Höfe in Thüringen.
Verleihung des Adelsdiploms durch Kaiser Joseph II. (Juni).
Vorübergehende Leitung der Kammer, der herzoglichen Finanzbehörde.

1783
Zweite Harzreise.

1784
Eröffnung des neuen Johannisschachtes in Ilmenau; Mitglied der Ilmenauer Steuerkommission.
Gemeinsam mit dem Anatomen Loder Entdeckung des Zwischenkieferknochens beim Menschen an der Universität Jena.
Dritte Harzreise.

1785
Beginn der botanischen Studien; mehrfache Aufenthalte in Jena und Ilmenau.

1786
Abreise nach Italien (Sept.), Aufenthalt vor allem in Rom.

1788
Rückkehr aus Italien (Juni); darauf Entlastung von den amtlichen Verpflichtungen mit Ausnahme der Ilmenauer Steuer- und Bergwerkskommission; in den folgenden Jahren nach und nach Übernahme der Leitung aller wissenschaftlichen und künstlerischen Anstalten in Weimar und Jena.
Verbindung mit Christiane Vulpius (Juli).

1789
Einrichtung eines botanischen Gartens in Jena.
Geburt des Sohnes August (25. 12.)
Beschäftigung mit Regulierungsarbeiten an Saale und Ilm.

1791
Übernahme der Leitung des Hoftheaters in Weimar.

1792
Einzug in das Haus am Frauenplan (1794 Schenkungsurkunde durch den Herzog).

1794
Nach einer Sitzung der Naturforschenden Gesellschaft in Jena Beginn der Freundschaft und der Zusammenarbeit mit Schiller (Juli).
Wissenschaftliche und gesellige Kontakte zu den Brüdern Humboldt, zu den Frühromantikern und Jenenser Professoren.

1798
Erwerb eines Landgutes in Oberroßla bei Apolda.
Eröffnung des umgebauten Hoftheaters in Weimar mit Schillers „Wallensteins Lager“ (12. 10.)

1799
Erste Ausstellung der „Weimarer Kunstfreunde“.

1802
Eröffnung des unter Goethes Leitung gebauten Theaters in Lauchstädt.

1803
Häufige Aufenthalte in Jena; Oberaufsicht über die naturwissenschaftlichen Sammlungen der Universität.

1805
Tod Schillers (9. 5.); Gedenkfeier für Schiller in Lauchstädt (10. 8.)

1806
Doppelschlacht bei Jena und Auerstedt (14. 10.); Trauung mit Christiane Vulpius (17. 10.)

1808
Teilnahme am Fürstenkongreß in Erfurt (Sept./Okt.); Zusammentreffen mit Kaiser Napoleon in der Erfurter Statthalterei (2. 10.)

1814
Kuraufenthalt in Berka.

1815
Erhebung Sachsen-Weimar-Eisenachs zum Großherzogtum; Goethe wird Staatsminister; zusammen mit Minister von Voigt Übernahme der „Oberaufsicht über die unmittelbaren Anstalten für Wissenschaft und Kunst in Weimar und Jena".

1816
Tod der Ehefrau Christiane (6. 6.)

1817
Niederlegung der Leitung des Hoftheaters in Weimar.
Reorganisation der Bibliotheken in Jena unter Goethes Leitung; häufige Aufenthalte in Jena.
Feier des 68. Geburtstages in der Klosterruine von Paulinzella.

1820
Sommer und Herbst in Jena.

1828
Nach dem Tod Großherzog Carl Augusts längerer Sommer-Aufenthalt im Renaissance-Schloß von Dornburg.

1830
Tod des Sohnes August in Rom (26. 10.)

1831
Feier des letzten Geburtstages in Ilmenau.

Quellen- und Literaturverzeichnis

Goethes Werke. Herausgegeben im Auftrage der Großherzogin Sophie von Sachsen, Weimar 1887-1919.
Abteilungen:
I Poetische Werke und Schriften, Bände 1-55
II Naturwissenschaftliche Schriften, Bände 1-13
III Tagebücher, Bände 1-15
IV Briefe, Bände 1-50, Nachträge und Register, hg. von Paul Raabe, Bände 51-53
Alle Goethe-Texte sind nach dieser „Weimarer Ausgabe" (WA) zitiert. Bei Texten mit Datumsangabe ist nur dann die Quelle angegeben, wenn sie nicht in der fortlaufenden Chronologie der Ausgabe erscheinen, sondern in Nachtrag-Bänden oder Lesarten u.ä. untergebracht sind.

Eckermann, Johann Peter: Gespräche mit Goethe in den letzten Jahren seines Lebens, hg. von Regine Otto unter Mitarb. von Peter Wersig, Berlin und Weimar 1982.

Albertsen, Leif Ludwig: Gesellige Lieder, gesellige Klassik. In: Goethe-Jb. 96 (1979) S. 159-173.
Apelt, Hans: Goethe und sein Garten. In: Goethe-Jb. 20 (1958), S. 202-212.
Balzer, Georg: Gestalten aus Goethes Gärtnerbekanntschaften. Die Tonndorfer „Meistergärtner" August Friedrich Dreyssig und seine Frau. In: Goethe-Jb. 16 (1954), S. 322-330.
Biedrzynski, Effi: Goethes Weimar. Das Lexikon der Personen und Schauplätze, Zürich-Stuttgart 1992.
Brandt, Helmut: Der Autor der „Lehrjahre" im klassischen Jena. Zur Beziehung von Naturwissenschaft und Dichtung in Goethes nachitalienischem Werk. In: Evolution des Geistes. Jena um 1800, hg. von Friedrich Strack, Stuttgart 1994, S. 598-624.
Doebber, Adolph: Goethe und sein Gut Ober-Roßla. In: Goethe-Jb. 6 (1919) S. 195-239.
Förster, Jürgen: Schloß Kochberg. Goethe-Gedenkstätte[5], Weimar 1990.
Franke, Horst u. Volker Wahl: Zur Entstehung des Mineralnamens „Göthit". In: Goethe-Jb. 95 (1978) S. 241-247.
Freitag, Egon: Goethes Alltags-Entdeckungen. Das Volk interessiert mich unendlich, Leipzig 1994.
Geißler-Latussek, Stefanie: Der Landschaftsgarten in Goethes Roman „Die Wahlverwandtschaften". Erneuter Versuch einer Kartographie. In: Goethe-Jb. 109 (1992) S. 69-76.
Görler, Max: Goethe in Pößneck, Pößneck 1922.
Gräf, Hans Gerhard: Goethe in Berka an der Ilm, Weimar 1911.
Hahn, Karl-Heinz (Hg.): Goethe in Weimar. Ein Kapitel deutscher Kulturgeschichte, Leipzig 1986.
Hartmann, Leopold: Goethe in Jena, Jena 1976.
Hebel, Karl: Goethes Branderlebnisse im ersten Weimarer Jahrzehnt und ihre Spiegelung in Flammengleichnissen. In: Goethe-Jb. 22 (1960) S. 86-103.
Hempe, Lothar (Hg.): Goethe und die Wartburg. Selbstzeugnisse des Mannes und Dichters, Leipzig 1930.

Hennicke, Franz: Goethes Verbundenheit mit dem Volk. Anfänge einer zentralisierten Industrie im Herzogtum Sachsen-Weimar zur Zeit Goethes. In: Goethe-Jb. 101 (1984) S. 360-362.
Hecht, Wolfgang: Goethe als Zeichner, Leipzig 1982.
Horn, Gisela u. Detlef Ignasiak: „Glückliches Ereignis". Der Arbeitsbund zwischen Goethe und Schiller und ihre Zeit in Jena, Rudolstadt und Jena 1994.
Hölder, Helmut: Goethe als Geologe. In: Goethe-Jb. 111 (1994) S. 231-245.
Hundt, Rudolf: Goethe und die Geologie Ostthüringens, Gera 1949.
Ignasiak, Detlef: Dornburg an der Saale. Die Schlösser, die Stadt und ihre Umgebung, Bucha bei Jena 1998.
Kahler, Marie-Luise: Der Schwalbenstein bei Manebach erhielt ein neues Goethe-Medaillon. In: Goethe-Jb. 109 (1992) S. 227-228.
Klauß, Jochen: Charlotte von Stein. Die Frau in Goethes Nähe, Zürich 1995.
Klaus, Jochen: Goethes Deutschland. Orte und Stätten von Aachen bis Zwickau aus der Sicht des Dichters, Stuttgart 1998.
Köhler, Christoph: Goethes Beziehungen zur Gothaer Residenz. In: Erkenbrecher, Hans u. Helmut Roob (Hg.), Die Residenzstadt Gotha in der Goethe-Zeit, Bucha bei Jena 1998, S. 23-50.
Limpert, Wilhelm: Auf Goethes Spuren im Kreis Langensalza und Umgebung, Langensalza 1932.
Pester, Thomas: Goethe und Jena. Eine Chronik seines Schaffens in der Universitätsstadt. In: Evolution des Geistes. Jena um 1800, hg. von Friedrich Strack, Stuttgart 1994, S. 663-688.
Pester, Thomas: Im Schutze der Minerva. Kleine illustrierte Geschichte der Universität Jena, Jena 1996.
Raabe, Paul: Goethe und Sylvie. Briefe, Gedichte, Zeugnisse, Stuttgart 1961.
Schmid, Irmtraud: Goethes Verantwortung für die Alma Mater Jenensis. Amtliche Pflichten, Oberaufsicht, Wissenschaft. In: Evolution des Geistes. Jena um 1800, hg. von Friedrich Strack, Stuttgart 1994, S. 80-93.
Schrader, Walter: Goethe und Ilmenau, Kassel 1994/95.
Skramlik, Emil von: Die Naturforschenden Gesellschaft zu Jena und ihre Beziehungen zu Goethe. In: Goethe-Jb. 17 (1955) S. 274-301.
Steenbuck, Kurt: Silber und Kupfer aus Ilmenau. Ein Bergwerk unter Goethes Leitung, Weimar 1996.
Steiger, Robert u. Angelika Reimann: Goethes Leben von Tag zu Tag. Eine dokumentarische Chronik, Bände 1-7, Zürich/München 1982-1995.
Trunz, Erich: Der Schlangenstein. In: Goethe-Jb. 100 (1983) S. 127-144.
Tümmler, Hans: Reformbemühungen Goethes um die Universität. In: Goethe-Jb. 89 (1972) S. 134-153.
Voigt, Julius: Goethe und Ilmenau, Leipzig 1912.
Vulpius, Wolfgang: Goethe in Thüringen. Stätten seines Lebens und Wirkens[3], Rudolstadt 1968.
Vulpius, Wolfgang: Goethe und Karl Theodor von Dalberg. In: Goethe-Jb. 90 (1973) S. 212-232.
Wahl, Hans: Tiefurt, Leipzig 1929.
Weilandt, Werner: Der „Stein des guten Glücks" im Garten am Stern. Überlegungen zu Goethes Tagebucheintarg: „Agathe Tyche gegründet!" In: Goethe-Jb. 103 (1986) S. 344-361.
Wilpert, Gero von: Goethe-Lexikon, Stuttgart 1998.
Wohlfahrt, Hermann: Tennstedt in Gegenwart und Vergangenheit, Tennstedt 1894.

Personenregister

Abkürzungen
Gem. = Gemahl/Gemahlin; Gf./Gfn. = Graf/Gräfin; Ghz./Ghzn. = Großherzog/Großherzogin; Hz./Hzn. = Herzog/Herzogin; Kf. = Kurfürst; Kg. = König; Pz./Pzn. = Prinz/Prinzessin.

Abbildungsnachweise

Detlef Ignasiak, Bucha b. Jena, Fotografien 11, 22, 23, 33, 35, 49, 54, 61, 93, 153, 165, 257, 260, 267, 283, 284, 302, 311, 314, 360, 362, 364, 374, 383, 408, 459, 475
Frank Herzer, Jena, Fotografien 36, 41, 43, 44, 56, 57, 60, 72, 77, 82, 96, 105, 112, 130, 132, 136, 137, 140, 271, 286, 327, 331, 406
Frank Naumann, Erfurt, Fotografien 20, 424
Winfried Haun, Jena, Fotografie 14

Friedrich-Schiller-Universität Jena 158, 201, 202, 209, 217, 224, 437
Schloßmuseum Gotha 129
Stadtarchiv Apolda 16
Stadtarchiv Bad Berka 27, 31
Stadtarchiv Erfurt 107, 110, 343
Städtische Museen Jena 46, 63, 67, 70, 198, 203, 220, 268, 444, 469
Stadtmuseum Eisenberg 101
Stadtmuseum Gera 126
Stadtmuseum Hildburghausen 163
Stadtmuseum Weimar 443
Stiftung Weimarer Klassik, Weimar 12, 18, 50, 51, 55, 68, 79, 80, 88, 98, 99, 119, 144, 148, 151, 170, 171, 181, 184, 186, 193, 212, 237, 249, 254, 262, 274, 279, 309, 350, 351, 410, 415, 456, 461
Thüringer Museum Eisenach 92, 463
Verlagsarchiv: alle übrigen Abbildungen

Die Goethe-Porträts wurden entnommen: Karl Bauer, Goethes Kopf und Gestalt, Berlin 1908

Der Verlag dankt allen Leihgebern für die komplikationslose Bereitstellung der Abbildungen.

Die Herausgeberin

Karla Müller, Dr. phil., geb. 1930 in Reichmannsdorf bei Saalfeld, lebt in Jena. Pädagogin, Germanistin und Bibliothekarin, zuletzt in der literaturwiss. Information und Dokumentation; neben bibliographisch-dokumentarischen Arbeiten Vfn. bzw. Hgn. wiss. Publikationen zu Wilhelm Ludwig Wekhrlin.